Informationstechnologien für die Praxis

Springer
Berlin
Heidelberg
New York
Barcelona
Hongkong
London
Mailand
Paris
Singapur
Tokio

Markus Böhm (geb. 1966) studierte bis 1993 Informatik an der Universität Erlangen-Nürnberg, war bis 1995 wissenschaftlicher Mitarbeiter am Datenbank-Lehrstuhl der TU Dresden und promovierte dort 1999 im Bereich Workflow-Management. Daneben betreute er industrienahe Forschungsprojekte, ist Mitherausgeber eines Standardwerks über Workflow-Management, Autor wissenschaftlicher Fachbeiträge und Mitglied des Arbeitskreises „Modellierung und Ausführung von Workflows" der Gesellschaft für Informatik (GI).

Markus Böhm

Entwicklung von Workflow-Typen

Ein Leitfaden der methodischen
Anwendungsentwicklung am Beispiel
ausgewählter Workflow-Aspekte

Mit 138 Abbildungen

 Springer

Autor
Dr. Markus Böhm
Feldbergstraße 7a
D-65187 Wiesbaden

Reihenherausgeber
Prof. Dr. Stefan Jablonski, Universität Erlangen
Dr. Wolfgang Deiters, Fraunhofer ISST, Dortmund

ISSN 1438-972X
ISBN 3-540-66394-0 Springer-Verlag Berlin Heidelberg New York

Die Deutsche Bibliothek – CIP-Einheitsaufnahme

Markus Böhm: Entwicklung von Workflow-Typen: Ein Leitfaden der methodischen
Anwendungsentwicklung am Beispiel ausgewählter Workflow-Aspekte / Markus
Böhm. – Berlin; Heidelberg; New York; Barcelona; Hongkong; London; Mailand;
Paris; Singapur; Tokio: Springer, 2000
(Informationstechnologien für die Praxis)
ISBN 3-540-66394-0

Umschlaggestaltung: Künkel + Lopka Werbeagentur, Heidelberg
Satz: Dateien vom Autor
Gedruckt auf säurefreiem Papier – SPIN: 10721381   33/3142 ud – 5 4 3 2 1 0

Vorwort der Herausgeber

Aus technologischer Sicht handelt es sich bei Workflow-Management-Systemen um Softwareprodukte, welche betriebliche Abläufe unterstützen. Die Unterstützungsfunktion konzentriert sich vor allem auf die Koordination räumlich und zeitlich verteilter Arbeitsgruppen. Workflow-Management-Systeme sind dafür verantwortlich, die Arbeitsgruppen über anstehende Aufgaben zu informieren und sie bei der Aufgabenbearbeitung mit Daten und Applikationsprogrammen zu versorgen.

Der technischen Perspektive steht eine betriebswirtschaftliche gegenüber. Auf der Suche nach Möglichkeiten zur Straffung administrativer Tätigkeiten unterziehen viele Unternehmen ihre internen Arbeitsabläufen einer eingehenden Untersuchung. Ineffizienzen sollen aufgedeckt werden, um wettbewerbsfähig zu bleiben. Dabei hat sich herausgestellt, daß eine Optimierung der Arbeitsabläufe aus prozeßorientierter Sicht von Vorteil ist. Ein solches Vorgehen ermöglicht eine ganzheitliche Betrachtung eines Unternehmens, welche gleichermaßen Aufbau- und Ablauforganisation einschließt. Arbeitsabläufe zu identifizieren, zu dokumentieren und letztendlich durch ein geeignetes Lösungskonzept umzusetzen ist das zentrale Anliegen des Business Process Reengineering.

Workflow-Management und Business Process Reengineering werden oft in Zusammenhang gebracht. Der Grund ist offensichtlich. Workflow-Management-Systeme eignen sich bestens für die Umsetzung von Business Process Reengineering Maßnahmen, da sie Möglichkeiten schaffen, die dort identifizierten Arbeitsabläufe zu definieren und umzusetzen. Es wird somit offensichtlich, daß die Qualität der definierten, zumeist spricht man von modellierten Arbeitsabläufen die Qualität der gesamten Business Process Reengineering Maßnahme bestimmt. Der Modellierung von Arbeitsabläufen und der anschließend notwendigen Ableitung von Workflows widmet sich daher dieses Buch. Es stellt ein in seiner Art einzigartiges Vorgehensmodell vor, das die strukturierte Definition von Arbeitsabläufen beziehungsweise Workflows zum Ziel hat.

Die in diesem Buch eingeführten Methoden sind von außerordentlicher Bedeutung für den praktischen Einsatz von Workflow-Management-Systemen und zeigen einen Weg auf, zu qualitativ hochwertigen Workflow-Definitionen zu kommen. Gleichermaßen analysiert dieses Buch Schwachstellen konventioneller und wissenschaftlicher Ansätze zur Entwicklung von Workflow-Management-Anwendungen; somit ist es auch für den wissenschaftlichen Leser interessant, da noch offene Problembereiche bei der Entwicklung von Workflow-Management-Anwendungen identifiziert werden.

Erlangen, im September 1999
Stefan Jablonski

Dortmund, im September 1999
Wolfgang Deiters

Vorwort des Autors

Workflow-Management-Systeme haben das Stadium von Prototypen verlassen und sind in ansehnlicher Vielfalt als kommerzielle Produkte erhältlich. Auch wenn deren Stabilität noch nicht an die von relationalen Datenbanksystemen heranreicht, so gibt es doch inzwischen ernsthafte Bemühungen, Workflow-Management-Systeme produktiv in Unternehmen einzusetzen. Allerdings ist nur ein kleiner Teil der Workflow-Projekte erfolgreich, und von den erfolgreichen Installationen werden nur wenige über längere Zeit wirklich betrieben. Es wäre falsch, die Schuld daran allein bei den Systemherstellern oder den Anwendungsentwicklern zu suchen, vielmehr wird von allen Beteiligten die Komplexität bei der Entwicklung und der Pflege einer Workflow-Management-Anwendung schlichtweg unterschätzt. Unternehmensweite Betriebsabläufe für das Workflow-Management-System zu beschreiben, diese Beschreibungen (Workflow-Typen) zu pflegen und auf neue Erfordernisse anzupassen, ist keineswegs ein „Kinderspiel", auch wenn die Produktwerbung diese Behauptung immer wieder aufstellt.

Im Rahmen der systematischen Entwicklung von Workflow-Typen stellt dieses Buch eine Methode vor, die Geschäftsprozeß-Modelle schrittweise in Workflow-Typen überführt. Workflow-Typen sind systemneutral formulierte Beschreibungen von Geschäftsprozessen und als solche noch nicht auf die Eigenheiten eines speziellen Workflow-Management-Systems festgelegt. Dieser besondere Umstand erlaubt dem Entwickler, zunächst die inhaltliche Ausgestaltung des Workflow-Typs hinsichtlich Funktion, Verhalten usw. vorzunehmen und erst danach implementierungstechnische Details zu betrachten.

Der vorgestellte Entwicklungsvorgang wird mit klar definierten Entwurfsoperationen und konkreten Handlungsanweisungen unterlegt; der Entwickler bekommt an vielen Stellen Hinweise und Tips zur Lösung häufig auftretender Probleme. Großer Wert wird in diesem Buch darauf gelegt, bislang kaum dokumentierte Zusammenhänge zwischen den Anforderungen an die Workflow-Management-Anwendung und den zur Realisierung notwendigen Entscheidungen bei der Workflow-Typ-Erstellung herauszuarbeiten. Die ausführliche Darstellung aller wichtigen Entwicklungsmethoden mit ihren Vor- und Nachteilen ist besonders für die Leser interessant, die eine umfassende Übersicht zum aktuellen Stand der Workflow-Typ-Entwicklung suchen.

Da Workflow-Management kein einfaches Thema ist und die Entwicklung von Workflow-Typen darin keine Ausnahme bildet, wird in diesem Buch zu Beginn eine präzise Begriffsbildung vorgenommen. Das Glossar des GI-Arbeitskreises „Modellierung und Ausführung von Workflows" leistet dazu gute Dienste. Allerdings verlangt dies vom Leser, die bisher übliche sprachliche Unsauberkeit aufzugeben, was letztlich einen großen Gewinn für das Verständnis insgesamt, die Kommunikation allgemein und damit für die tägliche Arbeit in Projekten bedeutet.

Das vorliegende Buch geht in Teilen auf meine Dissertation zurück. Sie entstand während meiner Zeit als Promotionsstudent an der Professur für Datenbanken der Technischen Universität Dresden. Über den gesamten Bearbeitungszeitraum hat mich Prof. Dr. Klaus Meyer-Wegener unterstützt, bei dem ich mich an dieser Stelle ganz herzlich bedanken möchte. Sein großes Interesse an meinem Thema und die vielen konstruktiven Hinweise waren eine große Hilfe. Wenn meine wissenschaftliche Arbeitsweise eine Prägung erfahren hat, dann durch seine Person. Nachhaltigen Einfluß und einen großen Anteil am Ergebnis hat auch Prof. Dr. Clemens Cap. Die Zusammenarbeit mit ihm in Zürich war für mich neben der wissenschaftlichen auch eine persönliche Bereicherung. Prof. Dr. Rüdiger Liskowsky gebührt mein Dank für die Hinweise zu Fragen der Softwaretechnologie. Prof. Dr. Stefan Jablonski schließlich hat mein Verständnis von Workflow-Management wie kein anderer beeinflußt. Seine Arbeiten waren ein verläßliches Fundament für meine Forschungen, aber auch eine anspruchsvolle Meßlatte zur Bewertung des eigenen Beitrags.

Eine wertvolle Unterstützung war mein Kollege Wolfgang Schulze. Sein unbestechlicher Blick für Sinnvolles und Machbares hat mehr als einmal verhindert, daß ich sinnlos Zeit in scheinbar „gute" Ideen investiert habe. Dank auch an Christoph Bußler für die interessanten Diskussionen. Bernd Grahlmann und seinem Team danke ich für die Überlassung des PEP-Tools, Björn Heinemann für seinen Einsatz bei der Implementierung der Entwicklungsumgebung WorCRAFT. Bei Herrn Reichle, Frau Fischer und Frau Drechsler vom Springer-Verlag bedanke ich mich für die konstruktive Zusammenarbeit bei der Erstellung dieses Buchs.

Den mit Abstand größten Beitrag hat meine Familie geleistet. Ihre unermüdliche Unterstützung über den gesamten Zeitraum war die wirkungsvollste Hilfe in allen Phasen der Promotion, dafür mein tief empfundener Dank.

Wiesbaden, im September 1999   Markus Böhm

Inhaltsverzeichnis

1 Einleitung

Anwendungssysteme auf der Basis von *Workflow-Management-Systemen* werden als *Workflow-Management-Anwendungen* bezeichnet [Rein93, Jabl96a, Ober96, Jabl97]. Charakteristisch für diese Anwendungssysteme ist, daß die Steuerung von Kontroll- und Datenfluß zwischen den Arbeitsvorgängen dem Workflow-Management-System obliegt, während die Ausführung der einzelnen Arbeitsschritte bei den Prozeßbeteiligten verbleibt [Ortn98].

Ein sehr wichtiger Bestandteil einer Workflow-Management-Anwendung sind *Workflow-Typen*, die betriebliche Abläufe (Geschäftsprozesse) beschreiben. Die Kapselung der Anwendungslogik im Workflow-Typ führt dazu, daß Änderungen der Geschäftsprozesse nur die Workflow-Typen und nicht das Workflow-Management-System als Ausführungsumgebung betreffen. Workflow-Typen werden mit *Workflow-Sprachen* beschrieben und die entstehenden Sprachprodukte als *Workflow-Schemata* bezeichnet. Workflow-Sprachen müssen nicht vollständig oder universell sein, sondern problemorientiert und anwendungsnah. Deshalb bieten viele Workflow-Sprachen spezielle Ausdrucksmittel für Objekte der Anwendungswelt an und verlangen vom Entwickler nicht, diese auf der Basis elementarer Datenstrukturen und Programmanweisungen erst zu rekonstruieren. Allerdings ist derzeit noch völlig offen, wie bei der Kombination von Workflow-Management-Systemen mit anderen Applikationen eines Unternehmens verhindert werden kann, daß die Objekte der Anwendungswelt mehrfach oder sogar widersprüchlich in den Systemen repräsentiert werden. Es ist noch nicht einmal klar, welche Inhalte eine Workflow-Sprache überhaupt beschreiben sollte. Auch der Vorschlag der *Workflow Management Coalition* für eine Workflow-Sprache [Work98] ist keineswegs unumstritten.

Zu den ungeklärten Fragen des Inhalts einer Workflow-Sprache kommt das Problem, daß sich auch der Entwicklungsvorgang für Workflow-Typen bislang kaum auf etablierte Techniken und Verfahren stützen kann. Da Workflow-Management-Systeme vielfältig eingesetzt werden (vgl. [Denn95, Libi95, Rose95, Koer97, Goes98], z.B. in Banken [Blah96, Saut96, Schä96b, Edel97], bei Versicherungen [Blas96], Telekommunikations-Dienstleistern [Lütk97] oder in der Wohnungswirtschaft [Wolf97]), ist die Workflow-Typ-Entwicklung eine sehr *praxisrelevante* Aufgabe. Inhalt und Ausgestaltung der Workflow-Typen bestimmen die Leistungsfähigkeit und das Funktionsangebot einer Workflow-Management-Anwendung entscheidend mit, weshalb die Workflow-Typ-Entwicklung *erfolgsbestimmend* für das Einführungsvorhaben ist. Einmal im produktiven Einsatz, kann die Workflow-Typ-Entwicklung *unternehmenskritisch* werden, weil die Workflow-Typen die Durchführung des operativen Geschäfts prägen. Da Workflow-Typen Träger unternehmerischen Wissens sind und die Entwicklung von Workflow-Typen kostenintensiv ist, haben Workflow-Typen sogar eine *wettbewerbs-entscheidende* Bedeutung.

Entsprechend hoch ist der Stellenwert der Workflow-Typ-Entwicklung: Work-flow-Typen prägen das Erscheinungsbild einer Workflow-Management-Anwendung und sind mit für deren Funktionsangebot verantwortlich. Unternehmen, die ein Workflow-Management-System produktiv einsetzen, sind auf aufgabengerechte, möglichst fehlerfreie, gut wartbare und verständliche Workflow-Typen angewiesen. Die Forderung nach Fehlerfreiheit spricht für sich selbst, Wartbarkeit und Verständlichkeit sind ebenfalls unverzichtbar, sobald der Einsatz des Work-flow-Management-Systems über die Pilotversuchsphase ausgedehnt wird.

Dieses Buch führt die Erstellung von Workflow-Typen als einen eigenständigen, fundierten und systematisch vollzogenen Konstruktionsschritt bei der Entwicklung von Workflow-Management-Anwendungen ein. Damit wird die Work-flow-Typ-Entwicklung deutlicher als bisher von der Modellierung der Geschäftsprozesse als auch von der Implementierung im konkreten Workflow-Management-System abgegrenzt. Auf diese Weise wird verhindert, daß spezifische Eigenschaften eines Workflow-Management-Systems wie bisher üblich den konzeptionellen Entwurf der Workflow-Typen beeinträchtigen. Indem der *systemspezifischen* Workflow-Schema-Erstellung die *systemneutrale* Workflow-Typ-Entwicklung vor angestellt wird, kann ein Entwickler die Eigenschaften der entstehenden Work-flow-Management-Anwendung frühzeitig abschätzen. Das spart nicht nur Entwicklungszeit, sondern reduziert auch die Gefahr von Fehlentwicklungen.

1.1 Grundlegende Begriffe des Workflow-Managements

Dieser Abschnitt stellt wichtige Begriffe aus dem Workflow-Management vor, die vor allem bei der Entwicklung von Workflow-Management-Anwendungen hilfreich sind. Eine klar definierte Sprache vermeidet Mißverständnisse zwischen Entwicklern und Anwendern und ist damit ein wichtiger Erfolgsfaktor für jedes Workflow-Management-Projekt. Die Begriffe sind dem Glossar des GI-Arbeitskreises „Grundlagen der Modellierung und Ausführung von Workflows" [Jabl97] entnommen. Das Glossar ist unter Mitwirkung zahlreicher Universitäten, Forschungseinrichtungen und Unternehmen entstanden und zeichnet sich vor allem durch innere Geschlossenheit aus. Die unterschiedliche Herkunft der Arbeitskreisteilnehmer garantiert, daß eine ausgewogene Mischung aus praxisnahen und zugleich theoretisch fundierten Begriffen vorliegt. Ein typisches Beispiel dafür ist die konsequente Unterscheidung zwischen *Geschehen in der Realität* (Arbeitsvorgang, Geschäftsprozeß), einem zur Handhabung und Kommunikation erstellten *Modell* dieses Geschehens (Arbeitsablauf, Geschäftsprozeß-Modell) und *Darstellungsmitteln* für dieses Modell (Geschäftsprozeß-Metaschema). Nur auf den ersten Blick erscheint dies kompliziert; sehr bald zeigt sich jedoch, daß die Kommunikation der Projektteilnehmer durch die Verwendung der Begriffe erheblich besser und präziser wird. Häufig benötigt werden die nachfolgend aufgeführten Begriffe:

Unter *Arbeitsvorgang* wird eine Tätigkeit (absichtsvolles Handeln) zur Erfüllung einer Aufgabe verstanden. Der *Arbeitsablauf* ist eine geordnete Beschreibung dieser Tätigkeit in der Weise, daß die Tätigkeiten zielführend und in einer bestimmten Reihenfolge von Aufgabenträgern ausgeführt werden können. Ein *Geschäftsprozeß* ist ein Vorgang in Wirtschaftseinheiten (Unternehmen, Verwaltungen etc.), der einen wesentlichen Beitrag zu einem nicht notwendigerweise ökonomischen Unternehmenserfolg leistet. Ein Geschäftsprozeß kann funktions-, hierarchie- und standortübergreifend ablaufen, überschreitet dabei u.U. auch Unternehmensgrenzen und erzeugt einen meßbaren, direkten Kundennutzen. Die Sichtbarkeit nach außen – und damit die Schnittstellen zu Geschäftspartnern – ist auch ein wichtiges Merkmal, das Geschäftsprozesse von anderen Prozessen eines Unternehmens unterscheidet [Rose96b, S. 11]. Die effektive Durchführung eines Geschäftsprozesses setzt eine Arbeitsvorgangsbeschreibung voraus, also eine Darstellung der erforderlichen Handlungen.

Ein *Geschäftsprozeß-Schema* ist die Darstellung eines Geschäftsprozesses auf Zeichenebene. Die Darstellung verfolgt das Ziel, den Geschäftsprozeß zwischen verschiedenen Personen zu kommunizieren, Untersuchungen und Auswertungen anhand der Darstellung vorzunehmen, oder Ist- bzw. Soll-Zustände zu dokumentieren. Da Geschäftsprozeß-Schemata Darstellungen auf Zeichenebene sind, gibt es immer eine Sprache, derer sich die Darstellung bedient. Von gebrauchs- oder normsprachlichen Darstellungen eines Geschäftsprozeß-Schemas abgesehen, läßt sich ein *Geschäftsprozeß-Metaschema* angeben. Im Fall von grafisch dargestellten Geschäftsprozeß-Schemata legt das Geschäftsprozeß-Metaschema die zulässigen Symbole und die Regeln ihrer Kombination fest.

Ein *Workflow* ist eine zum Teil automatisiert – von einem Workflow-Management-System gesteuert – ablaufende Gesamtheit von Aktivitäten, die sich auf Teile eines Geschäftsprozesses oder andere organisatorische Vorgänge beziehen. Ein Workflow besteht aus Abschnitten (Subworkflows), die weiter zerlegt werden können. Er hat einen definierten Anfang, einen organisierten Ablauf und ein definiertes Ende. Ein *Workflow-Management-System* steuert die Ausführung eines Workflows. Workflows sind überwiegend als ergonomische Prozesse zu sehen, in denen die Aufgabenträger Menschen und keine Maschinen sind. Ein Workflow ist, wie der Vorgang, ein Geschehen in der Realität, das entweder für die Zukunft geplant wird, gerade stattfindet oder bereits geschehen ist. Die Beteiligung des Workflow-Management-Systems setzt voraus, daß das Geschehen in der Realität auf der Zeichenebene im Workflow-Management-System repräsentiert wird.

Eine *Workflow-Instanz* ist die Beschreibung eines konkreten Workflows. Die Workflow-Instanz bezeichnet Gegenstände auf Zeichenebene (sprachlicher Ebene), während Workflows Gegenstände (Geschehnisse) im Anwendungsbereich beschreiben. Die Workflow-Instanzen werden vom Workflow-Management-System dynamisch erzeugt („instanziiert"), um instanzspezifische Daten zu verwalten, die zur Ausführung eines Workflows relevant sind. Zu den instanzspezifischen Daten gehört beispielsweise der Zustand einer Workflow-Instanz.

Die Idee hinter einem Verfahren, das durch ein Workflow-Management-System unterstützt werden soll, wird als *Workflow-Schema-Modell* bezeichnet. Zur Bildung des Workflow-Schema-Modells werden Begriffe (Merkmale) beim Vorliegen einer Workflow-Idee (Plan) zu einem Workflow-Schema-Modell verbunden. Ein Workflow-Schema-Modell bezeichnet eine abstrakte Entität (eine Idee), die auf Zeichenebene in Form eines Workflow-Schemas dargestellt wird. So wie Workflow-Instanzen konkrete Workflows auf Zeichenebene repräsentieren, werden Workflow-Schema-Modelle durch Workflow-Schemata auf Zeichenebene repräsentiert. Synonym mit „Workflow-Schema-Modell" wird *„Workflow-Typ"* verwendet.

Ein **Workflow-Schema** stellt eine zielgerichtete Anordnung von Begriffen (z.B. Ding-, Eigenschafts- und Geschehnisbegriffen) zur Beschreibung, Ausführung und Steuerung von Workflows auf sprachlicher Ebene (Zeichenebene) dar. Es ist aus Begriffen für Ein- und Ausgabeparameter, Reihenfolgen, Bedingungen, Funktionen etc. zusammengesetzt. Die Struktur des Workflow-Schemas ist durch Beziehungsbegriffe wie „Teil-von", „Art-von", „Rolle-als", „geht-zeitlich-voraus", „ist-nebenläufig-zu" etc. festgelegt. Da die Aufgabe des Workflow-Schemas primär in der Steuerung des Workflows mit Hilfe eines Workflow-Management-Systems besteht, muß es in einer formalen Sprache dargestellt sein. Auf welche Weise die Beschreibung erstellt wird, unter welchen Bezeichnern die Begriffe auftauchen, wie sie zueinander angeordnet werden, ist unterschiedlich. Die Unterschiedlichkeit kann dazu führen, daß die Workflow-Schemata nicht gleich aussehen, verhindert aber nicht, daß sie möglicherweise das gleiche Workflow-Schema-Modell beschreiben.

Jedes Beispiel, das für ein Workflow-Schema angegeben wird, ist zwangsläufig in einer konkreten Sprache formuliert, denn ein Workflow-Schema ist ein Sprachprodukt. Wird weiterhin berücksichtigt, daß der niedergeschriebene Ausdruck von einem Workflow-Management-System interpretiert werden soll, damit es seine Steuerungs- und Überwachungsfunktion erbringen kann, kommen nur formale Sprachen in Frage. Das Ergebnis der Modellierung eines Workflows wird manchmal auch als „Modell des Workflows" bzw. „Workflow-Modell" bezeichnet. Insbesondere englischsprachige Publikationen sprechen häufig von „workflow model" und verwenden dies sowohl als Synonym für Workflow-Sprache als auch als Synonym für Workflow-Schema. Um die Gefahr einer Verwechslung auszuschließen, wird Workflow-Modell hier nicht benutzt. Das Ergebnis der Workflow-Modellierung heißt Workflow-Schema.

Die Workflow-Sprache ist nicht nur ein Entwicklungsinstrument für Workflow-Management-Anwendungen, sondern ist selbst Gegenstand der Entwicklung, etwa durch die Planer und Konstrukteure des Workflow-Management-Systems. Sie haben dabei bestimmte Vorstellungen von der Modellierung des Workflows, und die Idee hinter einer Workflow-Sprache wird als **Workflow-Sprachmodell** bezeichnet. Sehr häufig gibt es beispielsweise die Idee, Petri-Netze zur Repräsentation von Workflows zu verwenden, und in einer Workflow-Sprache dieses Sprachmodells sind zulässige Ausdrücke der Sprache dann eben Petri-Netze.

Da Workflow-Sprachen formale Sprachen sind, kann zu ihnen ein Metaschema angegeben werden. Ein Metaschema dokumentiert Eigenschaften aller Sprachprodukte, und jedes Produkt dieser Sprache ist damit eine Instanz des Metaschemas. Daraus folgt, daß ein **Workflow-Metaschema** die Eigenschaften aller Workflow-Schemata dokumentiert. Ebenso ist jedes Workflow-Schema ein Produkt der Workflow-Sprache und somit eine Instanz des Workflow-Metaschemas. Weiterhin ist zu bedenken, daß jedes Workflow-Management-System genau eine Workflow-

Sprache hat und sich deren Eigenschaften allgemeingültig im Workflow-Meta-schema finden, weshalb das Workflow-Metaschema ein wichtiges Hilfsmittel bei der Beurteilung des Workflow-Management-Systems sein kann.

Ein *Workflow-Metaschema-Modell* legt fest, welche Ausdrucksmittel im Work-flow-Metaschema zur Verfügung stehen. Da das Workflow-Metaschema wieder-um die Ausdrucksstärke der Workflow-Sprache bestimmt, besteht ein direkter Zu-sammenhang zwischen Workflow-Metaschema-Modell und den Möglichkeiten, die ein Entwickler bei der Erstellung des Workflow-Schemas hat.

Eine *Workflow-Management-Anwendung* ist eine implementierte und einge-führte Lösung zur Steuerung von Workflows mit einem Workflow-Management-System. Sie umfaßt die Komponenten Workflow-Management-System, Work-flow-Schemata und Workflow-Instanzen, eingesetzte Akteure und Workflow-Applikationen sowie die implementierten Benutzungsschnittstellen für die An-wender und Betreiber des Systems. Das Vorgehen zur Entwicklung einer Work-flow-Management-Anwendung wird in Kap. 2 beschrieben.

Eine *Workflow-Applikation* stellt eine Funktion zur Erledigung elementarer Aufgaben im Rahmen von Workflow-Management-Anwendungen bereit. Sie kann in Form eines Anwendungsprogramms oder in Form verschiedener Programme, die diese Funktionalität bieten, bereits vorliegen. Workflow-Applikationen werden von Workflow-Management-Systemen zur Ausführung von Workflows einge-setzt. Sie werden hier als „externe" Applikationen bezeichnet, um ihre Eigenstän-digkeit außerhalb des Workflow-Management-Systems zu betonen.

Abbildung 1.1 zeigt die vorgestellten Begriffe und ihre Zusammenhänge in ei-ner grafischen Form.

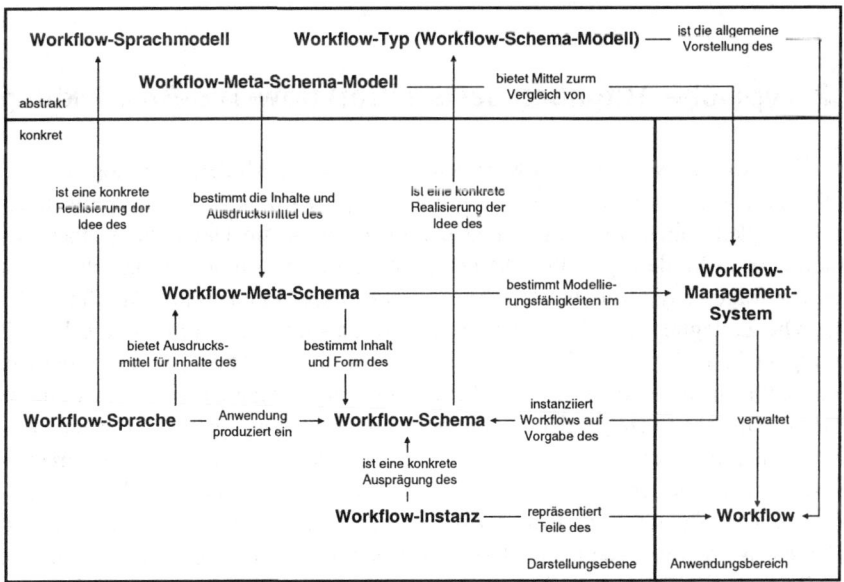

Abb. 1.1: Grundlegende Begriffe des Workflow-Managements (aus [Böhm97d])

Neben dem hier verwendeten Glossar gibt es zwei weitere Begriffssysteme:

- **Deutsches Institut für Normierung (DIN)**. Als sog. *Entwicklungsbegleitende Normung* (EBN) werden im DIN-Fachbericht 50 [DIN96] 25 Begriffe eingeführt, von denen aber nur fünf die Workflow-Typ-Entwicklung betreffen. Die Erläuterungen sind erheblich kürzer, eine Motivation und Erklärung wie in [Jabl97] fehlt. Mit dem vorliegenden Stand des Glossars ist keine Verbesserung des Ausdrucks und keine Erhöhung der Präzision von Aussagen zu erwarten, von einer Verwendung wird daher abgesehen.

- **Workflow Management Coalition (WfMC)**. Das Glossar der WfMC [Work-96b] scheint zunächst mit ca. 60 englischen Begriffen umfangreicher als das in [Jabl97]. Eine Analyse zeigt jedoch, daß die WfMC alle Elemente der *Workflow Process Definition Language* (WPDL) [Work98] als Glossareinträge zählt. Um diesen Anteil reduziert bleibt ein Rest, der erstens unter dem Angebot aus [Jabl97] liegt und zweitens die hier benötigten Termini nur unvollständig abdeckt. Zudem ist das Glossar nicht frei von Widersprüchen und Inkonsistenzen (vgl. [Pürz97]), auch dies erschwert die Verwendung nachhaltig.

Eine Reihe von Einzelautoren bieten Begriffssysteme innerhalb ihrer Arbeiten an (so z.B. [Schw93, Wers95, Ober96]). Ihre Begriffsbestimmungen sind durchweg sehr präzise, jedoch so speziell, daß die Verwendung außerhalb der jeweiligen Arbeiten nicht möglich ist.

Der nächste Abschnitt skizziert typische Aufgaben eines Entwicklers, wenn er ausgehend von einem Geschäftsprozeß-Schema zunächst Workflow-Typen entwirft und diese anschließend in Workflow-Schemata eines bestimmten Workflow-Management-Systems überführt.

1.2 Typische Aufgaben bei der Workflow-Typ-Entwicklung

Die Entwicklung von Workflow-Typen kann sich an Modellen derjenigen Geschäftsprozesse orientieren, die durch ein Workflow-Management-System unterstützt werden sollen. Für das folgende Beispiel wird die Darstellung eines Geschäftsprozeß-Modells gewählt, die nur die enthaltenen Aufgabentypen ohne Ausführungsfolge zeigt (die entstehende Aufgabentypstruktur führt Abschn. 4.1.1 ein). Die Zerlegung mündet in elementare Aufgabentypen, deren weitere Verfeinerung nicht mehr möglich, sinnvoll oder gewollt ist. Zwar ist die Aufgabentypstruktur nur eine von mehreren Sichten auf den Geschäftsprozeß, im weiteren Verlauf wird aber gezeigt, daß gerade diese Sicht dazu geeignet ist, Entscheidungen bei der Entwicklung der Workflow-Typen fundierter als bisher zu treffen. Diese Entscheidungen führen im ersten Schritt zu unterschiedlichen *Konfigurationen* aus Workflow-Typen. Eine *Workflow-Typ-Konfiguration* ist durch die enthaltenen Workflow-Typen und deren Verwendungsbeziehung definiert. Für die grau hinterlegten Bereiche der Aufgabentypstruktur in den Abb. 1.2 und Abb. 1.3 werden Workflow-Typen vorgesehen, was zu folgenden Konfigurationen führt:

Konfiguration A: Workflow-Typen zur Nachbildung der Aufgabentypstruktur

Die Konfiguration in Abb. 1.2 bildet die Aufgabentypstruktur (links) durch Workflow-Typen (rechts) exakt nach. Es erfolgt eine eineindeutige Zuordnung von Aufgabentypen zu Workflow-Typen. Aus Teil-Ganze-Beziehungen zwischen Aufgabentypen werden Aufrufbeziehungen zwischen den zugehörigen Workflow-Typen.

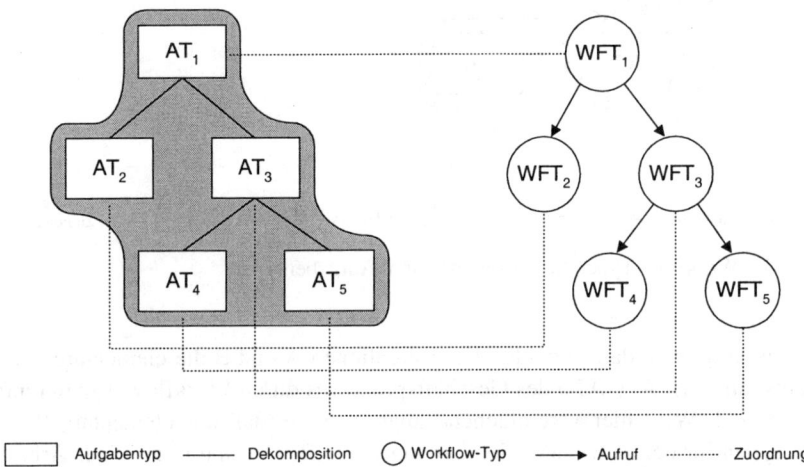

Abb. 1.2: Workflow-Typen in vollständiger Nachbildung der Aufgabentypstruktur

Die vollständig strukturerhaltende Nachbildung der Aufgabentypstruktur durch Workflow-Typen kommt vor, sie ist aber nicht zwingend notwendig. Häufiger wird ein Teil der Aufgabentypstruktur herausgegriffen, ein einziger Aufgabentyp in mehrere Workflow-Typen verfeinert oder umgekehrt oder mehrere Aufgabentypen zu einem Workflow-Typ zusammengeführt. Für das Beispiel sei angenommen, daß die elementaren Aufgabentypen (AT_2, AT_4, AT_5) im Geschäftsprozeß nicht rein manuell sind und daher eine Repräsentation auf Seiten des Workflow-Management-Systems sinnvoll ist. Konfiguration A deckt alle Aufgabentypen in der Struktur durch genau einen Workflow-Typ ab, demnach auch die Aufgabentypen, die weder zuoberst standen noch elementare Aufgabentypen waren, beispielsweise Aufgabentyp AT_3. Dient Aufgabentyp AT_3 nur dazu, die untergeordneten Aufgabentypen AT_4 und AT_5 zusammenzufassen, kann auf seine Repräsentation durch einen eigenen Workflow-Typ verzichtet werden.

Konfiguration B: Workflow-Typen nur für elementare Aufgabentypen

Abbildung 1.3 zeigt eine Konfiguration, in der außer dem übergeordneten Aufgabentyp nur noch den elementaren Aufgabentypen eigene Workflow-Typen zugeordnet sind. Damit leistet Workflow-Typ WFT_1 eine Zusammenfassung der elementaren Workflow-Typen WFT_2, WFT_4 und WFT_5, ohne die stufenweise Verfeinerung wie in der Aufgabentypstruktur des Geschäftsprozesses nachzubilden.

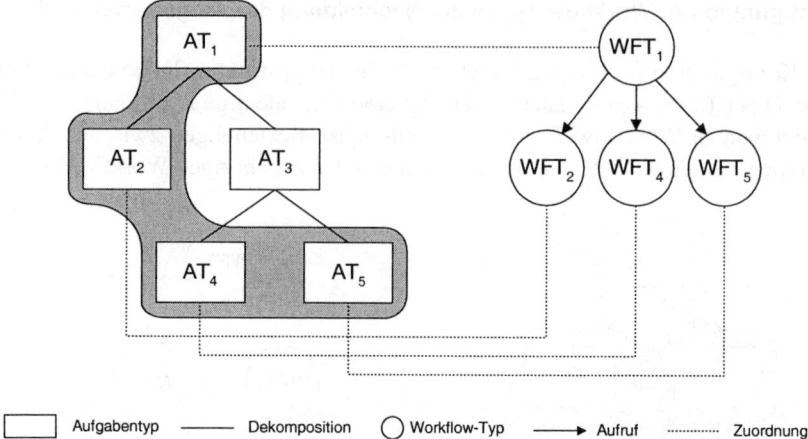

Aufgabentyp	—— Dekomposition	◯ Workflow-Typ	——▶ Aufruf	········· Zuordnung

Abb. 1.3: Workflow-Typen für alle elementaren Aufgabentypen

Es ist zu erkennen, daß in beiden Konfigurationen A und B die elementaren Aufgabentypen (AT$_2$, AT$_4$, AT$_5$) des Geschäftsprozesses durch Workflow-Typen repräsentiert sind. Wird hier vereinfachend angenommen, daß nur elementare Workflow-Typen für den Anwender sichtbar werden (z.B. als Eintrag in seiner Arbeitsliste), dann würde er keinen Unterschied zwischen den beiden Konfigurationen
erkennen; sie sind aus Anwendersicht *funktional* gleich. Aus Sicht des Entwicklers
bestehen hingegen Unterschiede: Die Umsetzung in Konfiguration B hat z.B. den
Nachteil, daß die logische Zusammengehörigkeit der Workflow-Typen WFT$_4$ und
WFT$_5$ verlorengeht. Kommt der Aufgabentyp AT$_3$ in verschiedenen Geschäftsprozessen vor, und erfolgt dort ebenfalls die Zerlegung in die Teilaufgaben AT$_4$ und
AT$_5$, kann dieser Aufgabenkomplex einmal durch eine Gruppe von Workflow-
Typen wie in Konfiguration A strukturerhaltend nachgebildet und dann leichter
wiederverwendet werden. Damit ist bereits die erste Entwurfsentscheidung deutlich geworden, hier zugunsten der Wiederverwendbarkeit des Workflow-Typs und
damit zur Reduktion von Entwicklungsarbeit und zur besseren Wartbarkeit.

Realisierung 1: Uniforme Strukturbausteine in der Workflow-Sprache

Für die erste Realisierungsvariante der Workflow-Typ-Konfiguration wird ein
Workflow-Management-System angenommen, dessen Workflow-Schemata beliebig tief geschachtelt werden können. Das bedeutet, ein Workflow-Schema kann
zum Ausführungszeitpunkt sowohl einen Superworkflow als auch einen Subworkflow instanziieren. Das Workflow-Management-System MOBILE [Jabl96a] ist so
konzipiert und dient hier als Beispiel. Zu erkennen ist in Abb. 1.4 die eineindeutige Zuordnung zwischen Workflow-Typen (links) und den Workflow-Schemata
(rechts). Jede Aufrufrufbeziehung zwischen zwei Workflow-Typen wird exakt in
eine Aufrufbeziehung zwischen den Workflow-Schemata umgesetzt, die Abbildung der Workflow-Typ-Konfiguration ist demnach wieder strukturerhaltend.

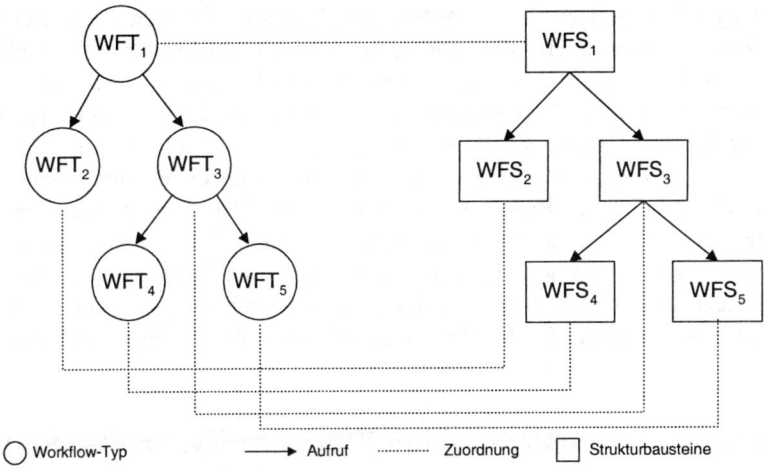

Abb. 1.4:   Realisierungsvariante 1 von Konfiguration A

Realisierung 2: Typisierte Strukturbausteine in der Workflow-Sprache

Die zweite Realisierungsvariante geht von einem Workflow-Management-System aus, in dem unterschiedlich typisierte Strukturbausteine zur Erstellung der Workflow-Schemata angeboten werden (z.B. im Workflow-Management-System IBM FlowMark [Leym94]). Es gibt in FlowMark die Strukturbausteintypen Process P (immer als Superworkflow) und Activity A (immer als Subworkflow). Die Schachtelungstiefe ist begrenzt, daher kann die dreistufige Hierarchie in Konfiguration A nicht „in einem Stück" überführt werden. Ein Entwickler muß also eine Anpassung vornehmen, bevor er das Workflow-Schema erstellen kann.

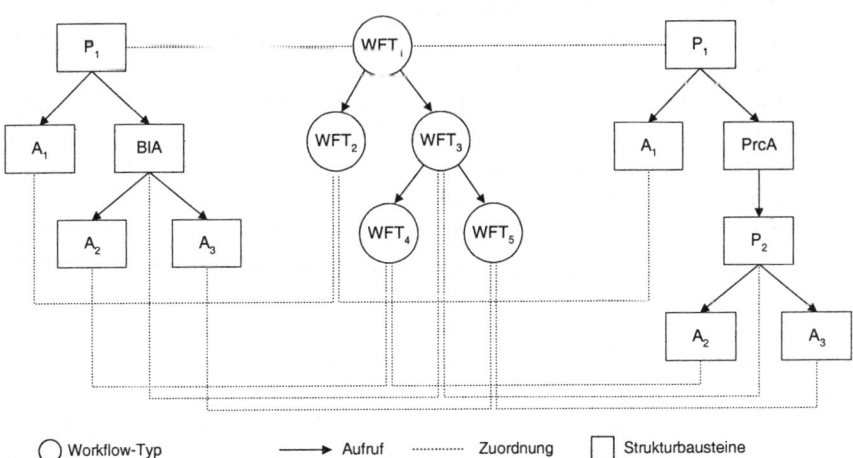

Abb. 1.5:   Realisierungsvariante 2 von Konfiguration A

Abbildung 1.5 zeigt zwei Möglichkeiten (jeweils außen), unter diesen Umständen
Workflow-Schemata zu erstellen. Die rechte Variante umgeht die Beschränkung
der Schachtelungstiefe, indem ein weiterer Strukturbausteintyp verwendet wird
(PrcA=Process Activity). Eine Process Activity übernimmt die Rolle eines elementaren Workflow-Schemas, aus dem ein weiterer Process aufgerufen wird, der
wieder eine zweistufige Verfeinerung gestattet. In der linken Variante kommt ein
weiterer Bausteintyp zum Einsatz (BlA=Block Activity). Eine Block Activity dient als
Zusammenfassung von Activities, hat aber noch zusätzliche Eigenschaften. An
dieser Stelle soll der Hinweis reichen, daß die Eigenschaften der linken und der
rechten Realisierungsvariante sich deutlich unterscheiden, hauptsächlich aus Sicht
des Entwicklers, weniger für den zukünftigen Benutzer der Workflow-Schemata.

1.3 Grundsätze methodischer Workflow-Typ-Entwicklung

Die zentrale Rolle der Workflow-Typ-Entwicklung verlangt, nach der Begriffsklärung von „Workflow-Typ" auch den Begriff „Entwicklung" zu präzisieren. Zur
„Entwicklung" zählt hier der gesamte Prozeß der Planung, Konzeption, Erstellung,
Anpassung und Validierung eines Workflow-Typs. Damit geht die vorgestellte
Workflow-Typ-Entwicklung sowohl in der zeitlichen Ausdehnung der Entwurfsphase als auch in der inhaltlichen Ausgestaltung der Entwurfstätigkeit über das
hinaus, was bisher nur als „Workflow-Modellierung" bezeichnet wird. Charakterisiert wird das neue Verständnis in fünf Grundsätzen, die der hier vorgestellten
Workflow-Typ-Entwicklung zugrunde liegen.

(1) Workflow-Typen sind Ergebnis eines Konstruktionsvorgangs

Die Bezeichnung von Workflow-Typen als zielgerichtete Anordnung von Begriffen zwingt nicht dazu, die Workflow-Typ-Entwicklung als Konstruktionsvorgang
einzustufen. Die zielgerichtete Anordnung kann auch das Ergebnis einer Abbildungsfunktion sein, mit der ein Workflow-Typ aus anderen Daten „errechnet"
wird. Diese Sichtweise ist tatsächlich anzutreffen. Sie unterstellt die automatische
Überführung von Geschäftsprozeß-Schemata in Workflow-Typen. Was die Auto-
matisierbarkeit der Überführung betrifft, wird hier eine andere Position vertreten.
„Zielgerichtete Anordnung" wird hier als Handlungsanweisung für den Entwickler
verstanden, der damit aufgefordert wird, systematische Konstruktionshandlungen
zu vollziehen, um die Workflow-Typen zu gewinnen. Dabei muß ein Entwickler
nicht auf Hilfsmittel verzichten. Die Geschäftsprozeß-Modelle sind solche Hilfsmittel, aber auch nicht mehr. Diese Einstufung von Geschäftsprozeß-Modellen
ergibt sich aus den unterschiedlichen Eigenschaften, Zielen, Inhalten und Nutzer-
gruppen von Geschäftsprozeß-Modellen und Workflow-Typen, und diese Unterschiede begründen die Ablehnung der automatischen Überführung. Aus dieser
Aufwertung der Workflow-Typ-Entwicklung vom Überführungs- zum Konstruktionsvorgang und der Trennung von der Geschäftsprozeß-Modellierung ergibt sich
automatisch der zweite Entwicklungsgrundsatz.

(2) Workflow-Typen entstehen aus einem eigenständigen Entwicklungsschritt

Eigenständigkeit des Entwicklungsschritts bedeutet zunächst Unabhängigkeit von der vorangegangenen Phase der Geschäftsprozeß-Modellierung, des weiteren Unabhängigkeit von der sich anschließenden Implementierung des Workflow-Typs in einem konkreten Workflow-Management-System. Diese Forderung nach Eigenständigkeit wird nicht überall geteilt. Es gibt beispielsweise den integrierten Ansatz zur Modellierung von Geschäftsprozessen direkt in einer Ausführungsumgebung (z.B. in [Dink94, Slag96]). Die Workflow-Typ-Entwicklung reduziert sich dort auf eine Anreicherung des Geschäftsprozeß-Modells um die Informationen, die für die Ausführungsumgebung benötigt werden. Die Nachteile dieses Ansatzes werden in Abschn. 2.4.2.3 behandelt, erwähnt sei hier nur die fehlende Möglichkeit zur freien Wahl des Werkzeugs zur Geschäftsprozeß-Modellierung und der Ausführungsumgebung. Die Forderung nach einem eigenständigen Entwicklungsschritt begünstigt die Systemneutralität der Workflow-Typ-Erstellung. Hinzu kommt, daß nur ein eigenständiger Schritt es ermöglicht, Workflow-Typen zu verändern, ohne wie im integrierten Ansatz auch das Geschäftsprozeß-Schema zu verändern. Dessen Umsetzung kann auf sehr unterschiedliche Weise erfolgen, es ist daher sogar erwünscht, auf dieser Ebene unabhängig zu sein. Die Möglichkeit, einzelne Eigenschaften eines Workflow-Typs zu verändern, wird auch im nächsten Entwicklungsgrundsatz zum Ausdruck gebracht.

(3) Workflow-Typen können in ihren Eigenschaften gezielt verändert werden

Der im ersten Entwicklungsgrundsatz formulierte Konstruktionsvorgang ist nicht deterministisch. Allein der individuelle Stellenwert, den ein Entwickler einzelnen Anforderungen an einen Workflow-Typ beimißt, läßt Raum für Entwurfsentscheidungen. Auch kann ein Entwickler anwendungsspezifische Entwicklungsziele für die Workflow-Typen verfolgen, was sich wiederum auf Entscheidungen im Laufe des Entwicklungsvorgangs auswirkt. Die Existenz unterschiedlicher Variationen eines Workflow-Typs muß daher angenommen werden. Interessant daran ist, daß Veränderungen an einem Workflow-Typ gezielt erfolgen können und auch nur eine lokale Wirkung zeigen. Lokal kann z.B. bedeuten, auf einen der *Aspekte* beschränkt zu sein, die nach der Terminologie aus [Jabl94] die verschiedenen Inhalte eines Workflow-Typs ausmachen. Lokal bedeutet weiterhin, daß andere Eigenschaften des Workflow-Typs unverändert bleiben. Ist bekannt, welche Eigenschaften eines Workflow-Typs andere funktional bestimmen bzw. von anderen funktional unabhängig sind, eröffnet das die Möglichkeit zur gezielten Veränderung einzelner Eigenschaften der Workflow-Typen.

(4) Workflow-Typen müssen bewertet und validiert werden können

Unmittelbar aus dem dritten Entwicklungsgrundsatz folgt, daß für eine gegebene Aufgabe, beispielsweise eine Teilaufgabe innerhalb eines Geschäftsprozesses, mehrere funktional gleichwertige Workflow-Typen zur Auswahl stehen können.

Dazu gehören auch Workflow-Typen, die ein Entwickler nicht selbst erstellt hat, sondern aus Bibliotheken entnimmt. Die richtige Auswahl zu treffen setzt zweierlei voraus: Erstens muß es präzise Anforderungen an den Workflow-Typ geben, etwa die Übereinstimmung mit den übergeordneten Entwicklungszielen der gesamten Workflow-Management-Anwendung. Zweitens muß ein Entwickler auch die Möglichkeit haben, die Eignung der Workflow-Typ-Varianten auf Übereinstimmung mit diesen Zielen zu prüfen.

Die Forderung nach Bewertbarkeit von Workflow-Typen wird bisher nicht aufgestellt, weil es das Auswahlproblem praktisch noch nicht gibt. Sammlungen aus Workflow-Typen entstehen bestenfalls als Nebeneffekt von Experimenten. Daß systematisch Bibliotheken von Workflow-Typen erstellt und anderen Entwicklern zugänglich gemacht werden, ist derzeit nicht zu beobachten. In anderen Bereichen der Software-Entwicklung geschieht das bereits, beispielsweise bei den *Geschäftsobjekten* [Sims94, Prin96, Suth97], die die Implementierung zukünftiger Anwendungssysteme radikal verändern werden (s. dazu [Schu99]).

(5) Workflow-Typ-Entwicklung muß andere Phasen berücksichtigen

Die Workflow-Typ-Entwicklung ist Teil eines umfangreichen Entwicklungsprozesses, also zeitlich und methodisch in andere Phasen eingebettet, dazu durch technische und organisatorische Randbedingungen eingeschränkt (vgl. [Stri97b, S. 145]). Das ist kein Widerspruch zum zweiten Entwicklungsgrundsatz, weil darin keine Unabhängigkeit der Entwicklung, sondern ihre Eigenständigkeit gefordert wird. Der Rückgriff auf Geschäftsprozeß-Modelle wurde bereits erwähnt, aus ihnen ergibt sich im wesentlichen, welche Phasen im Arbeitsvorgang die Workflow-Typen abdecken sollen. Genauso wichtig sind Informationen über die vorhandenen Applikationen, weil deren Eigenschaften die Gestaltung eines Workflow-Typs nachhaltig bestimmen [Böhm98a].

1.4 Praktische Umsetzung der Entwicklungsgrundsätze

Um die Entwicklung von Workflow-Typen als eigenständige und systemneutrale Phase bei der Entwicklung von Workflow-Management-Anwendungen zu etablieren, wird das Konzept der sprachneutral formulierten Workflow-Typen eingeführt. Diese Workflow-Typen ergeben sich aus Geschäftsprozeß-Schemata, werden systematisch entworfen, ausgestaltet, variiert und bewertet und erst danach in Workflow-Schemata überführt.

Statt der direkten und automatischen Generierung von Workflow-Typen aus Geschäftsprozeß-Schemata wird die manuelle Entwicklung favorisiert. Damit wird verhindert, daß Workflow-Typen mit strukturellen Defiziten erzeugt werden, die hohen Nachbearbeitungsaufwand erfordern. Statt dessen werden Operationen eingeführt, die eine kontrollierte, nachvollziehbare und wohldefinierte Veränderung einer initialen Form der Workflow-Typen ermöglichen. Ein Entwickler bestimmt durch die Reihenfolge der Anwendung und die Parametrisierung der Operationen die Eigenschaften der Workflow-Typen bis zu einem Punkt, an dem die Umsetzung in Workflow-Schemata erfolgen kann. Die skizzierte Umsetzung wird nun präzisiert.

Datenintegration bei der Entwicklung von Workflow-Typen

Ein wichtiger Schritt bei der Entwicklung eines Workflow-Typs ist es, Beziehungen zwischen Geschäftsprozessen und Ressourcen zu ihrer Durchführung zu identifizieren. Die Beziehungen bleiben über den Zeitpunkt der Workflow-Typ-Erstellung erhalten und werden zu Randbedingungen für die weitere Entwicklungstätigkeit. Beispielsweise muß überprüft werden, welche Workflow-Typen von Änderungen betroffen sind, die an einem Geschäftsprozeß vorgenommen werden. Gleiches gilt für externe Applikationen, die bei der Ausführung von Workflow-Instanzen einem Anwender als Werkzeug zur Aufgabenerledigung angeboten werden. Oder es sind Beziehungen, die die Ausführung einzelner Workflow-Instanzen betreffen, beispielsweise eine Super-/Subworkflow-Beziehung. Wird die Entwicklung von Workflow-Typen unter diesem Gesichtspunkt betrachtet, wird der Bedarf einer umfassenden Datenbasis klar (vgl. [Böhm97a]).

Zu verwalten sind sämtliche Komponenten, die Teil einer Workflow-Management-Anwendung werden können, zuzüglich des Geflechts aus Beziehungen und gegenseitigen Abhängigkeiten zwischen diesen Komponenten. Allerdings ist die Repräsentation in einer Datenbank nur Mittel zum Zweck. Die eigentliche Verwendung besteht in der schrittweisen Transformation dieser Beziehungen in Workflow-Typen. Dahinter verbirgt sich ein neuartiger Ansatz zur Workflow-Typ-Entwicklung, der sich deutlich von der automatischen Überführung von Geschäftsprozeß-Schemata in Workflow-Schemata oder der rein manuellen Erstellung von Workflow-Schemata unterscheidet. Dieser halbautomatische, werkzeuggestützte Ansatz bietet die Möglichkeit, durch schrittweise Transformation initialer Beziehungen zunächst einen Workflow-Typ und dann eine Reihe von Workflow-Schemata für unterschiedliche Workflow-Management-Systeme zu erzeugen (vgl. [Böhm96]).

Workflow-Typen für verschiedene Formen der Geschäftsprozeßunterstützung

Der Einsatz eines Workflow-Management-Systems hat zum Ziel, die Durchführung der Geschäftsprozesse zu unterstützen. Dieses Ziel kann in vielfältiger Weise variiert werden. Verschiedene Abschnitte oder Teilaufgaben im Geschäftsprozeß können durch das Workflow-Management-System abgedeckt werden. Die Rolle des Workflow-Management-Systems kann von der eines optional einzusetzenden Werkzeugs bis zum festen Teil der Aufgabenerledigung variieren. Die Integration der vorhandenen Applikationen reicht von der unverbindlichen Bereitstellung bis zur für einen Anwender nicht mehr erkennbaren Integration in die Workflow-Ausführung. Schließlich können die Möglichkeiten des Anwenders von großer Freiheit bis zur Kontrolle durch das Workflow-Management-System reichen (vgl. [Böhm97e]). Zum Teil lassen sich die genannten Größen bereits aus den Zielen einer Workflow-Management-Anwendung bestimmen, zum Teil entscheidet der Entwickler erst im fortgeschrittenen Stadium der Workflow-Typ-Entwicklung darüber. Auf jeden Fall ist er in der Verantwortung, durch die Konzeption der Workflow-Management-Anwendung diesen Zielen Rechnung zu tragen. Da die Anforderungen an die Workflow-Management-Anwendung i.allg. nicht alle gleichermaßen zu erfüllen sind, beispielsweise weil sie in direktem Widerspruch stehen, sind an vielen Stellen der Entwicklung Entscheidungen notwendig. Neben konfligierenden Anforderungen ist ein weiteres Phänomen zu beobachten: Zur Umsetzung der Anforderungen gibt es manchmal mehrere Möglichkeiten, deren Eignung nicht zum Entwurfszeitpunkt bestimmt werden kann (vgl. [Böhm97f]).

Konflikte zwischen den Anforderungen und verschiedene Alternativen zur Aufgabenerfüllung lassen sich gleichermaßen handhaben, wenn ein Entwickler die Entwürfe für Workflow-Typen so variieren kann, daß er in einer anschließenden Bewertungs- und Analysephase seine Entscheidung fundierter treffen kann. Dazu ist es zunächst erforderlich, die möglichen Ziele und weitere Einflußgrößen auf die Gestaltung einer Workflow-Management-Anwendung zu identifizieren. Aufgabe der anschließenden Untersuchung wird es sein, Entwurfsrichtlinien für die Gestaltung von Workflow-Typen zu formulieren. Können die Entwurfsrichtlinien auf konkrete Operationen heruntergebrochen werden, läßt sich mit ihnen eine Geschäftsprozeßunterstützung gezielt verändern. Der Entwurfs- und Gestaltungsprozeß für Workflow-Typen wird damit *transparent, nachvollziehbar* und *überprüfbar*. Darüber hinaus liefern die Operationen die Grundlage für die Konzeption eines Entwicklungswerkzeugs. Insgesamt wird damit ein direkter Zusammenhang zwischen einzelnen Entwurfszielen und den Mitteln zu ihrer Erreichung hergestellt, was wiederum einen Beitrag zum Methodenwissen der Workflow-Typ-Entwicklung leistet. Ein Entwickler bekommt die Möglichkeit, durch geeignete Parametrisierung der Operationen kontrollierte Veränderungen an der vorliegenden Geschäftsprozeßunterstützung vorzunehmen.

Analyse und Bewertung von Workflow-Typen

Die Analyse und Bewertung von Workflow-Typen hat zum Ziel, zunächst deren Eigenschaften und die Eigenschaften der daraus entstehenden Workflow-Schemata abzuschätzen sowie Aussagen über die gesamte Workflow-Management-Anwendung zu machen. Der Wert solcher Aussagen zu einem frühen Zeitpunkt im Entwicklungsvorgang ist offenkundig. Insbesondere ist, nachdem der vorherige Abschnitt die gezielte Entwicklung unterschiedlicher Varianten eines Workflow-Typs propagiert hat, eine vergleichende Bewertung unterschiedlicher Workflow-Typen interessant. Sie gibt Antworten auf Fragen der folgenden Art:

- Welche Ausführungsfolgen der Subworkflows erlaubt der Workflow-Typ?
- In welcher Phase der Workflow-Ausführung ist eine Applikation verfügbar?
- Terminiert der Workflow, wenn einzelne Subworkflows nicht beendet werden?
- Welche Möglichkeiten hat ein Anwender während der Workflow-Ausführung?
- Erlaubt eine Kontrollflußdefinition eine bestimmte Workflow-Ausführung?

Dies sind Beispiele für Informationen, die einem Entwickler die Arbeit erleichtern können – sei es, um zusammen mit den zukünftigen Anwendern die Eignung des Workflow-Typs zu diskutieren, sei es zur Prüfung konkreter Anforderungen, die beispielsweise in der garantierten Vermeidung bestimmter Ausführungskonstellationen von Workflow-Instanzen bestehen. Die Analyse der Workflow-Typen ist auch deshalb geboten, weil die entstehende Workflow-Management-Anwendung produktiv eingesetzt wird und damit unmittelbaren Einfluß auf die Geschäftstätigkeit eines Unternehmens nimmt. Der Lösungsansatz zur Erreichung dieses Teilziels basiert auf Simulation. Dazu werden die ausführungsrelevanten Komponenten identifiziert, die Teile der Workflow-Management-Anwendung sind. Als Werkzeuge werden eine Simulationsumgebung für Petri-Netze und ein Model-Checker eingesetzt.

Workflow-Typ-Entwicklung in Hinblick auf erweiterbare Workflow-Sprachen

Das wichtigste Gestaltungsmittel bei der Entwicklung einer Workflow-Management-Anwendung ist die Workflow-Sprache. Workflow-Sprache wird hier als Oberbegriff für systemseitig angebotene Beschreibungsmittel gebraucht, die sich in Reichhaltigkeit der Ausdrucksmittel und Sichtweise auf den Beschreibungsgegenstand derzeit stark unterscheiden. Übereinstimmendes Merkmal fast aller vorgeschlagenen Workflow-Sprachen ist jedoch, daß Angebot und Funktion der Ausdrucksmittel festgelegt sind. Dies fällt bei Workflow-Sprachen mit feingranularen Ausdrucksmitteln weniger ins Gewicht (vgl. [Schu99]), betrifft aber alle Workflow-Sprachen, die aus Gründen der einfacheren Handhabung nur ausgewählte grobgranulare Ausdrucksmittel aufweisen. Da Erweiterbarkeit und Anpassungsfähigkeit die Voraussetzungen für den universellen Einsatz sind, müssen unveränderbare Workflow-Sprachen als vorübergehende Begleiterscheinung des momentanen Entwicklungsstands angesehen werden. Das führt zur Frage, welche Auswirkungen erweiterbare Workflow-Sprachen auf die Workflow-Typ-Entwicklung haben. Die Möglichkeiten, auf Ebene eines Workflow-Management-Systems neue Konstrukte zu implementieren, erweitert den Gestaltungsspielraum eines Entwicklers. Ihm stellen sich dabei auch neuartige Fragen, etwa der folgenden Art:

- Wann ist die Einführung eines neuen Ausdrucksmittels überhaupt sinnvoll?
- Wie wird ein neues Konstrukt für eine Workflow-Sprache entwickelt?
- Welche neuen Ausdrucksmöglichkeiten entstehen durch das neue Konstrukt?
- Wie wird sichergestellt, daß neue und alte Konstrukte zusammenpassen?
- Wie werden Funktion und Verhalten neuer Konstrukte analysiert und simuliert?

Die Erweiterbarkeit einer Workflow-Sprache nur unter der Einführung neuer Konstrukte zu sehen, wird den Möglichkeiten nicht gerecht. Vielmehr gilt es, den gesamten Entwicklungsvorgang einer Workflow-Management-Anwendung auf diesen zusätzlichen Freiheitsgrad abzustimmen. Ist optimierte Funktionserfüllung oder Portabilität der Workflow-Schemata vorrangiges Entwicklungsziel? Letzteres wirft die Frage auf, wie spezialisierte Konstrukte auf standardisierte Ausdrucksmittel zurückgeführt werden können. Zudem entfällt bei erweiterbaren Workflow-

Sprachen das Bewertungskriterium „Ausdrucksmittel", das bisher Leistungsfähigkeit und Reifegrad eines Workflow-Management-Systems offenlegte. Bisher konnte mit Blick auf die angebotenen Sprachmittel entschieden werden, ob ein Wechsel des Workflow-Management-Systems neue Möglichkeiten erwarten läßt. Die Beurteilung ist jetzt schwieriger, weil sie das Workflow-Metaschema-Modell und damit eine abstraktere Ebene betrifft.

1.5 Aufbau und Gliederung des Buchs

In Kap. 1 finden sich wichtige Begriffe und die Grundsätze für die Konstruktion von Workflow-Typen. Kap. 2 behandelt das ganze Spektrum der heute üblichen Vorgehensweisen, um vom Geschäftsprozeß zum Workflow zu gelangen. Das Ergebnis ist eine kritische Würdigung der aktuellen Situation, der in Kap. 3 das neue Verfahren zur Workflow-Typ-Entwicklung gegenübergestellt wird. Die Kap. 4 bis 6 führen die notwendigen Operationen zur Workflow-Typ-Konstruktion ein. Kap. 7 stellt fortgeschrittene Techniken vor, um Workflow-Typen hinsichtlich der Aspekte Funktion, Verhalten und Operation an bestimmte Anforderungen und Verwendungsformen anzupassen. Kap. 8 gibt eine Zusammenfassung und einen Ausblick auf zukünftige Aufgaben auf dem Gebiet der Workflow-Typ-Entwicklung.

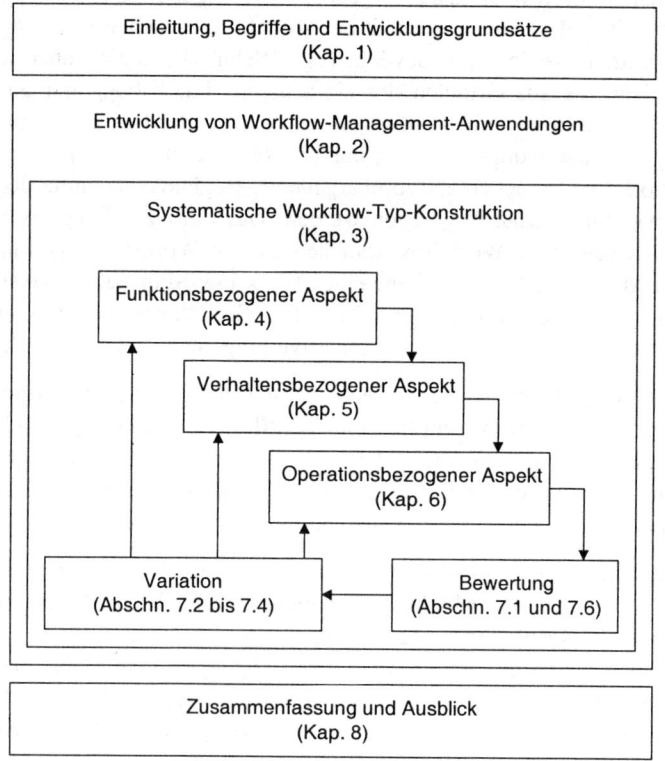

Abb. 1.6: Aufbau und Gliederung des Buchs

2 Entwicklung von Workflow-Management-Anwendungen

Das Vorgehensmodell zur Entwicklung von Informationssystemen [Somm97] bezeichnet den Übergang vom methodenneutralen Fachkonzept zum methodenspezifischen Lösungskonzept als *Systementwurf*. Wird die Entwicklung von Workflow-Management-Anwendungen nach diesem Vorgehensmodell organisiert (wie z.B. in [Jabl96a, S. 91ff.] und [Ortn97, S. 9]), ist die zentrale Aufgabe des Systementwurfs die *Erstellung von Workflow-Typen*.

Die Erstellung von Workflow-Typen ist eine komplizierte und bisher nur unvollständig beherrschte Aufgabe, und zwar aus mehreren Gründen: Erstens findet ein Entwickler recht unterschiedliche Ausgangssituationen vor. Das Spektrum reicht von umgangssprachlich formulierten Beschreibungen der Geschäftsprozesse bis hin zu deren Darstellung mit formalen Sprachen. Zweitens sind diese Beschreibungen meist zur *Dokumentation* und Reorganisation der Geschäftsprozesse erstellt worden; sie sind daher zwar inhaltlich relevant, aber mangels Detaillierung und wegen zweckdienlicher Unvollständigkeit nicht ohne weiteres für die Workflow-Typ-Entwicklung zu verwenden. Drittens sind durch die jeweiligen Entwicklungsumgebungen, die Eigenschaften des Workflow-Management-Systems und die Zielsetzungen der Workflow-Management-Anwendung die Randbedingungen der Workflow-Typ-Erstellung so verschieden, daß kein Verfahren allgemeingültig ist. Diese Situation ist deshalb unbefriedigend, weil Workflow-Typen das Erscheinungsbild und das Funktionsangebot einer Workflow-Management-Anwendung stark prägen, ihre Erstellung also eine zentrale Rolle spielt.

Im Mittelpunkt des Kapitels stehen die Möglichkeiten und Beschränkungen derzeit eingesetzter Verfahren beim Systementwurf von Workflow-Management-Anwendungen. Entgegen den sonst üblichen Einzeldarstellungen wird hier ein Vergleich der Verfahren unternommen. Zu diesem Zweck wird ein Erklärungsmodell eingeführt, das die Gegenüberstellung wichtiger Verfahren ermöglicht.

Zur Vorbereitung auf die Behandlung der Verfahren gibt Abschn. 2.1 eine Übersicht zu Entwicklung und Betrieb einer Workflow-Management-Anwendung. Aussagen über die einzelnen Verfahren der Workflow-Schema-Erstellung machen es notwendig, den Ausgangspunkt dieser Verfahren genau zu untersuchen. Das sind – neben anderem – häufig Geschäftsprozeß-Modelle. Um sie als Ausgangspunkt für die Workflow-Schema-Erstellung richtig einzusetzen, muß ein Entwickler die Art ihrer Entstehung kennen, die Abschn. 2.2 ausführlich behandelt. Anhand ausgewählter Produkte und Forschungsprototypen dokumentiert Abschn. 2.3, welche Aufgaben eines Entwicklers durch Werkzeuge unterstützt werden. Abschnitt 2.4 stellt gängige Verfahren zur Workflow-Schema-Erstellung vor. Abschnitt 2.5 schließt das Kapitel mit einer Bewertung der Verfahren ab.

2.1 Übersicht zu Entwicklung und Betrieb

Abbildung 2.1 zeigt ein in sechs Phasen gegliedertes Vorgehensmodell zur Entwicklung von Informationssystemen. Da Workflow-Management-Anwendungen zu den Informationssystemen gehören, ist auf ihre Entwicklung das gezeigte Vorgehensmodell anwendbar [Ortn97]. Die Reihenfolge der Phasen darf nicht als strikte Vorgabe verstanden werden; sie ist vielmehr als Orientierungshilfe gedacht, die auch einem Anwender vermittelt werden kann.

Neben diesem Wasserfallmodell gibt es weitere Vorgehensmodelle (für eine Übersicht siehe [Ortn98]). Sogar spezielle Vorgehensmodelle für Workflow-Management-Anwendungen werden bereits diskutiert (s. Abschn. 2.1.4). Da sich keines dieser Vorgehensmodelle bislang durchgesetzt hat, werden die im folgenden relevanten Phasen des Entwicklungsvorgangs anhand des Wasserfallmodells erläutert. Es geht vor allem darum, ihre Bedeutung für die Workflow-Schema-Erstellung herauszuarbeiten. So wirkt sich beispielsweise die Wahl des Geschäftsprozeß-Modellierungswerkzeugs im Fachentwurf genauso auf die Gestaltung der Workflow-Schemata aus, wie auch das Monitoring während der Stabilisierungsphase einem Entwickler Hinweise für die Weiterentwicklung der Workflow-Schemata gibt.

Derartige Zusammenhänge und gegenseitigen Abhängigkeiten zwischen Entscheidungen in den Phasen außerhalb des Systementwurfs in konkrete Gestaltungshinweise umzusetzen, ist der erste Schritt hin zu einer methodisch fundierten und nachvollziehbaren Entwicklung von Workflow-Typen.

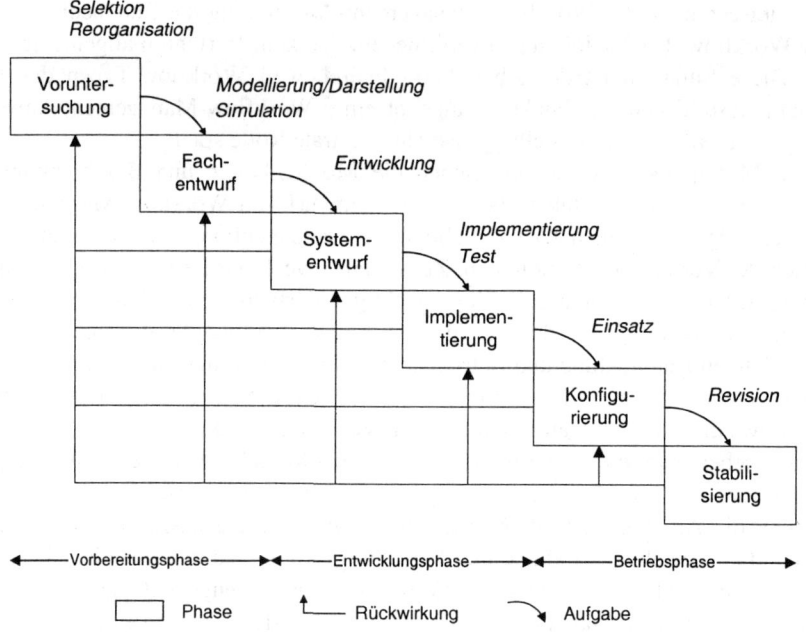

Abb. 2.1: Entwicklung einer Workflow-Management-Anwendung (nach [Ortn97])

Die *Voruntersuchung* identifiziert potentielle Einsatzgebiete für ein Workflow-Management-System. Dabei kommen unterschiedliche Auswahlkriterien für die Geschäftsprozesse, die zu unterstützen sind, zum Einsatz. Die Auswahl richtet sich maßgeblich nach den Zielen einer Workflow-Management-Anwendung. Sind die Geschäftsprozesse ausgewählt, kann die Einführung eines Workflow-Management-Systems der Anlaß sein, zunächst eine Geschäftsprozeßreorganisation durchzuführen. Anderenfalls besteht die Gefahr, etablierte Verfahrensweisen trotz ihrer Defizite zu verfestigen, anstatt sie mit Hilfe des Workflow-Management-Systems zu optimieren. Allerdings findet die Geschäftsprozeßreorganisation bei Einführung eines Workflow-Management-Systems ihre Grenzen, wo unverzichtbare Altanwendungen die Umstellung der Arbeitsabläufe erschweren oder sogar unmöglich machen.

Der *Fachentwurf* beschreibt die Anwendungsdomäne unter Gesichtspunkten, die für die Workflow-Management-Anwendung relevant sind. Im Gegensatz zu Datenbankanwendungen sind das nicht nur die Strukturen der Daten und die auf ihnen auszuführenden Operationen, sondern auch alle Abläufe, namentlich die Geschäftsprozesse. Weil eine stark operationalisierte und bis ins Detail verfeinerte Sicht auf die Geschäftsprozesse für Workflow-Management-Anwendungen unbedingt notwendig ist, schlägt [Ortn98] vor, den normalerweise *methodenneutralen* Fachentwurf um einen *methodenspezifischen* Teil zu ergänzen. Damit verschiebt sich die Einflußnahme der gewählten Implementierungsplattform, und es wird zu einem früheren Zeitpunkt „workflow-begünstigend" entworfen (vgl. [Stei97a]).

Der *Systementwurf* überführt das fachspezifische Lösungskonzept in Form von Geschäftsprozeß-Modellen in ein Systemkonzept. Nachdem hier ein Workflow-Management-System im Mittelpunkt steht, besteht der Systementwurf weitgehend aus der Erstellung der Workflow-Schemata. Diese bauen sinnvollerweise auf den Ergebnissen des Fachentwurfs auf, was die Bezugnahme auf die zuvor erstellten Geschäftsprozeß-Modelle bedeutet. In welchen Grenzen das möglich ist und welche Schwierigkeiten dabei auftreten, behandelt Abschn. 2.4.

Dem Systementwurf folgt die *Implementierung*, also die Überführung des Systemkonzepts (hier: Workflow-Schemata) in eine Form, die von einer Basissoftware (hier: Workflow-Management-System) verarbeitet werden kann. Allerdings ist die Unterscheidung von Systemkonzept und Implementierung bei Workflow-Management-Systemen nicht anzutreffen. Sie würde nämlich Workflow-Schemata implizieren, die neutral bezüglich eines konkreten Workflow-Management-Systems sind, was derzeit nicht der Fall ist. Immerhin gibt es Vorschläge in diese Richtung, die von der Workflow Management Coalition (WfMC) propagierte Workflow Process Definition Language (WPDL) [Work98] gehört dazu.

Da der Funktionsumfang heutiger Workflow-Management-Systeme kaum veränderbar ist, besteht die *Konfigurierung* hauptsächlich aus der Installation und der Integration in die vorhandene Infrastruktur. Zur *Stabilisierung* zählt hauptsächlich die fortlaufende Beobachtung einer Workflow-Management-Anwendung, die als Monitoring bezeichnet wird.

2.1.1 Analysephase einer Workflow-Management-Anwendung

Die Analysephase umfaßt die Aufgaben *Selektion, Reorganisation, Modellierung, Darstellung* und *Simulation* der Geschäftsprozesse, die jedoch nicht strikt in dieser Abfolge durchgeführt werden müssen. Durch die Selektion der Geschäftsprozesse wird der Einsatzbereich des Workflow-Management-Systems bestimmt. An die Reorganisation schließt sich die Geschäftsprozeß-Modellierung an. Für die Verwendung der Geschäftsprozeß-Modelle durch einen Entwickler spielt es keine Rolle, ob sie aus betriebswirtschaftlicher Sicht den Ist-Zustand wiedergeben oder einen Soll-Zustand entwerfen. In beiden Fällen sind es die Vorgänge der Modellbildung und der Modelldarstellung, die für einen Entwickler Bedeutung haben. Beides hinterläßt in den Geschäftsprozeß-Schemata „Spuren", die sich nachteilig auf die Workflow-Schema-Erstellung auswirken. Ein Entwickler muß wissen, daß sehr abstrakte Darstellungen, unvollständige Beschreibungen oder nur implizit gegebene Inhalte vorkommen und die Eignung eines Geschäftsprozeß-Schemas so stark einschränken können, daß beispielsweise eine automatische Transformation zum Workflow-Schema ausscheidet und eine manuelle Überführung erforderlich ist (s. Abschn. 2.4.3). Da Selektion, Reorganisation und Simulation der Geschäftsprozesse meist keine Aufgaben des Entwicklers sind, werden nur die Modellierung der ausgewählten Geschäftsprozesse und ihre Darstellung behandelt.

2.1.1.1 Modellierung: Erstellung von Geschäftsprozeß-Modellen

Die Erstellung von Workflow-Schemata geht weit über die Aufgaben reiner Codierung von Anweisungen mittels Workflow-Sprache hinaus. Diese Aufgabe setzt ein umfassendes Verständnis der betrieblichen Abläufe und der Organisationsstruktur voraus. Zu diesem Verständnis gelangt der Entwickler durch Beobachtung der Geschäftsprozesse in der Realität, durch Diskussion mit den Mitarbeitern und nicht zuletzt durch Studium der Beschreibungen, die bereits im Unternehmen vorliegen und zu denen beispielsweise Dienstanweisungen und Organisationshandbücher zählen. Nur in kleinen Projekten erfolgt unmittelbar nach der Auswahl der Geschäftsprozesse ihre Implementierung mit Hilfe einer Workflow-Sprache. Praxiserfahrungen zeigen zudem, daß Workflow-Management-Projekte scheitern, wenn die Komplexität der Geschäftsprozesse unterschätzt wird (vgl. [Stei97a, Goes98]). Als hilfreich hat sich eine vorgeschaltete Geschäftsprozeß-Modellierung erwiesen, um die betrieblichen Abläufe besser zu verstehen [Ambe95]. Dabei kann es vorkommen, daß die Aufgaben im Geschäftsprozeß bis auf die Ebene einzelner Schritte hinunter verfeinert werden, was die für ein Workflow-Management-System notwendige Operationalisierung begünstigt. Geschäftsprozeß-Modellierung ist allerdings keine Tätigkeit, die nur im Zusammenhang mit der Einführung von Workflow-Management-Systemen vorkommt. Vielmehr dokumentieren Unternehmen seit längerer Zeit ihre Geschäftsprozesse, etwa im Rahmen von Reorganisationsvorhaben. Das bedeutet, ein Entwickler findet Geschäftsprozeß-Modelle vor und kann sie – mit Einschränkungen – verwenden. Um diese Einschränkungen zu verstehen, geht dieser Abschnitt auf den Modellierungsvorgang ein, mit dessen Ergebnis ein Entwickler konfrontiert wird.

Komplexe Zusammenhänge und Abläufe, wie sie in Geschäftsprozessen vorkommen, erschließen sich nicht allein durch Beobachtung; dazu ist die Zahl der beobachtbaren Phänomene zu groß. Weiterhin fällt es schwer, Teile des beobachteten Geschehens gemäß dem jeweiligen Interesse zu gewichten oder auszublenden. Erst ein *Modell* erlaubt, relevante Aspekte herauszugreifen und ein Erkenntnisinteresse zu befriedigen, das die Modellerstellung motiviert [Kasc97, S. 35]. Zudem begünstigt die Modellbildung mit ihrer Komplexitätsreduktion die Verständnisbildung. Weitere Motive der Modellerstellung und andere Bedeutungen des Begriffs „Modell" werden in [Dros90, S. 507], [Jack95, S. 120f.] und [Wede98] ausführlich diskutiert. Im folgenden ist ein Modell immer ein immaterielles, zweckbezogenes Abbild eines Sachverhalts in der Realität. Ein (Geschäfts-)-Prozeß-Modell ist damit ein „zweckbezogenes, immaterielles Abbild des zeitlich-sachlogischen Ablaufs von Funktionen, die an einem Objekt durchgeführt werden." [Rose96b, S. 1]. Als abstrahierende Abbilder eines Ausschnitts der Realität werden Modelle für Zwecke eines Subjekts erstellt. Bei Geschäftsprozeß-Modellen ist der Zweck, ein *Verständnis* komplexer betrieblicher Abläufe und ihrer gegenseitigen Beziehungen zu erlangen. Darauf muß ausdrücklich hingewiesen werden, um zu hohe Erwartungen an die Verwendungsmöglichkeit von Geschäftsprozeß-Modellen bei der Workflow-Schema-Erstellung auszuräumen.

Modelle sind weiterhin das Ergebnis eines *Abbildungsvorgangs*. Der Modellierer beobachtet einen Ausschnitt der Realität und entwickelt daraufhin eine Vorstellung über diesen Ausschnitt. Dabei trifft er, teilweise absichtsvoll und teilweise unbewußt, bereits eine Auswahl. Für die Auswahl gibt es verschiedene Gründe: Ein Teil der Erscheinungen entgeht seiner Wahrnehmung, ein weiterer Teil wird zwar wahrgenommen, aber nicht verstanden und deshalb ausgelassen. Ein anderer Teil wird wahrgenommen, aber als nicht relevant bewertet und daher nicht ins Modell aufgenommen. Unabhängig vom Grund der Auslassung führt genau diese Auswahl zur Komplexitätsreduktion und erleichtert damit die Verständnisbildung, weil die modellbildenden Elemente geringer und ihre Zusammenhänge überschaubarer werden.

Bei der Geschäftsprozeß-Modellierung ist der Realitätsausschnitt ein Unternehmen, speziell die Abläufe darin und diese auch nur dort, wo sie die Leistungserstellung und dazu beitragende Prozesse betreffen. Das soziale Verhalten der Mitarbeiter – bei der Beobachtung genauso präsent wie ihre inhaltliche Arbeit – ist kein Bestandteil des Ausschnitts mehr, der betrachtet wird. Es gibt allerdings auch Ansätze zur Geschäftsprozeß-Modellierung (z.B. in [Elga96]), die alle Abläufe im Unternehmen als „Kunden-Lieferanten-Beziehung" auffassen und darin jeweils eine Anbahnungs-, Verhandlungs-, Durchführungs- und Beurteilungsphase unterscheiden. Selbst für die Workflow-Modellierung wird diese Sichtweise herangezogen (vgl. [Schä96a]), das Workflow-Management-System ActionWorkflow [Wino-88, Agos93] basiert darauf und setzt damit wesentliche Elemente der Sprechakt-Theorie [Sear69, Sear79] um.

Unabhängig vom Modellierungsansatz führen die vom Modellierer vorgenommene Auswahl und die von ihm favorisierte Sichtweise auf die Realität zwangsläufig zu einem subjektiv geprägten Modell. Um die Subjektivität nicht zur Verfälschung werden zu lassen, ist eine Kontrolle des Modells erforderlich. Bei dem hier zugrundegelegten Verständnis von Modell bedeutet das, die Übereinstimmung von Modell und Realität zu überprüfen. Neben dieser *Abbildungstreue* gibt es weitere Kriterien, mit deren Hilfe die Qualität eines Modells überprüft werden kann (s.u.). Dabei muß beachtet werden, daß Qualität immer nur im Hinblick auf eine bestimmte Verwendung beurteilt werden kann.

Da hier nur die Verwendung von Geschäftsprozeß-Modellen für die Entwicklung von Workflow-Typen betrachtet wird, erfolgt keine Diskussion darüber, welche Qualitätsfaktoren Modelle i.allg. aufweisen sollen. In [Kasc97, S. 43] findet sich dazu folgende Liste mit Qualitätsfaktoren:

- *Reduziertheit* (keine unnötigen Bestandteile)
- *Treue* (alle notwendigen Bestandteile sind enthalten)
- *Einfachheit* (überschaubar, leicht verständlich)
- *Konformität* (Konzepte/Begriffe des Diskursbereichs werden berücksichtigt)
- *Kongruenz* (unabhängige Modelle für unabhängige Erscheinungen)
- *Lokalität* (in einzelnen Teilen unabhängig von anderen Teilen verständlich)

Es leuchtet ein, daß ein einziges Modell kaum die Bedürfnisse aller Personen befriedigen kann, die es für ihre spezifischen Aufgaben einsetzen. Für die Organisationsentwicklung sind andere Inhalte eines Geschäftsprozeß-Modells notwendig als bei einer Verwendung für die Prozeßkostenrechnung. Auch die Entwicklung von Workflow-Typen und Workflow-Schemata ist eine ganz bestimmte Form der Verwendung von Geschäftsprozeß-Modellen, eine problemlose Nutzung kann daher nicht erwartet werden.

2.1.1.2 Darstellung: Ausdrucksmittel für Geschäftsprozeß-Modelle

Von der späteren Verwendung des Geschäftsprozeß-Modells unabhängig ist die Notwendigkeit, das Modell *darzustellen*. Erst ein mit sprachlichen Mitteln dargestelltes Modell ist anderen Personen zugänglich und erfüllt damit einen Zweck über das reine Erkenntnisinteresse des Modellierers hinaus. Weil ein Modell mit unterschiedlichen Mitteln dargestellt werden kann, ist es sinnvoll, Modell und Darstellung als zwei getrennte Dinge zu betrachten.

Die Darstellung eines Modells dient zunächst dem Modellierer selbst, mit dem Modell besser umzugehen. Die Darstellung entlastet ihn davon, sich das Modell permanent zu vergegenwärtigen. Dazu kommen weitere Vorteile: Bei jeder Betrachtung der Darstellung unternimmt der Modellierer eine gedankliche Rekonstruktion des Modells, diesmal von seiner eigenen Darstellung ausgehend. Nachdem er sich des vorhandenen Modells nicht entledigt hat, muß er das „alte" (gedankliche) und „neue" (dargestellte) Modell zur Deckung bringen. Die Auseinandersetzung mit einer früheren Sichtweise leistet einen wesentlichen Beitrag zur Verständnisbildung einerseits und zur Verbesserung des Modells und seiner Darstellung andererseits.

Noch ergiebiger ist die Auseinandersetzung mit dem Modell, wenn die Darstellung einer anderen Person zugänglich gemacht wird. Je nach Hintergrundwissen dieser Person nimmt sie eine weitgehend unbelastete Rekonstruktion des Modells nur anhand der Darstellung vor. Auf dieser unvoreingenommenen Herangehensweise beruht u.a. der Erfolg, den externe Berater bei der Reorganisation von Geschäftsprozessen haben können. Sie werden mit den erstellten Geschäftsprozeß-Schemata konfrontiert und erarbeiten sich damit eine Vorstellung über die Geschäftsprozesse des Unternehmens. Im anschließenden Austausch mit dem Modellierer tritt dann folgende Situation ein: Defizite in der Darstellung werden sichtbar, und der Modellierer kann sein Modell und auch dessen Darstellung korrigieren oder vervollständigen. Hier liegt der Gewinn in der Verbesserung des Ist-Modells und seiner Darstellung, es wird also die *Modellqualität* erhöht.

Die Auseinandersetzung kann dazu führen, das Geschäftsprozeß-Modell aus seiner Rolle als Ist-Modell zu entlassen, es zu verändern und ihm den Status eines Soll-Modells zuzusprechen. Damit ändert sich die Aufgabe des *Erklärens* hin zur Aufgabe des *Gestaltens*. Das Modell und seine Darstellung eilen damit den tatsächlich anzutreffenden Verhältnissen voraus und stellen nun eine Situation dar, die erst noch erreicht werden muß. Jede weitere Veränderung ist jetzt konstruktiver Art. Änderungen an der Darstellung und gedankliches Nachvollziehen der Änderungen am Modell wechseln sich dabei ab, eine Trennung beider Tätigkeiten ist nicht möglich. Schrittweise – und vor allem iterativ – entsteht so ein Soll-Modell.

Es wird deutlich, welchen Stellenwert die Darstellung eines Modells hat. Eventuelle Defizite in den Darstellungsmitteln wirken sich deshalb besonders nachteilig aus. Fehlen beispielsweise eindeutig definierte Regeln im Umgang mit den Darstellungsmitteln, können unterschiedliche Modellierer nicht nur verschiedene Sichten auf den Modellierungsgegenstand haben, sondern diese auch mangels eindeutiger Regeln auf mehreren Wegen darstellen. Bei zunehmend größeren Projekten bleibt es nicht aus, daß mehrere Modellierer kooperativ arbeiten müssen und sich das Problem der späteren Zusammenführung von Teilmodellen stellt, was bei einem unreglementierten Einsatz vorhandener Darstellungsmittel erschwert wird.

Notationsregeln sind nur ein erster Schritt, um den korrekten Gebrauch von Darstellungsmitteln zu fördern. Methodenhandbücher können weitere Defizite verhindern. Der Modellierer wird darauf hingewiesen, wie er Phänomene der Realwelt mit der Notation beschreiben soll. Wie so ein Regelwerk zur Modellierung aussehen kann, wird in [Rose96b] ausführlich beschrieben. Die dort vorgestellten „Grundlagen ordnungsgemäßer Modellierung" liefern nicht nur qualitativ bessere Modelle, sondern helfen auch dabei, die Komplexität zu beherrschen, die für Geschäftsprozeß-Modelle typisch ist.

Zur Komplexitätsbeherrschung sollte bereits die Darstellungstechnik selbst beitragen, weil zusätzliche Methodenhandbücher erstens nicht immer zur Verfügung stehen, zweitens ihr Gebrauch optional ist und sie drittens Defizite in der Darstellungstechnik nur abmildern, aber nicht kompensieren können. Speziell für die Modellierung von Geschäftsprozessen, aus denen später Workflow-Typen und Workflow-Schemata abgeleitet werden sollen, müssen folgende Möglichkeiten bereits in der Darstellungstechnik gegeben sein (vgl. [Stei97a]):

- zur *Abstraktion* von Details
- zur *Dekomposition* in Teilmodelle
- zur *Unabhängigkeit* der einzelnen Aspekte
- zur *Verfeinerung* über mehrere Stufen gemäß jeweiligem Bedarf
- zur *Erweiterung* um neue Ausdrucksmittel

Fehlen diese Möglichkeiten, sind Probleme nicht nur bei der Darstellung der Modelle zu erwarten, sondern auch die Verständnisbildung bei den Beteiligten wird
erschwert. Eine Darstellung ohne Abstraktionsmöglichkeiten, z.b. von technischen Details, stellt die Anwender vor unnötige Verständnisprobleme. Ohne eine
Dekomposition in Teilmodelle, die durch entsprechende Notationen begleitet werden muß, entziehen sich die Darstellungen ab einer gewissen Größe der Handhabung durch den Modellierer. Müssen für verschiedene Stufen der Verfeinerung
jeweils unterschiedliche Darstellungsmittel verwendet werden, behindert das die
schrittweise Verfeinerung der Darstellung. Die in [Stei97a] beschriebenen Projekterfahrungen zeigen, welche Bedeutung allein der Möglichkeit zur schrittweisen Verfeinerung einer Darstellung zukommt. Allen Beteiligten wird das Verständnis erleichtert, die Teamgröße kann schrittweise reduziert werden und der
Entwickler wird mit den ihm oft unbekannten fachlichen Details der Geschäftsprozesse vertraut gemacht.

Geschäftsprozeß-Modelle als Gegenstand der Darstellung

In [Rose96b, S. 22] wird ein Klassifikationsrahmen für Informationsmodelle präsentiert, aus dem folgende Facetten herausgegriffen werden, um speziell Geschäftsprozeß-Modelle als Gegenstand der Darstellung zu charakterisieren:

- **Modellierungsebene.** Ausgehend von konkreten Geschäftsvorfällen auf *Aus-
  prägungsebene* folgen durch Verallgemeinerung 3 weitere Ebenen, die noch eine sinnvolle Interpretation haben. Auf der *Typebene* werden instanzübergreifende Merkmale eines Geschäftsprozesses beschrieben. Auf dieser Ebene wird
  ein Geschäftsprozeß modelliert, da von Ausnahmen abgesehen nicht der Einzelfall interessiert, sondern das instanzübergreifende Ablaufgeschehen. Die
  Darstellung eines Modellierungsergebnisses ist ein Geschäftsprozeß-Schema.
  Die nächst höhere Ebene wird als *Meta-Schema-Ebene* bezeichnet. Auf dieser
  Ebene sind die Ausdrucksmittel beschrieben, aus denen sich ein Geschäftsprozeß-Schema zusammensetzt. Jedes syntaktisch korrekt gebildete Geschäftsprozeß-Schema ist eine Ausprägung dieses Metaschemas. Auch diese Ebene ist
  methodenspezifisch. Zum Teil bieten Geschäftsprozeß-Modellierungswerkzeuge einem Modellierer die Möglichkeit, auf dieser Ebene die benötigten Ausdrucksmittel einzuführen, die er im nächsten Schritt zur Modellierung der Geschäftsprozesse einsetzt (z.B. Bonapart [UBIS96]). Metaschemata sind Ausprägungen des *Meta-Meta-Schemas*, das zwar noch eine Bedeutung hat, aber für
  die Darstellung der Geschäftsprozeß-Modelle in diesem Kontext keine Rolle
  mehr spielt. Welche weitreichende Bedeutung ein solches Ebenenmodell insbesondere im Workflow-Management hat, wird in [Bußl97, S. 44] und noch aus-
  führlicher in [Schu99] gezeigt.

- **Geltungsanspruch.** Die Positionierung der Darstellungen von Geschäftsprozeß-Modellen auf der Typebene sagt nichts darüber aus, ob ein tatsächlich vorhandener Geschäftsprozeß oder ein für die Zukunft geplanter Geschäftsprozeß
  dargestellt wird. Üblicher als diese zeitliche Unterscheidung ist die Einteilung
  nach *Ist-* und *Soll-Zustand*. In Projekten zur Reorganisation von Geschäftspro-

zessen ist umstritten, ob die Erstellung von Ist-Modellen der Geschäftsprozesse
überhaupt sinnvoll ist. Gegen die Dokumentation der aktuellen Situation spricht
zunächst der erhebliche Zeitaufwand, der für die Erhebung der notwendigen Informationen – etwa durch Interviews mit den Mitarbeitern – anfällt. Schwer-
wiegender und nicht von der Hand zu weisen ist die Befürchtung, daß die Beschäftigung mit bisher praktizierten Verfahren eine unvoreingenommene Herangehensweise verhindert. Bei der Einführung eines Workflow-Management-
Systems führt an der Dokumentation des Ist-Zustands allerdings kein Weg vor-
bei, weil eine radikale Neugestaltung der Geschäftsprozesse nur in den wenig-
sten Fällen möglich ist. Allein die weitere Nutzung der vorhandenen Applikationen setzt dem Spielraum für die Neugestaltung enge Grenzen. Dazu kommt,
daß die Entwicklung einer Workflow-Management-Anwendung ein tiefes Verständnis des Geschäftsprozesses verlangt, das eben nur durch die Erstellung eines Modells zu erreichen ist. Zudem erleichtert die anschauliche Darstellung
die Aufdeckung der Schwachstellen, die nicht zwangsläufig mit einer radikalen
Neugestaltung gleichzusetzen sind. Weitere Gründe sprechen für die Erhebung,
Modellierung und Dokumentation des Ist-Zustands: Der Einsatzbereich des
Workflow-Management-Systems kann daran festgemacht werden; damit sind
auch gleich die Grenzen des Einführungsvorhabens erkennbar, was wiederum
die Planung einer Workflow-Management-Anwendung begünstigt.

- **Beschreibungsebene.** In [Rose96b, S. 29] werden als mögliche Ausprägungen
  für die Facette „Beschreibungsebene" ein Fachkonzept, ein DV-Konzept und
  ein Implementierungskonzept genannt. Geschäftsprozeß-Modelle sind selbst
  bei hoher Detaillierung immer nur Fachkonzepte. Das wird auch in der Zielset-
  zung deutlich, die sich z.B. in [Kurb97] findet: „Ziel der Geschäftsprozeß-Modellierung ist die prozeßorientierte, umfassende Abbildung der betrieblichen
  Realität aus *fachlicher* Sicht".

- **Individualität.** Die Facette „Individualität" gibt an, ob es sich um ein unter-
  nehmensspezifisches Geschäftsprozeß-Modell, ein Referenzmodell oder ein
  Mastermodell handelt [Rose96b, S. 34]. Bei den Referenzmodellen muß noch
  der Geltungsbereich unterschieden werden. Es kann unternehmensintern gültige
  Referenzmodelle geben, die z.B. für alle unternehmenseigenen Niederlassun-
  gen gelten. Referenzmodelle können für eine ganze Branche gelten und damit
  für sehr viele Unternehmen gültig sein. Bei der Entwicklung einer Workflow-
  Management-Anwendung kommen sowohl unternehmensspezifische Geschäftsprozeß-Modelle als auch Referenzmodelle zum Einsatz. Wird ein Workflow-Management-System für einen neu geschaffenen Unternehmensbereich
  eingesetzt, kann die Gestaltung einer Workflow-Management-Anwendung
  durchaus mit Hilfe von Referenzmodellen erfolgen, die sich in anderen Unternehmen bereits als sinnvoll erwiesen haben.

Geschäftsprozeß-Modelle sind demnach ausprägungsübergreifende Beschreibungen der betrieblichen Abläufe. Dokumentiert wird entweder der aktuelle Zustand
(Ist-Modell) oder der Zustand nach der Reorganisation (Soll-Modell), beides jedoch aus fachlicher Sicht und ohne Berücksichtigung einer eventuellen Unterstützung durch ein Workflow-Management-System.

Beispiel eines Darstellungsmittels für Geschäftsprozeß-Modelle

Das große Interesse an der Dokumentation von Geschäftsprozessen hat zu einer Vielzahl von Notationen geführt. Eine gute Übersicht dazu findet sich in [Rose-96b, S. 48ff.]. Da die Ereignisgesteuerten Prozeßketten (EPK) [Kell92, Sche94b, Sche98a, Sche98b] im industriellen Umfeld eine gewisse Verbreitung erlangt haben, sollen sie hier als Beispiel herangezogen werden.

Mit Ereignisgesteuerten Prozeßketten werden Geschäftsprozesse als gerichtete Graphen dargestellt. Knoten repräsentieren Funktionen und Ereignisse, die Kanten dazwischen geben die Reihenfolge des Eintretens von Ereignissen und der Durchführung von Funktionen an. Mit Verknüpfungsoperationen unmittelbar vor oder nach Ereignis-Knoten werden Fallunterscheidungen oder Synchronisationspunkte im Ablauf markiert. Je nach Beschriftung der Ereignis-Knoten werden damit auch nach der Ausführung von Funktionen erreichte Zustände oder Situationen dargestellt. Funktionen können durch Attribute mit hauptsächlich betriebswirtschaftlicher Bedeutung (Materialkosten, Personalkosten, Betriebsstoffe, Abschreibungen etc.) ergänzt werden. Bei Ereignissen sind Zusatzangaben zu Eintrittshäufigkeit, Ereignisherkunft (unternehmensintern/-extern), Ereignisart (automatisiert, interaktiv, manuell) möglich.

Die Gestaltung dieser Darstellungstechnik und die Verfügbarkeit des Modellierungswerkzeugs ARIS [Sche94a] haben maßgeblich zur Verbreitung dieser Notation beigetragen, auch betriebswirtschaftliche Standardsoftware wie das System R/3 kann mit Hilfe von EPK konfiguriert werden [Kell95]. Dabei zeigte sich, daß ohne formal definierte Semantik schnell Fehler bei der Darstellung entstehen können. Fehler sind z.B. Kombinationen von Verzweigungs- und Zusammenführungsoperatoren, die zu unerfüllbaren Situationen führen. Versuche, diese und andere Defekte zu beheben, werden z.B. in [Rump95] unternommen. Eine Erweiterung der Ausdrucksmittel zur komfortableren Handhabung komplizierter Entscheidungsfälle schlägt auch [Rose96b] vor. Zu erwähnen ist weiterhin der Export von Workflow-Schemata für FlowMark aus ARIS, die Abbildung von EPK auf ECA-Regelmengen für ein Workflow-Management-System auf der Basis einer aktiven Datenbank [Zuku96] oder die Verwendung von EPK als Darstellung von Workflow-Schemata im Workflow-Management-System ARIS-Workflow.

Abschnitt 2.2.1 geht ausführlich auf die Konsequenzen ein, die sich für einen Entwickler ergeben, wenn er auf der Grundlage von Geschäftsprozeß-Modellen Workflow-Schemata erstellt. Mit dem Vorliegen der Geschäftsprozeß-Modelle endet die Analysephase. Ab jetzt steht das Workflow-Management-System im Mittelpunkt, und alle weiteren Aktivitäten sind darauf ausgerichtet, vom Geschäftsprozeß zum Workflow zu gelangen.

2.1.2 Entwurfsphase einer Workflow-Management-Anwendung

Die Entwurfsphase umfaßt gemäß dem Vorgehensmodell aus Abb. 2.1 die Aufgaben von Entwicklung, Implementierung und Test der Workflow-Schemata. Für den Einsatz der Workflow-Management-Anwendung ist noch die Integration ins

technische und organisatorische Umfeld erforderlich. Letzteres umfaßt u.a. die
Schulung von Mitarbeitern, worauf hier nicht eingegangen wird, da kein Zusammenhang zur Workflow-Schema-Erstellung besteht. Des weiteren muß die Unterscheidung von Entwicklung und Implementierung der Workflow-Schemata entfallen, weil die heute verfügbaren Workflow-Management-Systeme diese Trennung nicht vornehmen.

2.1.2.1 Entwicklung: Workflow-Schema-Erstellung

Grob in Themenbereiche gegliedert läßt sich die Situation bei der Entwicklung
von Workflow-Schemata wie folgt vorwegnehmen:

- **Entwurfsmethodik.** Abschn. 2.4 führt anhand von elf unterschiedlichen Verfahren vor, welche Wege vom Geschäftsprozeß zum Workflow führen können.
  Es zeigt sich, daß der Stellenwert von Geschäftsprozeß-Schemata für die Entwicklung von Workflow-Schemata recht kontrovers beurteilt wird. Große Unterschiede bestehen zudem in praktischer Relevanz, Eignung, Vorgehensweise
  und Ergebnisqualität.

- **Durchgängigkeit.** Mehrfacherfassung und manuelle Überführung von Daten
  kennzeichnen viele Verfahren. Entwicklungsschritte werden isoliert voneinander durchgeführt, die Ergebnisse dieser Schritte finden nur über die Person des
  Entwicklers wieder Eingang in den Entwicklungsvorgang. Auch das Gegenteil
  einer manuellen Überführung ist zu finden, und zwar in Form von Transformationsprogrammen, die eine Überführbarkeit von Geschäftsprozeß-Schemata in
  Workflow-Schema mittels vordefinierten Abbildungsfunktionen unterstellen.
  Zumindest die bisherigen Erfahrungen deuten darauf hin, daß die angestrebte
  Durchgängigkeit auf Kosten der Ergebnisqualität geht.

- **Werkzeugeinsatz.** Die derzeit nur partiell definierten Standards zu Inhalt und
  Format von Workflow-Schemata und Ausführungsprotokollen verhindern die
  freie Wahl von Werkzeugen für die einzelnen Aufgaben der Workflow-Schema-Erstellung. Dennoch ist zu beobachten, daß Hersteller von Geschäftsprozeß-Modellierungswerkzeugen und Workflow-Management-Systemen entweder Programmierschnittstellen oder die Möglichkeit zum Import und Export
  von Schemata anbieten. Werkzeuge, speziell für die Entwickler, existieren
  kaum, das Angebot bei Geschäftsprozeß-Modellierungswerkzeugen ist erheblich größer (s. Abschn. 2.3). Sofern sie keine Schnittstellen zum Export der
  Schemata aufweisen, bleibt bei ihrem Einsatz nur die manuelle Überführung in
  Workflow-Schemata (s. Abschn. 2.4.3).

- **Ergebnisqualität.** Sie wird derzeit maßgeblich von den Erfahrungen eines
  Entwicklers und den vorgegebenen Möglichkeiten einer Workflow-Sprache bestimmt. Lediglich Werkzeuge zur Auswertung der Ausführungsprotokolle sind
  vorhanden, sie zielen jedoch auf die Beantwortung betriebswirtschaftlich relevanter Fragen wie Liegezeiten und Mitarbeiterauslastung ab.

- **Workflow-Sprachen.** Die vollständige Bindung von Workflow-Sprachen an Workflow-Management-Systeme verhindert, daß Erfahrungen im Umgang mit einzelnen Workflow-Sprachen verallgemeinert und konsolidiert werden. Workflow-Schemata sind nur austauschbar, wenn sie in einer „genormten" Sprache wie der WPDL vorliegen. Der Einsatz dieser Zwischensprache erfolgt bereits, zum Teil sprechen Anwenderberichte jedoch von einem hohen Nachbearbeitungsaufwand [Fürp96]. Die enge Bindung zwischen Sprache und Ausführungsumgebung verhindert, beides nach den jeweiligen Anforderungen zu wählen. Zudem besteht die Tendenz, einen beliebigen Formalismus (z.B. State-Activity-Charts [Hare87a, Hare87b] in [Wodt96], FUNSOFT-Netze in [Gruh91]) als Ersatz für eine Workflow-Sprache anzusehen, unabhängig davon, ob der Formalismus workflow-geeignete Ausdrucksmittel anbietet oder Forderungen nach Lesbarkeit, Wartbarkeit, Änderbarkeit, Erweiterbarkeit usw. erfüllt.

- **Workflow-Schema-Management.** Für die Erstellung von Workflow-Schemata bleibt häufig nur der im Workflow-Management-System enthaltene Editor. Ein umfassendes Workflow-Schema-Management mit Versionsverwaltung, Verwendungsnachweisen, mächtigeren Erstellungs- und Manipulationsoperationen ist bisher nur in Forschungsprototypen realisiert. Eine systematische Untersuchung von Operationen, die auf Workflow-Schemata angewendet werden können, sei es zur Modifikation des Workflow-Schemas selbst oder zur Handhabung von Versionen, Varianten und weiteren Zusammenhängen zwischen mehreren Workflow-Schemata beginnt derzeit erst (s. dazu [Bußl98, Gepp98]).

Diese in weiten Teilen ernüchternde Bilanz gibt im wesentlichen den Stand kommerzieller Workflow-Management-Systeme wieder. Im Bereich der Forschung werden die genannten Probleme inzwischen wenigstens erkannt und partielle Lösungen vorgeschlagen.

2.1.2.2 Test: Simulation der Workflow-Ausführung

Die Simulation der Workflow-Ausführung dient dem Test eines Workflow-Schemas und ist weder mit der Geschäftsprozeß-Simulation zu vergleichen, noch durch deren Ergebnisse zu ersetzen. Zu den üblichen Testfunktionen gehört die schrittweise Ausführung der Workflow-Instanzen. Der Entwickler bekommt dabei Einsicht in die Arbeitslisten der Mitarbeiter und erkennt daran die Korrektheit der Aufgabenzuweisung. Er „bearbeitet" die zugewiesenen Aufgaben und prüft damit, ob die notwendigen Applikationen angeboten bzw. gestartet werden. Die schrittweise Verfolgung erlaubt ihm, die Interpretation einer Kontrollflußdefinition zu prüfen wie auch den Transport von workflow-relevanten Daten zwischen den Subworkflows zu beobachten. Durch Simulation werden folgende Fehler ersichtlich:

- Fehlerhafte Zuordnung von Aufgaben zu Aufgabenträgern
- Unerfüllbare Bedingungen bei Fallunterscheidungen der Kontrollflußdefinition
- Versuche des Aufrufs nicht installierter Applikationen

Genauso wichtig wie die Erkennung von Fehlern wäre es, den Entwickler bei der Administration zu unterstützen und ihn auf folgende Situationen hinzuweisen:

- Workflow-Schemata, die an keiner Stelle als Subworkflow verwendet werden
- von den Änderungen eines Subworkflow-Schemas betroffenen Superworkflows

Dazu ist eine Auswertung über die Gesamtheit aller Workflow-Schemata erforderlich, was eine datenbankbasierte Speicherung der Workflow-Schemata voraussetzt. In [Böhm97b] ist dies im Zusammenhang mit einem externen Speicherungssystem für Workflow-Schemata skizziert, zum Standardumfang kommerzieller Workflow-Management-Systeme gehören derartige Retrieval-Funktionen nicht. Forschungsprojekte beschäftigen sich jedoch bereits mit dem Problem, beispielsweise das Workflow Type Repository in WorCOS [Schu97a, Schu99].

2.1.3 Betriebsphase einer Workflow-Management-Anwendung

Nach Implementierung und Test der Workflow-Schemata beginnt der Einsatz des Workflow-Management-Systems und der Workflow-Management-Anwendung. In der Betriebsphase protokollieren Workflow-Management-Systeme die Ausführung von Workflow-Instanzen in *Audit-Trails* [Work96b]. Aufgezeichnet werden bislang nur direkt meßbare Größen oder eingetretene Ereignisse, beispielsweise:

- Identifikatoren von Workflow-Schemata und Workflow-Instanzen
- auf Workflow-Schemata angewandte Operationen
- Zeitpunkte von Start und Ende der Ausführung der Workflow-Instanzen
- Zuordnung von ausführbereiten Workflow-Instanzen zu Bearbeitern
- Verweilzeiten von zugewiesenen Aufgaben in der Arbeitsliste eines Bearbeiters
- auf Workflow-Instanzen angewandte Operationen
- zur Aufgabenbearbeitung eingesetzte Applikationen und ihre Nutzungsdauer

Diese Liste entspricht in etwa den Möglichkeiten heutiger Workflow-Management-Systeme, wobei das nicht darüber hinwegtäuschen darf, daß hier ein prinzipielles Problem besteht: Für die Rückschlüsse auf die Workflow-Ausführung kann es aufschlußreicher sein, nicht eingetretene Ereignisse zu kennen. Beispielsweise ist es viel relevanter, die Bearbeiter zu finden, denen eine Aufgabe zugewiesen wurde und die diese Aufgabe nicht bearbeitet haben. Losgelöst von diesem bisher nicht näher untersuchten Problem der Protokollierung verfolgt die Auswertung der Workflow-Ausführung zwei Hauptziele:

- **Rekonstruktion des Verlaufs einzelner Geschäftsvorfälle.** Dazu muß ausgehend von der Workflow-Instanz auf das zugehörige Workflow-Schema und weiter auf den Geschäftsprozeß geschlossen werden. Das kann schwierig sein, weil bei vielen Verfahren zur Workflow-Schema-Erstellung dieser Zusammenhang verlorengeht (s. Abschn. 2.5). Ein weiteres Problem tritt auf, wenn mehrere Workflow-Schemata einzeln instanziiert werden, denn dann fehlt ein dokumentierter Zusammenhang zwischen den Workflow-Instanzen.

- **Instanzübergreifende Auswertung der Protokolle.** Sie dient dazu, ein Gesamtbild über die Verwendung einer Workflow-Management-Anwendung zu gewinnen. Für betriebswirtschaftliche Fragestellungen müssen die protokollierten Zeiten und Ereignisse erst mit Größen verknüpft werden, die außerhalb des Workflow-Management-Systems verwaltet werden (z.B. Kosten für Personal). Weiterhin setzen fundierte Aussagen einen langen Beobachtungszeitraum voraus und müssen zudem sehr vorsichtig interpretiert werden [McLe96]. Für die Auswertung werden oftmals eigene Werkzeuge eingesetzt (s. Abschn. 2.3.6), hauptsächlich für das *Prozeßcontrolling* und die *Prozeßkostenrechnung* (vgl. dazu [Rose97, S. 209ff.]).

Für die Entwickler sind die Ergebnisse des Controlling nur relevant, wenn erkannte Defizite zur Änderung des Geschäftsprozesses führen, was wiederum Anlaß für eine Anpassung der Workflow-Schemata ist. Strategische Entscheidungen auf der Grundlage dieser Auswertungen werden hier nicht diskutiert, weil sie die Geschäftsprozeß-Gestaltung und Organisationsentwicklung betreffen. Wichtiger ist die Rückwirkung auf die Workflow-Schemata, wenn die Auswertung auf technische Probleme hinweist. Die Protokollauswertung schließt den Kreis; alle daraus gewonnenen Erkenntnisse gehen in einen neuen Entwicklungszyklus ein.

2.1.4 Vorgehensmodelle

In der Praxis sind Abweichungen von der Phaseneinteilung in Abb. 2.1 üblich, vor allem ist die strikte Reihenfolge aufgehoben. [Goes98] stellt Erfahrungsberichte über Projekte zur Einführung von Workflow-Management-Systemen zusammen; sie zeigen, daß

- die Systemauswahl erfolgt, ohne daß die zu unterstützenden Geschäftsprozesse modelliert werden (d.h. Systementwurf ohne zuvor erstelltes Fachkonzept),
- die Workflow-Schema-Erstellung beginnt, bevor die Modellierung der Geschäftsprozesse beendet ist (d.h. Überschneidung von Systementwurf und Fachkonzept-Erarbeitung),
- Pilotversuche fehlen, weil Workflow-Management-Systemen generell die Eignung abgesprochen wird (d.h. vorzeitiger Abbruch des Einführungsvorhabens).

Nicht zuletzt durch solche Erfahrungen angeregt, gibt es verschiedene Vorschläge für Vorgehensmodelle (z.B. in [Kuen95a, Kuen95b, Kara96]). Zudem ist die Diskussion um Vorgehensmodelle keineswegs neu, einen Höhepunkt erreicht das Thema Ende der 70er und Anfang der 80er Jahre, damals im Zusammenhang mit der Erstellung von Software mit klassischen Programmiersprachen. Diskutiert wird im wesentlichen die Art und Anzahl der notwendigen Phasen, weiterhin die Frage, ob und wann ein Anwender an der Entwicklung zu beteiligen sei oder wo er vollständig auszuschließen ist (s. [Ortn98]). Allerdings gehen in dieser Tradition entstandene Vorgehensmodelle auf die Workflow-Schema-Erstellung nicht besonders ein, wie auch die folgenden Beispiele zeigen.

In [Gall95d] wird die Entwicklung von Workflow-Schemata der Phase „Implementierung" zugeordnet (davor: „Fachkonzept", „DV-Konzept", danach: „Nutzung"). Die Ausführungen legen nahe, daß Workflow-Schemata mit Geschäftsprozeß-Modellen gleichgesetzt werden, die um Zusatzinformationen angereichert und verfeinert werden. Was unter „Verfeinerung" zu verstehen ist, wird nicht ausgeführt. Weiterhin wird ein iteratives Vorgehen bei der Entwicklung von Workflow-Management-Anwendungen gefordert, jedoch auch hier wieder ohne konkreten Hinweis, was das für die Workflow-Schemata bedeutet.

Das von [Wesk98] vorgeschlagene „Reference Model for Workflow Application Development Processes" unterscheidet sich in der Phasenaufteilung von dem in [Gall95d]. Während der „Design Phase" erfolgt hier die Modellierung von Workflows. Die Forderung, die Auswahl des Workflow-Management-Systems erst *danach* vorzunehmen, deutet auf eine systemneutrale „Workflow-Modellierung" hin. Es wird nicht ausgeführt, mit welcher Workflow-Sprache diese Systemneutralität erreicht wird. Interessant ist der Hinweis, daß die automatische Überführung von Geschäftsprozeß-Modellen in Workflow-Schemata Probleme bereitete. Als Beleg werden wie in [Goes98] Projekterfahrungen angeführt. Übereinstimmend mit [Gall95d] wird ein iteratives Vorgehen bei der Workflow-Schema-Erstellung gefordert, allerdings fehlen auch hier wieder konkrete Untersuchungsmethoden zur Auswertung der Workflow-Schemata.

[Ortn98] beschreibt ein *Multipfad-Vorgehensmodell* für die Entwicklung von Informationssystemen, dargestellt am Beispiel einer Workflow-Management-Anwendung. Entgegen der üblichen Praxis bei der Informationssystem-Entwicklung (vgl. [Somm97]) wird vorgeschlagen, bereits in der Phase des Fachentwurfs das Wissen über die spätere Implementierungsplattform für das Informationssystem zu berücksichtigen. Das bedeutet eine Zweiteilung des Fachentwurfs in einen methodenneutralen und einen methodenspezifischen Teil. Der methodenspezifische Fachentwurf bedient sich Techniken, die auf die anschließende Entwicklung von Workflow-Schemata ausgerichtet sind. Der Vorschlag ist so konkret, daß das Verfahren in Abschn. 2.4.2.1 beschrieben und bewertet werden kann.

Diese kurze Gegenüberstellung soll einen ausführlichen Vergleich nicht ersetzen, letzterer ist jedoch kein Thema des vorliegenden Buchs. Ein Vorschlag dazu findet sich in [Stri97a] in Form eines Metamodells für Vorgehensmodelle, das aus den Entitäten „Sprache", „Dokument", „Phase" und „Person" besteht. Abschn. 2.2 macht einen alternativen Vorschlag, der sich auf die Workflow-Schema-Erstellung konzentriert und eine differenzierte Unterscheidung der Verfahren erlaubt.

2.2 Workflow-Schema-Erstellung im Systementwurf

Bei jeder Entwicklung einer Workflow-Management-Anwendung existiert genau eine Phase, die zu einer im Workflow-Management-System ausführbaren Beschreibung der Geschäftsprozesse führt. Gemäß dem Vorgehensmodell aus Abb. 2.1 ist das die Phase des Systementwurfs. Dieser Abschnitt verfeinert diese Phase, indem er Teilschritte und Zwischenergebnisse des Systementwurfs identifiziert. Mit Hilfe dieser Teilschritte und Zwischenergebnisse werden eine Reihe bisher bekannter Verfahren zur Workflow-Schema-Erstellung systematisch *rekonstruiert*. Das Ziel ist eine einheitliche Beschreibung der Verfahren, die eine Vergleichbarkeit schafft und damit Aussagen über Eignung und Anwendbarkeit gestattet. Bisher gibt es dazu nur vereinzelt Ansätze: [Ambe95] unterscheidet die Verfahren grob nach ein- und zweistufig, [Stri97a] gliedert in sequentielle, integrierte und isolierte Verfahren. Die Identifikation elementarer Verfahrensbestandteile und eine darauf aufbauende Verfahrensrekonstruktion fehlt; dieser Abschnitt stellt sie erstmals vor. Um das große Spektrum unterschiedlicher Verfahren abzudecken, betrachtet Abschn. 2.2.1 zunächst das Problem, von einem Geschäftsprozeß zu einem Workflow zu gelangen. Das Problem wird als eine Start-Ziel-Aufgabe aufgefaßt, bei der nur der Startpunkt (Geschäftsprozeß) und das Ziel (Workflow) bekannt sind. Wege zwischen Startpunkt und Ziel werden gesucht. Sie entsprechen den Verfahren, die sich in „Weglänge", „Zwischenstationen" und eingesetzten „Hilfsmitteln" unterscheiden. Abschnitt 2.2.2 untersucht die Wege zwischen Start und Ziel im Detail und identifiziert elementare Verfahrenskonstituenten. Für jedes Verfahren ergibt sich eine andere Kombination der Verfahrenskonstituenten, die durch eine grafische Notation veranschaulicht wird. Im weiteren Verlauf wird von dieser Notation reger Gebrauch gemacht: in Abschn. 2.3 zur Charakterisierung entwicklungsunterstützender Werkzeuge und in Abschn. 2.4, um Verfahren aus der Literatur zu beschreiben.

2.2.1 Aufgabenstellung: Vom Geschäftsprozeß zum Workflow

Nach Einführung eines Workflow-Management-Systems werden die damit unterstützten Geschäftsprozesse entweder als workflow-gestützte Geschäftsprozesse oder als „Workflows" bezeichnet. So besehen ist die Entwicklung einer Workflow-Management-Anwendung ein Vorgang, an dessen Ende einer Teilmenge der Geschäftsprozesse eine gewisse Anzahl von Workflows gegenübersteht. Der Systementwurf ist die „Black Box", in der die Zuordnung wirksam wird. Erkenntnisse über das Innenleben einer „Black Box" werden durch die Untersuchung der Input- und Output-Parameter gewonnen, die hier den Geschäftsprozessen und Workflows bzw. ihren jeweiligen Beschreibungen entsprechen.

Inhaltliche Unterschiede der Beschreibungen von Geschäftsprozeß und Workflow

Aus dem jeweiligen Verwendungszweck der Beschreibungen folgen die Unterschiede fast zwangsläufig. Geschäftsprozeß-Modelle dienen der *Dokumentation* der Geschäftsprozesse; die Rezipienten sind Menschen. Das primäre Ziel von Erstellung und Gebrauch ist die Vermittlung von Wissen über den Geschäftsprozeß. Dementsprechend sind Geschäftsprozeß-Modelle auf Anschaulichkeit und Erklärungsfähigkeit hin ausgelegt. Redundant dargestellte Inhalte werden dazu nicht nur akzeptiert, sondern sogar absichtsvoll eingeführt. Welche Geschäftsprozesse beschrieben werden und auf welche Inhalte dabei besonderer Wert gelegt wird, ergibt sich allenfalls aus dem allgemein formulierten Ziel des Modellierungsvorhabens. Für die Auswahl und die Beschreibung der *Inhalte* bedeutet das (vgl. [Ambe95, Stei97a]):

- **Partielle Darstellung.** Aus Gründen der besseren Verständlichkeit können Geschäftsprozeß-Modelle von den tatsächlichen Abläufen im Unternehmen abweichen oder nur Teile der Geschäftsprozesse darstellen. Die Nutzer der Geschäftsprozeß-Modelle sind in Lage, dies zu erkennen und eine Einordnung in den Zusammenhang vorzunehmen. Auch eine unvollständige Beschreibung ist in gewissen Grenzen zulässig oder sogar hilfreich.

- **Subjektive Wiedergabe.** Die Erstellung eines Geschäftsprozeß-Modells wird vom Verständnis des Modellierers beeinflußt. Er trifft u.U. eine subjektiv gefärbte Auswahl der Phänomene, die er in sein Modell aufnimmt, weil *er* sie als relevant erachtet. Er hat weiterhin Ausdrucksmittel gewählt, die *ihm* zur Darstellung des Geschäftsprozeß-Modells dienlich erscheinen. Mangels formal definierter Semantik der Ausdrucksmittel in den meisten Beschreibungssprachen ist dies kaum zu verhindern.

- **Geringe Spezifität.** Für das Verständnis des Geschäftsprozeß-Modells reichen an vielen Stellen abstrakte Beschreibungen, weil auch eine speziellere Formulierung keinen Informationsgewinn bedeutet. Ein typisches Beispiel ist die Angabe einer Werkzeugklasse zur Aufgabendurchführung. Der Hinweis auf den Einsatz eines Textverarbeitungsprogramms reicht völlig aus; die Nennung eines konkreten Systems ist überflüssig.

- **Geringer Detaillierungsgrad.** Insbesondere umfangreiche Geschäftsprozesse verlangen nach einer geringen Detaillierung, wenn der Gesamtablauf vermittelt werden soll. Beispielsweise endet die Aufgabenbeschreibung weit oberhalb konkreter Handlungsanweisungen. Aufgaben werden meist nur Organisationseinheiten oder Rollen zur Durchführung zugeordnet, detaillierte Zuweisungsmodalitäten fehlen oft.

- **Implizite Zusammenhänge.** Beziehungen zwischen den Elementen des Geschäftsprozeß-Modells werden nicht explizit dargestellt, sondern ergeben sich implizit aus der Bezeichnung der Elemente, etwa die Bezugnahme auf dasselbe Exemplar eines Dokuments.

- **Mangelnde Präzision.** Dies gilt für fast alle beschriebenen Inhalte, insbesondere für Bedingungen, Zeiten, Fallunterscheidungen, Zustände, Ereignisse und Wertebereiche. Auch hier ist das Verständnis auf Seiten der Rezipienten kaum beeinträchtigt, in Zweifelsfällen hilft ein Blick auf den Kontext, in dem die Formulierung steht.

Solange diese inhaltlichen Defekte nicht überhandnehmen, erfüllt ein Geschäftsprozeß-Modell seinen Zweck. Hingegen erfüllt ein Workflow-Schema seinen Zweck – die Bereitstellung einer ausführbaren Beschreibung des Geschäftsprozesses – nur, wenn an die dargestellten Inhalte (nicht an die Darstellung der Inhalte) höhere Anforderungen gestellt werden. Da der Rezipient jetzt ein Workflow-Management-System ist, muß ein Workflow-Schema mindestens die folgenden drei Eigenschaften aufweisen:

- **Fehlerfreiheit.** Fehlerhafte Beschreibungen (bezüglich Ablauf, Aufgabenzuweisung, Zeitpunkten und Fristen usw.) im Geschäftsprozeß-Modell haben i.allg. keine Auswirkungen, weil zwischen den Angaben im Geschäftsprozeß-Modell und den Handlungen der Mitarbeiter kein unmittelbarer Zusammenhang bestehen muß. Ein Workflow-Schema ist für ein Workflow-Management-System hingegen eine direkte und unumgängliche Handlungsvorschrift, bei der es keinen Interpretationsspielraum gibt.

- **Vollständigkeit.** Um ein Geschäftsprozeß-Modell nicht zu überfrachten, werden Sonderfälle, selten vorkommende Verfahren oder Varianten im Vorgehen nicht aufgenommen, obwohl sich die Mitarbeiter im Bedarfsfall sehr wohl dieser Varianten bedienen. Es ist offensichtlich, daß ein Workflow-Management-System nur auf das zurückgreifen kann, was im Workflow-Schema explizit beschrieben ist. Demnach müssen beispielsweise in der Kontrollflußdefinition alle möglichen Ablaufvarianten explizit vorgegeben sein, da deklarative Beschreibungsmittel in vielen Workflow-Sprachen fehlen.

- **Berechenbarkeit.** Regeln zur Aufgabenzuweisungen oder Entscheidungsgrössen in einer Kontrollflußdefinition müssen effektiv berechenbar sein oder explizit vom Anwender erfragt werden. In Geschäftsprozeß-Modellen übliche Formulierungen wie z.B. „in wichtigen Fällen" oder „bei Dringlichkeit" verbieten sich naheliegenderweise.

Um den Unterschied zwischen Geschäftsprozeß-Modellen und Workflow-Schemata entlang der genannten Punkte zu benennen, wird im weiteren von „inhaltlichem Abstand" gesprochen.

Formale Unterschiede der Beschreibungen von Geschäftsprozeß und Workflow

Auch die Unterschiede in den formalen Eigenschaften der beiden Beschreibungen folgen unmittelbar aus der Tatsache, daß nur die Workflow-Schemata vom Workflow-Management-System interpretiert werden. Dazu ist eine formal definierte Workflow-Sprache erforderlich, deren Ausdrücke folgenden Anforderungen genügen müssen:

- **Syntaktische Korrektheit.** Ausdrücke einer Workflow-Sprache sind die Workflow-Schemata; und diese können auf korrekte Syntax im Sinne der Sprache überprüft werden. Zum Teil verhindert Editoren in den Workflow-Management-Systemen die Erstellung syntaktisch unzulässiger Workflow-Schemata.

- **Ausgezeichnete Ausdrücke.** Von den syntaktisch korrekten Ausdrücken einer Workflow-Sprache wird meist nur eine Untermenge tatsächlich verwendet. Als Beispiel soll eine Workflow-Sprache dienen, die den Funktions- und Verhaltensaspekt in Workflow-Schemata durch gerichtete Graphen repräsentiert. Aus technischen Gründen werden jedoch nur Workflow-Schemata akzeptiert, deren Graphen azyklisch sind. Damit sind die azyklischen Graphen gerade die ausgezeichneten Ausdrücke dieser Workflow-Sprache.

Im allgemeinen werden an Geschäftsprozeß-Modelle keine derartigen Anforderungen gestellt, eine Ausnahme ist der Versuch aus [Rump95], wohlgeformte und widerspruchsfreie EPK zu identifizieren bzw. bereits so zu modellieren. Demnach besteht zwischen Geschäftsprozeß-Modellen und Workflow-Schemata i.allg. auch ein Unterschied in den *formalen* Eigenschaften.

Abbildung 2.2 (links) symbolisiert die Situation, die sich aus den Unterschieden zwischen Geschäftsprozessen und Workflows ergibt. Innerhalb der „Wolke" findet eine Veränderung der Schemata statt, so daß am Ende einem Geschäftsprozeß ein oder mehrere Workflows zugeordnet sind. Werden die Geschäftsprozesse als ein Startpunkt und die Workflows als ein Zielpunkt interpretiert, entsprechen die unterschiedlichen Wege zwischen den Punkten den Verfahren zur Workflow-Schema-Erstellung. Die Analogie reicht noch weiter: Zielpunkte können verschoben werden, etwa in Form von veränderten Anforderungen an den Workflow.

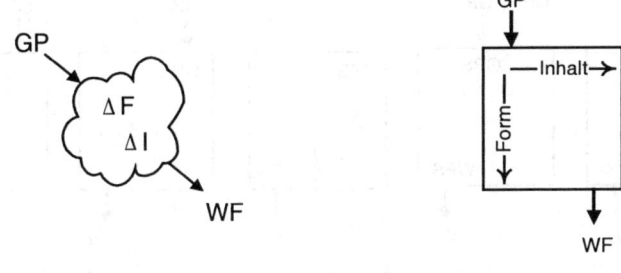

GP: Geschäftsprozeß   Δ F: Angleichung formaler Differenzen
WF: Workflow   Δ I: Angleichung inhaltlicher Differenzen

Abb. 2.2: Initiale Aufgabenstellung

Nicht jeder Pfad nimmt den gleichen Weg, es werden also unterschiedliche Werkzeuge eingesetzt, und nicht jeder Pfad berührt die gleichen Punkte, was als Einhaltung von Randbedingungen beim Verfahren interpretiert wird. Um im folgenden die Verfahren einheitlich darstellen zu können, wird die „Wolke" durch ein Rechteck ersetzt, wie es Abb. 2.2 (rechts) zeigt. Das Rechteck dient als Grundelement der Notation, um die Unterschiede zwischen Geschäftsprozessen und Workflows in 2 Dimensionen zu verdeutlichen: in waagerechter Richtung die *inhaltlichen* Unterschiede, in senkrechter Richtung die *formalen* Unterschiede der jeweiligen Schemata. Die Pfeile deuten daher an, wie sich Form und Inhalt ändern, um vom Geschäftsprozeß ausgehend zum Workflow zu gelangen. Außerhalb des Rechtecks werden die relevanten Phänomene des Anwendungsbereichs symbolisiert (Geschäftsprozeß und Workflow), innerhalb des Rechtecks werden sich je nach Verfahren die Elemente des Darstellungsbereichs (Schemata) finden. Es ist zu beachten, daß durch die Unterscheidung von Anwendungs- und Darstellungsbereich auch der Zusammenhang zu Abb. 1.1 hergestellt wird, in der wichtige Begriffe insbesondere zur Entwicklung von Workflow-Schemata in Beziehung gesetzt werden.

2.2.2 Notation für die Überführung von Geschäftsprozessen in Workflows

Um von einem Geschäftsprozeß zu einem Workflow zu gelangen, gibt es eine ganze Reihe unterschiedlicher Verfahren. Dieser Abschnitt führt Bausteine für eine Notation ein, mit der sich die Verfahren beschreiben lassen. Abbildung 2.3 zeigt als erstes, wie die Ausgangspunkte und die Zwischenergebnisse der Verfahren dargestellt werden. Die Grundmuster zur Verfahrensbeschreibung in Abb. 2.3 sind vollständig. Das aus kombinatorischen Gründen noch notwendige Grundmuster ohne Workflow (WF) hat keine praktische Bedeutung und wird daher nicht berücksichtigt. Alle Verfahren, die Abschn. 2.4 beschreiben wird, weisen genau eines der folgenden Grundmuster auf:

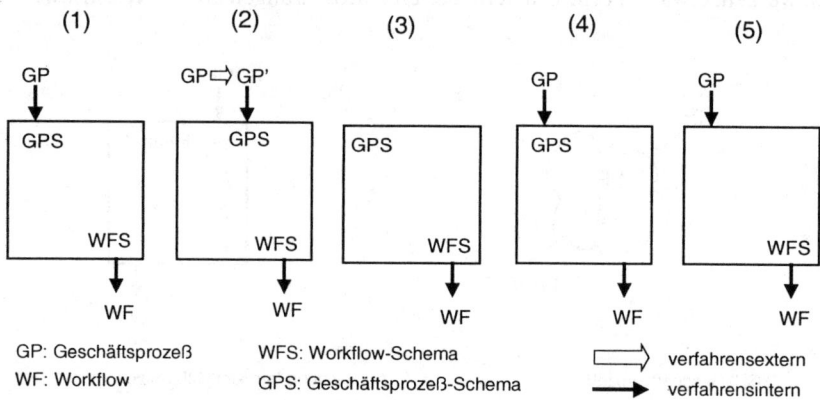

Abb. 2.3: Grundmuster bei der Überführung von Geschäftsprozessen in Workflows

Geschäftsprozesse sind komplexe Gebilde aus interagierenden Personen, erbrachten und ausgetauschten Leistungen, Ressourcen, verknüpften Aufgaben, Richtlinien, Restriktionen, operationalisierten Zielen und vielem mehr. Diese Aufzählung ist weder vollständig noch allgemein gültig; es ist daher nicht verwunderlich, daß die einzelnen Verfahren sehr unterschiedliche Teilmengen aus den genannten Punkten als relevant ansehen und im Workflow-Schema repräsentieren. Sind sowohl Geschäftsprozeß- und Workflow-Schemata Bestandteil des Verfahrens, nicht notwendigerweise in dieser Reihenfolge, wird dies wie in Abb. 2.3 (1) vermerkt. Geht aus der Beschreibung eines vorliegenden Verfahrens hervor, daß signifikante Einschränkungen bezüglich der abzubildenden Aspekte gemacht werden, wird dies wie in Abb. 2.3 (2) notiert. Vor Beginn der eigentlichen Workflow-Schema-Erstellung findet eine Projektion ($\Rightarrow$) auf Teilaspekte statt, die statt des ursprünglichen Geschäftsprozesses (GP) einen vereinfachten Geschäftsprozeß (GP') zum Startpunkt macht. Diese Reduktion kann das anschließende Verfahren begünstigen, denn wenn beispielsweise Geschäftsprozesse bereits als gerichtete Graphen dargestellt werden, fällt die Überführung in ein Workflow-Schema gleichartiger Konzeption leichter. Da die Beschränkung auf Teilaspekte verfahrensrelevant ist, wird dieser Vorgang wie in Abb. 2.3 (2) notiert.

Beginnt ein Verfahren nicht beim Geschäftsprozeß selbst, sondern setzt es mit dem Schema eine Darstellung eines Modells voraus, wird dies wie in Abb. 2.3 (3) notiert. Im Gegensatz zum Geschäftsprozeß als Geschehen in der Realität wird das Geschäftsprozeß-Schema (GPS) *innerhalb* des Rechtecks notiert. Nachdem der Innenbereich des Rechtecks noch nicht weiter unterteilt ist, macht die Position keine Aussage über die inhaltliche und formale Qualität des Schemas. Es wird lediglich ausgesagt, daß das beschriebene Verfahren entweder von einem Geschäftsprozeß-Schema ausgeht oder im Laufe der Entwicklung ein solches erzeugt; diese Unterscheidung ist wieder verfahrenstypisch und wird zur Charakterisierung verwendet.

Bisher wird implizit unterstellt, daß ein Workflow nur durch Instanziierung eines Workflow-Schemas in einem Workflow-Management-System entsteht. Wird ein Workflow allerdings als systemgestützte Ausführung eines Geschäftsprozesses interpretiert, so bedeutet das die Verallgemeinerung von Workflow-Management-System zu Ausführungsumgebung, zu der auch die Simulationskomponente eines Geschäftsprozeß-Modellierungswerkzeugs zählt. Diese Verallgemeinerung ist notwendig, denn es gibt Verfahren mit dem Anspruch, die Workflows auch ohne Workflow-Schema und Workflow-Management-System anzubieten. Abbildung. 2.3 (4) trägt diesem Umstand Rechnung, indem kein Workflow-Schema (WFS) notiert wird. Die zur Durchführung der Simulation notwendige Datenstruktur ist natürlich vorhanden, aber sie kann kaum als Workflow-Schema angesehen werden und wird deshalb nicht eingetragen. Abbildung 2.3 (5) zeigt die Workflow-Schema-Erstellung ohne Geschäftsprozeß-Modellierung.

Im folgenden wird detailliert beschrieben, in welchem Verhältnis die beiden Schemata stehen können und vor allem, welche Wege der gegenseitigen Überführung es gibt. Damit ist auch ein Wechsel der Sichtweise auf das Verfahren verbunden, ab jetzt stehen die Vorgänge im Inneren des Rechtecks im Mittelpunkt, mit anderen Worten, die Veränderungen auf der Darstellungsebene.

Werden die Verfahren in ihrem Ablauf zwischen den jeweiligen Start- und Endpunkten untersucht, finden sich eine Reihe typischer Zwischenergebnisse und Teilschritte. Sie werden im folgenden als *Verfahrenskonstituenten* bezeichnet. Als Verfahrenskonstituenten gelten:

- Format und Inhalt der im Verfahren produzierten und konsumierten Schemata
- Verwendungsbreite der im Verfahren erzeugten Schemata
- Reihenfolge bei der Durchführung einzelner Schritte des Verfahrens
- Anteil manuell und werkzeuggestützter Entwicklungstätigkeiten
- eingesetzte Werkzeuge und deren Eigenschaften (interaktiv/nichtinteraktiv)

Für eine systematische Verfahrensrekonstruktion und die damit verbundene grafische Darstellung wird jetzt die entsprechende Notation vorgestellt. Eine wichtige Rolle spielen dabei die Schemata, in der überwiegenden Zahl der Verfahren die Geschäftsprozeß-, Arbeitsvorgangs- und Workflow-Schemata. Die folgenden 3 Schritte gelten daher je nach Verfahren entweder für alle der jeweils vorkommenden Schemata oder nur für eine Teilmenge daraus, auch das ist bereits ein wichtiger Hinweis auf das Verfahren:

1. **Schema-Erstellung**. Jedes Verfahren enthält genau einen Schritt, der den Geschäftsprozeß als Geschehen der Realität in ein Schema überführt, das den Geschäftsprozeß auf Zeichenebene repräsentiert. Dieser Schritt liefert die ersten Unterscheidungsmerkmale:

   - Zeitpunkt/Position der Schema-Erstellung im Verfahrensablauf
   - Sprache zur Formulierung des Schemas
   - Inhalt des Schemas
   - Formale Eigenschaften des Schemas

2. **Schema-Veränderung**. Das erste im Verfahren erzeugte Schema wird unterschiedlich verwendet: Das Spektrum reicht von der reinen Vorlage bis zur systematischen und regelbasierten Manipulation auf der Zeichenebene oder sogar bis zur direkten Verwendung in einer Ausführungsumgebung. Je nachdem sind dazu mehr oder weniger umfangreiche Veränderungen notwendig, die teils manuell und teils werkzeuggestützt ausführbar sind.

3. **Schema-Ausführung**. Da es Alternativen zum Workflow-Management-System gibt, wird hier nur von „Ausführungsumgebung" gesprochen. In jedem Fall muß das Schema in einer Sprache mit formal definierter Semantik vorliegen. Das Schema muß interpretiert werden und zu eindeutig definierten Reaktionen der Ausführungsumgebung führen.

Da die obigen Schritte das Verfahren konstituieren und in ihrer Durchführungsreihenfolge charakteristisch sind, ist auch die grafische Repräsentation eindeutig. Sie wird im folgenden ausführlich erläutert, insbesondere wird begründet, wie das Rechteck als zentrales Darstellungsmittel in Quadranten aufgeteilt wird und welche Bedeutung die Quadranten haben. Als Vorschau auf die Verfahrensnotation zeigt Abb. 2.4 ein Beispiel. Das Rechteck ist in diesem Beispiel in 4 Quadranten unterteilt. Die Position des Schemas (WFS_X) gibt an, daß es sowohl ausführbar ist (untere Zeile) als auch workflow-relevante Inhalte beschreibt (rechte Spalte).

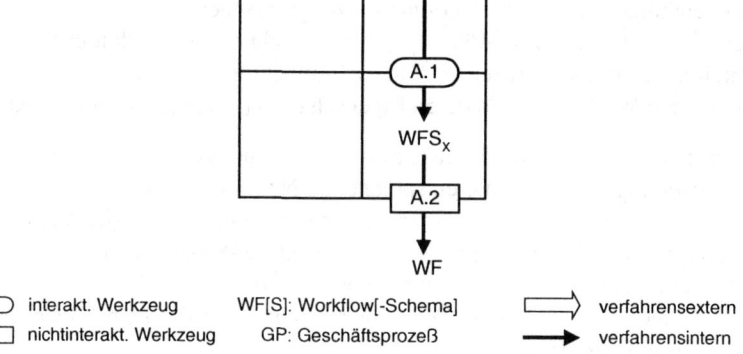

Abb. 2.4: Beispiel für die Darstellung des Verfahrensablaufs

Der Index bezeichnet die Sprache, um Schemata in verschiedenen Sprachen zu unterscheiden. Erzeugt wird dieses Workflow-Schema durch einen interaktiven Editor (A.1), der zusammen mit einer Ausführungskomponente (A.2) eine Einheit bildet (das Werkzeug A besteht aus den Funktionseinheiten A.1 und A.2). Das Workflow-Schema ist mit der Sprache X erstellt. Es entsteht als Abbildung eines Geschäftsprozesses $(GP|_X)$, einer auf die Ausdrucksmittel von Sprache X reduzierten Sicht des Geschäftsprozesses GP.

Dargestellt ist die Workflow-Schema-Erstellung ohne Geschäftsprozeß-Modellierung mit einem Workflow-Management-System A und der Workflow-Sprache X. Die folgenden Abschnitte erläutern Details, Abschn. 2.4.1.1 beschreibt das gezeigte Verfahren ausführlich.

2.2.2.1 Übergänge zwischen Anwendungs- und Darstellungsbereich

Jede Verfahrensbeschreibung muß ausdrücken, was als Geschehen in der Realität stattfindet, was als Schema auf Zeichenebene vorliegt und wann dieser Übergang stattfindet. Abbildung 2.5 zeigt die grafische Repräsentation für die Übergänge zwischen den Bereichen.

Außerhalb des Rechtecks liegt der Geschäftsprozeß als Geschehen in der Realität, innerhalb werden die Schemata, in erster Linie Geschäftsprozeß- und Workflow-Schemata, als Beschreibungen auf Zeichenebene positioniert. Durch die Trennung von Innen- und Außenbereich hat jedes Verfahren einen „Eintrittspunkt" und einen „Austrittspunkt", bei denen ein Wechsel vom Geschehen zur Darstellung und zurück erfolgt. Der Darstellungsbereich für das Verfahren ist in Quadranten gliedert. Die 2 Dimensionen (waagerecht, senkrecht) symbolisieren inhaltliche und formale Eigenschaften der Schemata. Häufigster Fall ist eine Einteilung in 2 Spalten für Geschäftsprozeß- und Workflow-Schemata und 2 Zeilen für nicht-ausführbar/ausführbar. Bei Verfahren mit mehr als 2 Schemata kommen Spalten hinzu. Im gezeigten Beispiel in Abb. 2.5 (rechts) ist das ein Arbeitsvorgangs-Schema, das mehr workflow-relevante Inhalte als ein Geschäftsprozeß-Schema enthält, aber in keiner Workflow-Sprache formuliert ist.

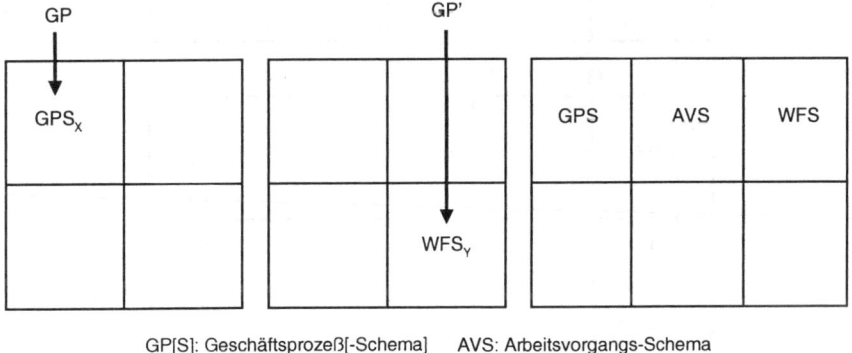

Abb. 2.5: Übergänge zwischen Anwendungsbereich und Darstellungsbereich

Eine mehr als zweistufige Unterteilung der formalen Eigenschaften der Beschreibungen ist möglich, wird aber im folgenden nicht weiter ausgeführt. Denkbar wäre eine Unterscheidung in beliebige Schemata, nur syntaktisch korrekte Schemata und widerspruchsfreie Schemata.

Nachdem der Innenbereich unterteilt ist, gibt der Eintrittspunkt die Eigenschaften des ersten erstellten bzw. verwendeten Schemas an. In Abb. 2.5 (links) ist es ein Geschäftsprozeß-Schema, das nur syntaktisch korrekt ist und eine Ausprägung eines formal definierten Geschäftsprozeß-Metaschemas repräsentiert. In Abb. 2.5 (Mitte) beginnt das Verfahren sofort mit einem ausführbaren Workflow-Schema. Schemata können durch einen Index einen Verweis auf die verwendete Sprache enthalten, was insbesondere bei Verfahren mit mehreren Sprachen hilfreich ist. Der nächste Abschnitt geht auf Schemaveränderungen ein, die sich in der Notation als Übergänge zwischen den Quadranten wiederfinden.

2.2.2.2 Veränderungen der Schemata im Darstellungsbereich

Veränderungen der Schemata zielen einerseits auf die Herstellung der Ausführbarkeit ab, was nur durch korrekte Syntax, Vollständigkeit und Widerspruchsfreiheit der im Schema enthaltenen Beschreibung möglich ist. Andererseits ist Ausführbarkeit eines Schemas nur eine notwendige, aber keine hinreichende Eigenschaft – die Erweiterung um workflow-spezifische Inhalte ist ein weiterer Grund der Schemaänderung. Ohne workflow-spezifische Inhalte ist der Ausführungsumgebung keine sinnvolle Interaktion mit den Anwendern möglich. Formalisierung und inhaltliche Anreicherung erscheinen als gerichtete Quadrantenübergänge.

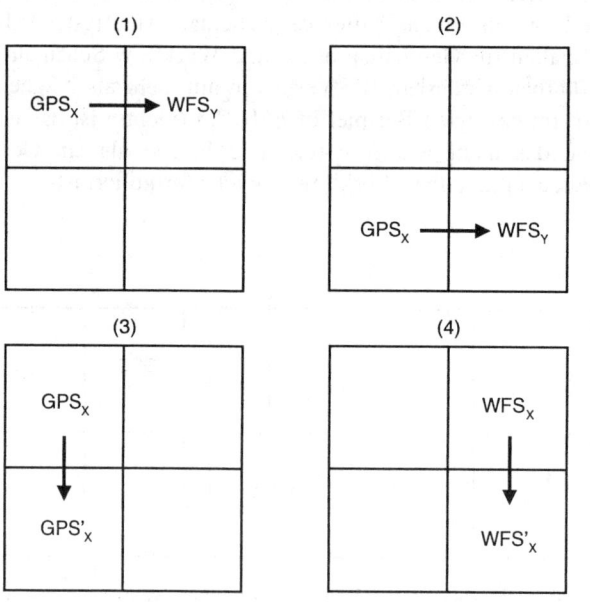

Abb. 2.6: Veränderungen der Schemata im Darstellungsbereich

In Abb. 2.6 sind die verschiedenen Quadrantenübergänge zu erkennen:

- **Veränderung des Inhalts.** Durch die Hinzunahme workflow-relevanter Inhalte wird wie in Abb. 2.6 (1) ein Geschäftsprozeß-Schema in ein Workflow-Schema überführt ($GPS_x \rightarrow WFS_Y$). Ein typisches Beispiel für so einen Übergang ist die Verfeinerung einer Aktivität aus einem Geschäftsprozeß in mehrere elementare Arbeitsschritte, die diese Aufgabe im Workflow-Schema repräsentieren. Diese Verfeinerung ist unabhängig davon, ob die Beschreibungen ausführbar sind oder nicht, möglich ist dieser Übergang sowohl zwischen den oberen als auch den unteren Quadranten, wie es Abb. 2.6 (2) darstellt. Der Übergang muß auch nicht, wie in Abb. 2.6 (1), den Wechsel der Sprache bedeuten, es gibt auch für die Beibehaltung der Sprache Beispiele (s. Abschn. 2.4.2.1).

- **Erfüllung formaler Eigenschaften.** Abbildung 2.6 (3) drückt mit $GPS_x \rightarrow GPS'_x$ aus, daß ein Geschäftsprozeß-Schema so verändert wird, um die formalen Eigenschaften zu erfüllen, die auch ein Workflow-Schema aufweisen muß. Die Entfernung widersprüchlicher Anweisungen und die Formulierung umgangssprachlicher Anweisungen mit formal definierten Ausdrucksmitteln der verwendeten Sprache gehören dazu (analog $WFS_x \rightarrow WFS'_x$ in Abb. 2.6 (4)).

Die gleichen Regeln gelten sinngemäß auch für Raster mit mehr als 4 Quadranten. Zu beachten ist, daß die grafische Darstellung keine Aussage darüber macht, auf welcher Sprachebene die Überführung stattfindet. Nach [Stei97b, S. 191ff.] gibt es dazu 3 Möglichkeiten: Erstens die Überführung auf der *Metaschema-Ebene*, allein durch Zuordnung von Elementen der Metaschemata der Sprachen X und Y. Zweitens die Überführung auf der *Schema-Ebene*, wenn Konstrukte des Quellschemas (GPS_x) ohne Kontextinformation auf Konstrukte des Zielschemas (WFS_Y) abgebildet werden können. Drittens die Überführung auf der *Verwendungs-Ebene*, bei der für jedes einzelne Element aus GPS_x anhand seiner konkreten Verwendung bestimmt wird, wie es auf ein oder mehrere Konstrukte der Sprache Y abzubilden ist. Genau das geschieht bei der manuellen Übertragung von Schemata durch den Entwickler. Die Diagramme unterscheiden dies nicht, weil die in Frage kommende Überführungsebene von den Eigenschaften der verwendeten Sprachen abhängt.

2.2.2.3 Grundvarianten bei der Abfolge von Schemaveränderungen

Ein wichtiges Verfahrensmerkmal ist die Abfolge, in der für ein Workflow-Management-System notwendige Inhalte erfaßt werden und in der das Schema eine ausführbare Form erhält.

Die Notation gibt diese Reihenfolge durch Pfeile innerhalb des Rechtecks wieder, so daß aus den Übergängen zwischen den Quadranten ein charakteristischer Pfad wird. Für die Aufteilung in 4 Quadranten zeigt Abb. 2.7 alle möglichen Varianten: Folgende Arten von Übergängen kommen vor:

(1) **Direkter Übergang.** Ohne Zwischenschritt erfolgt der Übergang vom Geschäftsprozeß-Schema (GPS) zum Workflow-Schema (WFS), weitere Schemata entstehen nicht.

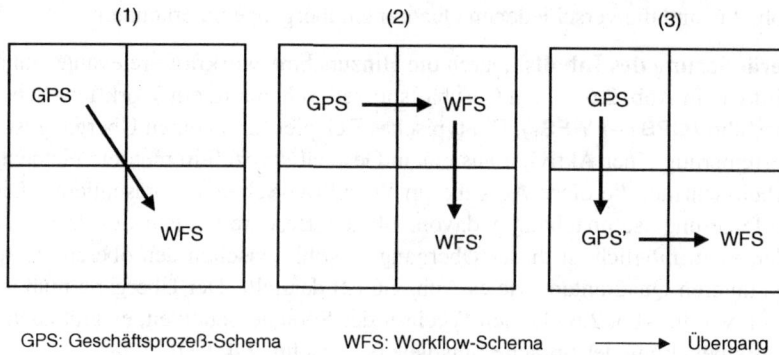

Abb. 2.7: Grundvarianten bei der Abfolge von Schemaveränderungen

(2) **Erfassung von Inhalten vor Formalisierung der Darstellung.** Aus einem Geschäftsprozeß-Schema (GPS) entsteht ein Workflow-Schema (WFS), dessen Inhalt die Erfordernisse eines Workflow-Management-Systems berücksichtigt. Dazu gehören Informationen über die Rechnerumgebung, Applikationen, ausformulierte Bedingungen im Kontrollfluß und Zuweisungsregeln von Aufgaben an Aktivitätsträger. Allerdings ist dieses Workflow-Schema nicht ausführbar, beispielsweise weil die workflow-spezifischen Inhalte nur als Kommentare im Workflow-Schema vorliegen. Erst wenn auch diese Inhalte mit den Ausdrucksmitteln der eingesetzten Workflow-Sprache formuliert sind, entsteht daraus ein ausführbares Workflow-Schema (WFS').

(3) **Formalisierung der Darstellung vor Ergänzung fehlender Inhalte.** Ein so notiertes Verfahren stellt als erstes die Ausführbarkeit des Schemas her (GPS'). Diesem Schema fehlen die workflow-spezifischen Inhalte, so daß keine produktive Interaktion mit den Anwendern möglich ist, bestenfalls die Simulation der Abläufe kann damit erreicht werden. Wieder ist ein zweiter Schritt notwendig, der zum Workflow-Schema (WFS) führt.

Die Bezeichnung als Grundvarianten ist gerechtfertigt, weil auch Verfahren mit zusätzlichen Schemata auf sie zurückgehen. Abschn. 2.4.3 beschreibt solche Verfahren, die als drittes Schema ein Arbeitsvorgangs-Schema nutzen. Die zugehörigen Verfahrensnotationen setzen sich aus einer Folge von Variante (2) und Variante (1) zusammen, verbunden durch das Arbeitsvorgangs-Schema.

2.2.2.4 Werkzeuge bei Erstellung und Veränderung von Schemata

Setzt ein Verfahren Werkzeuge ein, ist der Übergang zwischen den Quadranten von verwendetem und erzeugtem Schema wie in Abb. 2.8 durch einen „Kasten" gekennzeichnet. Die Bedeutung des Werkzeugsymbols als Darstellungsmittel ergibt sich aus 3 Elementen:

• **Position.** Sie gibt an, welchen Übergang das Werkzeug unterstützt. In Abb. 2.8 sind A und B Modellierungswerkzeuge für Geschäftsprozeß-Modelle bzw.

Workflows. Werkzeug A liefert Geschäftsprozeß-Schemata, Werkzeug B stellt sicher, daß ausführbare Workflow-Schemata entstehen. Die Position von Werkzeug C besagt, daß es Geschäftsprozeß-Schemata in Workflow-Schemata transformiert. D und E deuten Schnittstellen eines Speicherungssystems für Geschäftsprozeß-Schemata und Workflow-Schemata an. Speicherungssysteme werden in die Verfahrensnotation aufgenommen, wenn sie nicht nur der Schemaspeicherung, sondern auch der Schemaveränderung dienen.

- **Funktionsweise.** Abgerundete Kästen symbolisieren interaktive Werkzeuge, anderenfalls handelt es sich um nichtinteraktive Werkzeuge. Modellierungswerkzeuge und Editoren (A und B) sind naturgemäß interaktiv. Für die Konvertierung eines Geschäftsprozeß-Schemas in ein Workflow-Schema ist mit C ein nichtinteraktives Transformationsprogramm gezeigt. Auch eine interaktive Umsetzung ist möglich und kommt in verschiedenen Verfahren vor. Es ist für die Qualität der erzeugten Workflow-Schemata sogar entscheidend, ob der Übergang nur aus einem Sprachwechsel besteht oder ob ein Entwickler auf die Inhalte Einfluß hat und inhaltliche Defizite auf diesem Wege ausgleichen kann.

- **Beschriftung.** Die Beschriftung der Komponenten gibt die Eigenständigkeit des Werkzeugs an. Bei fortlaufenden Nummern hinter einem gleichlautenden Buchstaben handelt es sich um unterschiedliche Komponenten ein und desselben Werkzeugs, die ein Entwickler zwar getrennt benutzen, aber nicht gegen Komponenten eines anderen Werkzeugs austauschen kann. Hätten in Abb. 2.8 D und E die Bezeichnungen F1 und F2, wären sie 2 Schnittstellen eines Speicherungssystems F. Die Unterscheidung von eigenständigen Werkzeugen oder zusammengehörigen Teilkomponenten sagt nichts über die jeweilige Funktionsweise aus, sondern gibt Hinweise auf die Austauschbarkeit oder die Möglichkeit zur freien Wahl eines Werkzeugs.

Abschnitt 2.3 geht näher auf Werkzeuge bei der Workflow-Schema-Erstellung ein und stellt konkrete Produkte sowie Prototypen aus der aktuellen Forschung vor. Zur Beschreibung der Erstellung und Veränderung von Schemata in der hier eingeführten Verfahrensnotation genügen die Ausdrucksmittel in Abb. 2.8.

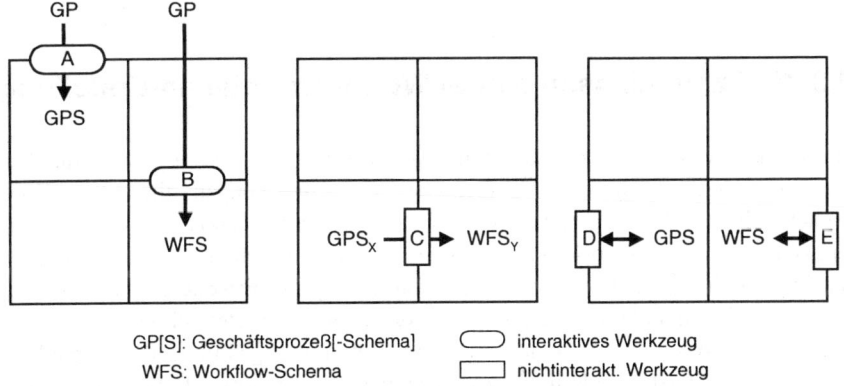

GP[S]: Geschäftsprozeß[-Schema]   interaktives Werkzeug
WFS: Workflow-Schema   nichtinterakt. Werkzeug

Abb. 2.8: Werkzeugunterstützung bei Erstellung und Veränderung von Schemata

2.2.2.5 Ausführung von instanziierten Schemata

Eine vollständige Verfahrensbeschreibung muß die Art der Ausführung eines Workflows ausdrücken. Wenn im folgenden von „Ausführung" gesprochen wird, ist damit die Instanziierung eines vorliegenden Schemas und die Ausführung der erzeugten Instanzen gemeint. Obwohl Ausführung die Interaktion mit den Anwendern bedeutet, wird die Ausführungsumgebung im folgenden als nichtinteraktives Werkzeug dargestellt. Aus Sicht der Workflow-Schema-Erstellung ist das korrekt, weil die Ausführung keinen Einfluß auf die Schemata hat. Ausführungsumgebungen können sowohl Geschäftsprozeß-Modellierungswerkzeuge mit Simulationskomponente als auch reine Workflow-Management-Systeme sein.

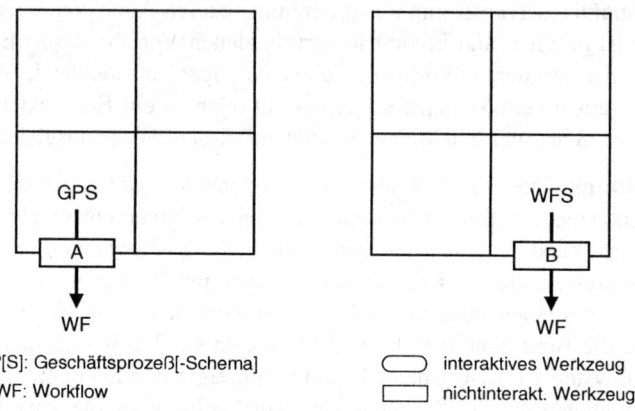

GP[S]: Geschäftsprozeß[-Schema]   interaktives Werkzeug
WF: Workflow   nichtinterakt. Werkzeug

Abb. 2.9: Ausführung von instanziierten Schemata

Abbildung 2.9 veranschaulicht durch die Position der Ausführungsumgebung, welche Art von Schema ausgeführt wird. Es muß nicht zwangsläufig ein Workflow-Schema sein, sondern auch ein Geschäftsprozeß-Schema kann unter bestimmten Umständen „ausgeführt" werden. In beiden Fällen entsteht als Ergebnis ein Workflow, womit jedoch keine Aussage über Qualität der damit erbrachten Unterstützung für die Anwender verbunden ist.

2.3 Werkzeugklassen bei der Workflow-Schema-Erstellung

Die Workflow-Schema-Erstellung wird hier als eine Tätigkeit eingeführt, die über die Zusammenstellung und Übersetzung von Anweisungen einer Workflow-Sprache hinausgeht. Folgerichtig stellt dieser Abschnitt Werkzeuge vor, die einen Entwickler bereits im Vorfeld des Systementwurfs unterstützen oder ihm in späteren Phasen Hinweise liefern, die er zur Anpassung und Erweiterung vorhandener Workflow-Schemata nutzen kann. Diese Ausdehnung der Betrachtung ist notwendig, weil die Workflow-Schema-Erstellung kein einmaliges Ereignis während des Systementwurfs ist, sondern als Aufgabe über die gesamte Lebensdauer einer Workflow-Management-Anwendung fortbesteht.

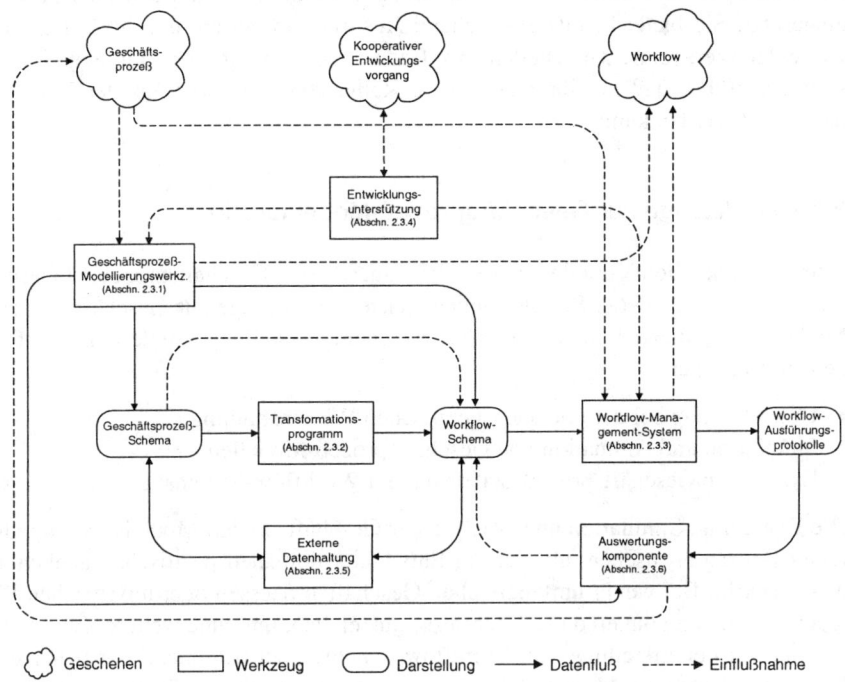

Abb. 2.10: Werkzeugklassen bei der Erstellung von Workflow-Schemata

Abbildung 2.10 stellt die Werkzeugklassen und den Datenfluß bei der Entwicklung einer Workflow-Management-Anwendung als Übersicht dar. Der Reihe nach werden folgende Werkzeugklassen vorgestellt:

- Werkzeuge zur Geschäftsprozeß-Modellierung
- Transformationsprogramme für die Umwandlung von Schemata
- Ausgewählte Komponenten von Workflow-Management-Systemen
- Werkzeuge zur kooperativen Erstellung von Workflow-Schemata
- Hilfsmittel zur Verwaltung workflow-spezifischer Datenbestände
- Auswertung der Ausführungsprotokolle von Workflows

Für die aufgeführten Werkzeugklassen wird untersucht, welchen Beitrag sie zur Workflow-Schema-Erstellung leisten. Die Auswahl orientiert sich an den typischen Aufgaben der Workflow-Schema-Erstellung, generische Werkzeuge, wie etwa zur Verwaltung von Programmcode oder zur Projektdokumentation, werden nicht diskutiert.

Abbildung 2.10 zeigt weithin das Zusammenspiel der entwicklungsbegleitenden Werkzeuge. Es sind nicht nur die Verhältnisse während der reinen Entwurfsphase wiedergegeben, sondern auch die späteren Phasen, in denen die Auswertung von Ausführungsprotokollen erfolgt und die Einfluß auf die Umgestaltung der Geschäftsprozesse nehmen. Die Zusammenhänge werden in den folgenden Abschnitten beschrieben, entsprechende Verweise sind in Form von Abschnittsnummern angegeben. Parallel zur Beschreibung wird die Notation aus Abschn. 2.2 eingesetzt. Sie bietet bereits ausreichend Ausdrucksmittel an, um die Funktionsweise der Werkzeuge darzustellen. Am Ende dieses Abschnitts ist die Notation so weit eingeführt, daß mit ihrer Hilfe eine Reihe von Verfahren aus der Literatur dargestellt werden kann.

2.3.1 Werkzeuge zur Geschäftsprozeß-Modellierung

Über die generellen Vorteile einer werkzeuggestützten Geschäftsprozeß-Modellierung (s. dazu [Rose96b, S. 46f.]) hinaus leisten Werkzeuge zur Geschäftsprozeß-Modellierung speziell für die Workflow-Schema-Erstellung mindestens die folgenden Beiträge:

- Unterstützung bei der domänenspezifischen Wissensbildung
- Simulation und Animation von Geschäftsprozeß-Modellen
- Export von Geschäftsprozeß-Schemata und Workflow-Schemata

Die Erstellung, Simulation und Analyse der Geschäftsprozeß-Modelle ist als indirekter Beitrag anzusehen, mit der ein Entwickler domänenspezifische Fachkenntnisse erwirbt. Bei wenig umfangreichen Geschäftsprozessen oder unkritischen Pilotanwendungen können diese Kenntnisse ausreichen, um ohne weitere Zwischenschritte mit der Erstellung von Workflow-Schemata zu beginnen, wobei nur der Editor des Workflow-Management-Systems gebraucht wird. Abbildung 2.11 zeigt ein derart eingesetztes Geschäftsprozeß-Modellierungswerkzeug. Dargestellt wird ein Geschäftsprozeß (GP) und ein Werkzeug (A). Weil das Geschäftsprozeß-Schema nur innerhalb des Geschäftsprozeß-Modellierungswerkzeugs existiert, aber für die Wissensbildung nicht als eigene Darstellung vorliegen muß, fehlt in der Darstellung der explizite Eintrag eines Geschäftsprozeß-Schemas. Die Geschäftsprozeß-Modellierung ist demnach vollkommen losgelöst von der Workflow-Schema-Erstellung, insbesondere erfolgt kein Datenaustausch zwischen diesen beiden Entwicklungsschritten.

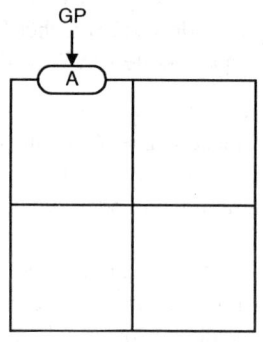

GP: Geschäftsprozeß   ⬭ interaktives Werkzeug

Abb. 2.11: Geschäftsprozeß-Modellierungswerkzeug zur Wissensbildung

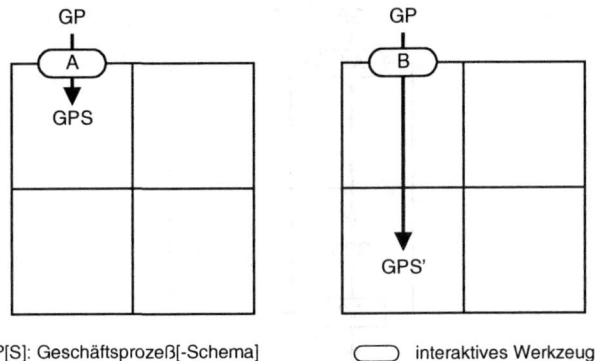

GP[S]: Geschäftsprozeß[-Schema]   ⬭ interaktives Werkzeug

Abb. 2.12: Geschäftsprozeß-Modellierungswerkzeug mit Geschäftsprozeß-Schema-Export

Dient ein Werkzeug nur der grafischen Darstellung von Geschäftsprozeß-Modellen, bleiben unvollständige und fehlerhafte Geschäftsprozeß-Schemata leicht un-
entdeckt. Ein solches Werkzeug kann ohne Verlust durch ein einfaches Zeichen-
programm ersetzt werden. Bei Geschäftsprozeß-Modellierungswerkzeugen mit
Export-Schnittstelle stehen die Geschäftsprozeß-Schemata als eigenständige Darstellung zur Verfügung. Ist zusätzlich eine Simulationskomponente enthalten, sind
die Geschäftsprozeß-Schemata in dieser Umgebung ausführbar und damit automatisch frei von Syntaxfehlern. Abbildung 2.12 zeigt dies anhand der Position von
GPS und GPS'. Die Position auf der linken Seiten des Rasters zeigt zudem an, daß
nicht alle workflow-relevanten Inhalte im Geschäftsprozeß-Schema enthalten sind.

Vereinzelt bieten Geschäftsprozeß-Modellierungswerkzeuge den Export von
Workflow-Schemata an, die sie direkt aus den Geschäftsprozeß-Modellen ableiten
(Abb. 2.13). Die Zusammenfassung von Geschäftsprozeß-Schema-Erstellung und
Workflow-Schema-Export in einem Werkzeug bringt die gleichlautende Bezeichnung (A.1 und A.2) zum Ausdruck. In Abb. 2.13 ist das Transformationsprogramm
integraler Bestandteil des Modellierungswerkzeugs und generiert aus den im Geschäftsprozeß-Schema beschriebenen Inhalten ein Workflow-Schema.

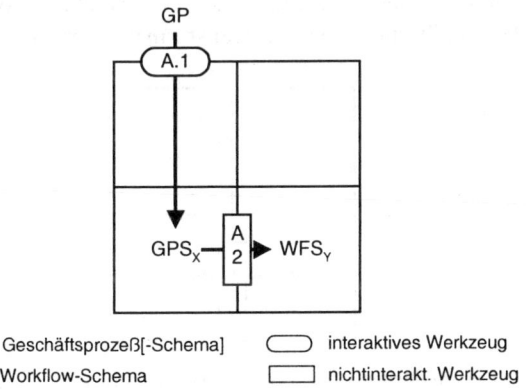

GP[S]: Geschäftsprozeß[-Schema]   ⬭ interaktives Werkzeug
WFS: Workflow-Schema   ▭ nichtinterakt. Werkzeug

Abb. 2.13: Geschäftsprozeß-Modellierungswerkzeug mit Workflow-Schema-Export

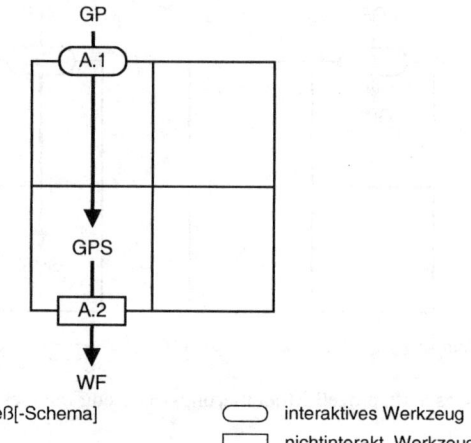

GP[S]: Geschäftsprozeß[-Schema]   ⬭ interaktives Werkzeug
       WF: Workflow   ▭ nichtinterakt. Werkzeug

Abb. 2.14: Geschäftsprozeß-Modellierungswerkzeug mit Simulationskomponente

Auf die Qualität derart erstellter Workflow-Schema geht Abschn. 2.3.2 im Zusammenhang mit dedizierten Transformationsprogrammen ein. Verfügt ein Geschäftsprozeß-Modellierungswerkzeug über eine Simulationskomponente, kann es bis zu einem gewissen Grad Funktionen eines Workflow-Management-Systems veranschaulichen. Das Geschäftsprozeß-Metaschema muß dazu Ausdrucksmittel für Applikationen, Zuweisungsregeln für Aufgaben, expliziten Daten- und Kontrollfluß usw. enthalten. Abbildung 2.14 drückt die Kombination von Modellierungs- (A.1) und Ausführungsfunktionalität (A.2) in einem Werkzeug aus. Da die Ausführbarkeit korrekte Syntax usw. voraussetzt, ist das Geschäftsprozeß-Schema (GPS) im unteren Quadranten des Rasters dargestellt.

2.3.2 Transformationsprogramme für die Umwandlung von Schemata

Die Überführung von Geschäftsprozeß-Schemata in Workflow-Schemata kann das Geschäftsprozeß-Modellierungswerkzeug selbst übernehmen, oder sie erfolgt, wie in Abb. 2.15 dargestellt, durch externe Transformationsprogramme.

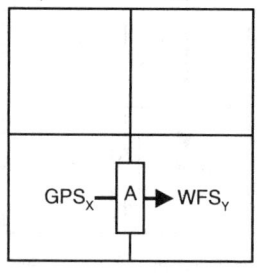

GPS: Geschäftsprozeß-Schema   WFS: Workflow-Schema   ▭ Werkzeug

Abb. 2.15: Nichtinteraktives Transformationsprogramm

Im Unterschied zum Werkzeug aus Abb. 2.13 ist das Transformationsprogramm unabhängig von der Modellierungskomponente, aber nicht von dem darin erzeugten Format des Geschäftsprozeß-Schemas. Zwischen welchen Geschäftsprozeß-Modellierungssprachen und Workflow-Sprachen derzeit Umwandlungen durch Transformationsprogramme möglich sind, beschreibt Abschn. 2.3.7. Auf jeden Fall müssen für eine automatische Überführung von Geschäftsprozeß-Schemata in Workflow-Schemata folgende Voraussetzungen erfüllt sein:

• ein vollständig bekanntes Geschäftsprozeß-Metaschema
• ein syntaktisch korrekt formuliertes Geschäftsprozeß-Schema
• formale Abbildungsregeln vom Geschäftsprozeß-Metaschema auf die Ausdrucksmittel der Workflow-Sprache des Ziel-Workflow-Management-Systems.

Die Funktionsweise und die Implementierung solcher Transformationsprogramme kann bei [Wolf95, Welk95, Zöll95] nachgelesen werden. Darin wird das Geschäftsprozeß-Schema als Eingabe einer Abbildungsfunktion angesehen. Das Transformationsprogramm greift auf Regeln zurück, die jedem Element eines Geschäftsprozeß-Metaschemas ein Element im Workflow-Metaschema zuordnen. Für jedes zu transformierende Geschäftsprozeß-Schema kommen die Regeln zum Einsatz und produzieren danach Workflow-Schemata. Durch geschickte Implementierung des Transformationsprogramms, namentlich eine Dreiteilung in Interpretationsmodul, Abbildungsmodul und Generatormodul, lassen sich neue Transformationsprogramme unter Verwendung bereits vorhandener Module realisieren.

Um die Anzahl der notwendigen Transformationsprogramme insgesamt klein zu halten, wenn viele verschiedene Geschäftsprozeß-Modellierungswerkzeuge mit Workflow-Management-Systemen zu koppeln sind, ist die Einführung eines *Zwischenformats* sinnvoll [Jabl95]. Der Vorschlag der Workflow Management Coalition mit der Workflow Process Definition Language [Work98] geht in diese Richtung, allerdings wird dort nach dem Prinzip des „kleinsten gemeinsamen Nenners" zwischen den Workflow-Sprachen verfahren. Der Ansatz aus [Jabl95] ist dazu komplementär. Das vorgeschlagene Zwischenformat ist ausdrucksmächtiger als die meisten Workflow-Sprachen. Realisiert ist das Zwischenformat in der MOBILE Script Language (MSL) [Jabl96a], die Ausdrucksmittel anderer Workflow-Sprachen nachbilden kann. Im Gegensatz zur Überführung in das WPDL-Zwischenformat gehen auf diese Weise keine Inhalte verloren. Den Nachweis für diesen Anspruch erbringt [Bußl97], indem mittels MSL die Ausdrucksmöglichkeiten anderer Workflow-Sprachen für den Organisationsaspekt (insbesondere Strukturbeschreibung, Population und Zuweisungsregeln) nachgebildet werden.

2.3.3 Komponenten von Workflow-Management-Systemen

Viele Workflow-Management-Systeme verfügen über einen Editor, mit dem ein Entwickler Workflow-Schemata erstellen kann. Für den Funktions- und Verhaltensaspekt eignen sich grafische Notationen, ansonsten erfolgt die Datenerfassung über Eingabemasken. Abbildung 2.16 zeigt die Notation für ein Verfahren, bei dem ein Workflow-Schema (WFS) vollständig mit dem eingebauten Editor des Workflow-Management-Systems (A) erstellt wird.

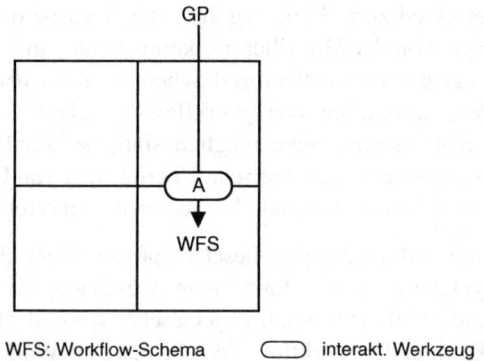

GP: Geschäftsprozeß   WFS: Workflow-Schema   ⬭ interakt. Werkzeug

Abb. 2.16: Editor eines Workflow-Management-Systems

Die Erstellung des Workflow-Schemas erfolgt, ohne daß ein Geschäftsprozeß-Schema als Vorlage oder Ausgangspunkt genutzt wird. Aus Gründen der Vollständigkeit wird die Ausführungskomponente des Workflow-Management-Systems als Werkzeug im weiteren Sinn aufgeführt.

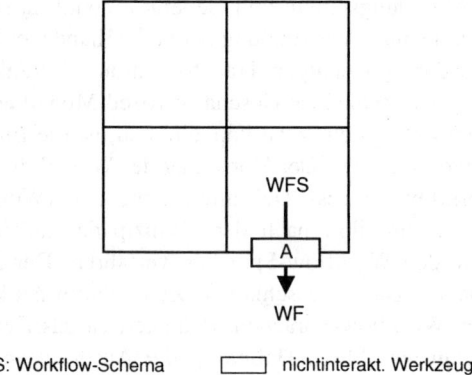

WFS: Workflow-Schema   ▭ nichtinterakt. Werkzeug

Abb. 2.17: Ausführungskomponente eines Workflow-Management-Systems

Abbildung 2.17 stellt diese Ausführungskomponente am Übergang von der Darstellungsebene zurück zum Geschehen in der Realität dar. Das instanziierte Workflow-Schema (WFS) muß aus diesem Quadranten kommen, weil nur dort Ausführbarkeit und workflow-spezifische Inhalte gegeben sind.

2.3.4 Werkzeuge zur kooperativen Workflow-Schema-Erstellung

Verteilt sich die Entwicklungstätigkeit auf mehrere Personen, sind Werkzeuge zur Unterstützung der Kooperation nötig. Das können zunächst unspezifische Groupware-Anwendungen sein, die Planung und Projektmanagement begleiten. Bessere

Unterstützung versprechen entwicklungsbegleitende Werkzeuge, die sich an den Eigenschaften der jeweiligen Entwicklungstätigkeit orientieren. Die Unterstützung der Entwickler kann auf zwei Arten erfolgen: bei der *Kooperation* untereinander und der *Entwicklungstätigkeit* selbst (vgl. [Gall95b]). Dazu zwei Beispiele:

- **Externe Kooperationsunterstützung bei verteilter Entwicklung.** In ContAct (Coordination of Cooperative Information Modeling Activities) [Gall95a, Gall-95c, Hage96] werden entwicklungsrelevante Dokumente (z.b. Geschäftspro-zeß-Modelle, Workflow-Schemata etc.) ausgetauscht, aber *außerhalb* von ContAct bearbeitet. Die Entwicklungstätigkeit wird protokolliert, um Entschei-dungen nachzuvollziehen oder Fehlentwicklungen zurückzuverfolgen.

- **Unterstützung verteilter Entwicklung als Zusatzfunktionalität.** [Graw95] stellt eine verteilte Entwicklung von Workflow-Schemata vor, allerdings nur für das Workflow-Management-System LEU [Gruh93, Dink94, Slag96]. LEU unterscheidet Geschäftsprozeß-Modelle und Workflow-Schemata nicht, beides sind nur verschiedene Sichten auf eine gemeinsame Beschreibung des betriebli-chen Ablaufs. Der beschriebene Ansatz zur verteilten Entwicklung ist durch ei-nige Zusatzannahmen sehr speziell. Die Entwickler der Workflow-Schemata sind weitgehend identisch mit den zukünftigen Anwendern. Sie entwickeln nur die Workflow-Schemata für ihren Teil am Geschäftsprozeß. Alle Anwender-gruppen und Abteilungen müssen zudem das gleiche Workflow-Management-System einsetzen. Eine Abteilung erstellt ein initiales Workflow-Schema und delegiert die Verfeinerung an andere Abteilungen respektive die dortigen Ent-wicklerteams weiter. Die zur Modellierung eingesetzten FUNSOFT-Netze [Em-me91] unterstützen diesen Ansatz, weil sie durch ausgezeichnete Elemente (Channels) Schnittstellen definieren und damit die Zusammenfügung von Netz-Fragmenten ermöglichen.

ContAct ist ein typisches Beispiel für ein externes Zusatzprogramm, das Geschäfts-prozeß- und Workflow-Schemata selbst nur transportiert, aber nicht bearbeitet. Dazu komplementär ist die Funktion in LEU, die integraler Bestandteil des Workflow-Management-Systems ist und zudem massiv auf Eigenschaften des Workflow-Metaschemas setzt. Beides kann den Entwickler unterstützen: ContAct in fast jeder Umgebung, dafür nicht inhaltlich, der LEU-Ansatz nur in einem Workflow-Management-System, dafür aber bei der ansonsten sehr schwierigen Aufgabe der Entwicklung verteilt ausgeführter Workflows.

2.3.5 Hilfsmittel zur Verwaltung workflow-spezifischer Datenbestände

Der Einsatz von Datenbanksystemen zur Unterstützung von Entwurfsanwendun-gen ist gängige Praxis (für technische Entwurfsanwendungen siehe [Ritt97]). Ob-gleich die Entwicklung von Workflow-Schemata zu den konstruktiven Entwick-lungsvorgängen gehört, ist hier der Datenbankeinsatz unterrepräsentiert (einige Gründe sind: geringes Datenvolumen, fehlende Relevanzbeimessung, Bearbeitung erfolgt derzeit selten kooperativ). Um die durchaus vorhandenen Möglichkeiten aufzuzeigen, dienen die folgenden Beispiele:

- **DOPAS**. Im gleichnamigen Projekt (Document and Office Procedure Archive Server) [Böhm95] entstand eine objektorientierte Datenbankanwendung, die Teile von Workflow-Schemata unterschiedlicher Workflow-Management-Systeme speichern, verwalten und referenzieren kann. Die Weiterentwicklung von DOPAS zu einem integrierten und unternehmensweiten Datenhaltungssystem für Workflow-Management-Anwendungen ist in [Böhm97a] skizziert. Der Gewinn gegenüber der im Workflow-Management-System vorgesehenen Speicherung liegt in den deutlich erweiterten Such- und Auswertungsfunktionen, die die Handhabung größerer Mengen von Workflow-Schemata erleichtert.

- **Workflow Dictionary**. [Kral96] stellt mit dem Workflow Dictionary eine relationale Datenbankanwendung vor, deren Schema im wesentlichen die Obermenge aus den Metaschemata der Geschäftsprozeß-Modellierungswerkzeuge ARIS und Bonapart sowie der Workflow-Management-Systeme Hermes [Cara96] und Work-Party [SNI95, Hans96] umfaßt. Damit ist das Workflow Dictionary in der Lage, nicht nur als externe Datenhaltungskomponente für Geschäftsprozeß- und Workflow-Schema zu fungieren, sondern es realisiert auch die Transformation zwischen beiden Darstellungen via Sichtenbildung auf den gemeinsamen Datenbestand (s. Abschn. 2.4.4.3).

- **VorTel**. Eine Komponente des Verbundprojekts VorTel (Vorgangsbearbeitung als Teleservice) [Bapa96] realisiert eine Nachweisdatenbank für Workflow-Schemata. Die Datenbank dient als Registratur für die Bezeichner aller Workflow-Schemata, die an VorTel beteiligte Workflow-Management-Systeme anbieten. Für den Anwender ist die Speicherung der Workflow-Schemata transparent. Mittels Suchfunktion bestimmt er das geeignete Workflow-Schema und bringt es im zugehörigen Workflow-Management-System zur Ausführung.

Alle drei Projekte setzen voraus, daß die Geschäftsprozeß-Modellierungswerkzeuge und Workflow-Management-Systeme Schnittstellen zum Import und Export der Geschäftsprozeß-Schemata und Workflow-Schemata anbieten. Kein Projekt vollzieht den Schritt von einer reinen Datenbankanwendung zu einem Repository, weshalb Änderungen an den gespeicherten Schemata weder kontrolliert noch protokolliert werden können, etwa durch systematisches Check-In und Check-Out. Das bedeutet, die partizipierenden Werkzeuge oder die Entwickler sind für Konsistenzerhalt und Aktualität der gespeicherten Schemata verantwortlich. Ebenfalls gleich ist die Rolle der Datenbank als reine Datenhaltungskomponente. Die Möglichkeit zur systematischen Veränderung der gespeicherten Schemata, wie sie Kap. 3 als Teil der Entwicklungsmethodik für Workflow-Typen vorstellt, fehlt.

2.3.6 Auswertung der Ausführungsprotokolle von Workflows

Da Workflow-Management-Systeme derzeit nur einen Teil der erforderlichen Funktionen zur Auswertung der Audit-Trails anbieten, werden dafür externe Zusatzprogramme eingesetzt. Das hat zudem den Vorteil – entsprechende Konfigurationsmöglichkeiten vorausgesetzt – die Audit-Trails unterschiedlicher Workflow-Management-Systeme auswerten zu können. Genau diesem Ziel dient die

„Audit Data Specification" [Work96a] der Workflow Management Coalition, in der sich Vorschläge zu Form und Inhalt der Audit-Trails finden. Die beiden folgenden Auswertungssysteme, die als Beispiele für diese Werkzeugklasse dienen, verwenden die proprietären Formate zweier Workflow-Management-Systeme:

- **PISA**. [Rose96a] stellt mit PISA eine Auswertungskomponente für Audit-Trails des Systems FlowMark vor. Zwecks Prozeßcontrolling erfolgt ein Abgleich mit Geschäftsprozeß-Schemata aus dem Modellierungswerkzeug ARIS. Eine auf Metaschema-Ebene vorhandene Korrespondenz zwischen den Ausdrucksmitteln für Organisationseinheiten, Rollen, Personen, Aktivitäten und ganzen Geschäftsprozessen, respektive Workflow-Schemata, erlaubt die Gegenüberstellung von Soll-Werten aus dem Geschäftsprozeß-Modell und den Ist-Werten aus den Ausführungsprotokollen. Geschäftsprozeß-Schema und Workflow-Schema müssen sich dabei weitgehend entsprechen, und diese Entsprechung muß über alle Änderungen hinweg erhalten werden. Der Ansatz wird durch die im Fall von ARIS und FlowMark sehr ähnlichen Ausdrucksmittel in Geschäftsprozeß-Metaschema und Workflow-Metaschema begünstigt. Das ist allerdings ein Sonderfall, eine Lösung bei weniger verwandten Metaschemata wird nicht beschrieben. Die für Abgleiche notwendige Entsprechung auf Schema-Ebene schränkt zudem den Workflow-Schema-Entwurf ein, weil er sich strikt am Geschäftsprozeß-Schema orientieren muß. Kap. 4 zeigt, daß die strukturelle Korrespondenz von Geschäftsprozeß-Schema und Workflow-Schema weder garantiert werden kann noch wünschenswert ist, sobald Workflow-Typen und Workflow-Schemata nach nichtfunktionalen Kriterien entwickelt werden.

- **Workflow-Analyser**. [Kral96] beschreibt eine datenbankbasierte Auswertungskomponente, die Audit-Trails von WorkParty speichert. Für die Auswertung wird ein matrixartiges Bewertungssystem für Geschäftsprozesse eingesetzt. Es kombiniert die Betrachtungsebenen „Arbeitsplatz", „Geschäftsprozeß" und „Geschäftsprozeß-Gesamtheit" jeweils mit einer Zeit-, Ressourcen-Mengen-, Kosten- und Personal-Sicht. Adressaten für Auswertungen mit diesem Inhalt sind sowohl die Führungsebene, die strategische Entscheidungen zur Umgestaltung der Geschäftsprozesse trifft, als auch ein Systemanalytiker, der den Zahlen Defizite bei der Unterstützung durch das Workflow-Management-System entnimmt. Nicht beschrieben wird in [Kral96], wie die Verknüpfung von Daten aus der Workflow-Ausführung mit außerhalb des Workflow-Management-Systems gepflegtem Zahlenmaterial erfolgt; ein Problem, dem PISA durch Hinzunahme der Geschäftsprozeß-Schemata begegnet.

Beide Ansätze sind eindeutig auf die Beantwortung von betriebswirtschaftlichen Fragen ausgerichtet. Der notwendige Rückschluß von Ergebnissen der Workflow-Ausführung auf eventuelle Änderungen im Workflow-Schema unterbleibt.

2.3.7 Übersicht zu entwicklungsbegleitenden Werkzeugen

Tabelle 2.1 stellt Produkte (P) und Prototypen bzw. Forschungsprojekte (F) vor, die die Entwicklung von Workflow-Management-Anwendungen unterstützen.

System / Projekt	Art	Aufgabe	Verweis
ADONIS	F	Geschäftsprozeß-Management	Kara96
AENEIS	P	Geschäftsprozeß-Management	IPRO98
ARIS	P	Geschäftsprozeß-Modellierung	IDS94
Bonapart	P	Geschäftsprozeß-Modellierung	UBIS96
ContAct	F	Kooperations-Unterstützung	Hage96
DOPAS	F	Datenhaltungskomponente	Böhm95
FluX	F	Geschäftsprozeß-Management	Zuku96
MOMO	F	Workflow-Schema-Erstellung	Horn98
PISA	F	Auswertung Workflow-Ausführung	Rose97
PROMET	P	Geschäftsprozeß-Modellierung	Öste96
VorTel (Nachweis-DB)	F	Datenhaltungskomponente	Bapa96
Workflow-Analyser	F	Auswertung Workflow-Ausführung	Kral96
Workflow Dictionary	F	Datenhaltungskomponente	Kral96

Tabelle 2.1: Entwicklungsbegleitende Werkzeuge

Tabelle 2.2 zeigt Geschäftsprozeß-Modellierungswerkzeuge und Workflow-Management-Systeme, die entweder direkt oder durch Transformationsprogramme ge-
koppelt sind. Mit der Nennung ist keine Aussage über die Qualität der Kopplung,
die Verbreitung oder den tatsächlichen Einsatz verbunden.

von System	nach System	via	Verweis
AENEIS	beliebig	konfigurierbarer Export	IPRO98
ADONIS	FlowMark	(keine Angaben)	Kara96
ARIS	COSA	direkt	Ley95
ARIS	ECA	(keine Angaben)	Zuku96
ARIS	FlowMark	direkt	Föck96
ARIS	GPM	(keine Angaben)	Mumm96
ARIS	Hermes	DB	Kral96
ARIS	Lotus Notes	direkte API-Kopplung	CZ98
ARIS	MENTOR	(keine Angaben)	Wodt96
ARIS	ProMInanD	WPDL-Dateiaustausch	Welk95
ARIS	WorkParty	Datenbankinhalt	Kral96
Bonapart	CSE Workflow	(keine Angaben)	Fürp96
Bonapart	Hermes	Datenbankinhalt	Kral96
Bonapart	Metaphase	(keine Angaben)	Neeb96
Bonapart	ProMInanD	WPDL	Wolf95
Bonapart	WorkParty	Datenbankinhalt	Kral96
MENTOR	FlowMark	(keine Angaben)	Wodt96
SOM	FlowMark	(keine Angaben)	Luko95
SOM	WorkParty	(keine Angaben)	Lang95
StructWare	ProMInanD	WPDL	Zöll95

Tabelle 2.2: Kopplungen von Entwicklungswerkzeugen mit Workflow-Systemen (Beispiele)

2.4 Kartierung von Verfahren der Workflow-Schema-Erstellung

Dieser Abschnitt stellt eine repräsentative Auswahl von Verfahren zur Workflow-Schema-Erstellung vor. Die Beschreibung stützt sich auf die eingeführte Notation, die jedem Verfahren eine eindeutige grafische Repräsentation zuordnet. Damit gelingt es erstmals, sowohl die Verfahrenslandschaft insgesamt zu kartieren als auch einzelne Verfahren zu charakterisieren. Eingeteilt nach Sprachen und erstellten Schemata ergibt sich die folgende Abschnittsgliederung:

- Abschn. 2.4.1: *eine* Sprache, *ein* Geschäftsprozeß- *oder* Workflow-Schema
- Abschn. 2.4.2: *eine* Sprache für Geschäftsprozeß- *und* Workflow-Schema
- Abschn. 2.4.3: *mehrere* Sprachen für Schemata, *manuelle* Überführung
- Abschn. 2.4.4: *mehrere* Sprachen für Schemata, *automatisierte* Überführung

Um den aktuellen Entwicklungsstand auf diesem Gebiet darzustellen, werden recht unterschiedliche Verfahren vorgestellt. Vertreten sind manuelle, werkzeuggestützte und weitgehend automatisierte Verfahren zur Workflow-Schema-Erstellung. Für den Einsatz einer, zweier und mehr Sprachen werden Beispiele gegeben. Auch wenn die Aufzählung nicht vollständig ist, deckt sie doch das Spektrum derzeit diskutierter und eingesetzter Verfahren ab.

2.4.1 Beschränkung auf Geschäftsprozeß-Schema oder Workflow-Schema-Erstellung

Die folgenden Verfahren bestehen in der Erstellung entweder eines Geschäftsprozeß-Schemas *oder* eines Workflow-Schemas, je nach verwendeter Sprache bzw. eingesetztem System. Für einen Entwickler sind dies „einfache" Verfahren, weil er nur eine Sprache nutzen und nur ein Schema erstellen muß. Modellierungs- und Ausführungsumgebung sind identisch oder untrennbare Komponenten eines Gesamtsystems. Daß die einzelnen Produkte im Funktionsangebot der Komponenten unterschiedliche Schwerpunkte setzen, ist aus ihrer Entwicklungsgeschichte und ihrer Herkunft erklärbar.

Kommerzielle Workflow-Management-Systeme bieten Modellierungskomponenten, die vollständig auf die eingesetzte Workflow-Sprache abgestimmt sind (Abschn. 2.4.1.1). Schnittstellen zum Import extern erstellter Workflow-Schemata sind selten vorhanden. Bei Modellierungswerkzeugen dient eine zusätzliche Ausführungskomponente oft nur der Simulation oder Animation (Abschn. 2.4.1.2). Obwohl Workflow-Management-Systeme und Geschäftsprozeß-Modellierungswerkzeuge mit Ausführungskomponente unterschiedliche Produktklassen sind, haben die mit ihnen verbundenen Verfahren signifikante Ähnlichkeiten, was die gemeinsame Behandlung rechtfertigt.

2.4.1.1 Erstellung von Workflow-Schemata ohne Geschäftsprozeß-Modellierung

Durch die Geschäftsprozeß-Modellierung soll die Einführung eines Workflow-Management-Systems erleichtert werden, indem der technischen Umsetzung der Geschäftsprozesse eine inhaltliche Erschließung vorangestellt wird [Ambe97]. Bei Testinstallationen eines Workflow-Management-Systems oder bei überschaubaren Geschäftsprozessen kann auf diese zweistufige Vorgehensweise verzichtet werden. Abbildung 2.18 zeigt die typischen Merkmale eines solchen Verfahrens zur Workflow-Schema-Erstellung ohne Geschäftsprozeß-Modellierung:

- Beteiligt ist nur ein Workflow-Management-System, bestehend aus einer interaktiven Modellierungskomponente (A.1) und einer Ausführungskomponente (A.2), die in Workflow-Sprache X formulierte Workflow-Schemata instanziieren und ausführen kann.

- Die Kenntnis der Workflow-Sprache X zwingt den Entwickler, den Geschäftsprozeß (GP) zunächst auf Inhalte und Aspekte zu reduzieren, die er mit der verfügbaren Workflow-Sprache X ausdrücken kann (GP|$_X$). Dies geschieht *vor* der Workflow-Schema-Erstellung.

- Die Verwendung des systemeigenen Editors (A.1) führt *unmittelbar* und *zwangsläufig* zu syntaktisch korrekten Workflow-Schemata (WFS$_X$), die direkt ausführbar sind.

Deutlich zu erkennen ist, daß die Ausrichtung auf workflow-relevante Inhalte *außerhalb* des Verfahrens stattfindet und zwar durch einen Entwickler bei der Vereinfachung des Geschäftsprozesses. Es gibt hier keine verwendungsneutrale Beschreibung des Geschäftsprozesses. Das Workflow-Schema kann sie nicht ersetzen, denn es ist hinsichtlich Detaillierungsgrad und Inhalt auf das Workflow-Management-System abgestimmt.

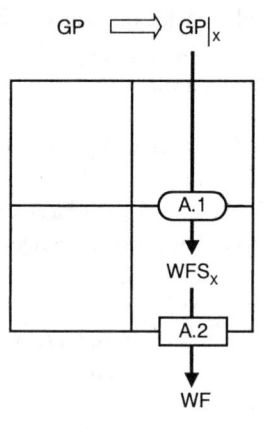

interakt. Werkzeug	WF[S]: Workflow[-Schema]	verfahrensextern
nichtinterakt. Werkzeug	GP: Geschäftsprozeß	verfahrensintern

Abb. 2.18: Erstellung von Workflow-Schemata ohne Geschäftsprozeß-Modellierung

Das hat zur Folge, daß bei einem späteren Wechsel des Workflow-Management-Systems keine Beschreibung des Geschäftsprozesses vorliegt, die nicht von den Ausdrucksmitteln und dem Modellierungsparadigma der verwendeten Workflow-Sprache geprägt ist. Technisch bedingte und inhaltlich motivierte Entscheidungen sind im vorliegenden Workflow-Schema nicht mehr zu unterscheiden, sofern sie nicht außerhalb dokumentiert werden. Aus diesen Gründen ist ein Verfahren mit der ausschließlichen Erstellung von Workflow-Schemata auf Projekte beschränkt, die keine unabhängige Geschäftsprozeß-Dokumentation erfordern. Das sind beispielsweise die eingangs genannten Testvorhaben mit einem Workflow-Management-System, bei denen es mehr auf die Überprüfung der Systemeignung als auf die Unterstützung des Produktivbetriebs ankommt.

Zur Entwicklung größerer Workflow-Management-Anwendungen ist dieses Verfahren aus mehreren Gründen ungeeignet: Die unmittelbare und ausschließliche Verwendung einer Workflow-Sprache schließt Fachanwender oft aus und zwingt auch den Entwickler sehr früh, technische Details der Workflow-Schema-Erstellung mit der gleichen Aufmerksamkeit zu behandeln wie inhaltliche Fragen zum Geschäftsprozeß. Es besteht die Gefahr, daß der Entwickler die Inhalte des Geschäftsprozeß-Modells nur noch aus dem Blickwinkel der Umsetzbarkeit mit einer gegebenen Workflow-Sprache betrachtet. In der Folge entstehen „Lösungen", die nicht zum ursprünglichen Problem passen. Durchaus praktikabel ist das Verfahren hingegen für Workflow-Schemata, die keinen unmittelbaren Bezug zum Geschäftsprozeß haben, sondern untergeordnete Funktionen innerhalb der Workflow-Management-Anwendung realisieren. Hier ist ein Entwickler ohnehin auf sich allein gestellt, etwa bei der Erstellung von Subworkflows für die Integration externer Anwendungen. Zusammengefaßt lauten die Merkmale dieses Verfahrens:

- nur im Einzelfall (Pilotanwendung, Evaluation) sinnvoll
- verursacht weniger Aufwand durch Beschränkung auf ein Schema
- setzt ein bereits eingeführtes Workflow-Management-System voraus
- verlangt keine Import-Schnittstelle beim Workflow-Management-System
- liefert Workflow-Schemata ohne dokumentierten Bezug zu Geschäftsprozessen
- sollte zusätzlich dokumentiert werden

Die genannten Merkmale sind unabhängig vom konkreten Workflow-Management-System (z.B. FlowMark, WorkParty, COSA und Staffware). Auch wenn die jeweiligen Workflow-Sprachen unterschiedlich sind, handelt es sich um Systeme mit kombinierter Modellierungs- und Ausführungsumgebung, die nach dem beschriebenen Verfahren arbeiten.

2.4.1.2 Geschäftsprozeß-Modellierungswerkzeuge mit Ausführungskomponente

Hersteller von Geschäftsprozeß-Modellierungswerkzeugen erweitern ihre Produkte zunehmend um eine Ausführungskomponente (z.B. ARIS, AENEIS). Das geschieht mit dem Argument, daß vollständig modellierte Geschäftsprozesse bereits einen Teil der Informationen enthalten, die diese Hersteller für eine systemgestützte Ausführung der betrieblichen Abläufe als notwendig erachten. Die Ausführungskomponente bietet dann Funktionen an, die Geschäftsprozeß-Schema „instanziiert" und „Workflow"-Instanzen ausführt. Ein formal definiertes Geschäftsprozeß-Metaschema ist nur eine Voraussetzung; es müssen weiterhin Ausdrucksmittel angeboten werden, die zur Geschäftsprozeß-Modellierung nicht benötigt werden. Zum Beispiel sind das Ausdrucksmittel für:

- Applikationen mit Informationen über Aufruf und Parameterübergabe
- zur Laufzeit auflösbare Regeln zur Aufgabenzuweisung an Aktivitätsträger
- ein bis auf die Ebene einzelner Personen verfeinertes Organisationsmodell
- die Struktur und Wertebereichsdefinitionen für workflow-relevante Daten
- einen expliziten Datenfluß

Es darf nicht vergessen werden, daß Werkzeuge zur Modellierung und Simulation der Geschäftsprozesse in erster Linie für die Untersuchung betriebswirtschaftlicher Fragestellungen gedacht sind (vgl. [Jung98]). Diesem Ziel dient beispielsweise die Erfassung von Kostenstellen, minimalen und maximalen Bearbeitungszeiten sowie Material-, Personal und Maschinenkosten pro durchgeführter Aufgabe. Obwohl diese Größen für ein Workflow-Management-System oft bedeutungslos sind, prägt die Herkunft der Beschreibungssprache die „Workflow-Schemata", was Abb. 2.19 auch in der Verfahrensnotation zum Ausdruck bringt:

- Modellierungskomponente (A.1) und Ausführungskomponente (A.2) gehören zusammen. Mit dem Editor erstellt ein Entwickler ein Geschäftsprozeß-Schema (GPS$_X$), wobei X die im Modellierungswerkzeug implementierte Beschreibungssprache ist.

- Um die Ausführbarkeit zu ermöglichen, wird durch den Editor oder durch eine anschließende Prüfung garantiert, daß ein syntaktisch korrektes Geschäftsprozeß-Schema entsteht.

In diesem Verfahren ist ein Entwickler gezwungen, den Geschäftsprozeß sofort auf der für Workflows erforderlichen Detaillierungsebene zu modellieren. Im allgemeinen führt das zu einem für Dokumentationszwecke unbrauchbaren Geschäftsprozeß-Schema. Alternativ kann ein Entwickler einen geringeren Detaillierungsgrad wählen, womit er zum Ausführungszeitpunkt einen Workflow erhält, der aus den abstrakt formulierten Aufgaben des Geschäftsprozeß-Modells besteht. Der Nutzen dieses „Workflows" liegt bestenfalls in der animierten Darstellung des Geschäftsprozesses, keinesfalls in seiner tatsächlichen Unterstützung und aktiven Steuerung durch das System. Dies wird am Beispiel einer beliebigen Aufgabe klar: Im Geschäftsprozeß-Schema ist sie eine einzige Aktivität, die in der tatsächlichen Ausführung eine Vielzahl einzelner Arbeitsschritte umfaßt und vieles mehr. Diese Informationen stehen weder in der Phase der Geschäftsprozeß-Modellierung zur Verfügung, noch hätten sie zu diesem Zeitpunkt eine Bedeutung. Die Unterstützung durch das Workflow-Management-System erfordert jedoch genau diese funktionale Dekomposition, die explizite Ausführungsfolge der Arbeitsschritte, Zuweisungsregeln an Aktivitätsträger und die Angabe des Datenflusses zwischen Arbeitsschritten.

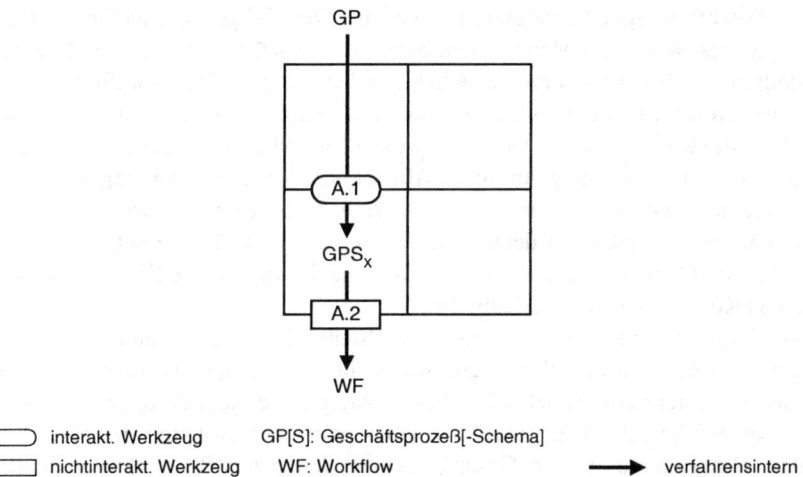

interakt. Werkzeug   GP[S]: Geschäftsprozeß[-Schema]
nichtinterakt. Werkzeug   WF: Workflow   verfahrensintern

Abb. 2.19: Geschäftsprozeß-Modellierungswerkzeuge mit Ausführungskomponente

Es ist zudem fraglich, ob die volle Funktionalität eines Workflow-Management-Systems durch Erweiterungen eines Modellierungswerkzeugs erreicht werden kann. Und wenn doch, dann nur mit einem stark eingeschränkten Verständnis dessen, was ein Workflow ist und was ein Workflow-Schema enthalten muß. Seine Berechtigung hat dieses Verfahren im Vorfeld der Entwicklung einer Workflow-Management-Anwendung, wenn die bereits modellierten Geschäftsprozesse simuliert und dadurch verdeutlicht werden sollen.

2.4.2 Eine Sprache für Geschäftsprozeß- und Workflow-Schemata

Die Beschränkung auf eine Sprache für Geschäftsprozeß-Schemata *und* Workflow-Schemata scheint attraktiv. Die aufwendige und fehlerträchtige Überführung zwischen den Schemata entfällt, Inkonsistenzen durch Änderungen an nur einem Schema können nicht auftreten, und die Arbeit eines Entwicklers wird durch Beschränkung auf eine Sprache vereinfacht. Dieser Abschnitt stellt derartige Verfahren vor. Interessant sind dabei vor allem die verschiedenartigen Ansätze, um den Unterschieden in Inhalt, Form und Verwendung von Geschäftsprozeß- und Workflow-Schemata Rechnung zu tragen.

2.4.2.1 Ausschließliche Verwendung einer Workflow-Sprache

Damit eine einzige Sprache zur Beschreibung von Geschäftsprozessen und Workflows ausreicht, muß sie zugleich ausdrucksstark und gut handhabbar sein. Für die Geschäftsprozeß-Modellierung ist eine Darstellung mit hohem Abstraktionsgrad, geringer Detaillierung und kalkulierter Unvollständigkeit notwendig. Bei der Workflow-Schema-Erstellung sind die Anforderungen nahezu komplementär. Daß die Geschäftsprozeß-Modellierung ohne die genannten Probleme auch mit einer

reinen Workflow-Sprache möglich ist, wird in [Stei97a] gezeigt, indem die Kern-
konzepte des Workflow-Management-Systems MOBILE auf die Geschäftsprozeß-
Modellierung übertragen werden. MOBILE und die zugehörige Workflow-Sprache
MSL basieren auf den Entwurfsgrundsätzen: *Modularisierung*, *Aspektorientierung*
und *Erweiterbarkeit*. Für die Geschäftsprozeß-Modellierung bedeutet das: Ausgehend von einer Darstellung auf hoher Abstraktionsebene werden, gegliedert nach
den Aspekten *Funktion*, *Verhalten*, *Information*, *Material* usw., durch schrittweise
Dekomposition zunehmend detailliertere Schemata erstellt. Die sukzessive Verfeinerung und Konkretisierung ist möglich, ohne die eingesetzte Sprache zu wechseln; das Konzept von MSL erlaubt das.

Abbildung 2.20 zeigt das Verfahren aus [Stei97a]. Der gleichlautende Index an
allen Schemata weist darauf hin, daß immer die gleiche Sprache verwendet wird,
im hier vorgestellten Beispiel MSL. Bereits die initiale Abbildung des Geschäftsprozesses erfolgt mit MSL, respektive einer grafischen Notation der MSL-Kon-
strukte. Das Ergebnis ist ein Geschäftsprozeß-Schema (GPS$_X$), ohne technische
Details und bewußt auf hoher Abstraktionsstufe. Abstriche an Detaillierung und
Unvollständigkeiten sind zu Beginn durchaus gewollt und verhindern, die an der
Modellierung beteiligten Mitarbeiter mit zu komplexen und vor allem zu technisch
orientierten Inhalten zu überfordern. Abbildung 2.20 drückt diese Eigenschaften
des Schemas durch die Position im oberen linken Quadranten aus.

Durch wiederholte Verfeinerung entsteht ein Workflow-Schema (WFS$_X$), das
noch nicht ausführbar ist, aber bereits alle erforderlichen Inhalte umfaßt. Erst in
einem letzten Schritt, durch Überführung der grafischen MSL-Notation in die
reine MSL-Scriptsprache, entsteht ein ausführbares Workflow-Schema (WFS'$_X$).
Hier ist die Reihenfolge zu beachten, in der die 3 Quadranten in Abb. 2.20 durchlaufen werden. Der Ablauf ist charakteristisch für das Verfahren. Voraussetzung
dafür ist eine Sprache wie MSL, die in ihrer grafischen Repräsentation auch Anwendern zugemutet werden kann und die durch fortgesetzte Verfeinerung und
Vervollständigung von der reinen Dokumentation zur Ausführbarkeit übergeht.

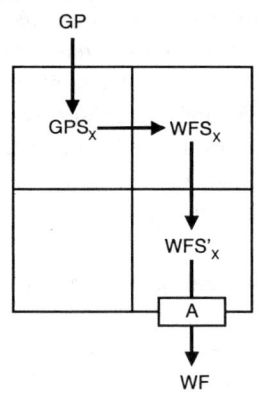

GP[S]: Geschäftsprozeß[-Schema]

☐ nichtinterakt. Werkzeug   WF[S]: Workflow[-Schema]   ➡ verfahrensintern

Abb. 2.20: Ausschließliche Verwendung einer Workflow-Sprache

Das gleiche Prinzip – schrittweise Verfeinerung eines initialen Schemas und Beibehaltung der Sprache – wird auch in Abschn. 2.4.2.2 vorgestellt. Dort allerdings mit einem signifikant anderen Verfahrensablauf, der in Abb. 2.21 deutlich wird. Nach der Verfügbarkeit der derzeit entwickelten Modellierungskomponente von MOBILE namens MOMO [Horn98] ändert sich der Übergang von WFS$_X$ nach WFS'$_X$ zu einem werkzeuggestützten Übergang.

2.4.2.2 Ausschließliche Verwendung einer Geschäftsprozeß-Sprache

Abschnitt 2.4.2.1 hat ein Verfahren vorgestellt, bei dem ein Entwickler mit nur einer Sprache auskommt und damit sowohl die Geschäftsprozeß-Schemata als auch die Workflow-Schemata beschreibt. Unter bestimmten Randbedingungen funktioniert das auch mit einer Sprache zur Beschreibung von Geschäftsprozessen; [Zuku96] zeigt dies anhand von Ereignisgesteuerten Prozeßketten (EPK). Da weder Syntax noch Semantik der EPK formal definiert sind, wird in [Zuku96] diese Formalisierung nachgeholt (zu Details siehe [Rump95]), was unabhängig von der weiteren Verwendung als Workflow-Schema zur Erhöhung der Modellqualität beiträgt. Die formal definierten EPK (als EPK* bezeichnet) können in einem eigens entwickelten Modellierungswerkzeug namens FluX [Zuku96] erstellt, simuliert und auf ihre Eigenschaften hin überprüft werden. FluX übernimmt die Erstellung syntaktisch korrekter Geschäftsprozeß-Schemata und die notwendige Anreicherung um workflow-relevante Inhalte. Dies geschieht manuell durch den Entwickler, weshalb das Verfahren in [Zuku96] als halbautomatisch bezeichnet wird. In der beschriebenen Form setzt das Verfahren auf ein Modellierungswerkzeug auf, dessen Funktionen sich an ARIS orientieren. Weiterhin werden aus den Geschäftsprozeß-Schemata ECA-Regelmengen erzeugt, denn das in [Zuku96] beschriebene Workflow-Management-System ist ein Forschungsprototyp, der auf der Grundlage eines aktiven Datenbanksystems implementiert ist.

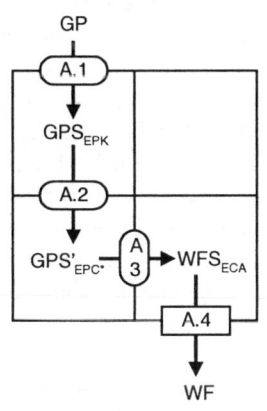

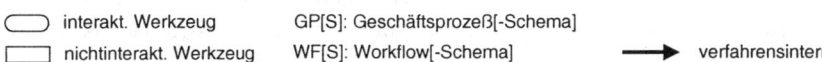

Abb. 2.21: Übersetzung von Geschäftsprozeß-Schemata in eine ausführbare Form

Abbildung 2.21 zeigt, wie das Verfahren mit der eingeführten Notation beschrieben wird. Deutlich zu erkennen ist ein System mit 4 Komponenten: Modellierung (A.1), Syntax- und Semantikprüfung (A.2), Übersetzung in ECA-Regeln (A.3) und Ausführung (A.4). Das Vorgehen eines Entwicklers bei diesem Verfahren ist leicht abzulesen:

- Geschäftsprozesse werden zunächst ohne Einschränkungen modelliert (A.1), im vorliegenden Fall als EPK, wodurch die Geschäftsprozeß-Schemata GPS_{EPK} entstehen. Im oberen linken Quadranten sind auch Geschäftsprozeß-Schemata anzusiedeln, die nicht in Hinblick auf eine spätere Ausführbarkeit erstellt werden und daher Fehler aufweisen können.

- Interaktiv stellt ein Entwickler mit der Prüfkomponente (A.2) EPK*-konforme Geschäftsprozeß-Schemata GPS'_{EPK*} her, die in die Sprache der Ausführungsumgebung übersetzt werden. Dabei hat der Entwickler die Möglichkeit zur Einflußnahme. Darin liegt die Besonderheit, denn damit erfolgt die Anpassung der Inhalte und der Detaillierungsstufe, die für einen Workflow notwendig ist.

- In einer Transformationskomponente (A.3) werden ECA-Regeln für die aktive Datenbank des Workflow-Management-System Waterloo [Zuku96] erzeugt.

Aus Sicht der Praxis scheint es zunächst attraktiv, aus bereits vorhandenen Geschäftsprozeß-Schemata Workflow-Schemata zu gewinnen. Der Aufwand zur Entwicklung einer Workflow-Management-Anwendung fiele geringer aus, wenn die Geschäftsprozeß-Schemata fehlerfrei, vollständig und ausreichend detailliert vorliegen würden. Da dies nur selten der Fall ist, bleibt der Aufwand für die Erstellung einer Workflow-Management-Anwendung bestehen.

2.4.2.3 Geschäftsprozeß- und Workflow-Schema durch Sichtenbildung

Ein anderes Verfahren basiert darauf, Geschäftsprozeß-Schemata und Workflow-Schemata als Sichten auf ein und derselben Beschreibung zu präsentieren und für diese Beschreibung die gleiche Sprache einzusetzen. Die Sichtenbildung dient dazu, die unterschiedlichen Interessen von Entwicklern, Organisationsfachleuten und Anwendern zu berücksichtigen. Dadurch entfallen Transformationen zwischen Schemata unterschiedlicher Sprachen; das Problem inkonsistenter Beschreibungen entsteht nicht. Unterschieden wird höchstens, zu welchem Zeitpunkt die Inhalte beschrieben werden. Üblicherweise wird zunächst der Geschäftsprozeß mit den angebotenen Ausdrucksmitteln modelliert und anschließend die Zusatzinformationen hinzugefügt, die für die aktive Teilnahme des Systems am Arbeitsgeschehen erforderlich sind. Der Übergang ist fließend, er ist eher mit einer schrittweisen Anreicherung oder Vervollständigung des initialen Datenbestands zu vergleichen.

Abbildung 2.22 zeigt die Notation eines solchen Verfahrens. Es kommt vor allem in Kombination mit den integrierten Systemen vor, in denen Modellierungs- und Ausführungsumgebung nicht getrennt sind. Ein Beispiel dafür ist das System CORMAN [Dink94, Graw95].

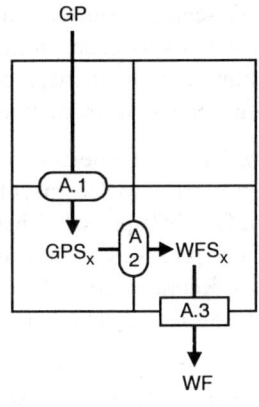

interakt. Werkzeug   GP[S]: Geschäftsprozeß[-Schema]
nichtinterakt. Werkzeug   WF[S]: Workflow[-Schema]   ⟶   verfahrensintern

Abb. 2.22: Geschäftsprozeß- und Workflow-Schema durch Sichtenbildung

CORMAN wurde an der Universität Dortmund entwickelt und ist inzwischen als Produkt (LEU) verfügbar. Das wichtigste Einsatzgebiet ist die Wohnungswirtschaft [Wolf97]. LEU setzt FUNSOFT-Netze [Gruh91] ein, um Geschäftsprozesse bzw. Workflows zu beschreiben.

2.4.3 Manuelle Überführung von Geschäftsprozeß- in Workflow-Schemata

Das Hauptproblem bei der Überführung von Geschäftsprozeß-Schemata in Workflow-Schemata – auch bei Verfahren mit automatischer Transformation (vgl. Abschn. 2.4.4) – ist der inhaltliche Abstand der beiden Schemata hinsichtlich Detaillierungsgrad der Inhalte und dem Verhältnis von implizit und explizit enthaltenen Informationen. Der Abstand kann auf zwei unterschiedliche Arten reduziert werden; die Verfahren in Abb. 2.23 und Abb. 2.24 zeigen dies:

1. Zusätzlich zum Geschäftsprozeß-Schema werden weitere Schemata erstellt, die stärker auf die Inhalte eines Workflow-Schemas fokussieren (Abschn. 2.4.3.1). In der Analogie der Start-Ziel-Aufgabe bedeutet das die Einführung von Zwischenstationen, die den Weg in kleinere Abschnitte teilen, die für sich genommen leichter zu bewältigen sind.

2. Der Geschäftsprozeß wird in einer Sprache beschrieben, die in ihren Ausdrucksmitteln und dem Aufbau nach einer einfachen Workflow-Sprache verwandt ist (Abschn. 2.4.3.2). Das ist mit einem veränderten Startpunkt zu erklären, mit dem der Abstand zum Ziel verkürzt wird, was allerdings eine Neudefinition der Aufgabenstellung bedeutet.

Bei beiden Verfahren ist das Geschäftsprozeß-Schema nur eine Vorlage, die ein Entwickler nach eigenem Ermessen verwendet. Kennzeichnend ist weiterhin die vollständig manuelle Überführung des Geschäftsprozeß-Schemas, wobei ein Entwickler u.a. die folgenden Aufgaben übernehmen muß:

- Auswahl der Geschäftsprozeß-Teile, für die ein Workflow-Schema erstellt wird
- Bestimmung der Anzahl von Workflow-Schemata für die selektierten Teile
- Interpretation der Inhalte im Geschäftsprozeß-Schemata
- Beschaffung nicht im Geschäftsprozeß-Schema enthaltener Informationen
- Auswahl der Sprachmittel zur Repräsentation dieser Inhalte
- Bildung semantisch äquivalenter Konstruktionen im Workflow-Schema

Die manuelle Überführung ist unvermeidlich, wenn ein Workflow-Management-System keine Schnittstellen für den Import außerhalb erstellter Workflow-Schemata anbietet. In diesem Fall ist ein Entwickler gezwungen, mit dem Funktionsangebot des Workflow-Management-Systems, also in erster Linie einem integrierten Editor, die Workflow-Schemata zu erstellen. Kann ein Workflow-Management-System hingegen Workflow-Schemata importieren oder legt es ein entsprechendes „Application Programmer Interface" (API) frei, bietet sich eine automatische Generierung von Workflow-Schemata an, die in Abschn. 2.4.4 vorgestellt wird.

2.4.3.1 Einführung einer zusätzlichen Beschreibung für die workflow-relevanten Inhalte

Anders als die Geschäftsprozeß-Modellierung fokussiert die Arbeitsvorgangs-Modellierung [Kasc97] auf die Tätigkeiten der Mitarbeiter und ist damit auf einer tieferen Abstraktionsebene angesiedelt. Nicht mehr der Gesamtüberblick wird angestrebt, sondern die einzelnen Arbeitsschritte, die eine Person zur Aufgabenbewältigung durchführt, werden beschrieben.

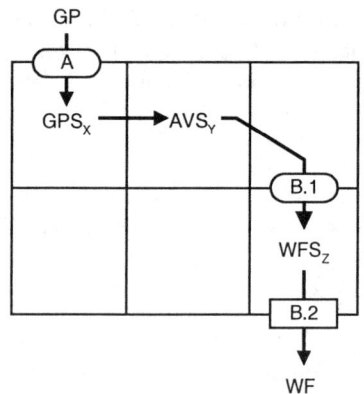

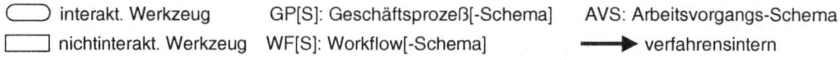

Abb. 2.23: Einführung einer zusätzlichen Beschreibung workflow-relevanter Inhalte

Abbildung 2.23 zeigt ein Verfahren, das mittels zusätzlich erstellter Arbeitsvor-
gangs-Schemata (AVS$_Y$) den Abstand zwischen Geschäftsprozeß-Schemata (GPS$_X$)
und Workflow-Schemata (WFS$_Z$) überbrückt.

An den Indizes ist zu erkennen, daß insgesamt 3 unterschiedliche Sprachen
zum Einsatz kommen. Die Überführung zwischen den Schemata erfolgt manuell.
Erst bei der Erstellung des Workflow-Schemas wird der Editor (B.1) des Workflow-Management-Systems (B.2) verwendet. Hinsichtlich der Workflow-Schema-
Erstellung ist das Verfahren wie folgt zu bewerten: Insgesamt liegen 3 unterschiedliche Schemata vor und müssen konsistent gehalten werden. Sind unterschiedliche Personen mit dieser Aufgabe betraut, steigt die Gefahr von nicht wei-
tergereichten Änderungen und damit von fehlerhaften Schemata. Der Ermessens-
spielraum über die Relevanz einer Änderung für die jeweils anderen Schemata
erhöht diese Gefahr. Andererseits erhalten Organisationsentwickler, Arbeitsplatz-
gestalter und Entwickler Beschreibungen, die optimal auf ihre Bedürfnisse abgestimmt sind, was den Aufwand dieser Dreiteilung durchaus aufwiegen kann.

2.4.3.2 Workflow-orientierte Geschäftsprozeß-Modellierung

Es dient der inhaltlichen Annäherung von Geschäftsprozeß-Schemata und Workflow-Schemata, Geschäftsprozesse gleich so zu modellieren, daß damit fast schon
Workflows beschrieben werden.

[Kara96] schlägt mit den „Business Graphs" Geschäftsprozeß-Schemata vor,
die weitgehend aus gerichteten Graphen bestehen und damit bereits eine gewisse
inhaltliche Nähe zu Workflow-Schemata aufweisen. In diesen gerichteten Graphen repräsentieren die Knoten Aktivitäten; Kanten stellen Präzedenzbeziehungen
zwischen diesen Aktivitäten dar. Daran schließt sich ein Verfahren zur Workflow-
Schema-Erstellung an, wie es Abb. 2.24 zeigt.

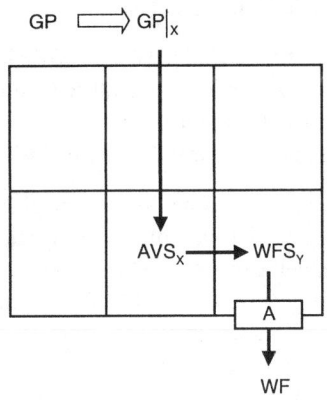

GP: Geschäftsprozeß	AVS: Arbeitsvorgangs-Schema
WF[S]: Workflow[-Schema]	verfahrensintern

nichtinterakt. Werkzeug

Abb. 2.24: Workflow-orientierte Geschäftsprozeß-Modellierung

Das Verfahren aus Abb. 2.24 ist wie folgt zu beschreiben:

• In Anbetracht der verfügbaren Ausdrucksmittel von „Business Graphs" muß
  ein Entwickler von einem vereinfachten Geschäftsprozeß ausgehen. Aus dessen
  Beschreibung entsteht ein Arbeitsvorgangs-Schema (AVS_X). Da [Kara96] eine
  formale Definition für „Business Graphs" angibt, ist das Arbeitsvorgangs-Schema hinsichtlich formaler Eigenschaften auf der gleichen Ebene wie ein Workflow-Schema angesiedelt.

• Die Erstellung eines Workflow-Schemas (WFS_Y) erfolgt in [Kara96] durch Zuordnung von Elementen einer Workflow-Sprache zu den Elementen der „Business Graphs". Über den Einsatz eines Werkzeugs wird keine Aussage gemacht.

Das Verfahren funktioniert, weil die Abbildung auf Workflow-Schemata von
FlowMark erfolgt. Mittels FDL formulierte Workflow-Schemata sind ebenfalls Ak-
tivitätennetze, die sich natürlich aus den „Business Graphs" ableiten lassen. Nicht
diskutiert wird in [Kara96], wie das Verfahren für Workflow-Sprachen aussieht,
deren Schemata keine so vollständige Ähnlichkeit zu den „Business Graphs" aufweisen. Aus diesen Gründen ist dieses Verfahren ein Sonderfall, der Ansatz ist
nicht allgemein zu verwenden.

2.4.4 Automatische Überführung von Geschäftsprozeß- in Workflow-Schemata

Der vorherige Abschnitt hat Verfahren vorgestellt, bei denen Geschäftsprozeß-
Schemata als Vorlage der Workflow-Schema-Erstellung dienen und eine manuelle
Überführung durch den Entwickler erfolgt. In Projekten mit vielen Geschäftsprozessen ist diese Art der Überführung aufwendig und fehleranfällig; der Wunsch
nach einer automatischen Überführung von Geschäftsprozeß-Schemata in Workflow-Schemata liegt nahe. Die Vorteile wären:

• Reduktion des Erstellungsaufwands für Workflow-Schemata durch Generierung
• Verringerung der Gefahr von Fehlern gegenüber manueller Erstellung
• Beschleunigung des Entwicklungsvorgangs und aller zukünftigen Änderungen
• dokumentierte Herkunft aller Konstrukte in den Workflow-Schemata

Dieser Abschnitt beschreibt, wie solche Verfahren gestaltet sein können. Unter
automatischer Überführung werden im folgenden Verfahren verstanden, die Geschäftsprozesse als einen Quelltext behandeln, aus dem mittels Zeichenmanipula-
tion ein Workflow-Schema generiert wird. Für die technische Umsetzung gibt es
verschiedene Möglichkeiten, zu beachten ist aber: Sofern ein *nichtinteraktives*
Werkzeug für die Transformation eingesetzt wird (wie z.B. in [Wolf95, Welk95,
Zöll95]), handelt es sich immer nur um *Veränderungen auf der Zeichenebene*, es
findet keine Anreicherung um neue Inhalte statt. Demnach hat ein generiertes
Workflow-Schema bestenfalls die gleichen Inhalte wie das vorherige Geschäftsprozeß-Schema, in dem die workflow-relevanten Inhalte natürlich nicht enthalten
sind. Denkbar ist allerdings die Einführung einer „Wissensbasis", die – durch

früher durchgeführte Transformationen aktualisiert – eine intelligente Form der Transformation bietet.

Wird hingegen ein *interaktives* Werkzeug für die Überführung verwendet, ist das Verfahren vollkommen anders zu bewerten. Ein Entwickler bekommt die Möglichkeit, bei der Überführung Auswahlentscheidungen zu treffen und kann in die Workflow-Schema-Generierung Informationen einfließen lassen, die nicht aus dem Geschäftsprozeß-Schema stammen. Dieser für die Qualität des Workflow-Schemas wichtige Unterschied kommt in der Notation des Verfahrens zum Ausdruck, da interaktive und nichtinteraktive Werkzeuge eigene Symbole haben.

2.4.4.1 Geschäftsprozeß-Modellierungswerkzeuge mit Exportfunktion

Ein durchgängiges Verfahren vom Geschäftsprozeß zum Workflow-Schema soll mit Geschäftsprozeß-Modellierungswerkzeugen erreicht werden, die aus den erstellten Geschäftsprozeß-Schemata direkt Workflow-Schemata für ein Workflow-Management-System generieren. Die wesentlichen Schritte dabei sind auch aus Abb. 2.25 zu erkennen:

- Der Geschäftsprozeß (GP) wird mit der Modellierungskomponente (A.1) des Werkzeugs beschrieben. Sofern *keine* Transformation in ein Workflow-Schema vorgesehen ist, stehen alle Ausdrucksmittel der Beschreibungssprache X zur Verfügung und es entsteht das Geschäftsprozeß-Schema (GPS$_X$).

- Wird das Geschäftsprozeß-Modell mit der Absicht einer anschließenden Transformation erstellt, bedeutet das oft den bewußten Verzicht auf einzelne Ausdrucksmittel der Sprache, die keine Entsprechung in der Workflow-Sprache haben. Mit Hilfe eines zusätzlichen Methodenhandbuchs wird einem Entwickler geholfen, transformierbare Geschäftsprozeß-Schemata (GPS'$_X$) zu erstellen (z.B. [IDS94]).

- Die Transformationskomponente (A.2) ist ebenfalls Bestandteil des Modellierungswerkzeugs und generiert – ohne weitere Einflußmöglichkeit durch den Entwickler –Workflow-Schemata (WFS$_Y$).

Abbildung 2.25 zeigt ein Geschäftsprozeß-Modellierungswerkzeuge mit Exportfunktionalität: Sofern ein Workflow-Management-System (B) über eine Import-Schnittstelle verfügt, können die generierten Workflow-Schemata direkt übernommen und ausgeführt werden. Geschäftsprozeß-Modellierungswerkzeuge mit Transformationskomponenten lassen sich anhand der Workflow-Schema-Generierung in 3 Klassen einteilen:

- **Export für proprietäre Workflow-Sprachen.** Hier ist herstellerseitig festgelegt, in welchem Zielformat das Workflow-Schema erzeugt wird. Verständlicherweise werden auf diesem Weg nur kommerziell relevante Workflow-Management-Systeme bedient. Ein Beispiel ist hier das Zusatzmodul für ARIS, das Workflow-Schemata für FlowMark erzeugt.

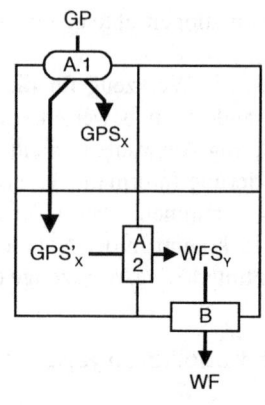

interakt. Werkzeug   GP[S]: Geschäftsprozeß[-Schema]

nichtinterakt. Werkzeug   WF[S]: Workflow[-Schema]   ⟶ verfahrensintern

Abb. 2.25: Geschäftsprozeß-Modellierungswerkzeuge mit Exportfunktionalität

- **Export mittels Workflow Process Definition Language (WPDL).** Diese Workflow-Sprache wird von der Workflow Management Coalition [Work98] als Austauschformat zwischen Workflow-Management-Systemen vorgeschlagen. Mit einem Export im WPDL-Format erreicht ein Geschäftsprozeß-Modellierungswerkzeug daher alle Workflow-Management-Systeme, die Konformität zur WfMC für sich reklamieren.

- **Konfigurierbare Exportformate.** Am flexibelsten ist der Ansatz, das Exportformat vom Entwickler definieren zu lassen, wie es beispielsweise im Geschäftsprozeß-Modellierungswerkzeug AENEIS möglich ist. Das Exportformat wird so definiert, daß die für ein Workflow-Management-System relevanten Inhalte des Geschäftsprozeß-Schemas in einer Form ausgegeben werden, die hinsichtlich Syntax den Workflow-Schemata des Ziel-Workflow-Management-Systems entspricht.

Zu beachten ist bei allen Werkzeugen, daß die Ausführbarkeit der generierten Workflow-Schemata nicht gleichbedeutend mit ihrer Brauchbarkeit ist. Da praktische Einsatzfähigkeit jedoch keine Eigenschaften ist, die mit einer Notation darstellbar ist, werden die generierten Workflow-Schemata im gleichen Quadranten plaziert, wie die manuell erstellten und individuell ausgestalteten Workflow-Schemata aus den anderen Verfahren.

2.4.4.2 Dedizierte Transformationsprogramme

Bietet ein Geschäftsprozeß-Modellierungswerkzeug nur eine Schnittstelle zum Export der Geschäftsprozeß-Schemata, soll aber dennoch eine automatische Überführung in Workflow-Schemata stattfinden, muß ein dediziertes Transformationsprogramm eingesetzt werden.

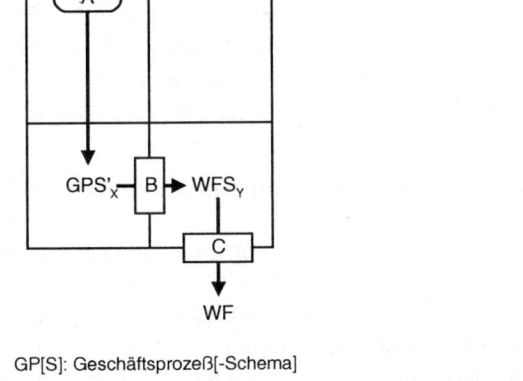

interakt. Werkzeug   GP[S]: Geschäftsprozeß[-Schema]

nichtinterakt. Werkzeug   WF[S]: Workflow[-Schema]   →   verfahrensintern

Abb. 2.26: Dedizierte Transformationsprogramme

Abbildung 2.26 zeigt die entsprechende Notation für dieses Verfahren. Der Unterschied zum Verfahren des vorherigen Abschnitts besteht nicht im Ablauf, sondern in der Aufteilung von Schema-Erstellung und Schema-Transformation auf 2 Werkzeuge (A und B). Das Transformationsprogramm ist deutlich als Compiler zu erkennen, der aus einem Quelltext (GPS'$_X$) nach bestimmten Regeln einen Zieltext (WFS$_Y$) generiert. Zu beachten ist auch hier, daß die Transformation ohne Zutun und insbesondere ohne Einflußmöglichkeit eines Entwicklers abläuft. Form und Inhalt des generierten Workflow-Schemas hängen also vollständig vom verwendeten Geschäftsprozeß-Schema ab, dessen Erstellung bereits die spätere Transformation berücksichtigen muß.

Welche Anforderungen bzw. Einschränkungen damit konkret verbunden sind, muß der Dokumentation des Transformationsprogramms entnommen werden. Im allgemeinen werden Inhalte des Geschäftsprozeß-Schemas, für die es keine Ausdrucksmittel in der Workflow-Sprache gibt, einfach ignoriert und gehen damit verloren. Aus der Literatur sind Beispiele für solche Transformationsprogramme bekannt (s. Tabelle 2.2 in Abschn. 2.3.7).

Die Brauchbarkeit dieser Transformationsprogramme hängt ganz maßgeblich vom Aufwand ab, der in die generierten Workflow-Schemata investiert werden muß. Der Aufwand besteht zum einen in der inhaltlichen Vervollständigung der Workflow-Schemata, zum anderen in der Behebung von Abbildungsfehlern. Abbildungsfehler sind z.B. Workflow-Schemata, die für manuelle Aufgaben generiert werden. Da solche Aufgaben im Geschäftsprozeß-Schema oft enthalten sind, jedoch nur anhand der Bezeichnung erkannt werden können, werden sie vom Transformationsalgorithmus ebenfalls umgesetzt und müssen nachträglich wieder entfernt werden. Je nach Workflow-Sprache zieht dies manuell durchzuführende Korrekturen an der Kontrollflußdefinition nach sich, woraus neue Fehler entstehen können. Ein weiteres Problem ist die strukturerhaltende Abbildung von Geschäftsprozeß-Schemata auf die Workflow-Schemata. Eine für Dokumentationsaufgaben sinnvolle horizontale und vertikale Gliederung der Geschäftsprozeßbeschreibung in mehrere Geschäftsprozeß-Schemata wird von den Transformationsprogrammen auf die Strukturierung der Workflow-Schemata übertragen, obwohl hier andere Kriterien eine Rolle spielen (s. Abschn. 4.1). Über einen unverhältnismäßig großen Aufwand für die Nachbearbeitung und dennoch kaum brauchbare Ergebnisse berichtet [Goes98], allerdings ohne das Transformationsprogramm zu benennen.

2.4.4.3 Sichtenbildung auf ein gemeinsames Metaschema

Bisher erfolgt die Überführung von Geschäftsprozeß-Schemata in Workflow-Schemata immer in einem Schritt und wird von einem Werkzeug durchgeführt, entweder einem Geschäftsprozeß-Modellierungswerkzeug (Abschn. 2.4.4.1) oder einem Transformationsprogramm (Abschn. 2.4.4.2). Das Verfahren in diesem Abschnitt, prototypisch realisiert in [Kral96], geht einen anderen Weg. Geschäftsprozeß-Modellierungswerkzeuge und Workflow-Management-System greifen über spezielle Programme auf eine gemeinsame Datenbank zu. Das Verfahren hinter diesem Ansatz ist in Abb. 2.27 (links) gezeigt:

- Geschäftsprozeß-Schemata (GPS$_X$) werden aus dem Modellierungswerkzeug (A) exportiert und über ein Import-Programm (B.1) in der Datenbank (DB) gespeichert. Das Datenbankschema bestimmt dabei, welche Inhalte des Geschäftsprozeß-Schemas gespeichert werden können. Ist das Metaschema des Geschäftsprozeß-Modellierungswerkzeugs reichhaltiger als das Datenbankschema, hat das Import-Programm zusätzlich die Funktion eines Filters, mit dem Teile des Geschäftsprozeß-Schemas einfach ausgeblendet werden.

- Ein Export-Programm (B.2) liest in Kenntnis des Datenbankschemas die für das Workflow-Schema relevanten Inhalte aus und transformiert diese in die Workflow-Sprache Y. Sofern die Datenbank nicht zusätzlich gepflegt und angereichert wird, stehen nur die aus den Geschäftsprozeß-Schemata stammenden Inhalte zur Verfügung.

Die Kopplung der beiden Werkzeuge über die gemeinsam genutzte Datenbank funktioniert in beiden Richtungen. Abbildung 2.27 (rechts) zeigt den Weg vom Workflow-Schema zum Geschäftsprozeß-Schema, wozu ein weiteres Paar von Import- und Export-Programmen (B.3 und B.4) erforderlich ist. Auf diese Weise entsteht die Möglichkeit, Workflow-Schemata in der Notation der Geschäftsprozeß-Schemata zu beschreiben und das Modellierungswerkzeug zur Weiterverarbeitung zu nutzen, sofern dies den Import von Geschäftsprozeß-Schemata erlaubt. Wohlgemerkt handelt es sich um Geschäftsprozeß-Schemata, die den Ablauf des Geschäftsprozesses unter Einsatz und aus Sicht des Workflow-Management-Systems dokumentieren.

Eine Umsetzung dieses Verfahrens skizziert [Kral96]. Das Workflow Dictionary besteht aus einer relationalen Datenbank, auf die die Geschäftsprozeß-Modellierungswerkzeuge ARIS und Bonapart sowie die Workflow-Management-Systeme WorkParty und Hermes zugreifen.

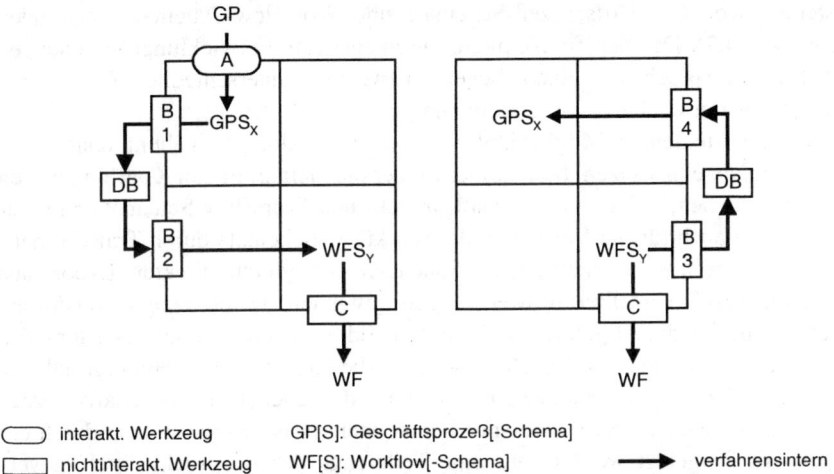

⬭ interakt. Werkzeug	GP[S]: Geschäftsprozeß[-Schema]
▭ nichtinterakt. Werkzeug	WF[S]: Workflow[-Schema] ⟶ verfahrensintern

Abb. 2.27: Transformation durch Sichtenbildung auf gemeinsames Metaschema

Die partizipierenden Werkzeuge sind selbst dafür verantwortlich, die Daten für das Geschäftsprozeß- bzw. Workflow-Schema auszulesen (die dazu notwendigen Zugriffsprogramme erläutert [Kral96] nicht). Das in [Kral96, S. 34] gezeigte Datenbankschema zur Speicherung der Geschäftsprozeß-Schemata und Workflow-Schemata enthält eine nicht weiter dokumentierte Auswahl von Entitäten. Ein Vergleich mit den Metaschemata der beteiligten Werkzeuge deutet auf eine Obermengenbildung mit anschließender Auswahl hin.

2.5 Bewertung der Verfahren und ihrer Ergebnisse

Ein repräsentativer Querschnitt der vorgeschlagenen bzw. eingesetzten Verfahren zur Erstellung von Workflow-Schemata ist beschrieben worden. Die folgenden Abschnitte gehen auf die Bewertungskriterien ein, die sich wiederum aus den Entwicklungsgrundsätzen aus Abschn. 1.3 herleiten (Eigenständigkeit der Workflow-Schema-Erstellung, Workflow-Schema-Erstellung als Konstruktionshandlung, Bildung von Workflow-Schema-Varianten, Bewertung und Analyse von Workflow-Schemata etc.).

2.5.1 Eigenständigkeit der Workflow-Schema-Erstellung

Die Eigenständigkeit der Workflow-Schema-Erstellung bedeutet die Unabhängigkeit von anderen Tätigkeiten innerhalb der Anwendungsentwicklung, insbesondere von einer vorherigen Geschäftsprozeß-Modellierung als auch von einer anschließenden Workflow-Schema-Implementierung. Zumindest die Gefahr, diese Eigenständigkeit zu verletzen, besteht bei Verfahren, die nur eine Sprache für die

Erstellung von Geschäftsprozeß-Schemata und Workflow-Schemata verwenden (Abschn. 2.4.2). Das betrifft vor allem die integrierten Entwicklungsumgebungen mit ihrem Anspruch, mit einem Schema bzw. zwei unterschiedlichen Verfeinerungsstufen eines Schemas auszukommen.

Neben der fehlenden Möglichkeit, von der Entwicklungsumgebung unabhängige Werkzeuge einzusetzen, besteht hier immer die Gefahr, in den Konflikt aus den unterschiedlichen Zielen von Geschäftsprozeß- und Workflow-Schemata zu geraten. Das gilt auch für die Verfahren, die Workflow-Schemata durch Transformationsprogramme aus Geschäftsprozeß-Schemata oder durch direkten Export aus Geschäftsprozeß-Modellierungswerkzeugen gewinnen. Damit eine automatische Überführung überhaupt gelingt, muß ein Entwickler bereits bei der Erstellung des Geschäftsprozeß-Schemas Regeln beachten, die nur vor dem Hintergrund der anschließenden Transformation sinnvoll sind, den Zielen der Geschäftsprozeß-Modellierung jedoch sogar widersprechen können. Beispielsweise kann durch ein Regelwerk festgelegt werden, nur eine Teilmenge der Ausdrucksmittel zu verwenden oder selbst einige der syntaktisch zulässigen Konstruktionen bei der Erstellung des Geschäftsprozeß-Schemas zu vermeiden. Jede Entscheidung bei der Erstellung des Geschäftsprozeß-Schemas greift auf das Workflow-Schema durch, das ist aber nicht immer gewollt und kann sogar kontraproduktiv sein. Dies bedeutet, die bisherigen Verfahren gewährleisten die Eigenständigkeit der Workflow-Schema-Erstellung nur bedingt oder erreichen sie nur auf Kosten des Geschäftsprozeß-Schemata.

2.5.2 Workflow-Schema-Erstellung als fortwährende Aufgabe

Veränderungen der Geschäftsprozesse und der Organisationsstruktur eines Unternehmens müssen sich in einer Workflow-Management-Anwendung widerspiegeln und erzwingen daher eine kontinuierliche Weiterentwicklung der Workflow-Schemata. Daraus ergeben sich folgende Anforderungen an die Verfahren zur Workflow-Schema-Erstellung:

(1)   Erhalt des Zusammenhangs zwischen Geschäftsprozeß und Workflow

Durch die organisatorische und technische Einbettung eines Workflow-Management-Systems in ein Unternehmen ziehen Änderungen der Geschäftsprozesse in der Regel auch Anpassungen der Workflow-Schemata nach sich. Damit ein Entwickler die notwendigen Veränderungen überhaupt durchführen kann, muß er aus der Gesamtheit der genutzten Workflow-Schemata zunächst die betroffenen identifizieren. Bei dieser in großen Unternehmen keineswegs trivialen Aufgabe leisten die vorgestellten Verfahren zur Workflow-Schema-Erstellung einen recht unterschiedlichen Beitrag. Das Problem entfällt bei integrierten Entwicklungsumgebungen, die zwischen Geschäftsprozeß- und Workflow-Schemata nicht unterscheiden. Hier ist lediglich der Zusammenhang zwischen einem Geschäftsprozeß selbst und dem zu seiner Beschreibung erstellten Geschäftsprozeß-Schemata herzustellen. Bei Verfahren, die aus Geschäftsprozeß-Schemata direkt oder über Zwischensprachen Workflow-Schemata erzeugen, muß ein Entwickler den Zusammenhang selbst herstellen oder extern dokumentieren. Werden Workflow-Schemata manuell oder mit Geschäftsprozeß-Schemata als reiner Vorlage erstellt, gilt das gleiche.

(2) Aktualisierung von Workflow-Schemata nach Änderungen der Geschäftsprozesse

Sind von Änderungen betroffene Workflow-Schemata identifiziert, muß ein Entwickler für jeden Einzelfall abschätzen, auf welchem Weg er zu einem aktualisierten Workflow-Schema gelangt. Sofern Workflow-Schemata als eigenständige Darstellung existieren, können die notwendigen Änderungen unmittelbar vorgenommen werden. Allerdings besteht die Gefahr, daß die ursprüngliche Korrespondenz zwischen dem modellierten Geschäftsprozeß und den Workflow-Schemata verloren geht. Werden Workflow-Schemata aus Geschäftsprozeß-Schemata abgeleitet, hängt es von der Art der durchzuführenden Änderung ab, ob das Workflow-Schema selbst modifiziert wird, oder ob das aktualisierte Geschäftsprozeß-Schema wieder zur Workflow-Schema-Erstellung herangezogen wird. Die erneute Generierung führt allerdings zu einem schwerwiegenden Problem. Die Transformationsprogramme liefern einem Entwickler in der Mehrzahl der Fälle immer nur Workflow-Schemata, die manuell nachbearbeitet werden müssen. Das liegt zum einen an der Unzulänglichkeit der meisten Transformationsprogramme, zum anderen darin, daß ein Geschäftsprozeß-Schema nur einen Teil der für Workflow-Schemata notwendigen Informationen enthält. In der Praxis bedeutet dies, das generierte Workflow-Schema stimmt zwar mit dem Geschäftsprozeß wieder überein, aber alle zwischenzeitlich durchgeführten Änderungen am Workflow-Schema sind verloren.

(3) Rücktransformation von Workflow- in Geschäftsprozeß-Schemata

Diese Anforderung besteht nur, wenn das eingesetzte Entwicklungsverfahren zwischen Geschäftsprozeß- und Workflow-Schemata streng unterscheidet. Begründet ist die Forderung nach einer Rücktransformation in dem Wunsch, Diskrepanzen zwischen dem ursprünglich erstellten Geschäftsprozeß-Schema und dem im Workflow-Schema niedergelegten tatsächlichen Vorgehen aufzudecken. Sinnvoll ist eine Rücktransformation auch dann, wenn es nicht um einen Vergleich mit einem vorhandenen Geschäftsprozeß-Schema geht, sondern wenn eine Dokumentation der Betriebsläufe benötigt wird. Sollen die Betriebsläufe unter betriebswirtschaftlichen Gesichtspunkten untersucht oder einer Personengruppe zugänglich gemacht werden, die mit einer Workflow-Sprache nicht konfrontiert werden kann, ist ebenfalls eine Überführung der Workflow-Schemata zurück in Geschäftsprozeß-Schemata hilfreich. Bei dieser Rücktransformation treten allerdings die gleichen Probleme wie bei der Transformation in anderer Richtung auf. Die bei der initialen Transformation übergangenen Inhalte des Geschäftsprozeß-Schemas müssen bei der Rücktransformation wieder zugeführt werden, da sie im Geschäftsprozeß-Schema sehr wohl wieder von Bedeutung sind. Ein Beispiel für Inhalte, die im Geschäftsprozeß-Schema enthalten sind, aber für ein Workflow-Schema keine Bedeutung haben, sind Kostenstellenträger einzelner Aktivitäten. Werden solche Inhalte nicht zumindest als Kommentare im Workflow-Schema hinterlegt und überführt die Rücktransformation diese Kommentare nicht wieder in explizit repräsentierte Inhalte des Geschäftsprozeß-Schemas, wird eine manuelle Ergänzung mit allen bekannten Problemen unumgänglich.

2.5.3 Möglichkeiten zur Variation des Workflow-Schemas

Die Entwicklung von Workflow-Schemata ist wie die Entwicklung konventioneller Programme zwar ein systematischer, aber kein deterministischer Vorgang. Ein Entwickler muß die Möglichkeit haben, sowohl auf Ereignisse oder besondere Umstände während der Entwicklung als auch auf das Ergebnis der Entwicklung Einfluß zu nehmen. Unterschiedliche Varianten für ein Workflow-Schema werden auch notwendig, wenn an die Workflow-Schema-Erstellung unterschiedliche oder sogar konfligierende Anforderungen gestellt werden. Daraus folgen weitere Anforderungen an die Verfahren:

(4)   Entscheidung für die Workflow-Sprache und Zeitpunkt dieser Auswahl

In Anbetracht des großen Aufwands zur Erstellung von Workflow-Schemata ist ihre möglichst breite Verwendung zu fordern, etwa in einem Unternehmen, das unterschiedliche Workflow-Management-Systeme für ähnliche Geschäftsprozesse nutzt. Nachdem die Vielfalt der Workflow-Management-Systeme auch in Zukunft Bestand haben wird, ist die Beurteilung der Verfahren unter diesem Gesichtspunkt notwendig. Klar im Vorteil sind hier Verfahren, die Workflow-Schemata in einer genormten Sprache (z.B. WPDL) liefern, weil damit kein Workflow-Management-System vorgegeben ist. Die Erzeugung kann durch dedizierte Transformationsprogramme oder durch Export aus einem Geschäftsprozeß-Modellierungswerkzeug geschehen. Flexibler, aber komplizierter in der Handhabung, sind Geschäftsprozeß-Modellierungswerkzeuge mit konfigurierbaren Exportformaten. Zumindest im Prinzip können auf diese Weise verschiedene Workflow-Management-Systeme erreicht werden. Vollkommen anders sind hier die integrierten Entwicklungsumgebungen zu bewerten: Die Freiheit zur Auswahl der Workflow-Sprache besteht nicht und wird auch nicht angestrebt.

(5)   Einflußnahme auf den Vorgang der Workflow-Schema-Erstellung

Die größte Gestaltungsfreiheit beim Entwicklungsvorgang bieten manuelle Verfahren zur Workflow-Schema-Erstellung, die aus diesem Grund auch in Zukunft nicht ersetzt werden können. Sobald sich die Erstellung von Workflow-Schemata auf Werkzeuge abstützt, werden die Einflußmöglichkeiten eines Entwicklers auf die Funktionsweise des Werkzeugs wichtig. Unter diesem Aspekt sind die vorgestellten Verfahren wie folgt zu bewerten: Bei integrierten Systemen entfällt die

Möglichkeit, weil jede Änderung des Workflow-Schemas gleichbedeutend mit der Änderung des Geschäftsprozeß-Schemas ist. Da letzteres auch die Aufgabe hat, die betrieblichen Abläufe zu dokumentieren, ist der Spielraum eines Entwicklers entsprechend gering.

Ähnlich sind Verfahren zu bewerten, die Workflow-Schemata aus Geschäftsprozeß-Schemata ableiten, sofern der Abbildungsvorgang selbst nicht konfiguriert werden kann. Demnach kann ein Entwickler das Workflow-Schema nur nach der Erstellung verändern, womit er die Korrespondenz mit dem zugehörigen Geschäftsprozeß-Schema zerstört. Oder er verändert das Geschäftsprozeß-Schema vor der Abbildung, was zu einer Diskrepanz zwischen der betrieblichen Realität und ihrer Dokumentation im Geschäftsprozeß-Schema führt. Flexibler sind Verfahren, die ein Workflow-Schema aus dem Geschäftsprozeß-Schema ableiten, dies aber wie in [Kral96] durch den konfigurierbaren Zugriff auf einen gemeinsamen Datenbestand realisieren. Ein Entwickler hat die vollständige Kontrolle darüber, welche Teile des Geschäftsprozeß-Schemas verwendet und ggf. noch modifiziert werden, bevor sie zum Workflow-Schema zusammengefügt werden. In abgeschwächter Form bieten benutzerdefinierte Exportformate in Geschäftsprozeß-Modellierungswerkzeugen diese Möglichkeit, denn die Definition der Abbildungsregeln erlaubt die geforderte Einflußnahme.

2.5.4 Analyse und Bewertung von Workflow-Schemata

Eine letzte Gruppe von Bewertungskriterien ergibt sich aus der Frage, *ob* und *wann* ein Entwickler Eigenschaften von Workflow-Schemata überprüfen kann. Die syntaktische Korrektheit eines Workflow-Schemas gehört natürlich dazu, ist aber nur wenig hilfreich, um über anwendungsspezifische Eigenschaften des Workflow-Schemas zu befinden.

(6) Validierung anwendungsspezifischer Eigenschaften

Die erfolgreiche Ausführung eines Geschäftsprozesses setzt die Einhaltung von Regeln voraus, die in übertragener oder abgewandelter Form auch für die workflow-gestützte Durchführung gelten. Das gilt über alle Aspekte eines Workflow-Schemas hinweg: die Berücksichtigung aller notwendigen Aktivitäten (Funktionsaspekt), die korrekte Einhaltung vorgeschriebener Ausführungsfolgen (Verhaltensaspekt), die Bereitstellung der zur jeweiligen Aufgabe passenden Applikationen (Operationsaspekt) sowie Zuweisung von Aufgaben an Bearbeiter (Organisationsaspekt). Es ist daher zu fragen, bei welchen der vorgestellten Verfahren solche Eigenschaften überhaupt und wenn ja, zu welchem Zeitpunkt in der Entwicklung der Workflow-Schemata überprüft werden können.

(7) Interaktive Simulation des Verhaltens von Workflow-Instanzen

Da Workflow-Schemata das Erscheinungsbild einer Workflow-Management-Anwendung und die Möglichkeiten für die Anwender maßgeblich prägen, ist eine

frühzeitige Simulation des Verhaltens von Workflow-Instanzen wünschenswert.
Die Möglichkeiten der vorgestellten Verfahren sind diesbezüglich wie folgt zu
beurteilen: Unabdingbare Voraussetzung für jede Simulation sind syntaktisch
korrekt und widerspruchsfrei formulierte Schemata und eine Ausführungsumgebung. Geschäftsprozeß-Modellierungswerkzeuge mit Simulationskomponente erfüllen diese Voraussetzung zwar, aber die Simulation der Geschäftsprozesse
macht natürlich keine Aussagen über das Verhalten der Workflow-Instanzen. Eine
Ausnahme bilden auch hier wieder die integrierten Entwicklungsumgebungen, die
nicht zwischen Geschäftsprozeß- und Workflow-Schema unterscheiden. Eine
aussagefähige Simulation der Workflow-Instanzen ist ansonsten nur gegeben,
wenn ein Workflow-Management-System selbst (so wie z.B. FlowMark) eine entsprechende Funktion anbietet.

2.5.5 Übersicht der vorgestellten Verfahren

Zum Abschluß des Kapitels stellt Abb. 2.28 die Verfahren in einer Übersicht dar.
Ein Vergleich ist jetzt durch die kompakte Darstellung leicht möglich, die Unter-
schiede im Ablauf, den verwendeten Sprachen und Schemata sind offensichtlich.
Die Verfahren 1 bis 11 dokumentieren den aktuellen Entwicklungsstand, Verfah-
ren 12 beschreibt die vorgeschlagene Konstruktion von Workflow-Typen und
Workflow-Schemata. Diesem Verfahren sind die weiteren Kapitel gewidmet. Die
Vorwegnahme dient nur dem Nachweis, daß die hier entwickelte Notation auch
neuartige Verfahren beschreiben kann.

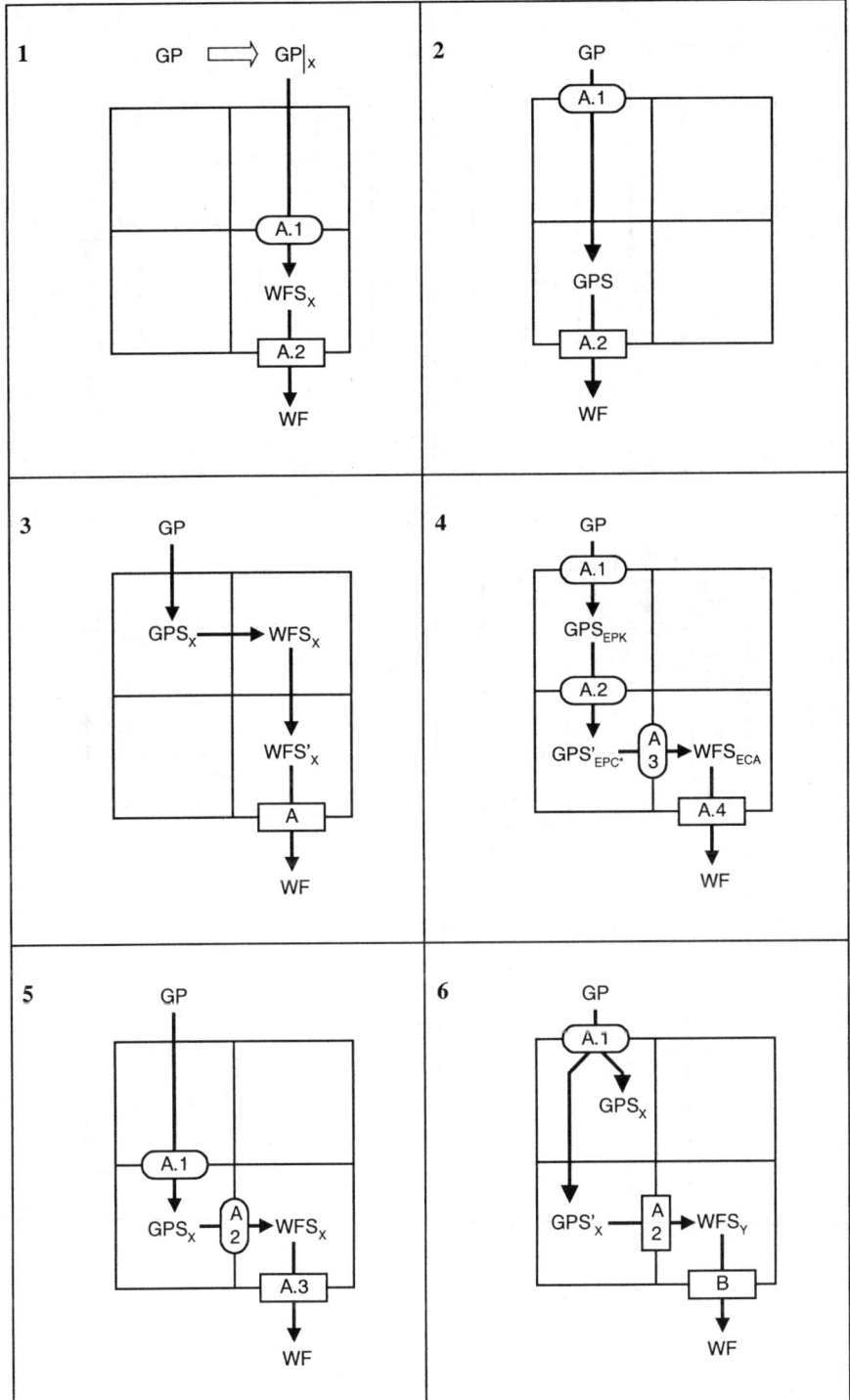

Abb. 2.28: Gesamtübersicht der vorgestellten Verfahren

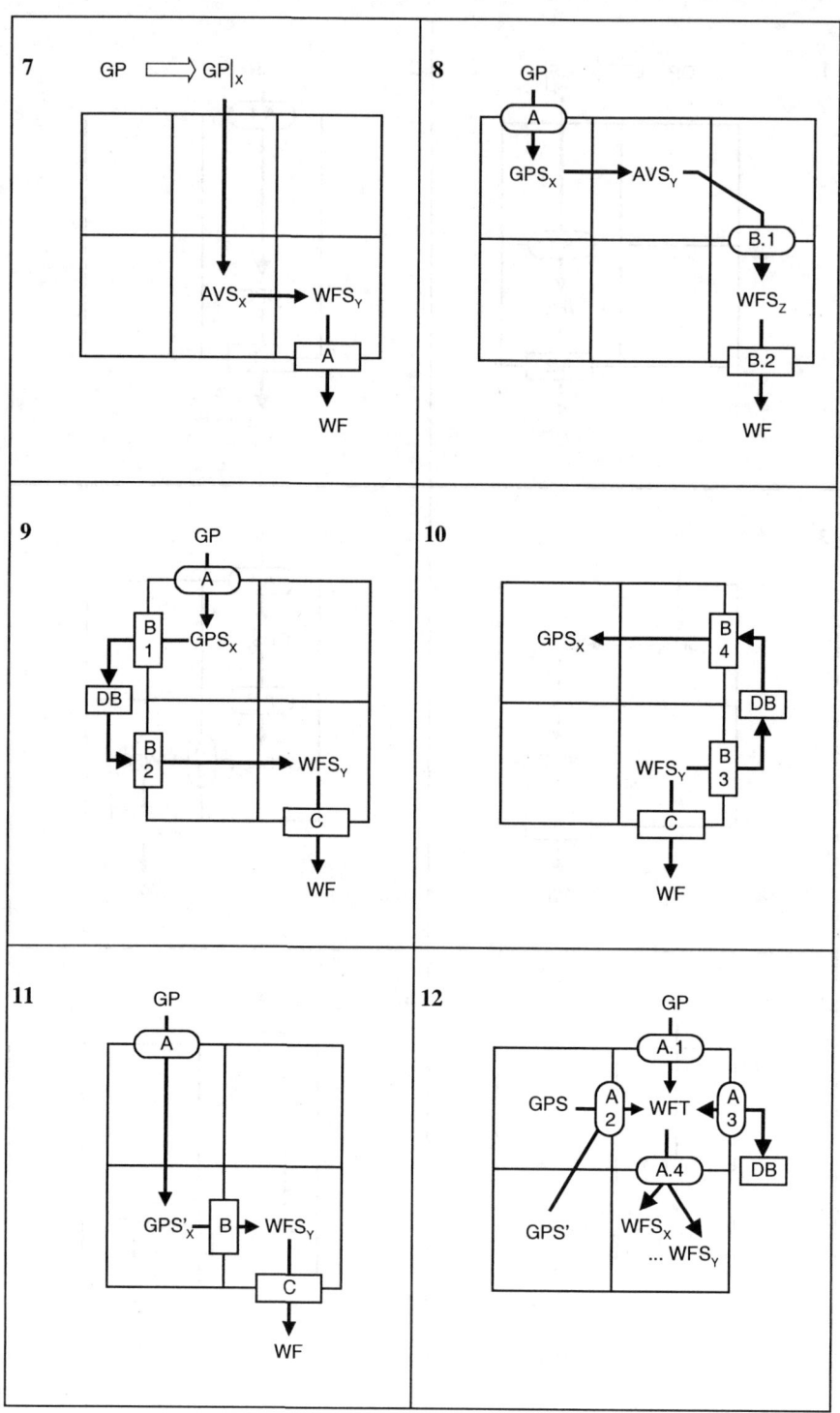

Abb. 2.28: Gesamtübersicht der vorgestellten Verfahren (Fortsetzung)

3 Systematische Workflow-Typ-Konstruktion

Dieses Kapitel stellt die Methode vor, die hier zur Entwicklung von Workflow-Typen vorgeschlagen wird. Eine Methode ist ein „auf einem Regelsystem aufbauendes Verfahren zur Erlangung von wissenschaftlichen Erkenntnissen oder praktischen Ergebnissen" [Dude89, S. 1012]. Die praktischen Ergebnisse sind hier die Workflow-Typen, und das Verfahren zu ihrer Erlangung ist die *Konstruktion*. Bei der Konstruktion wird aus vorgegebenen oder bereits konstruierten Elementen unter Verwendung von Hilfsmitteln in endlich vielen Schritten ein Ergebnis erzeugt [Mitt84, S. 446]. Abstrakte Hilfsmittel sind die Operationen für Entwurf und Variantenbildung von Workflow-Typen; ein konkretes Hilfsmittel ist die realisierte Entwicklungsumgebung WorCRAFT. Beide Arten von Hilfsmitteln und ihr Einsatz zur Konstruktion von Workflow-Typen werden in diesem Kapitel in einer Übersicht vorgestellt.

Abschnitt 3.1 gibt zwecks Orientierung einen Überblick über das gesamte Verfahren. Der Entwurf des funktionsbezogenen, verhaltensbezogenen und operationsbezogenen Aspekts von Workflow-Typen ist Gegenstand der Kap. 4 bis 6. Die Ausgestaltung, Variation und Bewertung der Aspekte folgt in Kap. 7. Relevant für das gesamte Entwicklungsvorhaben einer Workflow-Management-Anwendung sind aspektübergreifende Entscheidungen, auf die Abschn. 3.2 eingeht. Diese Entscheidungen im Vorfeld der Entwicklung dienen später als Bezugspunkte, an denen sich ein Entwickler orientieren kann, beispielsweise um zwischen zwei Varianten eines Workflow-Typs eine Auswahl zu treffen. Abschnitt 3.3 stellt die Entwicklungsumgebung WorCRAFT vor.

3.1 Das Konstruktionsverfahren in einer Übersicht

Die Übersicht zum Verfahren arbeitet die wichtigsten Merkmale heraus, skizziert die Vorgehensweise eines Entwicklers und begründet die Auswahl der behandelten Workflow-Aspekte.

3.1.1 Charakterisierung des Konstruktionsverfahrens

Das Konstruktionsverfahren bietet einem Entwickler folgende Möglichkeiten an:

- **Entwicklung durch schrittweise Verfeinerung.** Eine systemneutrale Beschreibung workflow-relevanter Inhalte bildet den Ausgangspunkt des Konstruktionsvorgangs. Für die Ausgestaltung der workflow-relevanten Inhalte zu

Workflow-Typen und Workflow-Schemata werden klar definierte Operationen angeboten. Mit diesen Operationen gelingt es, bisher intuitiv vorgenommene Entwicklungstätigkeiten in nachvollziehbare Konstruktionsschritte mit klar erkennbarer Wirkung zu überführen.

- **Realisierungsvarianten für Geschäftsprozesse.** Konventionell programmierte Anwendungsprogramme und Kommandoprozeduren sind und bleiben fester Bestandteil jeder Workflow-Management-Anwendung. Diesem praxisrelevanten Umstand trägt der Konstruktionsvorgang Rechnung, indem implementierungsneutral spezifizierte Anwendungslogik flexibel auf Workflow-Typen oder Applikationen verteilt werden können.

- **Systemneutralität im Entwicklungsvorgang.** Nicht nur die Verteilung der Anwendungslogik auf Workflow-Typen und konventionelle Programme wird flexibel gestaltet, sondern auch die Entscheidung für ein Workflow-Management-System kann erst später fallen. Daher wird in Übereinstimmung mit der Begriffsklärung aus Abschn. 1.1 zwischen *Workflow-Schemata* und *Workflow-Typen* unterschieden, wobei letztere die Idee zur Gestaltung des Workflows zum Ausdruck bringen und primär inhaltliche Anforderungen erfüllen. Erst das Workflow-Schema setzt die Idee in einer bestimmten Workflow-Sprache um, jetzt unter Beachtung der Besonderheiten dieser Workflow-Sprache.

- **Validierung von Workflow-Typ-Eigenschaften.** Ausführungsrelevante Komponenten von Workflow-Typen wie beispielsweise die Kontrollflußdefinition werden formal beschrieben. Das schafft zum einen Klarheit über die Funktionsweise und erlaubt zum anderen die Untersuchung mit entsprechenden Analysetechniken. Eigenschaften von Workflow-Typen können damit präzise bestimmt werden. Das dient nicht nur der Vermeidung von Fehlern, sondern erlaubt auch frühzeitig Aussagen über die Eigenschaften der entwickelten Workflow-Management-Anwendung.

Zur Unterstützung des vorgestellten Konstruktionsverfahrens wurde die interaktive Entwicklungsumgebung WorCRAFT implementiert (s. Abschn. 3.3). WorCRAFT begleitet einen Entwickler über den gesamten Konstruktionsvorgang und liefert nach Wahl des Workflow-Management-Systems Workflow-Schema-Fragmente in der zugehörigen Workflow-Sprache.

3.1.2 Einordnung des vorgestellten Konstruktionsverfahrens

Das Verfahren zur Konstruktion von Workflow-Typen ist in der Phase des Systementwurfs einer Workflow-Management-Anwendung angesiedelt. Abbildung 3.1 zeigt den Systementwurf mit der Verfeinerung in die Phasen „Planung", „Konstruktion", „Bewertung" und „Realisierung". Die Phasen „Konstruktion" und „Bewertung" werden iteriert und im folgenden als „Variation" bezeichnet. Aus der „Realisierung" gehen die Workflow-Schema-Fragmente als eine wichtige Vorleistung für sich anschließende die Workflow-Implementierung hervor.

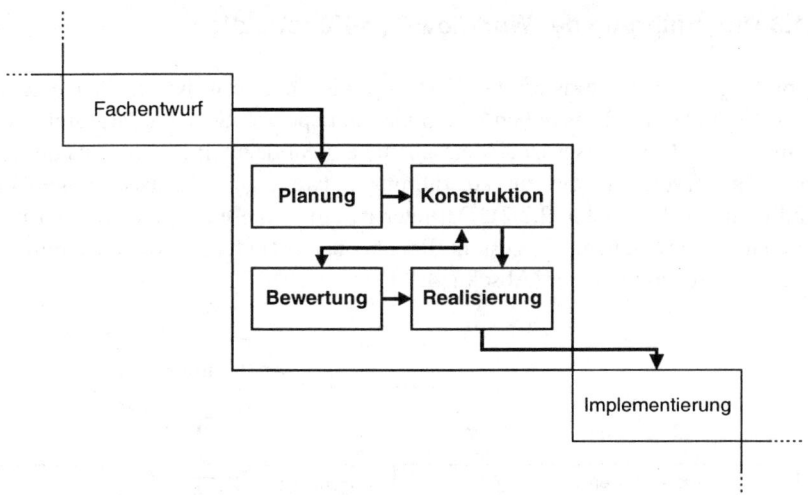

Abb. 3.1: Verfeinerter Systementwurf bei Workflow-Management-Anwendungen

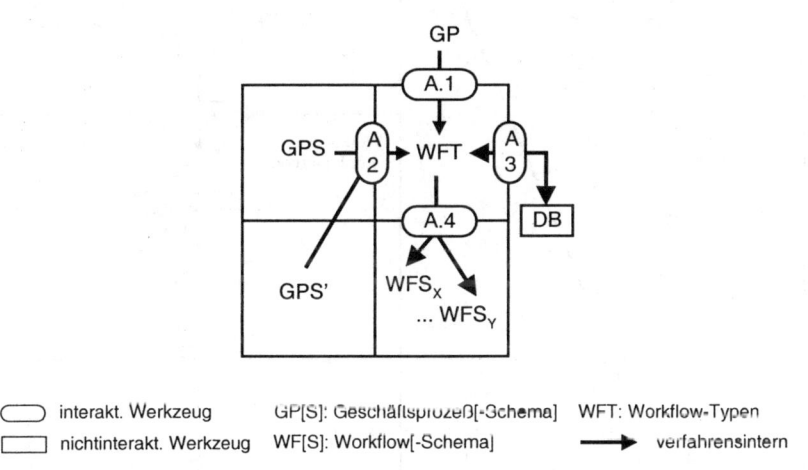

| interakt. Werkzeug | GP[S]: Geschäftsprozeß[-Schema] | WFT: Workflow-Typen |
| nichtinterakt. Werkzeug | WF[S]: Workflow[-Schema] | → verfahrensintern |

Abb. 3.2: Verfahren zur Konstruktion von Workflow-Schemata (Übersicht)

Abbildung 3.2 stellt das Verfahren mit der Notation aus Abschn. 2.2 vor. An vier Stellen ist der Einsatz eines Werkzeugs vorgesehen: bei der manuellen Erstellung der Workflow-Typen (A.1), bei der Ableitung der Workflow-Typen aus Geschäftsprozeß-Schemata (A.2), beim Zugriff auf eine Datenbank mit bereits erstellten Workflow-Typ-Konfigurationen (A.3) und bei der Überführung von Workflow-Typen in Workflow-Schemata (A.4).

3.1.3 Durchführung der Workflow-Typ-Konstruktion

Abbildung 3.3 charakterisiert das Verfahren über die verwendeten Schemata und deren Veränderung. Links oben ist ein Geschäftsprozeß-Schema dargestellt, stellvertretend für Geschäftsprozeß-Metaschemata dient dazu eine EPK. Aus der Position geht hervor, daß die zur Ausführung notwendigen Voraussetzungen nicht erfüllt sind (vgl. Abschn. 2.2.2). Darunter ist ein in diesem Sinne wohlgeformtes Geschäftsprozeß-Schema dargestellt. Rechts oben befindet sich die noch einzuführende Aufgabentypstruktur (Abschn. 4.1.1).

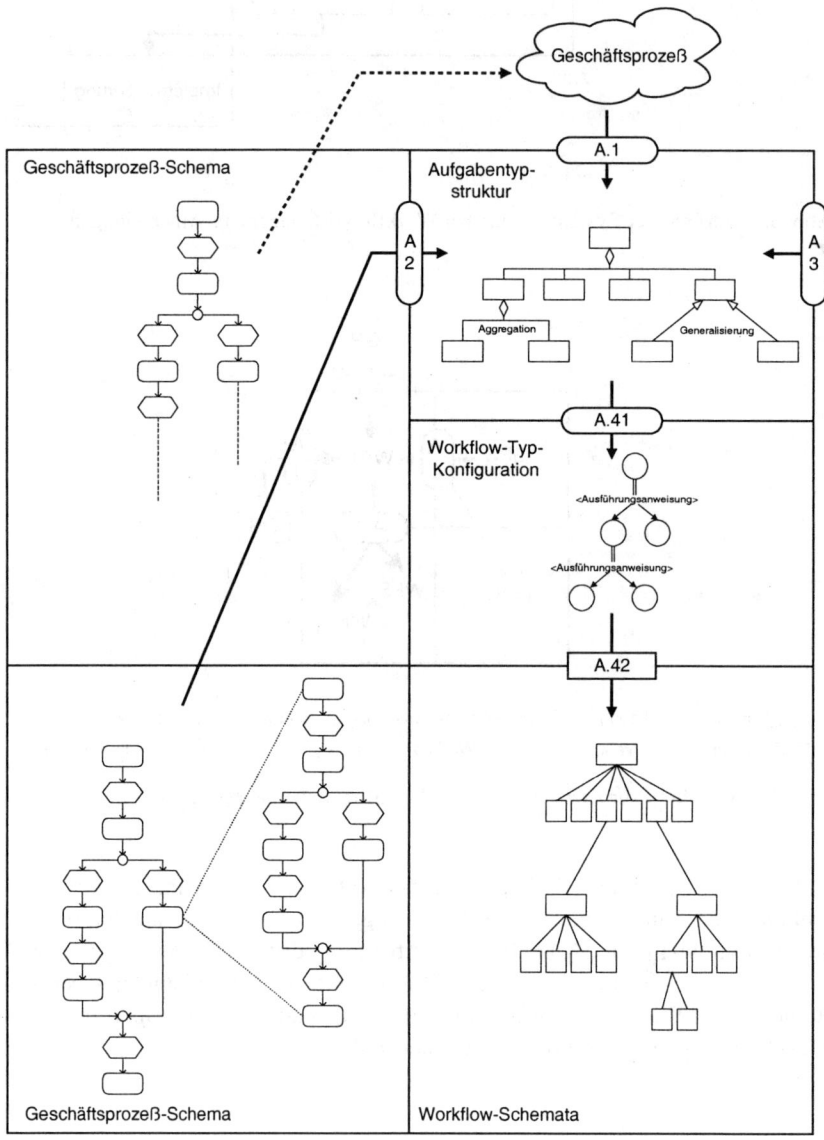

Abb. 3.3: Verfahren zur Konstruktion von Workflow-Schemata (Detailsicht)

Sie ist der Ausgangspunkt für die Workflow-Typen, aus denen im letzten Schritt
der Konstruktion Workflow-Schemata entstehen. Korrespondierend zu Abb. 3.2
sind die Übergänge zwischen den Quadranten benannt, teilweise verfeinert und
mit Pfeilen für die Richtung der Überführung versehen. Die folgenden Abschnitte
erklären, was an den Übergängen geschieht, und zeichnen so den Konstruktionsvorgang nach.

Werden Workflow-Typen benötigt, denen kein Geschäftsprozeß direkt zugeordnet ist oder deren Geschäftsprozeß nicht modelliert ist, erstellt ein Entwickler
die zugehörige Aufgabentypstruktur manuell (Abb. 3.3: A.1). Er orientiert sich
dabei am Ziel des Geschäftsprozesses und dessen funktionaler Dekomposition in
Aufgabentypen. In jedem Fall entsteht so die Aufgabentypstruktur als Ausgangspunkt für die weitere Entwicklungstätigkeit. Die Notation der Aufgabentypstruktur greift partiell auf Ausdrucksmittel der *Unified Modeling Language* (UML)
zurück. Stehen einem Entwickler weitere Informationen zur Verfügung, z.B. über
die Nutzung externer Applikationen oder Reihenfolgebeziehungen zwischen den
Aufgabentypen, reichert er damit die Aufgabentypstruktur an.

Liegt das Geschäftsprozeß-Modell in einer formalen Notation vor und ist es
„wohlgeformt", ist eine halbautomatische Ableitung der Aufgabentypstruktur
möglich (Abb. 3.3: A.2). Unabhängig von ihrer Entstehung zeigt die Aufgabentypstruktur die funktionsorientierte Sicht auf den Geschäftsprozeß, ergänzt um Ausführungsbeziehungen und Abhängigkeiten zwischen den Aufgabentypen.

Nicht alle Aufgabentypen müssen übernommen werden, ein Entwickler selek-
tiert einzelne Aufgabentypen durch eine „Markierung" (Abb. 3.3: A.41). Die Markierung realisiert Entscheidungen aus der Planungsphase, um beispielsweise nur
für einen Teil des Geschäftsprozesses die Unterstützung durch das Workflow-Management-System zu fordern. In dieser Phase findet statt, was in Abschn. 2.2 mit
Anpassung von formalen und inhaltlichen Unterschieden umschrieben wird. Die
Verfeinerung eines zunächst nur abstrakt benannten Aufgabentyps ist ein Beispiel
dafür, die Präzisierung einer informell notierten Abhängigkeit zwischen zwei Aufgabentypen ein weiteres. Dabei bestimmt ein Entwickler für jeden Anwendungs-
fall individuell, wie die Workflow-Typen ausgestaltet werden sollen. Neben den
Operationen zur Ausgestaltung der Workflow-Typen gibt es Auswertungsfunktionen, die Informationen über den aktuellen Entwicklungsstand liefern. Realisiert
sind die Funktionen zur Auswertung als Anfragen an eine Datenbank, die eine
Bibliothek aller bisher erstellten Aufgabentypstrukturen enthält (Abb. 3.3: A.3).

Mit der Entscheidung für eine bestimmte Workflow-Sprache tritt der Entwicklungsvorgang in eine neue Phase ein (Abb. 3.3: A.42). Statt generischer Operationen zur Manipulation der Workflow-Typen stehen dem Entwickler nun die Ausdrucksmittel der von ihm gewählten Workflow-Sprache zur Verfügung. Das bedeutet, daß er jetzt nicht mehr mit Workflow-Typen, sondern mit Workflow-
Schemata arbeitet. Dabei bestimmen die Regeln der gewählten Workflow-Sprache
seinen Handlungsspielraum. Diese klare Trennung von Workflow-Typ und Workflow-Schema-Erstellung ist ein herausragendes Merkmal des vorgestellten Verfahrens. Es hebt damit die frühzeitige Orientierung an systemspezifischen Details auf,
die die Entwicklung von Workflow-Management-Anwendungen kennzeichnet.

3.1.4 Auswahl der Workflow-Aspekte für das Konstruktionsverfahren

In [Curt92] und [Malo94] werden Prozesse anhand von Aspekten charakterisiert, die [Jabl94] auf Workflows übertragen und erweitert hat. Eine ausführliche Behandlung der Aspekte findet sich in [Jabl96a]. Da die Behandlung aller Aspekte im Rahmen dieses Buchs unmöglich erfolgen kann, werden die Aspekte ausgewählt, die folgende Eigenschaften aufweisen:

- Relevanz für möglichst viele der zu entwickelnden Workflow-Typen
- Spezifizierbarkeit bereits zum Zeitpunkt des Systementwurfs
- Implementierbarkeit in möglichst vielen Workflow-Sprachen
- Entwicklung, Ausgestaltung und Bewertung zugänglich

Diese Kriterien erfüllen der *funktionsbezogene*, *verhaltensbezogene* und *operationsbezogene* Aspekt in besonderen Maß. Nicht berücksichtigt wird der *organisationsbezogene* Aspekt, der bereits in [Bußl97] erschöpfend abgehandelt ist. Gegen den *informationsbezogenen* Aspekt spricht, daß seine eigenständige Behandlung nur in wenigen Workflow-Management-Systemen erfolgt. Der *materialbezogene* Aspekt kommt selten vor (einen Fall beschreibt [Stei97a]) und wird kaum von Workflow-Management-Systemen unterstützt.

- **Funktionsbezogener Aspekt: Struktur und Gliederung von Workflow-Typen.** Die Strukturgestaltung beschäftigt sich mit dem Aufbau, den eingesetzten Bausteinen und ihrer Zusammenfügung zu einem Workflow-Typ. An diesem Aspekt wird der konstruktive Charakter des vorgeschlagenen Entwicklungsverfahrens besonders deutlich: Ausgehend von einer Aufgabenstellung werden verschiedene Strukturen entworfen, verglichen und auf ihre Eigenschaften hin überprüft. Ohne einen ersten Entwurf zum Aufbau von Workflow-Typen ist kein weiterer Entwicklungsschritt möglich. In Anbetracht der unterschiedlichen Konzepte zur Strukturbildung wird im folgenden immer von „Strukturbausteinen" und „Konstruktionsprinzipien" gesprochen. Erst nach der Entscheidung für eine Workflow-Sprache ist eine Konkretisierung der Bausteine möglich. Für die Konkretisierung der Konstruktionsprinzipien gibt es ebenfalls nach der Entscheidung für eine Workflow-Sprache verschiedene Umsetzungen. Weitere Themen der Strukturgestaltung sind:

  - Aufteilung von Aufgabentypen des Geschäftsprozesses auf Workflow-Typen
  - Variation der funktionalen Dekomposition innerhalb von Workflow-Typen
  - Strukturen zur Begünstigung von Wiederverwendung und Wartbarkeit
  - Bewertung der Konzepte zur Strukturgestaltung in Workflow-Sprachen

  Das Erscheinungsbild einer Workflow-Management-Anwendung wird stark durch Entscheidungen bei der Strukturgestaltung bestimmt. Für den Endanwender werden die Entscheidungen im Angebot an Workflow-Typen sichtbar, ein Entwickler kann bereits in dieser Phase zur besseren Wartbarkeit einer Workflow-Management-Anwendung beitragen.

- **Verhaltensbezogener Aspekt: Ausführung von Workflow-Instanzen.** In den Workflow-Typen für komposite Workflows muß die Ausführungsfolge der verwendeten Subworkflows festgelegt werden. Anhaltspunkte dazu liefern inhaltliche oder zeitliche Abhängigkeiten im Geschäftsprozeß sowie unternehmensweit gültige Richtlinien, wie sie in Geschäftsordnungen niedergelegt sind. Arbeitstechniken und Methodenwissen der Anwender vervollständigen das Bild eines Entwicklers über Ablaufgeschehen und Zusammenhänge, sofern die Anwender willens und in der Lage sind, ihr Wissen zu formulieren und mitzuteilen. Kapitel 5 geht ausführlich auf den Entwurf der Kontrollflußdefinition für Workflow-Typen ein. Von der Aufgabentypstruktur kommend bedeutet das, Reihenfolgeangaben zwischen Aufgabentypen durch Ausführungsanweisungen auszudrücken. Gegebenenfalls sind anwendungsspezifische Ausführungsanweisungen einzuführen, wenn sich die erforderliche Ausführungsfolge nicht durch Verwendung vorhandener Ausdrucksmittel herstellen läßt. Die Umsetzung einer präzisierten und konsolidierten Ablaufbeschreibung in eine Kontrollflußdefinition ist der zweite Schwerpunkt der Workflow-Typ-Konstruktion. Diese Aufgabe umfaßt:

- Identifikation von Ausdrucksmitteln zur Beschreibung der Ausführungsfolge
- neue Ausführungsanweisungen (in erweiterbaren Workflow-Sprachen)
- Validierung erstellter Kontrollflußdefinitionen

• **Operationsbezogener Aspekt: Integration externer Applikationen.** Die Integration externer Applikationen ist kein rein technisches Problem, sondern berührt auch die Gestaltung der Workflow-Typen beim Systementwurf. Daher liegt hier ein dritter Schwerpunkt. Diskutiert werden in Kap. 6 folgende Punkte:

- Aufrufkontext externer Applikationen
- Bereitstellungszeitraum für den Anwender
- Auswahlmöglichkeiten oder Verwendungszwang bei Applikationen

Die Aspekte gehen gemäß Abb. 1.6 in das Konstruktionsverfahren ein, als Gegenstand des Entwurfs und auch als Gegenstand von Bewertung und Variation.

3.2 Einflußgrößen auf die Workflow-Typ-Konstruktion

Eine methodisch fundierte Konstruktion von Workflow-Typen verlangt, daß zu Beginn klar definierte Ziele bezüglich der Eigenschaften der Workflow-Management-Anwendung festgeschrieben und während des Konstruktionsvorgangs im Auge behalten werden. Idealerweise gelingt es sogar, aus diesen Zielen konkrete Gestaltungsrichtlinien für die Workflow-Typen abzuleiten oder notwendige Entwurfsentscheidungen mit Blick auf diese Ziele zu treffen. Dazu leistet der vorliegende Abschnitt einen Beitrag, in dem vor der Behandlung des funktionsbezogenen (Kap. 4), verhaltensbezogenen (Kap. 5) und operationsbezogenen (Kap. 6) Aspekts von Workflow-Typen *aspektübergreifende* Einflußgrößen auf den gesamten Konstruktionsvorgang benannt werden. Zu diesen Einflußgrößen zählen:

• Entwicklungsziele für Workflow-Management-Anwendungen
• Randbedingungen beim Einsatz einer Workflow-Management-Anwendung
• Merkmale der zu unterstützenden Geschäftsprozesse

Im folgenden werden zu den genannten Punkten Ausprägungen benannt und ein Zusammenhang zu Entscheidungen bei der Workflow-Typ-Konstruktion hergestellt. Da der Konstruktionsvorgang in Abschn. 3.1 nur skizziert und die sich bietenden Möglichkeiten erst im weiteren Verlauf vorgestellt werden, wird der Zusammenhang zwischen den hier aufgeführten Punkten und den konkreten Entwurfsentscheidungen erst später deutlich. Insbesondere Kap. 7 nimmt auf diesen Abschnitt Bezug, beispielsweise um eine Auswahl zwischen zwei Workflow-Typ-Varianten zu begründen.

Entwicklungsziele für Workflow-Management-Anwendungen

Die Entwicklung von Workflow-Typen ist in die Erstellung einer Workflow-Management-Anwendung eingebettet und diese Workflow-Management-Anwendung bestimmt die inhaltliche Ausrichtung der Workflow-Typen. Für den Konstruktionsvorgang selbst spielt dieser Inhalt nur eine untergeordnete Rolle. So ist beispielsweise die Entscheidung eines Entwicklers, wie viele Subworkflows in einem kompositen Workflow-Typ zusammengefaßt werden, unabhängig vom Inhalt der Geschäftsprozesse, die die Workflow-Management-Anwendung unterstützen soll. Für die funktionale Partitionierung der Workflow-Typen ist entscheidend, wie häufig sich die Geschäftsprozesse ändern, unter welchen Randbedingungen ein Workflow-Management-System eingesetzt wird und nicht zuletzt, in welche der folgenden Kategorien eine Workflow-Management-Anwendung fällt:

(a) Generelle Eignungsprüfung eines Workflow-Management-Systems
(b) Evaluation eines bestimmten Workflow-Management-Systems
(c) Pilotprojekt zur Einführung eines Workflow-Management-Systems
(d) Produktiveinsatz für im Unternehmen etablierte Geschäftsprozesse
(e) Unterstützung umgestalteter oder neu geschaffener Geschäftsprozesse

Bei Entwicklungsvorhaben der Kategorien (a) und (b) lohnt sich die Entwicklung sprachneutraler Workflow-Typen nicht, denn zu Beginn steht bereits das einzusetzende Workflow-Management-System und damit auch die Workflow-Sprache fest. Ein Entwickler wird also gleich die Workflow-Schemata für das Zielsystem erstellen; eine Weiterverwendung dieser zu Testzwecken erstellten Workflow-Schemata ist ohnehin nicht vorgesehen. Pilotprojekte der Kategorie (c) stellen einen Grenzfall dar. Ist das Pilotprojekt erfolgreich, wird es weder bei den zu Testzwecken entwickelten Workflow-Schemata bleiben, noch werden die Workflow-Schemata unverändert übernommen; Änderungsfähigkeit und Erweiterbarkeit der Workflow-Schemata bekommen dann einen höheren Stellenwert. Bei den Kategorien (d) und (e) kann die Entscheidung gegen Workflow-Schemata und für Workflow-Typen nicht nur in deren Systemneutralität liegen, sondern auch in der höheren Qualität, die das zweistufig ausgelegte Konstruktionsverfahren verspricht.

Randbedingungen beim Einsatz einer Workflow-Management-Anwendung

Die Entwicklungsziele einer Workflow-Management-Anwendung sind, wenn auch nicht unbedingt vom ausführenden Entwickler, in gewissen Grenzen zu beeinflussen. Das gilt nicht für das Umfeld, in dem eine Workflow-Management-Anwendung eingesetzt wird. Organisatorische und technische Randbedingungen können weitaus weniger verändert werden, entsprechend groß ist der Zwang, mit der im Unternehmen vorgefundenen Situation umzugehen. Für die Workflow-Typ-Entwicklung stellen die folgenden Punkte Randbedingungen dar:

(a) Stellenwert der Befolgung der Regeln zur Geschäftsprozeß-Durchführung
(b) Abdeckung der Geschäftsprozesse durch Applikationen
(c) Bedeutung von Kontrollen und Protokollierung bei der Aufgabenausführung
(d) Umfang und Qualität der bereits vorhandenen Geschäftsprozeß-Schemata

Die Aufzählung ist nicht vollständig. Die aufgeführten Punkte reichen aber aus, um den Einfluß von Randbedingungen auf die Workflow-Typ-Entwicklung zu demonstrieren. Leicht einzusehen ist der Zusammenhang zwischen der Kontrollflußdefinition im Workflow-Typ und dem Stellenwert, den die Reihenfolge von Aufgaben im Geschäftsprozeß hat. Je strikter die Festlegung aus rechtlichen, organisatorischen oder inhaltlichen Gründen ist, desto genauer muß die Kontrollflußdefinition die vorgeschriebene Ausführungsfolge nachbilden. Die Möglichkeit, ausführungsrelevante Entscheidungen einem Anwender zu überlassen (z.B. bei der Kontrollflußverlagerung in Abschn. 7.4.1) besteht dann praktisch nicht. Das wiederum zwingt zur Formulierung der vorgeschriebenen Ausführungsfolge in der Kontrollflußdefinition, was zumindest beim Einsatz von präskriptiven Ausdrucksmitteln um so schwieriger ist, je mehr Freiheiten einem Anwender zugebilligt werden sollen (s. dazu Abschn. 7.4.2). Die Eigenschaften zu integrierender Applikationen bestimmen nicht nur den operationsbezogenen Aspekt, sondern genauso kann es erforderlich sein, zusätzliche Workflow-Typen einzuführen (funktionsbezogener Aspekt), nur um die Applikationsaufrufe einzukleiden, oder die Kontrollflußdefinition (verhaltensbezogener Aspekt) an den Aufrufmodalitäten oder dem erforderlichen Bereitstellungszeitraum der Applikation auszurichten.

Merkmale der zu unterstützenden Geschäftsprozesse

Als Geschehnisse in der Realität und als Kooperationsform zwischen Mitgliedern eines Unternehmens weisen Geschäftsprozesse verschiedene Merkmale auf, über die sie klassifiziert werden können (s. dazu z.B. [Pico87, Kirn94, Sche94b, Pico95]). [Deit96] stellt über eine Klassifikation hinaus den Zusammenhang zwischen bestimmten Arten von Geschäftsprozessen und deren Unterstützungsmöglichkeit durch Workflow-Management-Systeme her. Speziell für das Workflow-Management-System CORMAN werden für einzelne Klassen von Geschäftsprozessen gemäß [Deit96] Lösungsmuster für Workflow-Schemata angegeben. Dieser Abschnitt greift Merkmale aus der Klassifikation von [Deit96] auf, stellt aber die Auswirkungen auf die Entwicklung von Workflow-Typen unabhängig von COR-

MAN dar. Exemplarisch diskutiert werden – insbesondere zur Vorbereitung der Kap. 4 bis 6 – die Auswirkung der Merkmale von Geschäftsprozessen auf die Workflow-Typ-Entwicklung:

(a) Grad der Kenntnis über die Typen der durchzuführenden Aufgaben
(b) Planbarkeit des Arbeitsablaufs im Geschäftsprozeß
(c) Strukturierbarkeit der Aufgabentypen
(d) Häufigkeit von außen erzwungener Änderungen am Geschäftsprozeß
(e) Anpassungsfähigkeit des Geschäftsprozesses

Auch diese Aufzählung ist nicht vollständig; sie gibt aber wichtige nicht-inhaltsbezogene Merkmale von Geschäftsprozessen wieder, die sich auf die Konstruktion und Gestaltung der Workflow-Typen auswirken. So korreliert beispielsweise das Maß an Wissen über die Aufgabentypen direkt mit der Entscheidung, ob und welche Applikationen zur Unterstützung eines Anwenders angeboten werden müssen. Sind die Aufgabentypen im Geschäftsprozeß bekannt, ist aber die Reihenfolge ihrer Ausführung nicht planbar, wird ein Entwickler die ihm bekannten Aufgabentypen auf weniger umfangreiche Workflow-Typen verteilen, als wenn der Ablauf vollständig planbar ist. Je weniger Funktionalität in einem Workflow-Typ vereinigt wird, desto flexibler kann ein Anwender die Workflow-Typen auswählen und gemäß den vorliegenden Erfordernissen instanziieren. Abschnitt 6.3 diskutiert ausführlich die bei solchen unplanbaren Geschäftsprozessen notwendige Abwägung zwischen Überwachung des Anwenders und Verteilung von Funktionalität auf Workflow-Typen. Häufige Änderungen am Arbeitsablauf im Geschäftsprozeß sind ein weiteres Merkmal, das ein Entwickler durch geschickte Partitionierung der Workflow-Typen abfangen kann. Je weniger Funktionalität ein Workflow-Typ dann enthält, desto leichter fällt es im Fall von Änderungen, nur die Kontrollflußdefinition anzupassen, um auf die geforderte Ausführungsfolge zu reagieren. Eine andere Möglichkeit, die Auswirkungen häufiger Änderungen im Geschäftsprozeß zu begrenzen, ist die Einführung von Workflow-Typen mit abstrakter formulierten Aufgaben, die mehrere einzelne Workflow-Typen mit spezielleren Funktionen ersetzen.

3.3 Realisierung der Entwicklungsumgebung WorCRAFT

Als Nachweis für die Realisierbarkeit und die praktische Einsetzbarkeit des vorgeschlagenen Konstruktionsverfahrens wurde die Entwicklungsumgebung WorCRAFT (Workflow Construction Resulting from Analysis of Function Types) konzipiert und prototypisch implementiert [Hein98, Hein99]. WorCRAFT stützt sich zum Teil auf Komponenten, die an anderen Universitäten entwickelt werden (das PEP-Tool [Grah99,Grah95a] der Universität Hildesheim sowie der PETRIL-Simulator [Künz-94] der Universität Zürich). Ebenso sind Ergebnisse eigener Projekte eingeflossen, zu nennen sind hier vor allem DOPAS [Böhm95] und VorTel [Bapa96].

Abbildung 3.4 zeigt mit der Aufgabentypstruktur das Darstellungsmittel, das WorCRAFT zur Beschreibung von Geschäftsprozessen anbietet, für die Workflow-Typen konstruiert werden sollen.

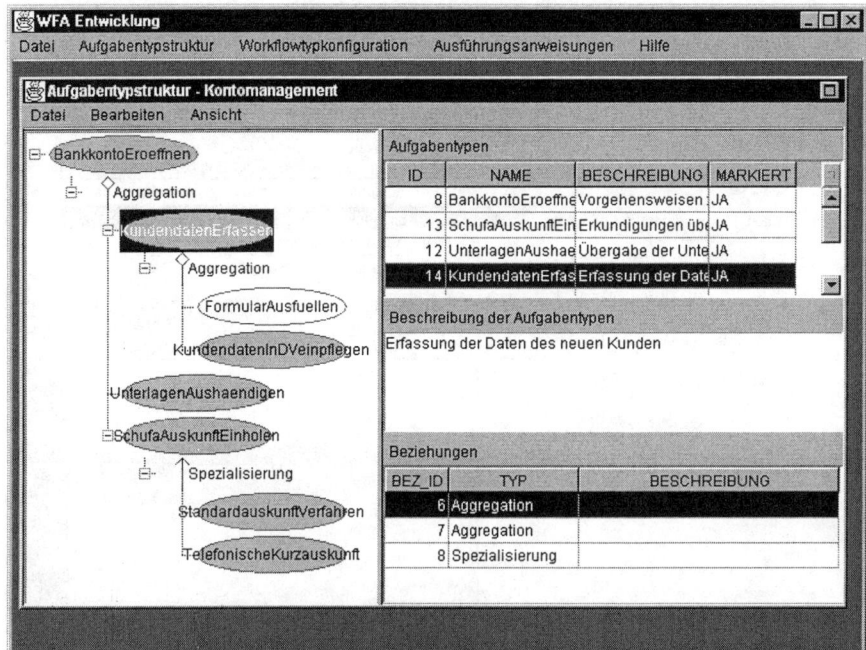

Abb. 3.4: Darstellung der Aufgabentypstruktur eines Geschäftsprozesses in WorCRAFT

Aus der Anwendungsdomäne Kontomanagement einer Bank ist der Ausschnitt herausgegriffen, der die Kontoeröffnung umfaßt. Der Aufgabentyp BankkontoEröffnen ist in KundendatenErfassen, SchufaAuskunftEinholen und UnterlagenAushändigen verfeinert. Die nächste Zerlegungsebene präzisiert die Datenerfassung als Vorgang mit den Teilaufgaben FormularAusfüllen und KundendateninDVeinpflegen. Die Auskunft über den neuen Kunden wird über das Standardauskunft-Verfahren oder die TelefonischeKurzauskunft eingeholt; beides sind Spezialfälle von SchufaAuskunftEinholen.

Ohne die Veränderung des zugrundeliegenden Geschäftsprozeß-Modells oder die Einführung eines zweiten workflow-spezifischen Geschäftsprozeß-Modells entsteht als Folge der Markierung die Workflow-Typ-Konfiguration, wie sie Abb. 3.5 zeigt. Da die Markierung die Struktur der Workflow-Typ-Konfiguration bestimmt, kann der Entwickler auf diese Weise unterschiedliche Workflow-Typ-Konfigurationen erzeugen und unabhängig voneinander untersuchen. Gerade bei komplexen Aufgaben ist nicht immer von Beginn an klar, welche Workflow-Typ-Konfiguration sich am besten eignet. Die werkzeuggestützte Verwaltung der unterschiedlichen Varianten ist hier eine große Hilfe, zudem entsteht auf diese Weise eine Bibliothek aus Workflow-Typen, mit der die eine oder andere Doppelentwicklung verhindert werden kann.

Die Workflow-Typ-Konfiguration in Abb. 3.5 weist bereits einzelne Workflow-Typen aus. Sie ergeben sich aus den zuvor markierten Aufgabentypen. Im kompositen Workflow-Typ KM_BankkontoEröffnen hat der Entwickler den Beziehungstyp schon durch die Ausführungsanweisung SEQ ersetzt.

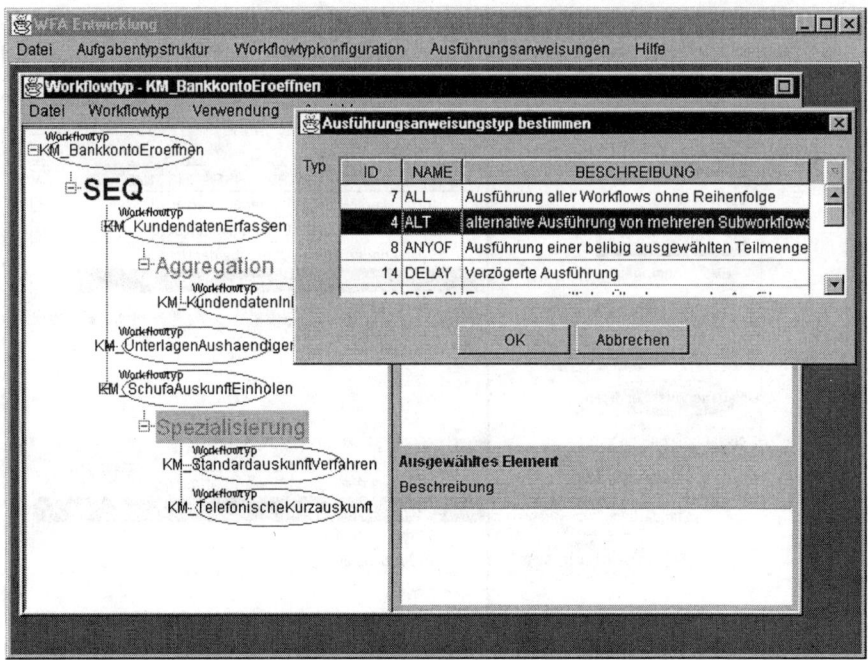

Abb. 3.5: Ersetzung von Beziehungen durch Ausführungsanweisungen in WorCRAFT

Damit werden die Subworkflows KM_KundendatenErfassung, KM_SchufaAuskunftEinholen und KM_UnterlagenAushändigen sequentiell ausgeführt. Für den Beziehungstyp Spezialisierung erfolgt die Ersetzung durch ALT, wie in Abb. 3.5 gezeigt. Auf diese Weise ersetzt der Entwickler interaktiv alle Beziehungstypen durch Ausführungsanweisungen und vervollständigt damit die Workflow-Typ-Konfiguration. Es steht das gesamte Repertoire definierter Ausführungsanweisungen zur Verfügung; zu dem Beziehungstyp passende Ausführungsanweisungen werden automatisch vorgeschlagen. Findet sich keine passende Ausführungsanweisung, kann der Entwickler mit Hilfe des eingebauten Editors eigene Ausführungsanweisungen definieren. Ebenfalls interaktiv wählt der Entwickler die Applikationen aus, die aus elementaren Workflow-Typen aufgerufen werden. Das Ergebnis dieser ersten Entwicklungsphase ist eine Workflow-Typ-Konfiguration, deren funktionsbezogener, verhaltensbezogener und operationsbezogener Aspekt festgelegt ist. Erst danach trifft der Entwickler die Entscheidung für ein bestimmtes Workflow-Management-System. Sofern dieses Workflow-Management-System bereits in der Entwicklungsumgebung hinterlegt ist, wird die Workflow-Typ-Konfiguration schrittweise in Workflow-Schemata des gewählten Zielsystems überführt. Ist die Workflow-Typ-Konfiguration vollständig überführt, generiert die Entwicklungsumgebung abschließend Workflow-Schema-Fragmente für das Zielsystem. Derzeit werden die Workflow-Management-Systeme MOBILE und FlowMark unterstützt, weitere können durch Erweiterung der Entwicklungsumgebung berücksichtigt werden. Eine ausführliche Beschreibung der Entwicklungsumgebung WorCRAFT wird in [Hein99] vorgenommen.

4 Entwurf des funktionsbezogenen Aspekts

Der funktionsbezogene Aspekt beschreibt die Funktionseinheiten und die Rahmenstruktur von Workflow-Typen [Jabl97, S. 19]. Der erste Entwurf des funktionsbezogenen Aspekts findet durch die Erstellung der *Workflow-Typ-Konfiguration* statt. Eine Workflow-Typ-Konfiguration beschreibt, welche Workflow-Typen eine Workflow-Management-Anwendung umfaßt und welche gegenseitigen Verwendungsbeziehungen zwischen ihnen bestehen. Auf die Erstellung der Workflow-Typ-Konfiguration zielt die in diesem Kapitel beschriebene Entwurfsphase ab. Abschnitt 4.1 liefert dem Entwickler das notwendige Instrumentarium zum Entwurf des funktionsbezogenen Aspekts. Abschnitt 4.2 zeigt, wie ein Entwickler eine Anforderungsdefinition in die Workflow-Typ-Konfiguration umsetzt.

4.1 Entscheidung über Struktur und Funktion von Workflow-Typen

Das Konstruktionsverfahren für Workflow-Typen baut darauf auf, Inhalte eines Geschäftsprozeß-Schemas gezielt zu isolieren, in ein Zwischenformat zu überführen und erst *danach* zur Workflow-Typ-Konstruktion einzusetzen. Für den funktionsbezogenen Aspekt besteht das Zwischenformat in der *Aufgabentypstruktur*. Sie ergibt sich zwar aus dem Geschäftsprozeß-Schema, wird dann aber als eigenständige Darstellung vom Entwickler verändert, bis die Aufgabentypen einen Ausgangspunkt für die Workflow-Typen bilden. Um dieses Ziel zu erreichen, sind u.a. die folgenden Arbeiten erforderlich:

- Anpassung des Detaillierungsgrads der Aufgabentypstruktur
- Hinzufügen von Aufgabentypen, die im Geschäftsprozeß-Schema fehlen
- Entfernung von Aufgabentypen, die im Workflow-Typ ohne Bedeutung sind

Diese Veränderungen wirken sich auf die Aufgabentypstruktur aus, aus der in einem weiteren Entwicklungsschritt die Workflow-Typen abgeleitet werden. Damit bekommt ein Entwickler über die Ausgestaltung der Aufgabentypstruktur Einfluß auf die funktionalen und nichtfunktionalen Eigenschaften der Workflow-Typen. Funktionale Eigenschaften bestimmen das Erscheinungsbild des Workflows gegenüber einem Anwender, vornehmlich durch die zur Ausführung gebrachten Subworkflows und die in ihnen aufgerufenen Applikationen. Nicht direkt erkennbar für einen Anwender sind nichtfunktionale Eigenschaften eines Workflows, zu denen beispielsweise Wartbarkeit und Wiederverwendbarkeit gehören.

Ein Entwickler erhält zur Durchführung der Veränderungen einen Satz von Operationen, die die Aufgabentypstruktur in kontrollierter Weise modifizieren. Über die Auswahl der Operationen und die Reihenfolge ihrer Anwendung entscheidet der Entwickler, zum Teil nach Rücksprache mit dem zukünftigen Anwender. Gemeinsam verändern sie die Aufgabentypstruktur so lange, bis nur noch Aufgabentypen enthalten sind, die im Workflow-Management-System eine sinnvolle Repräsentation haben. Was als sinnvolle Repräsentation gilt, folgt wiederum aus den zuvor definierten Anforderungen an die gesamte Workflow-Management-Anwendung (vgl. Abschn. 3.2). Wird dort festgelegt, daß das Workflow-Management-System den Geschäftsprozeß bis ins Detail überwachen soll, muß auch die Aufgabentypstruktur entsprechend weit verfeinert werden. Eine feingranulare Aufgabentypstruktur liefert eine Vielzahl einzelner Workflow-Typen, mit denen selbst kleinste Arbeitsschritte im Workflow-Management-System repräsentiert werden können. Nach der Vorstellung der Aufgabentypstrukturen in Abschn. 4.1.1 werden im Abschn. 4.1.2 bis 4.1.4 die Operationen besprochen, mit denen ein Entwickler Funktionsweise, Struktur und Funktionsangebot der Workflow-Typen bestimmt.

4.1.1 Aufgabentypstrukturen als Hilfsmittel im Konstruktionsvorgang

Im folgenden werden *Aufgabentypstrukturen* eingeführt, die als semantisch angereicherte Darstellungen der funktionalen Dekomposition eines Geschäftsprozesses über die Ausdrucksmöglichkeiten von *Funktionsbäumen* (z.B. in [Sche94b, S. 19f.]) hinausgehen. Die Einführung der Aufgabentypstrukturen setzt die Forderung aus Abschn. 1.3 um, die Workflow-Typ-Entwicklung als einen eigenständigen Schritt bei der Anwendungsentwicklung zu behandeln.

Aufgabentypstrukturen sind gerichtete azyklische Graphen. Knoten repräsentieren Aufgabentypen. Durch zwei unterschiedliche Kantentypen werden Aggregations- und Generalisierungs-Beziehungen zwischen den Aufgabentypen unterschieden. Das Verbot von Zyklen und Schlingen verhindert, daß direkt oder indirekt ein Aufgabentyp zu seiner eigenen Teilaufgabentyp wird. Da die Graphen in dieser Verwendung eine endliche Zahl von Kanten und Knoten enthalten, ist die Prüfung auf Zyklenfreiheit kein Problem und wird hier nicht weiter ausgeführt. Ohne Beschränkung der Allgemeinheit wird ein ausgezeichneter Knoten als Wurzel gefordert, der Graph ist weiterhin zusammenhängend. Graphentheoretisch handelt es sich den Kanten für Aggregations- und Generalisierungs-Beziehungen um Hyperkanten. Die Notation lehnt sich an die der UML [OMG97, Rumb99, Booc98, Oest97] an.

Die Aufgabentypstruktur in Abb. 4.1 hat folgende Bedeutung: Aufgabentyp A besteht aus den drei Aufgabentypen B, C und D, wobei B wiederum aus E und F zusammengesetzt ist und F ebenfalls Teil von C ist. D ist die Verallgemeinerung der Aufgabentypen G und H, wobei G nicht weiter verfeinert ist, H hingegen aus den Aufgabentypen I, J und K besteht.

Die funktionale Dekomposition eines zunächst komplexen Aufgabentyps besteht aus einer mehrstufigen Verfeinerung in jeweils kleinere Aufgabentypen und endet mit Aufgabentypen, die auf der Ebene elementarer Arbeitsschritte oder Handlungen angesiedelt sind.

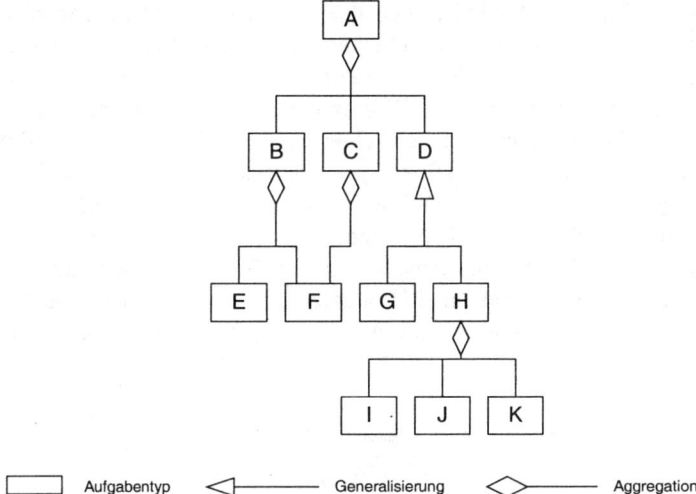

Abb. 4.1: Beispiel für eine Aufgabentypstruktur

Neben der Komplexitätsreduktion und der gleichzeitigen Zunahme der benannten Arbeitseinheiten ist eine immer stärker an der Aufgaben*durchführung* orientierte Präsentation des ursprünglichen Aufgabentyps zu beobachten (vgl. [Gree96]). Dargestellt wird diese Aufgabentypzerlegung typischerweise durch spezielle gerichtete azyklische Graphen, entweder als Bäume oder Netze. Knoten repräsentieren Aufgabentypen auf unterschiedlicher Abstraktionsebene, die Kanten dazwischen geben Teil-Ganze-Beziehungen wieder. Da diese Darstellung für die Workflow-Typ-Konstruktion zu ungenau ist, wird in der Aufgabentypstruktur zwischen Aggregationsbeziehung und Generalisierungsbeziehung unterschieden.

Häufigster Fall bei der funktionalen Dekomposition ist die Identifikation von Aufgabentypen, deren Ausführung die übergeordnete Aufgabe bewältigt. Diese Verfeinerung über mehrere Stufen zu dokumentieren, macht einen großen Teil der Vorbereitung der Workflow-Typ-Entwicklung aus. Abbildung 4.2 (links) zeigt die entsprechende Notation, wenn die Aufgabentypen 1 bis *n* zum übergeordneten Aufgabentyp gehören (Aggregation). Bei der Zerlegung von Aufgabentypen tritt der Fall auf, daß zur Bewältigung nicht mehrere Aufgabentypen entstehen, sondern daß es je nach Anwendungssituation die eine oder andere spezialisierte Form des Aufgabentyps gibt, wie es in Abb. 4.2 (rechts) gezeigt ist.

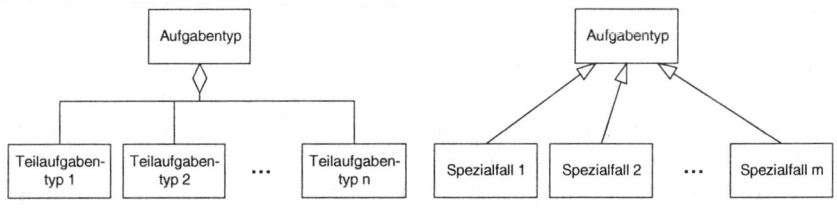

Abb. 4.2: Aggregations- und Generalisierungsbeziehungen zwischen Aufgabentypen

Um das Geschäftsprozeß-Modell jedoch übersichtlich zu gestalten, wird auf die verschiedenen Ausprägungen eines Aufgabentyps verzichtet und statt dessen eine Generalisierung über die Spezialfälle modelliert. Für einen Entwickler ist oft der entgegengesetzte Schritt notwendig. Will er keine abstrakte Aufgabe im Workflow-Typ repräsentieren, muß er die einzelnen Spezialfälle kennen. Ob dann auch wirklich alle Spezialfälle im Workflow-Typ abgedeckt werden, ist eine davon unabhängige Entscheidung. Aus der Diskussion mit dem Anwender erfährt ein Entwickler, wenn Aufgaben eines Typs wiederholt vorkommen oder nicht immer auftreten. Da Wiederholung und Auslassung von Aufgaben eines Aufgabentyps workflow-relevante Informationen sind, müssen sie notiert werden. Die Notation der UML bietet dazu Möglichkeiten an, Abb. 4.3 zeigt drei verschiedene Fälle.

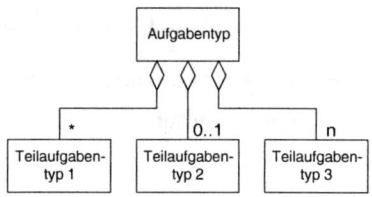

Abb. 4.3: Aufgabentyplokale Ausführungskardinalitäten

Teilaufgabe 1 kann *beliebig oft* vorkommen, Teilaufgabe 2 ist *optional* und Teilaufgabe 3 kommt genau *n* mal vor. Diese Angaben werden im folgenden als „aufgabentyplokale Ausführungskardinalitäten" bezeichnet, weil sie nur über einen Aufgabentyp und die ggf. darunter befindlichen weiteren Aufgabentypen eine Aussage machen. Um die Abbildungen zu vereinfachen, bedeutet das Fehlen einer Ausführungskardinalität – im Gegensatz zur UML – ein einfaches und kein mehrfaches Vorkommen.

Die Unterscheidung von Aggregations- und Generalisierungsbeziehungen ist der erste Schritt zur Anreicherung der funktionaler Dekomposition. Damit werden Beziehungen zwischen Aufgabentypen beschrieben, die auf unterschiedlichen Stufen der Zerlegung angesiedelt sind.

Weitere Anreicherungen der Aufgabentypstruktur sind möglich. Als Beispiele seien dazu Reihenfolgebeziehungen und aufgabentypübergreifende Ausführungsbedingungen genannt. Zu ihrer Darstellung wird wieder auf Elemente der UML zurückgegriffen. Für die Reihenfolgebeziehung und die Notation funktionsübergreifender Ausführungsbedingungen müssen einfache Assoziationen verwendet werden. Sie bekommen nur durch eine Beschriftung eine Bedeutung und sind anders als beispielsweise die Aggregation zum Ausdruck der Teil-Ganze-Beziehung von Strukturen nicht innerhalb der UML definiert. Auch wenn die Zerlegung eines Aufgabentyps in weitere Aufgabentypen keine explizite Reihenfolge enthält, so gilt dennoch die Regel, daß zur Erfüllung der Aufgabe zuerst die Teilaufgaben erledigt werden müssen. Für die Konstruktion eines Workflow-Typs, insbesondere bei der Kontrollflußdefinition, spielt die Festlegung der Ausführungsfolge hingegen eine große Rolle (s. Kap. 5).

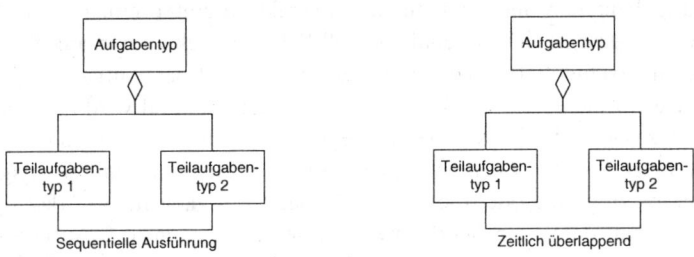

Abb. 4.4: Beziehungen zwischen Aufgabentypen einer Zerlegungsebene

Zum Teil erfährt ein Entwickler bereits hier vom Anwender, welche Ausführungs-folge für eine erfolgreiche Bewältigung einer Aufgabe notwendig ist, oder – das ist genauso bedeutsam – wo die Reihenfolge unerheblich ist. Um dies in der Auf-gabentypstruktur auszudrücken, werden die betroffenen Aufgabentypen durch Assoziationen verbunden, wie es Abb. 4.4 zeigt. Zum jetzigen Zeitpunkt handelt es sich lediglich um gebrauchssprachlich formulierte Beziehungen zwischen den Aufgabentypen, deren Semantik nicht weiter definiert ist. Das wird sich in Kap. 5 ändern. Dort wird ausführlich gezeigt, wie mit Hilfe von Ausführungsanweisun-gen formal definierte Ausführungsfolgen zwischen Aufgabentypen beschrieben werden oder ggf. neue Ausführungsanweisungen definiert werden, wenn eine sehr spezielle Form der Ausführung von Workflows festzulegen ist. In diesem Kapitel geht es zunächst darum, weitere workflow-relevante Information zu erfassen und in der Aufgabentypstruktur darzustellen.

4.1.2 Ausgestaltung der Funktion von Workflow-Typen

Die Ableitung einer Workflow-Typ-Konfiguration aus einer Aufgabentypstruktur erfolgt strukturerhaltend. Aus elementaren Aufgabentypen werden elementare Workflow-Typen. Da letztere zum Ausführungszeitpunkt die Funktion des Work-flows bestimmen, kann ein Entwickler mit der Ausgestaltung der Aufgabentyp-struktur frühzeitig auf die Funktion Einfluß nehmen. Sofern die Aufgabentyp-struktur aus einem Geschäftsprozeß-Schema abgeleitet wird, sind die Positionen der elementaren Aufgabentypen bereits besetzt. Ein Entwickler muß dann ent-scheiden, ob diese Aufgabentypen im Workflow-Management-System repräsen-tiert werden sollen oder nicht. Diese Entscheidung kann nicht automatisiert wer-den, daher werden im folgenden Operationen vorgestellt, die eine vom Entwickler getroffene Entscheidung in Veränderungen der Aufgabentypstruktur umsetzen.

4.1.2.1 Änderung des Detaillierungsgrads von Aufgabentypen

Geschäftsprozeß-Metaschemata bieten oft nur ein einziges Ausdrucksmittel für die Beschreibung der Aufgabentypen im Geschäftsprozeß an (bei EPK die „Funkti-on"). Ein Geschäftsprozeß-Modellierer ist gezwungen, dieses eine Ausdrucksmittel für Aufgabentypen unterschiedlicher Abstraktionsstufen einzusetzen. Syntaktisch gleiche Elemente des Geschäftsprozeß-Schemas bekommen auf diese Weise eine ganz unterschiedliche Bedeutung, die nur anhand der Aufgabentypbezeichnung zu rekonstruieren ist. Ein Entwickler muß dies tun und wird dabei auf Aufgabentypen stoßen, für die es in der vorliegenden Form keine sinnvolle Repräsentation im Workflow-Management-System gibt. Oft ist der Detaillierungsgrad des Aufgabentyps zu gering oder die darin geforderte Tätigkeit muß stärker operationalisiert werden, damit ein Workflow-Management-System die Aufgabendurchführung unterstützen kann. Durch funktionale Dekomposition ist dies zu erreichen; die Operation in Abb. 4.5 setzt den gedanklichen Vorgang der Dekomposition in eine Veränderung der Aufgabentypstruktur um.

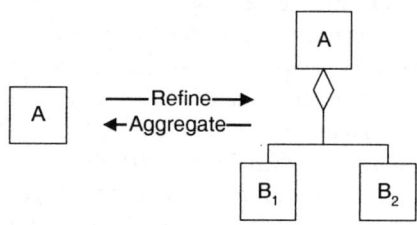

Abb. 4.5: Änderung des Detaillierungsgrads von Aufgabentypen

Da nicht auszuschließen ist, daß das Geschäftsprozeß-Schema zu detailliert vorliegt, wird auch die komplementäre Operation angeboten, die den Detaillierungsgrad bei der Darstellung eines Aufgabentyps reduziert. Dementsprechend gibt es die folgenden zwei Operationen:

- Refine ergänzt einen in der Aufgabentypstruktur bislang elementaren Aufgabentyp durch eine Aggregation aus zwei oder mehr neuen Aufgabentypen, die vom Entwickler entsprechend des vollzogenen Dekompositionsschritts bezeichnet werden.

- Aggregate verändert die Aufgabentypstruktur komplementär zu Refine. Mehrere bisher elementare Aufgabentypen werden durch einen einzigen Aufgabentyp ersetzt. Dies wird notwendig, wenn die Aufgabentypstruktur so detailliert ausfällt, daß ohne eine „Vergröberung" Workflow-Typen auf dem Niveau von einzelnen Handlungen entstehen würden.

In welchem Umfang Aufgabentypen aus dem Geschäftsprozeß-Schema verfeinert oder zusammengefaßt werden, muß ein Entwickler zusammen mit den Anwendern für jeden Einzelfall entscheiden. Darin steckt ein gewisser Aufwand im Vergleich zur unreflektierten Übernahme aller im Geschäftsprozeß-Schema vorgefundenen Aufgabentypen. Allerdings ist der Aufwand sinnvoll und notwendig und muß als Gelegenheit zur Einflußnahme begriffen werden. Als Orientierungshilfe für den angemessenen Verfeinerungsgrad dienen folgende Punkte:

- Je stabiler die Abläufe in dem Geschäftsprozeß sind, desto weiter kann die Aufgabenzerlegung erfolgen, weil anderenfalls der Änderungsaufwand in den Workflow-Typen steigt.

- Beeinflußt die Reihenfolge der Aufgabentypen den Erfolg eines Geschäftsprozesses, müssen die Aufgabentypen auf dieser Detaillierungsebene im Workflow-Management-System repräsentiert werden.

- Je genauer die Arbeit der Anwender überwacht und protokolliert werden soll, desto detaillierter muß die Repräsentation im Workflow-Management-System erfolgen.

Letztlich zeigt erst die Erfahrung beim Einsatz einer Workflow-Management-Anwendung, in welchen Workflows die Aufgabenzerlegung als Unterstützung der Arbeit empfunden wird und wo das Workflow-Management-System durch den Detaillierungsgrad zu restriktiv ist.

4.1.2.2 Änderung des Spezialisierungsgrads von Aufgabentypen

Um die Übersichtlichkeit eines Geschäftsprozeß-Schemas zu wahren, wird nicht nur der Detaillierungsgrad der beschriebenen Aufgabentypen beschränkt, sondern auch nur ein Teil der möglichen Abläufe angegeben. Es sei daran erinnert, daß Alternativen in einer ablauforientierten Darstellung in der funktionsorientierten Sicht der Aufgabentypstruktur zu Spezialfällen eines übergeordneten Aufgabentyps werden, der zu diesem Zweck vom Entwickler eingeführt werden muß, weil dieser Aufgabentyp im Geschäftsprozeß-Schema nicht explizit vorkommt. Das bedeutet im Umkehrschluß, daß Alternativen in der späteren Workflow-Ausführung durch Spezialisierung der Aufgabentypstruktur induziert werden. Zur Gestaltung des Angebots von Alternativen dienen zwei Operationen auf der Aufgabentypstruktur (Abb. 4.6):

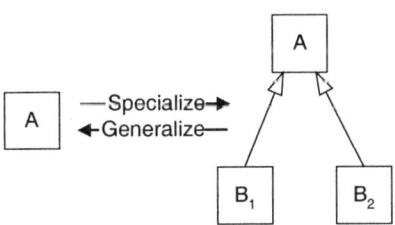

Abb. 4.6: Änderung des Spezialisierungsgrads von Aufgabentypen

- Specialize ersetzt in der Aufgabentypstruktur einen elementaren Aufgabentyp durch einen neuen Aufgabentyp mit zwei oder mehr Spezialisierungen. Zwischen den Workflow-Typen, die später diese Spezialfälle repräsentieren, kann ein Anwender entweder selbst auswählen oder die Kontrollflußdefinition erlaubt dem Workflow-Management-System die Entscheidung, welcher dieser Subworkflows instanziiert und ausgeführt wird.

• Generalize führt als Spezialfälle bzw. Alternativen modellierte Aufgabentypen zusammen und ersetzt sie durch einen neuen Aufgabentyp, wodurch die entstehende Workflow-Typ-Konfiguration an dieser Stelle nur noch einen Workflow-Typ enthält.

Auch hier ergibt sich der notwendige Grad der Verfeinerung in Form von angebotenen Alternativen wieder aus dem Gespräch mit den Anwendern. Die Entscheidung über die Auswahlstrategie zwischen den Alternativen bleibt der Kontrollflußdefinition vorbehalten. Daß dies nicht zwangsläufig auf einen gegenseitigen Ausschluß hinauslaufen muß, wird an folgendem Beispiel klar: Die Aufgabentypen B_1 und B_2 repräsentieren zwei unterschiedliche Verfahren zur Bearbeitung des in Aufgabentyp A formulierten Problems. Scheitert der Versuch mit dem ersten Verfahren, wird ein Anwender zu recht verlangen, das zweite Verfahren versuchen zu dürfen. Übertragen auf die workflow-gestützte Ausführung bedeutet das, ein Anwender muß in dieser Situation beide Workflow-Typen zur Verfügung haben. Weiterhin muß ein Workflow-Management-System ihm erlauben, sie aus der laufenden Ausführung des übergeordneten Workflows heraus auszuwählen und ggf. auch mehrfach zu instanziieren. Diese Fragen berühren die Kontrollflußdefinition in Kap. 5, aber die Voraussetzungen dafür müssen durch die Modifikation der Struktur geschaffen werden.

4.1.2.3 Veränderungen des Umfangs der funktionalen Dekomposition

Die Verfeinerung eines Aufgabentyps dient dazu, den Detaillierungsgrad der Aufgabentypstruktur an die Erfordernisse einer Repräsentation im Workflow-Management-System anzupassen. Von der Verfeinerung zu unterscheiden ist die Veränderung des Umfangs der Zerlegung. Der Umfang der Zerlegung wird durch Hinzufügen oder Entfernen von Aufgabentypen gleicher Abstraktionsebene verändert, wie es in Abb. 4.7 dargestellt wird:

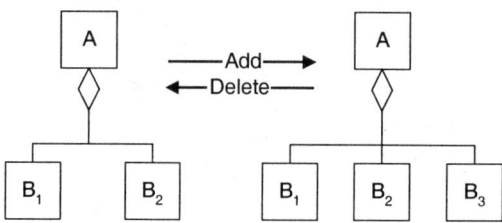

Abb. 4.7: Veränderungen des Umfangs einer funktionalen Dekomposition

• Add fügt auf gleicher Abstraktionsebene einen neuen Aufgabentyp hinzu. Der hinzugefügte Aufgabentyp muß nicht elementar sein, die Operation gilt auch für das Zufügen eines Teilbaums, der zu einem früheren Zeitpunkt entworfen wurde und jetzt wiederverwendet wird.

• Delete entfernt einen Aufgabentyp bzw. die Struktur, die sich unter diesem Aufgabentyp als Verfeinerung oder Spezialisierung befindet.

Gründe für derartige Anpassungen der Aufgabentypstruktur sind:

- Das Geschäftsprozeß-Modell enthält Aufgabentypen, die nur aus der Entscheidung über den weiteren Ablauf bestehen. Soweit sich die Auswahlentscheidung formalisieren läßt, wird sie in der Kontrollflußdefinition des Workflow-Typs aufgegriffen und der Aufgabentyp selbst wird nicht mehr benötigt, er kann also entfernt werden.

- Aufgabentypen im Geschäftsprozeß-Modell unterstellen oft Tätigkeiten, die von jedem Betrachter des Modells ohne weiteres erkannt und richtig ausgeführt werden, die aber für die Ausführung eines Workflows explizit gemacht werden müssen (z.B. die Bereitstellung von Dokumenten). Es ist also ein zusätzlicher Aufgabentyp einzufügen, der zu einem Subworkflow wird und dessen Ausführung die Aufgabendurchführung vorbereitet.

Die Hinzunahme neuer Aufgabentypen muß in der Kontrollflußdefinition berücksichtigt werden, weil der Ausführungszeitpunkt i.allg. nicht beliebig ist, sondern in temporalen oder kausalen Abhängigkeiten zu den bereits vorhandenen Aufgabentypen steht. Wieder ist es der Anwender, der einem Entwickler Hinweise auf eine sinnvolle Position der neuen Aufgabentypen innerhalb der Workflow-Ausführung geben kann. Da zu diesem Zeitpunkt der Entwicklung noch keine Entscheidung für eine Workflow-Sprache getroffen hat, werden hier keine Aufgabentypen eingefügt, die nur dazu dienen, Vorgaben des jeweiligen Workflow-Metaschemas zu erfüllen. Die Auszeichnung von speziellen Start- und Endaktivitäten sind Beispiele dafür; sie haben inhaltlich keine Bedeutung und ihre Einführung erfolgt erst bei der Überführung von Workflow-Typen in Workflow-Schemata.

4.1.2.4 Veränderungen des Umfangs einer Spezialisierung

Das Geschäftsprozeß-Modell enthält bis zu einem gewissen Grad bereits Alternativen im Ablauf, die in der abgeleiteten Aufgabentypstruktur als Spezialfälle eines übergeordneten Aufgabentyps erscheinen. Damit gibt die Aufgabentypstruktur den für Dokumentationszwecke gewählten Grad an Differenzierung im Ablauf wieder. Die Unterstützung des Geschäftsprozesses durch ein Workflow-Management-System eröffnet aber neue Möglichkeiten bzw. macht bisherige Verfahren u.U. überflüssig. Das Hinzufügen und das Entfernen von Alternativen zeigt Abb. 4.8.

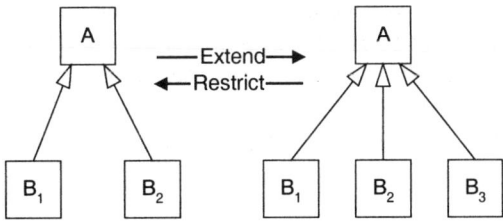

Abb. 4.8: Veränderungen des Umfangs einer vorhandenen Spezialisierung

Im Gegensatz zu den Operationen Specialize und Generalize aus Abschn. 4.1.2.2 verändern Extend und Restrict die Tiefe der Aufgabentypzerlegung nicht, sondern sie verändern die Anzahl der Aufgabentypen in einer Ebene:

- Extend fügt zu einem vorhandenen Aufgabentyp einen weiteren Spezialfall hinzu. Im Workflow bedeutet das eine zusätzliche Wahlmöglichkeit für die Anwender oder eine Fallunterscheidung innerhalb der Kontrollflußdefinition.

- Restrict ist sinnvoll, wenn die Aufgabentypstruktur nach der Ableitung aus dem Geschäftsprozeß-Modell Alternativen enthält, die nicht im Workflow-Management-System repräsentiert werden sollen, dafür nicht geeignet sind oder zu selten vorkommen.

Erst im weiteren Verlauf der Entwicklung wird entschieden, wie sich die Spezialisierung der Aufgabentypen auf die Gestaltung der Workflow-Typen auswirkt. Zwei Möglichkeiten kommen in Frage: Entweder erscheint die Verallgemeinerung über alle Spezialfälle nicht mehr als eigenständiger Workflow-Typ, und die Spezialfälle werden als Ablaufalternativen in die Kontrollflußdefinition eingebettet. Oder der übergeordnete Aufgabentyp bleibt erhalten und die Verzweigung erfolgt erst innerhalb des Workflow-Typs, der aus diesem Aufgabentyp abgeleitet wird. An dieser Fragestellung ist zu erkennen, daß nach außen identische Eigenschaften (z.B. alle möglichen Ablaufvarianten) in unterschiedlichen Formen im Workflow-Management-System repräsentiert werden können. Der nächste Abschnitt geht ausführlich auf solche Fragen der Strukturgestaltung ein.

4.1.3 Ausgestaltung der Struktur in Workflow-Typen

Die Operationen dieses Abschnitts verändern nur den Bereich der Aufgabentypstruktur, der zwischen dem Toplevel-Aufgabentyp und den elementaren Aufgabentypen liegt. Auf dieser mittleren Ebene können Aufgabentypen nach inhaltlicher Zusammengehörigkeit umgruppiert werden, ohne die Bedeutung der Aufgabentypstruktur zu verändern. Da die entstehende Workflow-Typ-Konfiguration im Bereich der funktionsbestimmenden elementaren Workflow-Typen gleich bleibt, werden folgende Operationen als *funktionserhaltend* eingestuft.

4.1.3.1 Einkleidung von Aufgabentypen

Jeder Aufgabentyp in der Aufgabentypstruktur ist ein potentieller Ausgangspunkt für einen Workflow-Typ. Vor diesem Hintergrund muß ein Entwickler entscheiden, an welcher Stelle der Workflow-Typ-Konfiguration sich der einzelne Workflow-Typ wiederfinden soll. Die Veränderung der Aufgabentypstruktur bietet hier Einflußmöglichkeiten. Abbildung 4.9 zeigt die Wirkungsweise von zwei Operationen am Beispiel eines elementaren Aufgabentyps:

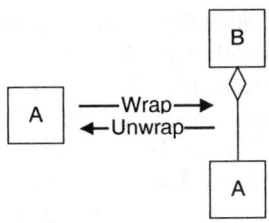

Abb. 4.9: Einkleidung von Aufgabentypen

- **Wrap.** Ein elementarer Aufgabentyp wird – ohne ihn zu verändern – einem neu eingefügten Aufgabentyp untergeordnet.

- **Unwrap.** Der einem elementaren Aufgabentyp unmittelbar übergeordnete Aufgabentyp wird entfernt und durch den elementaren Aufgabentyp ersetzt, ohne letzteren zu verändern.

Beide Aufgabentypstrukturen aus Abb. 4.9 induzieren (in diesem Beispiel triviale) Workflow-Typ-Konfigurationen mit der gleichen Anzahl elementarer Workflow-Typen. Lediglich die Anzahl dazwischenliegender (intermediärer) Workflow-Typen, hier der spätere Workflow-Typ B, macht den Unterschied aus. Workflow-Typ B kleidet den elementaren Workflow-Typ A ein und kapselt die darin realisierte Funktion. Auf diese Weise können im weiteren Verlauf der Entwicklung Änderungen am Workflow-Typ A durchgeführt werden, ohne daß andere Workflow-Typen ebenfalls geändert werden müssen.

Das folgende Beispiel demonstriert eine Anwendung für die Operation Wrap. Die linke Aufgabentypstruktur in Abb. 4.10 zeigt, daß der Aufgabentyp Kunden-Erfassen sowohl bei der Eröffnung von Giro- als auch Depotkonten vorkommt. Bei der Überführung dieser Aufgabentypstruktur in Workflow-Typen würde WFT _KundenErfassen als Subworkflow in WFT_DepotkontoEröffnen und WFT_Giro-kontoEröffnen aufgerufen. Das ist zwar korrekt, aber wartungsunfreundlich. Nachdem das Workflow-Management-System natürlich mehr als die Kundenerfassung bei der Kontoeröffnung anbieten soll, müssen bei zukünftigen Erweiterungen alle Workflow-Typen geändert werden, die WFT_KundenErfassen verwenden.

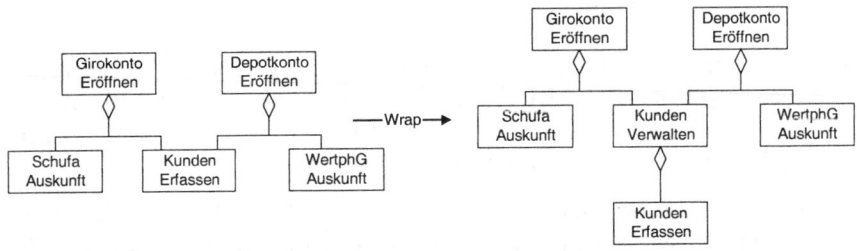

Abb. 4.10: Kapselung eines mehrfach vorkommenden Aufgabentyps

Die Einkleidung von WFT_KundenErfassen durch einen zusätzlichen Workflow-Typ WFT_KundenVerwalten verhindert dies, da alle Erweiterungen darin vorgenommen werden und die aufrufenden Workflow-Typen unverändert bleiben. Das Beispiel zeigt, wie durch vorausschauende Planung im Systementwurf die spätere Erweiterung von Workflow-Typen erleichtert wird. Allerdings führt die Einkleidung von Workflow-Typen dazu, daß weitere Workflow-Typen ohne funktionstragende Bedeutung entstehen, die ungeachtet dessen Verwaltungsaufwand verursachen und zur Laufzeit Ressourcen binden.

4.1.3.2 Gruppierung von Aufgabentypen

Aufgabentypen im mittleren Bereich der Aufgabentypstruktur entstehen entweder durch Aggregation oder aus Generalisierung von Aufgabentypen der tieferen Zerlegungsebene. Im Gegensatz zu den elementaren Aufgabentypen, die das untere Ende der Zerlegungshierarchie bilden, haben die Aufgabentypen im mittleren Bereich gruppierende oder gliedernde Funktion. Das gilt entsprechend für die aus ihnen abgeleiteten Workflow-Typen, auch sie haben anders als elementare Workflows keine für den Anwender ersichtliche Funktion. Einem Entwickler erleichtert eine sinnvolle Zusammenfassung der Workflow-Typen jedoch die Arbeit erheblich, insbesondere wenn eine große Anzahl elementarer Workflow-Typen am Ende der Verwendungsbeziehung steht. Dies zeichnet sich bereits zum Entwicklungszeitpunkt ab und wird durch eine „breite" Aufgabentypstruktur ersichtlich. Es ist daher sinnvoll, bereits zum Entwicklungszeitpunkt Zusammenfassungen vorzunehmen, wie es Abb. 4.11 zeigt:

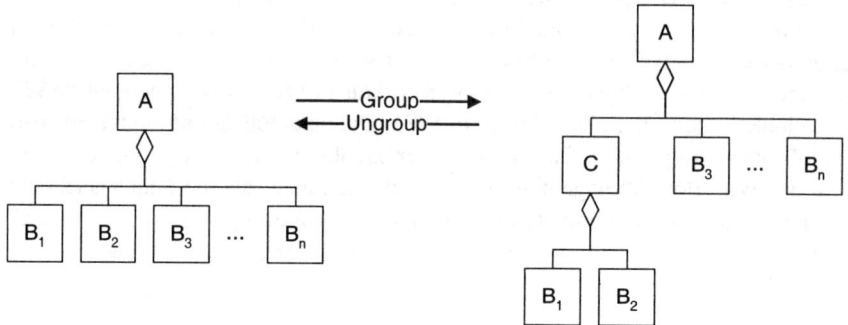

Abb. 4.11: Gruppierung von Aufgabentypen

- Group. Aufgabentypen (B_1–B_2), die bislang auf einer Zerlegungsebene stehen, werden aufgeteilt und durch einen neu eingeführten Aufgabentyp (C) gruppiert. Um seine Rolle als Komponente von Aufgabentyp A zu erhalten, wird der neue Aufgabentypen C als Teil der Aggregation behandelt.

- Ungroup. Gruppierungen können ohne Einfluß auf die Funktion des Workflow-Typs aufgehoben werden, solange die Aggregationsbeziehung zwischen den elementaren Aufgabentypen und dem obersten Aufgabentyp erhalten bleibt. In Beispiel von Abb. 4.11 ändert die Entfernung des Aufgabentyps C nichts daran.

Bei der Einführung kompositer Aufgabentypen ist zu beachten, daß die aus den untergeordneten Aufgabentypen abgeleiteten Workflow-Typen nicht mehr einzeln angesprochen werden können, sondern nur der Workflow-Typ, der sie als Komponenten enthält. Dafür kann eine zusammenhängende Gruppe von Workflow-Typen – in der Aufgabentypstruktur entspricht das einem Teilbaum – leicht ausgetauscht oder als Gesamtheit an anderer Stelle verwendet werden. Damit begünstigt die Gruppierung die Wiederverwendbarkeit einer ganzen Gruppe von Workflow-Typen und trägt dazu bei, die Komplexität des Workflow-Typs durch Modularisierung zu reduzieren und damit seine Handhabung zu erleichtern.

4.1.3.3 Positionsänderung von Aufgabentypen innerhalb der Aufgabentypstruktur

Die Wartbarkeit umfangreicher Workflow-Typen steigt, wenn ihre Struktur übersichtlich ist und eine – beispielsweise inhaltlich motivierte – Ordnung aufweist. Unter Beachtung einiger Regeln (s.u.) können Aufgabentypen und ganze Unterstrukturen zu diesem Zweck innerhalb der Aufgabentypstruktur verschoben werden. Abbildung 4.12 zeigt ein Beispiel:

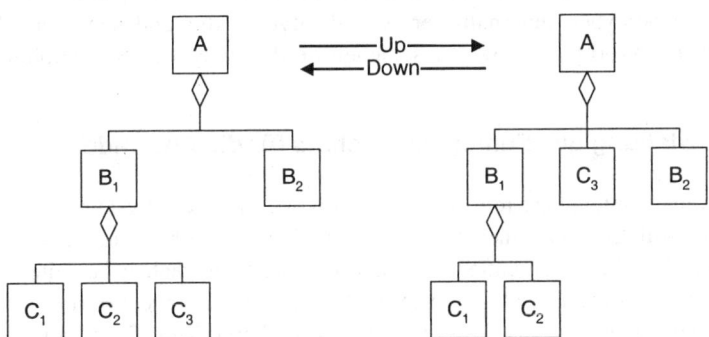

Abb. 4.12: Positionsänderung von Aufgabentypen innerhalb der Aufgabentypstruktur

- Up löst den Aufgabentyp C_3 aus seiner Rolle als Komponente von Aufgabentyp B_1 heraus und ordnet ihn dem nächsthöheren Aufgabentyp A zu.

- Down verschiebt den Aufgabentyp C_3 auf die nächsttiefere Ebene und macht ihn zu einer Komponente des Aufgabentyps B_1.

Die beiden Operationen sind auf Aufgabentypen beschränkt, die entweder nur durch Aggregations- oder nur durch Generalisierungsbeziehungen verbunden sind. Eine Verschiebung aus diesen Bereichen hinaus führt zu einer Aufgabentypstruktur, die nicht funktional gleichwertig ist. Bei der Verschiebung eines Aufgabentyps innerhalb des zulässigen Bereichs muß ein Entwickler die Auswirkungen seiner Aktionen auf die abgeleiteten Workflow-Typen kennen:

- Die Position des Aufgabentyps innerhalb der Aufgabentypstruktur bestimmt die Position in der Aufrufhierarchie der Workflow-Typen. Je höher ein Workflow-Typ in dieser Hierarchie steht, desto früher erfolgt seine Instanziierung, jeweils vom Start des zugehörigen Toplevel-Workflows aus gerechnet. Erst wenn alle enthaltenen Subworkflows beendet sind oder nicht mehr ausgeführt werden, kann der aufrufende Workflow beendet werden. Daraus folgt, daß die Dauer der Aktivität einer Workflow-Instanz von der Position des Aufgabentyps abhängt, aus der der zugehörige Workflow-Typ entstanden ist.

- Mit der Verschiebung eines Aufgabentyps ändert sich sein Kontext, der aus dem übergeordneten Aufgabentyp und den Aufgabentypen auf gleicher Zerlegungsebene besteht. Übertragen auf die Workflow-Typen ist das der Bereich, in dem durch die Kontrollflußdefinition die Ausführungsfolge der Subworkflows festgelegt wird. Da die Kontrollflußdefinition i.allg. zwischen den Subworkflows eines Superworkflows erfolgt, geht die Einflußmöglichkeit auf den verschobenen Aufgabentyp verloren.

Die Positionsbestimmung eines Aufgabentyps bekommt einen besonderen Stellenwert, wenn die Ausführung durch eine externe Applikation unterstützt wird, die das Workflow-Management-System aufrufen soll. Zeitpunkt und Dauer des Einsatzes dieser Applikation sind die Kriterien, nach denen die Position der zugeordneten Aufgabentypen innerhalb der Aufgabentypstruktur und damit der Aufrufhierarchie der Workflow-Typen entschieden werden muß (vgl. dazu [Böhm98a]).

4.1.4 Gestaltung des Funktionsangebots für die Anwender

Ein Anwender interagiert mit dem Workflow-Management-System, wenn er zugewiesene Aufgaben in seiner Arbeitsliste abarbeitet, darüber hinaus, wenn er mit dem Workflow-Management-System selbst initiierte Vorhaben begleitet. In diesem Fall hängen das Einsatzspektrum und damit der Gebrauchswert eines Workflow-Management-Systems direkt von den verfügbaren Workflow-Typen ab, von der Möglichkeit der Anwender zur Erstellung eigener Workflow-Typen einmal abgesehen.

Im allgemeinen sind die Anforderungen der Anwender an ein Workflow-Management-System funktions- oder ergebnisorientiert: Ein bestimmter Ablauf soll unterstützt werden oder ein bestimmter Vorgang soll bearbeitet werden können. Zu den Aufgaben eines Entwicklers gehört es, für die gewünschten Funktionen geeignete Workflow-Typen anzubieten. Zwei extreme Fälle sind dabei vorstellbar: einige wenige „Super"-Workflow-Typen, die immer und von allen Anwendern genutzt werden und die erst nach ihrer Instanziierung ein differenziertes Funktionsangebot eröffnen. Das andere Extrem ist eine Vielzahl primitiver Workflow-Typen, die kaum mehr als den Start einer externen Applikation oder einen Dialog zur Datenerfassung anbieten. Ein Anwender müßte sie einzeln – in vollständiger Kenntnis der Verfahrensweise – auswählen, instanziieren und Zwischenergebnisse manuell weitergeben; genau dies kommt im Scientific-Workflow-Management tatsächlich vor (vgl. [Sing96, Wesk96, McCl97]).

Damit ist klar, daß ein Entwickler das Funktionsangebot einer Workflow-Management-Anwendung in der einen oder anderen Weise partitionieren muß, was praktisch eine Aufteilung der Funktionalität zunächst auf Workflow-Typen bedeutet. Zur „Aufgabenaufteilung" dienen die Operationen dieses Abschnitts. Sie modifizieren die Aufgabentypstruktur so, daß die elementaren Aufgabentypen als Träger der Funktion erhalten bleiben, jedoch der mittlere und der obere Teil der Aufgabentypstruktur verändert wird. Dieser Teil der Aufgabentypstruktur bestimmt, welche Toplevel-Workflow-Typen die Workflow-Typ-Konfiguration umfaßt und wie das Funktionsangebot einer Workflow-Management-Anwendung gestaltet ist.

4.1.4.1 Trennung und Zusammenführung von Aufgabentypstrukturen

Selbst wenn ein Entwickler mit einer kleinen Aufgabentypstruktur beginnt, so gewinnt diese durch die Ausgestaltung an Zerlegungstiefe und an Detaillierungsgrad. Insbesondere die „Verbreiterung" durch weitere Aufgabentypen führt dazu, daß der Toplevel-Aufgabentyp immer weniger zu der darunter befindlichen Aufgabentypstruktur paßt. Zwar ist eine Umbenennung möglich, sie erfordert aber immer abstraktere Bezeichnungen. Nachteile ergeben sich vor allem für den Toplevel-Workflow-Typ, der aus dieser Aufgabentypstruktur entsteht: er ist nicht mehr spezifisch einsetzbar, nur bedingt wiederverwendbar, schwerer verständlich und allein durch den Umfang des entstehenden Codes schlecht wartbar. Diesen Effekten kann ein Entwickler durch Modularisierung entgegentreten. Dazu dienen die Operationen:

- Split entfernt den Toplevel-Aufgabentyp und läßt nur die enthaltenen Teilstrukturen zurück.

- Merge verschmilzt eigenständige Teilstrukturen zu einem neuen Aufgabentyp.

Abbildung 4.13 und Abb. 4.14 zeigen die Wirkungsweise der beiden Operationen. Sie verändern die Aufgabentypstruktur nur geringfügig; die Folgen für die Workflow-Typ-Konfiguration sind weitreichender.

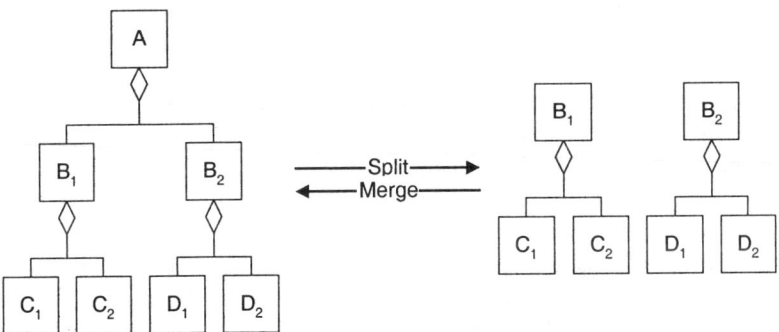

Abb. 4.13: Trennung und Zusammenführung kompositer Aufgabentypen

Die Operation Split führt über eigenständige Aufgabentypstrukturen zu eigenständigen Toplevel-Workflow-Typen. Das wiederum wirkt sich auf die Möglichkeiten für die Anwender und die Handhabung dieser Workflow-Typen durch ein Workflow-Management-System aus:

- Abhängigkeiten zwischen beiden Toplevel-Workflow-Typen oder Workflow-Typen auf tieferer Ebene kann ein Workflow-Management-System nicht mehr überwachen, außer ein Entwickler koordiniert die Workflow-Ausführung mit anderen Mitteln, in jedem Fall aber *außerhalb* des Workflow-Management-Systems.

- Existiert ein gemeinsamer Superworkflow-Typ, können darin Variablen deklariert werden, die als Parameter in den aufgerufenen Subworkflows den Datenaustausch ermöglichen. Anderenfalls sind systemweit gültige Variablen notwendig, oder Daten zwischen den Toplevel-Workflow-Typen müssen via externem Speicherungssystem ausgetauscht werden.

Eine Trennung der Aufgabentypstruktur und die daraus folgende Erzeugung einer nicht mehr zusammenhängenden Workflow-Typ-Konfiguration ist sinnvoll, wenn die Workflow-Typen mit unterschiedlichen Workflow-Sprachen realisiert werden sollen oder die Partitionierung auf unterschiedliche Standorte im Unternehmen anwenderseitig gefordert ist (vgl. [Kotz97]).

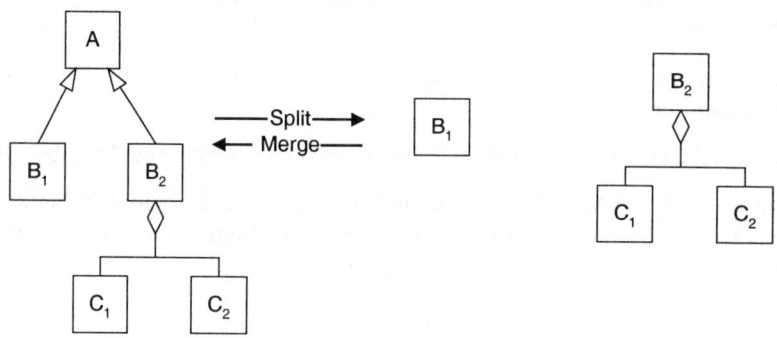

Abb. 4.14: Trennung und Zusammenführung generalisierter Aufgabentypen

Allerdings führt eine Trennung der Aufgabentypstruktur immer zum Verlust der Information, die im übergeordneten Aufgabentyp und seinen Beziehungen zu den verbleibenden Teilstrukturen enthalten ist. In Abb. 4.13 ist das die Zusammengehörigkeit der Aufgabentypen B_1 und B_2, in Abb. 4.14 die Tatsache, daß Aufgabentyp B_1 und Aufgabentyp B_2 Spezialfälle von Aufgabentyp A sind. Gerade diese Information kann für die ordnungsgemäße Funktionsweise einer Workflow-Management-Anwendung wichtig sein und müßte daher in der Kontrollflußdefinition eines übergeordneten Workflow-Typs festgehalten werden.

4.1.4.2 Auftrennung einer Aggregation mit Generalisierung

Alle bisher vorgestellten Operationen haben die Aufgabentypstruktur nur lokal verändert, insbesondere war es nicht notwendig, größere Teile der Aufgabentypstruktur zu löschen oder zu kopieren. Genau das ist bei der folgenden Operation anders: Sie dient dazu, größere Teile der Aufgabentypstruktur zu verändern. Die Funktionsweise zeigt Abb. 4.15:

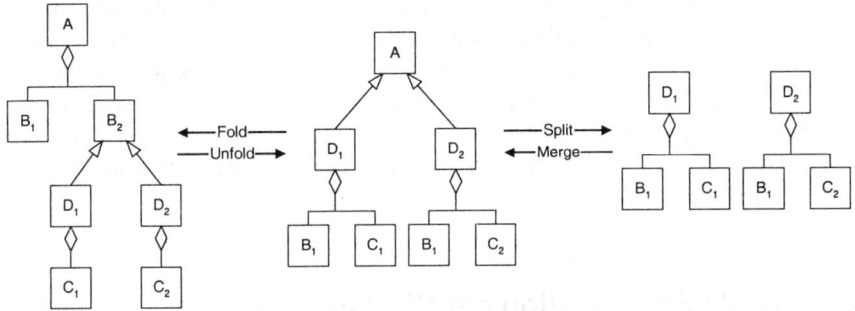

Abb. 4.15: Auftrennung einer Aggregation mit Generalisierung

- Fold. Zwei eigenständige Aufgabentypstrukturen (D_1 und D_2), die in dem Aufgabentyp B_1 identisch sind, sich aber in der jeweils zweiten Komponente unterscheiden, werden zu einer Aufgabentypstruktur zusammengeführt, wobei eine zusätzliche Generalisierung B_2 über die beiden zuvor direkt untergeordneten Aufgabentypen C_1 und C_2 eingeführt wird.

- Unfold. Die Komponente B_2 des Aufgabentyps A besteht aus einer Generalisierung über die zwei Aufgabentypen D_1 und D_2. Die Auftrennung erzeugt zwei eigenständige Aufgabentypstrukturen, die jeweils den Aufgabentyp B_1 enthalten, sich aber in der zweiten Komponente unterscheiden. Diese Aufgabentypstruktur liefert *zwei* Toplevel-Workflow-Typen.

Die Bedeutung dieser Operationen wird deutlich, wenn die Auswirkungen auf die generierten Workflow-Typ-Konfigurationen berücksichtigt werden. Sie sind funktional gleichwertig, unterscheiden sich aber in den folgenden Punkten:

- Die zusammenhängende Aufgabentypstruktur (Abb. 4.15, links) induziert einen Toplevel-Workflow-Typ, in dessen Kontrollflußdefinition die Ausführung von Subworkflows D_1 oder D_2 bestimmt wird. Die Entscheidung findet zur Ausführungszeit statt. Die eigenständigen Aufgabentypstrukturen (Abb. 4.15, rechts) führen zu zwei Toplevel-Workflow-Typen D_1 und D_2, in denen keine Auswahlmöglichkeit mehr besteht, sondern die Entscheidung für Workflow-Typ C_1 oder C_2 ist eine unbedingte Folge der Auswahlentscheidung zwischen Workflow-Typ D_1 oder D_2. Das bedeutet, nach der Ausführung von Workflow-Typ B_1 ist keine Auswahl zwischen C_1 oder C_2 mehr möglich. Diese Variante ist daher nicht sinnvoll, wenn beispielsweise der Ausgang der Ausführung von Workflow-Typ B_1 über die Ausführung von C_1 oder C_2 entscheidet.

- Ändert sich die Implementierung von Workflow-Typ B_1, sind davon unterschiedlich viele Workflow-Typen betroffen. Dabei muß bedacht werden, daß in realistischen Anwendungsfällen leicht mehrere Hundert Workflow-Typen vorkommen und jede Stelle, an der ein Workflow-Typ einen anderen aufruft, eine potentielle Fehlerquelle bzw. Stelle für Änderungen darstellt, zum Beispiel für die Parameterübergabe.

Das kleine Beispiel deutet die Konsequenzen dieser beiden Operationen nur an. Ist der Aufgabentyp B_1 nicht elementar, sondern wiederum komposit, wird die gesamte – u.U. sehr große Struktur – vollständig übernommen und taucht in ganzer Größe in jeder der neuen Aufgabentypstrukturen auf. Das gleiche gilt für den Fall, daß der Aufgabentyp A nicht der Toplevel-Aufgabentyp, sondern seinerseits Bestandteil einer größeren ebenfalls nicht dargestellten Aufgabentypstruktur ist. Auch dieser Bereich der Aufgabentypstruktur muß für jeden Spezialfall übernommen werden.

4.2 Initiale Spezifikation der Workflow-Typen

Dieser Abschnitt beschreibt den nächsten Schritt im Konstruktionsverfahren: die Spezifikation von Workflow-Typen, aus denen im weiteren Workflow-Schemata in einer konkreten Workflow-Sprache und damit die Funktionsträger einer Workflow-Management-Anwendung werden. Ausgangspunkt für die Spezifikation der Workflow-Typen ist die Aufgabentypstruktur. Sie wird im vorangegangenen Entwurfsschritt darauf vorbereitet und hilft jetzt dabei, Workflow-Typen *systematisch* herzuleiten. Mit der Markierung einzelner Aufgabentypen in der Aufgabentypstruktur nimmt ein Entwickler die grundsätzliche Entscheidung vor, ob ein Aufgabentyp im Workflow-Management-System repräsentiert wird oder nicht (s. Abb. 4.16). Die Markierung legt nicht fest, wie sich Aufgabentypen auf die Workflow-Typen verteilen und in welcher Verwendungsbeziehung diese Workflow-Typen stehen.

Die Beschreibung des Spezifikationsschritts gliedert sich in drei Teile: Abschnitt 4.2.1 begründet die Verwendung der Aufgabentypstruktur und legitimiert den gewählten Ansatz. Abschnitt 4.2.2 beschreibt die praktische Umsetzung, bei der gemäß festgelegter Abbildungsregeln aus der markierten Aufgabentypstruktur automatisch eine Workflow-Typ-Konfiguration *generiert* wird. Wie ein Entwickler eine für seine Anwendung adäquate Workflow-Typ-Konfiguration bekommt, zeigt Abschn. 4.2.3.

Am Ende diesen Abschnitts liegt ein Satz aus Workflow-Typen vor, zwischen denen genau definierte Verwendungs- bzw. Aufrufbeziehungen bestehen. Komposite und elementare Workflow-Typen sind bereits ersichtlich, nach der Terminologie aus [Jabl94] ist damit der funktionsbezogene Aspekt weitgehend abgedeckt. Kapitel 5 setzt die Entwicklung fort; durch Ausführungsanweisungen wird der verhaltensbezogene Aspekt festgelegt.

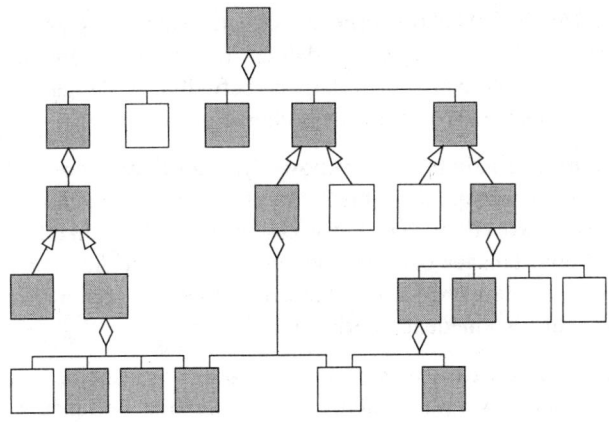

Abb. 4.16: Beispiel für eine Markierung in der Aufgabentypstruktur (graue Hinterlegung)

4.2.1 Systematische Identifikation von Workflow-Typen

Die Identifikation der Workflow-Typen erfolgt anhand der Aufgabentypstruktur, die im bisherigen Verlauf des Konstruktionsverfahrens in zwei Dimensionen ausgestaltet wurde: einmal hinsichtlich ihres Umfangs und einmal hinsichtlich ihres Detaillierungsgrads. Durch die funktionale Dekomposition der ergebnis- oder zielorientiert formulierten Aufgabentypen entsteht Schritt für Schritt eine durchführungsorientierte Beschreibung des Geschäftsprozesses, die schließlich in elementare Handlungsanweisungen oder Arbeitsschritte mündet. Die Technik der funktionalen Dekomposition ist bekannt (vgl. [Kosi76]), wird aber hier anders eingesetzt. Ein verfeinerter Aufgabentyp wird *nicht* durch seine Verfeinerung ersetzt, sondern ergänzt. Damit wächst die Aufgabentypstruktur und enthält am Ende der Ausgestaltung Aufgabentypen entlang der gesamten Abstraktionshierarchie, also neben den elementaren Aufgabentypen auch deren Zusammenfassungen bis hinauf zum Toplevel-Aufgabentyp, der das Ziel des Geschäftsprozesses beschreibt.

In der fein aufgegliederten Aufgabentypstruktur findet ein Entwickler zweierlei vor: Im unteren Bereich der Aufgabentypstruktur sind die Aufgabentypen Kandidaten für elementare Workflow-Typen. Die Aufgabentypen im oberen Bereich der Aufgabentypstruktur liefern komposite oder sogar Toplevel-Workflow-Typen. Damit lassen sich alle Workflow-Typen auf die Aufgabentypstruktur zurückführen, die wiederum die Funktionssicht auf den Geschäftsprozeß darstellt. Im Gegensatz zu einer direkten Übernahme der Aufgabentypen aus dem Geschäftsprozeß-Schema – unter Auslassung der Aufgabentypstruktur – hat ein Entwickler eine Reihe neuer Möglichkeiten:

- **Gezielte Auswahl einzelner Aufgabentypen.** Ein Entwickler muß nicht die gesamte Aufgabentypstruktur übernehmen, sondern er kann je nach gewünschtem Funktionsumfang einer Workflow-Management-Anwendung Teile daraus

auswählen. Durch die kontinuierliche Zerlegungshierarchie in der Aufgabentypstruktur ist zudem sichergestellt, daß es für jede Teilmenge aus gewählten
Aufgabentypen mindestens einen darüber befindlichen Aufgabentyp gibt, der
die Rolle des Toplevel-Workflow-Typs übernehmen kann.

- **Planung unterschiedlicher Workflow-Typ-Konfigurationen.** Unterschiedlich gewählte Ausschnitte der Aufgabentypstruktur induzieren unterschiedliche
  Hierarchien aus Workflow-Typen, was eine weitere Möglichkeit zur Gestaltung
  einer Workflow-Management-Anwendung bedeutet. Die Ausschnitte können in
  unterschiedlichen Bereichen der Aufgabentypstruktur liegen und innerhalb dieser Bereiche auf verschiedenen Zerlegungsebenen.

- **Dokumentation von Entwurfsentscheidungen.** Die Aufgabentypstruktur und
  die vom Entwickler vorgenommene Markierung sind Bestandteil der Projektdokumentation. Damit ist nachvollziehbar, woher die einzelnen Workflow-
  Typen einer Workflow-Management-Anwendung stammen und welche Entwurfsentscheidungen ihrer Entstehung vorausgingen.

Durch die Aufgabentypstruktur wird eine Verbindung zwischen Geschäftsprozeß
und Workflow-Typen hergestellt, die in den bisherigen Verfahren nicht explizit
vorkam und insbesondere nicht dokumentiert wird. Wie diese Verbindung zur
automatischen Erzeugung von Workflow-Typ-Konfigurationen genutzt wird, beschreibt der folgende Abschnitt.

4.2.2 Ableitung von Workflow-Typ-Konfigurationen aus Aufgabentypstrukturen

Die Erzeugung von Workflow-Typ-Konfigurationen aus einer Aufgabentypstruktur erfolgt halbautomatisch und besteht aus zwei Schritten:

- interaktive Markierung von Aufgabentypen
- automatische Erzeugung von Workflow-Typ-Konfigurationen

Der Vorgang ist halbautomatisch, weil nur so ein Entwickler die entstehende
Workflow-Typ-Konfiguration beeinflussen kann. Sein wichtigstes Instrument der
Einflußnahme ist die Markierung der Aufgabentypen. Die folgenden Abschnitte
beschreiben den Markierungsschritt und illustrieren die Auswirkungen der unterschiedlichen Markierungen anhand von Beispielen.

4.2.2.1 Interaktive Markierung von Aufgabentypen

In der Aufgabentypstruktur wählt ein Entwickler die Aufgabentypen aus, die in
Form von Workflow-Typen im Workflow-Management-System repräsentiert werden sollen. Abschnitt 4.2.3.1 gibt für die Auswahl Kriterien an, hier geht es zunächst um das Prinzip. Ein ausgewählter Aufgabentyp wird markiert, wobei die
Markierungen durch „Färbung" unterschieden werden. Färbung kann als Verfeinerung der Markierung angesehen werden. Abbildung 4.17 (links) deutet die unterschiedlich gefärbten Markierungen durch verschiedenartige Schraffur an.

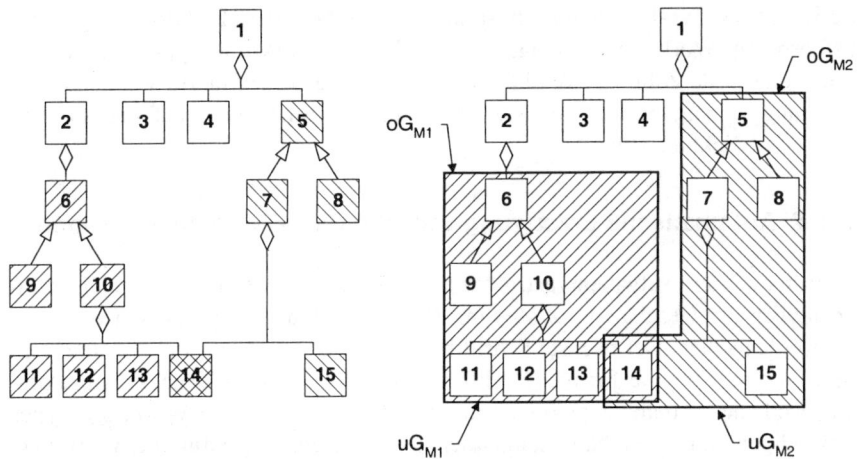

Abb. 4.17: Aufgabentypstruktur mit Markierungen unterschiedlicher Färbung

Aufgabentypen mit der Markierung in gleicher Färbung werden als zusammenge-
hörig behandelt und führen zu Workflow-Typen, die untereinander in einer Verwendungsbeziehung stehen. Abschnitt 4.2.2.2 erläutert, welche Gestaltungsmöglichkeiten die unterschiedlich gefärbten Markierungen einem Entwickler bieten.
   Zusammenhängende Bereiche mit gleichfarbig markierten Aufgabentypen werden deutlicher, wenn sie, wie in Abb. 4.17 (rechts) als Fläche dargestellt werden.
Es ist bereits zu erkennen, welche Struktur die Workflow-Typ-Konfiguration
haben wird, vor allem ist zu sehen, wo sie Toplevel-Workflow-Typen, elementare
Workflow-Typen und Workflow-Typen, die nur der Gruppierung dienen, enthält.
Die Flächendarstellung verdeutlicht nicht nur die Aufteilung von Aufgabentypen
auf Workflow-Typen, sondern führt auch zu einem weiteren Gestaltungsmittel
eines Entwicklers.
   Durch Verschieben der oberen und unteren Grenze dieser Flächen werden gan-
ze Gruppen von Aufgabentypen markiert oder aus der Markierung entlassen. In
Abb. 4.17 (rechts) sind diese Grenzen beschriftet (oG_{M1} und oG_{M2} für die oberen
Grenzen, uG_{M1} und uG_{M2} für die unteren Grenzen, jeweils nach den Färbungen der
Markierungen unterschieden). Eine besondere Bedeutung haben die Aufgabentypen, die unmittelbar oberhalb und unterhalb der beiden Grenzen liegen, darauf
geht Abschn. 4.2.3.2 genauer ein.
   Zusammengenommen bieten Markierung und Färbung einem Entwickler folgende Möglichkeiten, Umfang und Struktur der Workflow-Typ-Konfiguration zu
spezifizieren:

- *Funktionsumfang*: Anzahl markierter Aufgabentypen
- *Detaillierungsgrad*: relative Lage der Markierung in der Aufgabentypstruktur
- *Aufrufstruktur*: Höhe des markierten Bereichs
- *Partitionierung*: Verwendung unterschiedlich gefärbter Markierungen
- *Spezifität*: obere Grenze des markierten Bereichs
- *Systemkontrolle*: Markierung von Aggregaten oder Generalisierungen

Die Workflow-Typ-Konfiguration ist nur der erste Schritt zu funktionsfähigen und ausführbaren Workflow-Schemata. Aber da die Workflow-Typ-Konfiguration bereits eine feste Zahl von Workflow-Typen und genau definierte Verwendungsbeziehung enthält, besteht gewissermaßen bereits ein Skelett, auf das sich die weitere Entwicklung stützt.

4.2.2.2 Automatische Erzeugung von Workflow-Typ-Konfigurationen

In der markierten Aufgabentypstruktur hat ein Entwickler festgelegt, welche Aufgabentypen des Geschäftsprozesses im Workflow-Management-System repräsentiert werden sollen. Der nächste Schritt besteht nun darin, diese Anforderungsdefinition in eine Vorstufe für die Workflow-Typen umzusetzen. Eine Vorstufe deshalb, weil die Aufgabentypstruktur nur einen Teil der für die Workflow-Typen notwendigen Inhalte enthält, namentlich die Bezeichnungen für die Workflow-Typen und vor allem die gegenseitigen Verwendungsbeziehungen. Verwendung bedeutet, daß ein Workflow-Typ nicht alle Funktionen selbst realisiert, sondern zu diesem Zweck einen weiteren Workflow-Typ referenziert. Zur Laufzeit bewirkt diese Referenzierung, daß sich Workflow-Instanzen unterschiedlicher Workflow-Typen aufrufen.

Ein Satz aus Workflow-Typen, die in einer gegenseitigen Verwendungsbeziehung stehen, wird hier als Workflow-Typ-Konfiguration eingeführt. Diese Workflow-Typ-Konfiguration wird automatisch erzeugt und zwar durch Ableitung aus der Aufgabentypstruktur. Damit besteht jetzt erstmals ein direkter Zusammenhang zwischen der inhaltlich motivierten Auswahl zu unterstützender Aufgabentypen im Geschäftsprozeß und einer dazu passenden Konfiguration aus Workflow-Typen. Die Datenstruktur zur Beschreibung der Workflow-Typ-Konfiguration dient im weiteren dazu, Code für die unterschiedlichen Workflow-Sprachen zu erzeugen, um einem Entwickler diese Arbeit zu erleichtern.

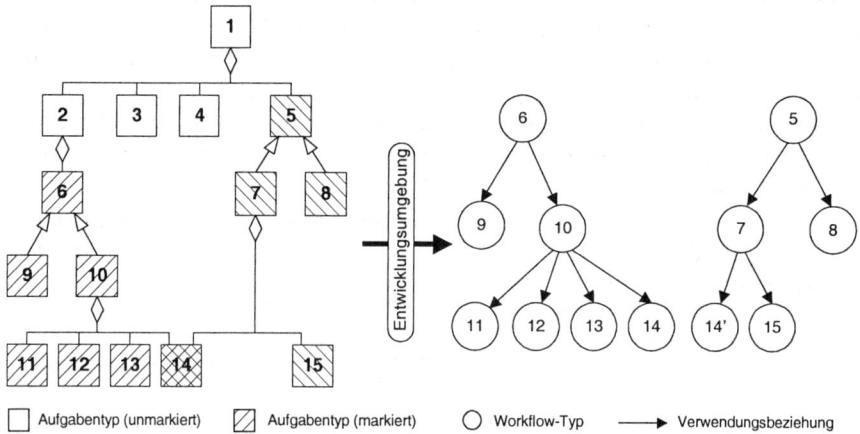

Abb. 4.18: Erzeugung einer Workflow-Typ-Konfiguration aus einer Aufgabentypstruktur

Abbildung 4.18 zeigt schematisch, wie eine Workflow-Typ-Konfiguration aus einer markierten Aufgabentypstruktur abgeleitet wird. Das Prinzip und die angewandten Abbildungsregeln werden im folgenden beschrieben, insbesondere die Behandlung der Aggregations- und Generalisierungsbeziehungen zwischen Aufgabentypen kommen zur Sprache.

Für jeden markierten Aufgabentyp wird ein eigener Workflow-Typ erzeugt, unabhängig von der Position des Aufgabentyps in der Aufgabentypstruktur. Workflow-Typen sind – angelehnt an das Konzept aus [Jabl94] – je nach *Verwendung* Superworkflow-Typ oder Subworkflow-Typ und je nach internem *Aufbau* elementarer oder kompositer Workflow-Typ. In [Böhm97a, S. 112f.] wird ausführlich dargelegt, warum diese verwendungsabhängige Typisierung flexibler ist als typisierte Strukturbausteine. Da letztere aber dennoch in der Mehrzahl der Workflow-Sprachen Verwendung finden, werden beim Übergang vom Workflow-Typ zum Workflow-Schema Anpassungen erforderlich (vgl. [Hein98]).

Eine besondere Behandlung erfahren Aufgabentypen, die mit unterschiedlich gefärbten Markierungen versehen sind. Für jede verwendete Markierungsfarbe wird ein eigener Workflow-Typ erzeugt. Es entstehen also *mehrere* Kopien des gleichen Workflow-Typs und damit eine andere Workflow-Typ-Konfiguration als die, in der *ein* Workflow-Typ mehrfach verwendet wird. In Abb. 4.18 ist Aufgabentyp 14 mehrfach markiert, entsprechend entstehen zwei Workflow-Typen 14 und 14' als eigenständige Kopien. Ebenfalls zu erkennen ist, wie durch die Farbe die Anzahl eigenständiger Toplevel-Workflow-Typen (5 und 6) beeinflußt wird.

Beziehungen zwischen gleichfarbig markierten Aufgabentypen erscheinen in der Workflow-Typ-Konfiguration als Verwendungsbeziehung zwischen Workflow-Typen. Da in der Aufgabentypstruktur jedoch Aggregations- und Generalisierungsbeziehungen bereits unterschieden werden, muß auch die Workflow-Typ-Konfiguration die im Beziehungstyp enthaltene Bedeutung richtig wiedergeben und das bedeutet, zwischen *Inter*-Workflow-Typ- und *Intra*-Workflow-Typ-Beziehungen zu unterscheiden. Eine Inter-Workflow-Typ-Beziehung ist die bereits erwähnte Verwendungsbeziehung zwischen zwei Workflow-Typen, in denen genau ein Workflow-Typ die Referenz enthält und genau ein Workflow-Typ referenziert wird. Intra-Workflow-Typ-Beziehungen werden durch die Kontrollfluß-definition etabliert, die die Ausführungsfolge von Subworkflow-Typen eines gemeinsamen Superworkflow-Typs festlegt.

Insbesondere durch die Intra-Workflow-Typ-Beziehungen kommt der Verhaltensaspekt ins Spiel, der in der Aufgabentypstruktur nur implizit enthalten ist. So deutet die Verfeinerung eines Aufgabentyps in mehrere Aufgabentypen bereits an, daß eine bestimmte Reihenfolge zwischen diesen bestehen kann. Wie diese Reihenfolgebeziehung im Einzelfall ausfällt, muß ein Entwickler zusammen mit den Anwendern entscheiden, weil letztere entsprechende Hintergrundinformationen haben. Daher kann der Abbildungsschritt diese Festlegung auch nicht treffen und erzeugt statt dessen einen Platzhalter, der von Entwickler und Anwender gemeinsam in einem späteren Entwicklungsschritt durch eine *Ausführungsanweisung* ersetzt wird. Ausführungsanweisungen sind programmiersprachliche Konstrukte, die in Workflow-Sprachen wie MSL unmittelbar verwendet werden können, um Reihenfolge- und Ausführungsbedingungen von Subworkflow-Typen festzulegen.

4.2.2.3 Beispiele erzeugter Workflow-Typ-Konfigurationen

Abbildung 4.19 verdeutlicht die Funktionsweise des Abbildungsschritts anhand von Beispielen. Die Gegenüberstellung der markierten Aufgabentypstruktur und der daraus gewonnenen Workflow-Typ-Konfiguration zeigt, wie ein Entwickler diesen Schritt im Konstruktionsverfahren beeinflussen kann.

Über den Inhalt der Workflow-Typen entscheidet ein Entwickler durch Markierung der Aufgabentypen. Die unterschiedlichen Farben der Markierung liefern ihm ein weiteres Gestaltungsmittel, mit dem er die Anzahl und die gegenseitige Verwendung der Workflow-Typen festlegt. Färbung dient dabei als Umschreibung für unterschiedliche Markierungsarten, mit denen sich die Gesamtheit der markierten Aufgabentypen unterteilen läßt. Markierungen gleicher Färbung drücken den Zusammenhang der markierten Aufgabentypen aus und führen zu zusammenhängenden Workflow-Typen, entsprechend liefern unterschiedlich gefärbte Markierungen eine Workflow-Typ-Konfiguration ohne Verwendungsbeziehung.

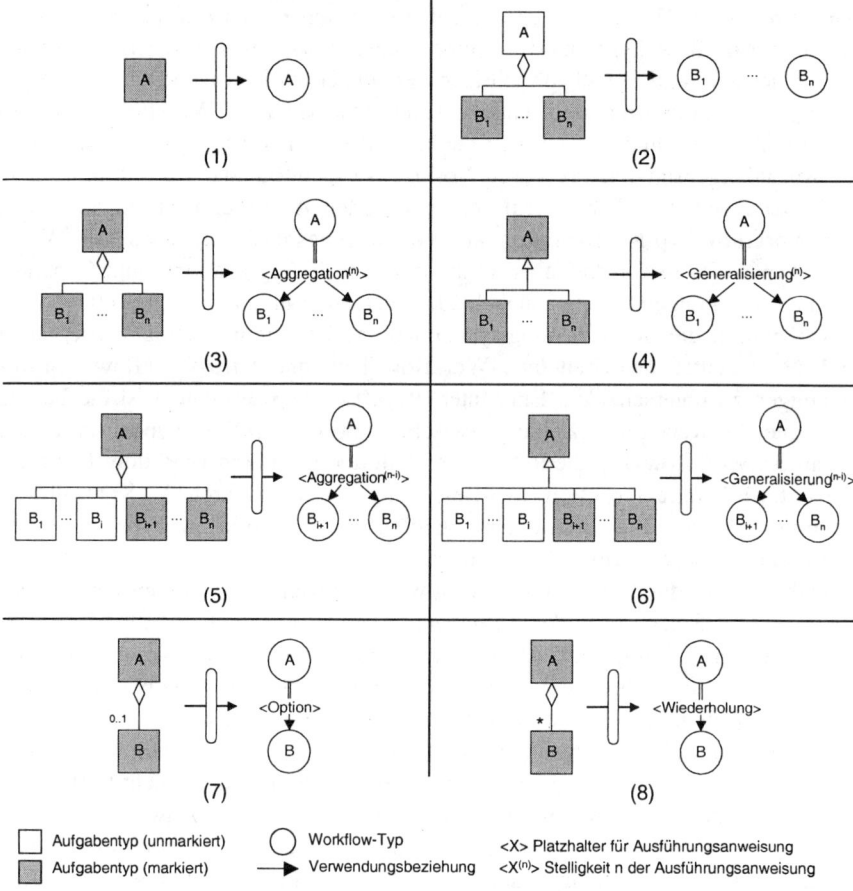

Abb. 4.19: Beispiele für die Abbildung einfarbig markierter Aufgabentypstrukturen

Darüber hinaus kann ein Aufgabentyp mehrfach markiert werden, um damit zu erreichen, daß statt der Mehrfachverwendung des zugehörigen Workflow-Typs Kopien davon erzeugt werden. Auf die Konsequenzen dieser Entscheidung geht Abschn. 7.2.3 im Zusammenhang mit der Auflösung von Verwendungsbeziehungen zwischen Workflow-Typen ein.

Abbildung 4.19 zeigt einfarbig markierte Aufgabentypstrukturen und die daraus abgeleiteten Workflow-Typ-Konfigurationen. Beispiel (1) ist offensichtlich; Beispiel (2) deutet die Erzeugung von n Toplevel-Workflow-Typen an. In den Beispielen (3) und (5) sind neben den Aufgabentypen B_i auch deren Aggregation markiert. Die entstehende Workflow-Typ-Konfiguration berücksichtigt die Aggregationsbeziehung durch einen Platzhalter, der im weiteren Verlauf der Entwicklung durch eine Ausführungsanweisung ersetzt wird. Entsprechend den Ausdrucksmitteln für Aufgabentypstrukturen aus Abschn. 4.1.1 gibt es weitere Beziehungsarten zwischen Aufgabentypen, die sich in der Workflow-Typ-Konfiguration wiederfinden müssen:

- **<Aggregation>**. Markierte Aufgabentypen, die Bestandteile eines übergeordneten Aufgabentyps in der Aufgabentypstruktur sind, werden zu Subworkflow-Typen im übergeordneten Superworkflow-Typ. Der funktionsbezogene Aspekt ist damit bestimmt; für den verhaltensbezogenen Aspekt fehlt noch die Ausführungsanweisung. Da die sequentielle Ausführung der Subworkflows nicht die einzige Möglichkeit ist, muß ein Entwickler zusammen mit den Anwendern über jeden Einzelfall individuell entscheiden.

- **<Generalisierung>**. In Aufgabentypstrukturen kann die Generalisierungsbeziehung sowohl Alternativen als auch die Spezialisierung ausdrücken (Beispiel (4) und (6)); die Unterscheidung ist nur anhand der Aufgabentypbezeichnung möglich. Ein Entwickler kann den Platzhalter durch eine Ausführungsanweisung zur alternativen Ausführung der Subworkflow-Typen ersetzen, sofern die Interpretation der Aufgabentypbezeichnung nicht ergibt, daß nur einer der aufgeführten Spezialfälle im Workflow-Management-System repräsentiert werden soll und eine Ausführungsanweisung somit entfallen kann.

- **<Option>**. Aufgabentypen können als optionale Komponenten gekennzeichnet werden. In der Workflow-Typ-Konfiguration bedeutet das, die Kontrollflußdefinition des übergeordneten Workflow-Typs muß eine entsprechende Ausführungsanweisung enthalten, wo vorerst der Platzhalter eingefügt wird (Beispiel (7)).

- **<Wiederholung>**. Besteht ein Aufgabentyp aus mehreren gleichartigen Teilaufgabentypen wie in Beispiel (8), führt das zu einer Workflow-Typ-Konfiguration, in der ein Platzhalter auf diese Wiederholung hinweist. Auch hier gibt es wieder unterschiedliche Möglichkeiten, wie dieser Umstand im Verhaltensaspekt berücksichtigt werden kann. Beispielsweise muß entschieden werden, ob die Wiederholung hintereinander oder parallel stattfinden soll.

Kapitel 5 geht beim Entwurf des verhaltensbezogenen Aspekts auf diese Punkte ausführlich ein, ihre Erwähnung an dieser Stelle ist jedoch erforderlich, da die erzeugten Workflow-Typ-Konfigurationen die Platzhalter aufweisen.

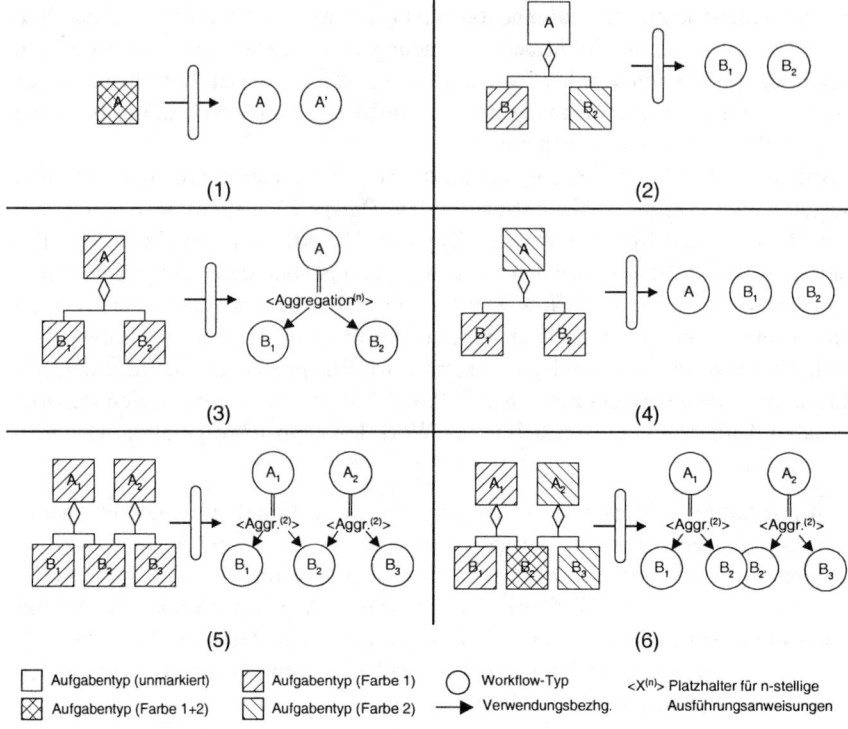

(1)   (2)

(3)   (4)

(5)   (6)

| Aufgabentyp (unmarkiert) | Aufgabentyp (Farbe 1) | Workflow-Typ | $<X^{(n)}>$ Platzhalter für n-stellige |
| Aufgabentyp (Farbe 1+2) | Aufgabentyp (Farbe 2) | Verwendungsbezhg. | Ausführungsanweisungen |

Abb. 4.20: Beispiele für die Abbildung mehrfarbig markierter Aufgabentypstrukturen

Die nächste Gruppe von Beispielen in Abb. 4.20 erläutert die Wirkungsweise von Markierungen unterschiedlicher Färbung. Zur Erinnerung sei erwähnt, daß die Färbung den Abbildungsvorgang steuert, und wie in Beispiel (1) gezeigt, die Anzahl der von einem Aufgabentyp abgeleiteten Workflow-Typen beeinflußt.

Besonders deutlich wird die Bedeutung unterschiedlicher Färbung in den Beispielen (3) und (4). Entweder entsteht eine Workflow-Typ-Konfiguration aus einem Toplevel-Workflow-Typ mit zwei Subworkflows, oder drei einzelne Toplevel-Workflow-Typen bilden die Workflow-Typ-Konfiguration. Der Unterschied besteht – wie in diesem Beispiel leicht zu erkennen – nicht in der Anzahl der erzeugten Workflow-Typen, sondern in ihrer Beziehung zueinander. Für einen zukünftigen Anwender macht es einen erheblichen Unterschied, ob er zur Unterstützung seiner Arbeit nur einen Workflow-Typ benötigt, in dem alle weiteren erforderlichen Workflow-Typen automatisch instanziiert werden, oder ob er die Auswahl und Instanziierung selbst veranlassen muß. Interessanter für einen Entwickler ist die Möglichkeit, die in den Beispielen (5) und (6) gezeigt wird: die Entscheidung darüber, daß ein Aufgabentyp zu einem Workflow-Typ wird, der mehrfach verwendet wird oder in Kopie vorliegt. Ersteres vereinfacht die Wartung, zweiteres erlaubt Änderungen an einer der Kopien, ohne Auswirkungen auf andere Workflow-Typen beachten zu müssen, die diesen Workflow-Typ verwenden.

4.2.3 Einflußmöglichkeiten auf die Gestaltung der Workflow-Typ-Konfiguration

Der vorherige Abschnitt hat erläutert, wie ein Entwickler Aufgabentypstrukturen markieren und damit auf die Workflow-Typ-Konfiguration Einfluß nehmen kann. Nachdem die technischen Details geklärt sind, geht es nun um den praktischen Gebrauch und die gezielte Anwendung der Markierung im Konstruktionsvorgang. Abschnitt 4.2.3.1 gibt Kriterien an, wann ein Aufgabentyp markiert werden sollte und wann nicht, beides unter Berücksichtigung der Ziele, die mit der Erstellung der Workflow-Typ-Konfiguration verfolgt werden. Abschnitt 4.2.3.2 interpretiert eine bereits vorgenommene Markierung in ihren Konsequenzen für die Workflow-Typ-Konfiguration. Auch das dient dem Entwicklungsvorhaben, denn damit kann ein Entwickler den Anwendern frühzeitig erläutern, welche Eigenschaften die entstehende Workflow-Management-Anwendung haben wird. Mit diesem Abschnitt endet die erste Phase im Konstruktionsvorgang, denn mit der Workflow-Typ-Konfiguration ist der Entwurf des funktionsbezogenen Aspekts abgeschlossen.

4.2.3.1 Kriterien zur Markierung von Aufgabentypen

Die Markierung eines Aufgabentyps bedeutet die Entscheidung darüber, ob dieser Aufgabentyp im Workflow-Management-System repräsentiert wird und das ist gleichbedeutend mit den folgenden Möglichkeiten:

- Zuweisung an einen Bearbeiter zur Erledigung der beschriebenen Aufgabe
- Überwachung der Ausführung und Dokumentation von Verlauf und Ergebnis
- Inbeziehungsetzung mit anderen Aufgabentypen

Daraus ergeben sich Kriterien, anhand derer für einen Aufgabentyp über die Markierung entschieden wird. Eine Markierung ist notwendig, wenn die Aufgabe

- für den Geschäftsprozeß unverzichtbar ist,
- der weitere Verlauf der Bearbeitung von deren Ergebnis abhängt,
- die Ausführung dokumentiert werden muß,
- die Bearbeitung automatisiert werden soll,
- die Bearbeitung interaktiv unter Verwendung einer Applikation erfolgt.

Gegen eine Markierung des Aufgabentyps sprechen, wenn Aufgaben diesen Typs

- für Verlauf und Ergebnis des Geschäftsprozesses unerheblich sind,
- zu selten sind, um eine Implementierung des Workflow-Typs zu rechtfertigen,
- nur zur besseren Verständlichkeit der Aufgabentypstruktur eingeführt wurden.

Es ist im übrigen nicht sinnvoll, manuell ausgeführte Aufgabentypen generell von der Repräsentation im Workflow-Management-System auszuschließen. Sie können als Erinnerung für den Anwender dienen, und die Durchführung außerhalb des Workflow-Management-Systems kann durch „Beenden" der Workflow-Instanz mit Platzhalter-Funktion protokolliert werden.

Die Markierung ist nur eine elementare Entwurfshandlung, wichtiger sind die Möglichkeiten, Entscheidungen aus der Planungsphase einer Workflow-Management-Anwendung in konkrete Entwicklungsschritte umzusetzen (vgl. Abschn. 3.2). Indem ein Entwickler die Markierungen entsprechend plaziert, kann er auf folgende Punkte Einfluß nehmen:

- **Abdeckungsbreite.** Am unteren Ende der Aufgabentypstruktur sind die elementaren Aufgabentypen angesiedelt, anschaulich gesprochen bestimmt ihre Anzahl die Breite der Aufgabentypstruktur. Je mehr dieser elementaren Aufgabentypen markiert sind, desto mehr Aufgabentypen des Geschäftsprozesses finden sich als Workflow-Typen wieder. Ein hoher Abdeckungsgrad bedeutet daher, daß das Workflow-Management-System weite Teile des Geschäftsprozesses unterstützt, ganz im Gegensatz zur Entwicklung eines Prototyps, der sich auf einzelne Abschnitte im Arbeitsablauf konzentriert.

- **Abdeckungstiefe.** Die Aufgabentypstruktur enthält mit zunehmender Tiefe immer konkretere Aufgabentypen. Je tiefer ein markierter Aufgabentyp in dieser Hierarchie steht, desto konkreter sind die Funktionen der daraus abgeleiteten Workflow-Typen. Über die Position des letzten markierten Aufgabentyps bestimmt ein Entwickler, wie detailliert die Aufgabentypen in Workflow-Management-System repräsentiert werden und wie weit das Workflow-Management-System einem Anwender die einzelnen Arbeitsschritte vorgibt.

Es ist zu beachten, daß Abdeckungsbreite und Abdeckungstiefe relative Größen sind, immer im Verhältnis zur Ausgestaltung der Aufgabentypstruktur. Diese ist für jeden Geschäftsprozeß unterschiedlich und je nach Anwendungssituation verschieden weit ausgestaltet (vgl. [Raas98, S. 76]). Obige Aussagen beziehen sich daher auf eine Aufgabentypstruktur, die über mehrere Ebenen verfeinert ist und einen praxisrelevanten Geschäftsprozeß beschreibt.

4.2.3.2 Interpretation der Markierung in einer Aufgabentypstruktur

Da die Regeln für die Ableitung der Workflow-Typ-Konfiguration aus der Aufgabentypstruktur bekannt sind, ist durch Untersuchung des markierten Bereichs eine Aussage über die Workflow-Typ-Konfiguration möglich. Das kann ein Entwickler ausnutzen, um den zukünftigen Anwendern erste Eigenschaften der Workflow-Management-Anwendung zu skizzieren, bevor weitere Schritte in Richtung Implementierung erfolgen. Bedeutsam ist vor allem, an welchen Stellen in der Aufgabentypstruktur markierte und unmarkierte Aufgabentypen aufeinander treffen. Diese Stellen werden als „obere" und „untere" Grenze bezeichnet. Ihre Lage bestimmt die Eigenschaften der Workflow-Typen. Vorausgesetzt sei eine beliebige aber feste einfarbig markierte Aufgabentypstruktur. Generell gilt (s. Abb. 4.21):

- **Oberhalb der oberen Grenze** liegen die Aufgabentypen, die *nicht* im Workflow-Management-System repräsentiert werden. Für die Aufgabentypen unmittelbar oberhalb der oberen Grenze gilt, daß nur die zu ihrer Durchführung erforderlichen Aufgabentypen eine Entsprechung im Workflow-Management-System haben werden. Ein Anwender muß selbst in der Lage sein, die für seine Arbeit notwendigen Workflow-Typen auszuwählen und in einer zweckdienlichen Abfolge zu instanziieren.

- **Unterhalb der oberen Grenze** liegen die Aufgabentypen, die die Toplevel-Workflow-Typen in einer Workflow-Management-Anwendung bilden. Ihr Zusammenhang, entweder als Komponenten eines übergeordneten Aufgabentyps oder als spezielle Ausprägungen eines übergeordneten Aufgabentyps, wird nicht im Workflow-Management-System repräsentiert und kann demzufolge auch nicht mehr überwacht werden.

- **Oberhalb der unteren Grenze** befinden sich Aufgabentypen, die als elementare Workflow-Typen in einer Workflow-Management-Anwendung erscheinen. Deren Funktion wird durch externe Applikationen erbracht, sofern keine anderen Mechanismen wie frei programmierbare Workflow-Operationen zur Verfügung stehen (vgl. [Böhm98a]).

- **Unterhalb der unteren Grenze** liegen Aufgabentypen, die nicht im Workflow-Management-System repräsentiert werden, sondern erst deren Aggregation oder Generalisierung.

Mit dieser Interpretation ist klar, daß die Überwachungs- und Unterstützungsleistung eines Workflow-Management-Systems um so größer ist, je tiefer die untere Grenze liegt. Die Höhe der oberen Grenze bestimmt, wie diversifiziert das Angebot an Toplevel-Workflow-Typen in einer Workflow-Management-Anwendung ist. Durch die Verschiebung dieser Grenzen innerhalb der Aufgabentypstruktur bekommt ein Entwickler die Möglichkeit, die obigen Eigenschaften zu verändern, indem er unterschiedliche Workflow-Typ-Konfigurationen erzeugt.

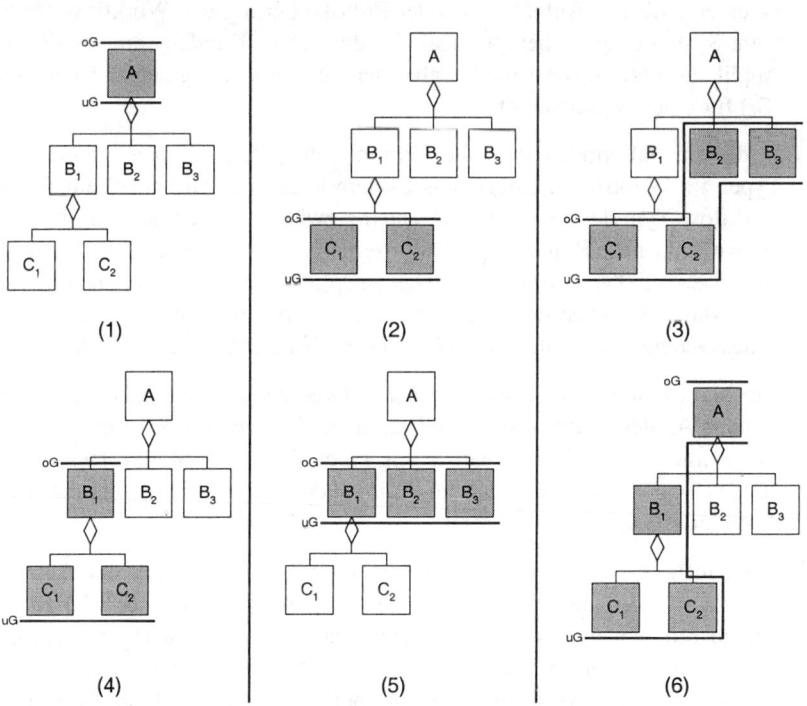

Abb. 4.21: Unterschiedliche Markierungen einer Aufgabentypstruktur

Abbildung 4.21 zeigt unterschiedliche Markierungen einer einfachen Aufgabentypstruktur. An ihr wird erläutert, wie aus der Lage der Grenzen (als „uG" und
„oG" bezeichnet) auf Eigenschaften der Workflow-Typ-Konfiguration geschlossen wird. Aufgabentypstrukturen, die aus praxisrelevanten Geschäftsprozessen
stammen, sind umfangreicher, aber das Interpretationsschema bleibt gleich.

Die Interpretation der Markierung wird an einem kleinen Beispiel vorgeführt,
die Aussagen lassen sich leicht auf die Verhältnisse in realen Aufgabentypstrukturen übertragen. Für das Beispiel in Abb. 4.21 sei der Aufgabentyp A die Eröffnung
eines Bankkontos, die Aufgabentypen B_1 bis B_3 sind dazu erforderliche Arbeitsschritte „KundendatenErfassen", „SchufaAuskunftEinholen" und „UnterlagenAushändigen". Die Aufgabentypen C_1 bis C_3 beziehen sich auf die eingesetzten Applikationen (z.B. „Privatkundendaten mit Host-Applikation KD22a erfassen"). Die
Interpretation der Markierung liefert Hinweise auf die Workflow-Typ-Konfiguration und die entstehende Workflow-Management-Anwendung:

(1) Hier erhält ein Anwender den Workflow-Typ WFT_BankkontoEröffnen, der
    keine Hilfe bei der Durchführung dieses Aufgabentyps (A) bietet. Das ist am
    Verlauf der unteren Grenze erkennbar, die die Aufgabentypen B_i und C_i be-
    reits ausschließt. Seine Instanziierung hinterläßt im Workflow-Management-
    System lediglich die Aufzeichnung, daß jemand einen Vorgang bearbeitet hat,
    in dem ein Bankkonto eröffnet wurde.

(2) Hier werden die elementaren Aufgabentypen und die Verwendung der Appli-
    kation durch Workflow-Typen repräsentiert, aber ohne jeden Zusammenhang
    zu einer größeren Aufgabe. Aus der Protokollierung des Workflow-Manage-
    ment-Systems geht hervor, daß Daten eines Kunden mit einer Host-
    Applikation erfaßt werden (C_1), aber der Zusammenhang zur Kontoeröffnung
    (C_2) für einen Neukunden fehlt.

(3) In diesem Fall finden sich alle elementaren Aufgabentypen als Workflow-
    Typen im Workflow-Management-System wieder, es gibt aber keinen Super-
    workflow-Typ, der einen Zusammenhang zwischen ihnen herstellt. Nur wenn
    ein Anwender die Reihenfolge der einzelnen Arbeitsschritte kennt, kann er die
    Aufgabe vom Typ A bearbeiten. Das entspricht der Situation ohne ein Work-
    flow-Management-System, in der einzelne Arbeitsschritte durch Anwen-
    dungssysteme unterstützt, aber nicht schrittübergreifend gesteuert werden.

(4) Die Markierung umfaßt nur eine der notwendigen Teilaufgaben des Aufga-
    bentyps A, diese dafür aber in vollständiger Zerlegung. Das könnte beispiels-
    weise eine prototypische Realisierung einer Workflow-Management-Anwen-
    dung sein, die sicherstellt, daß im Rahmen der Kunden-Erfassung die richtige
    Applikation zum Einsatz kommt.

(5) Der häufigste Fall ist die Markierung im mittleren Bereich der Aufgaben-
    typstruktur, weil die dort befindlichen Aufgabentypen (B_1, B_2, B_3) zu über-
    schaubaren, voneinander abgrenzbaren und als Einheit ausführbaren Tätig-
    keiten gehören. Die Ausführung elementarer Arbeitsschritte (C_1 und C_2) und
    der Einsatz zweckdienlicher Applikationen bleiben in der Verantwortung des
    Anwenders. Ebenso wird er die Entscheidung über Auswahl und Ausfüh-

rungsfolge der drei entstehenden Toplevel-Workflow-Typen WFT_ KundendatenErfassen, WFT_SchufaAuskunftEinholen und WFT_UnterlagenAushändigen selbst treffen müssen, um die Aufgabe zu bewältigen.

(6) Diese Markierung zeigt, daß zwar nur ein Teil der anfallenden Aufgabentypen unterstützt werden soll, aber eine gute Voraussetzung für eine zukünftige Erweiterung geschaffen wird. So entsteht aus Aufgabentyp B_1 der Workflow-Typ WFT_KundendatenErfassen, dessen Aufgabe (Zusammenfassung der Workflow-Typen für die Aufgabentypen C_1 und C_2) vom Toplevel-Workflow-Typ WFT_BankkontoEröffnen übernommen werden kann. Allerdings gliedert WFT_KundendatenErfassen den Workflow-Typ WFT_BankkontoEröffnen, was gerade der späteren Erweiterbarkeit dient, also keineswegs überflüssig ist.

Die Rolle der Markierung sollte hinreichend deutlich geworden sein. Den vollen Nutzen entfaltet diese Form der Vorhersage von Eigenschaften in umfangreichen Aufgabentypstrukturen, die nicht so leicht zu überblicken sind wie das Beispiel.

4.2.3.3 Beispiele für die Variation der Workflow-Typ-Konfiguration

Mit der Markierung nimmt ein Entwickler die grundsätzliche Entscheidung vor, ob ein Aufgabentyp im Workflow-Management-System repräsentiert wird oder nicht. Der Einsatz unterschiedlicher Farben bei der Markierung erlaubt es darüber hinaus, die entstehende Workflow-Typ-Konfiguration gezielt zu beeinflussen. Abbildung 4.22 zeigt eine Aufgabentypstruktur mit vier unterschiedlichen Markierungen:

(1) Es gibt einen kompositen Toplevel-Workflow-Typ, der in seiner Struktur die Aufgabentypstruktur nachbildet und unter dessen Kontrolle alle Subworkflows ausgeführt werden.

(2) Bei dieser Workflow-Typ-Konfiguration werden die Aufgabentypen C_1 und C_2 zwar zu Workflow-Typen, aber ihr Aufruf erfolgt nicht aus Workflow-Typ B_1 heraus, wie es in Workflow-Typ-Konfiguration (1) geschieht. Der Anwender ist dafür verantwortlich, die Workflow-Typen C_1 und C_2 zu instanziieren und die Ausführung der Workflow-Instanzen abzuwarten, bevor die Workflow-Instanz zum Workflow-Typ B_1 fortgesetzt wird.

(3) In dieser Workflow-Typ-Konfiguration verteilt sich die Funktion auf zwei eigenständige Toplevel-Workflow-Typen (A und $B_{1'}$). Ein Anwender kann auf Workflow-Typ $B_{1'}$ zurückgreifen, wenn er mit der Bearbeitung der in Workflow-Typ B_1 formulierten Aufgabe beauftragt wird. Er kann die erforderlichen Tätigkeiten auch ohne ein Workflow-Management-System durchführen, was in Workflow-Typ-Konfiguration (1) nicht möglich ist.

(4) Hier entstehen zwar die gleichen elementaren Workflow-Typen wie in der Workflow-Typ-Konfiguration (1), allerdings verteilt auf zwei Toplevel-Workflow-Typen, die in keiner Beziehung zueinander stehen. Es kann das Problem auftreten, daß ein Anwender, der ja Workflow-Typ B_1 selbst starten muß, den dazu richtigen Zeitpunkt nicht erkennt.

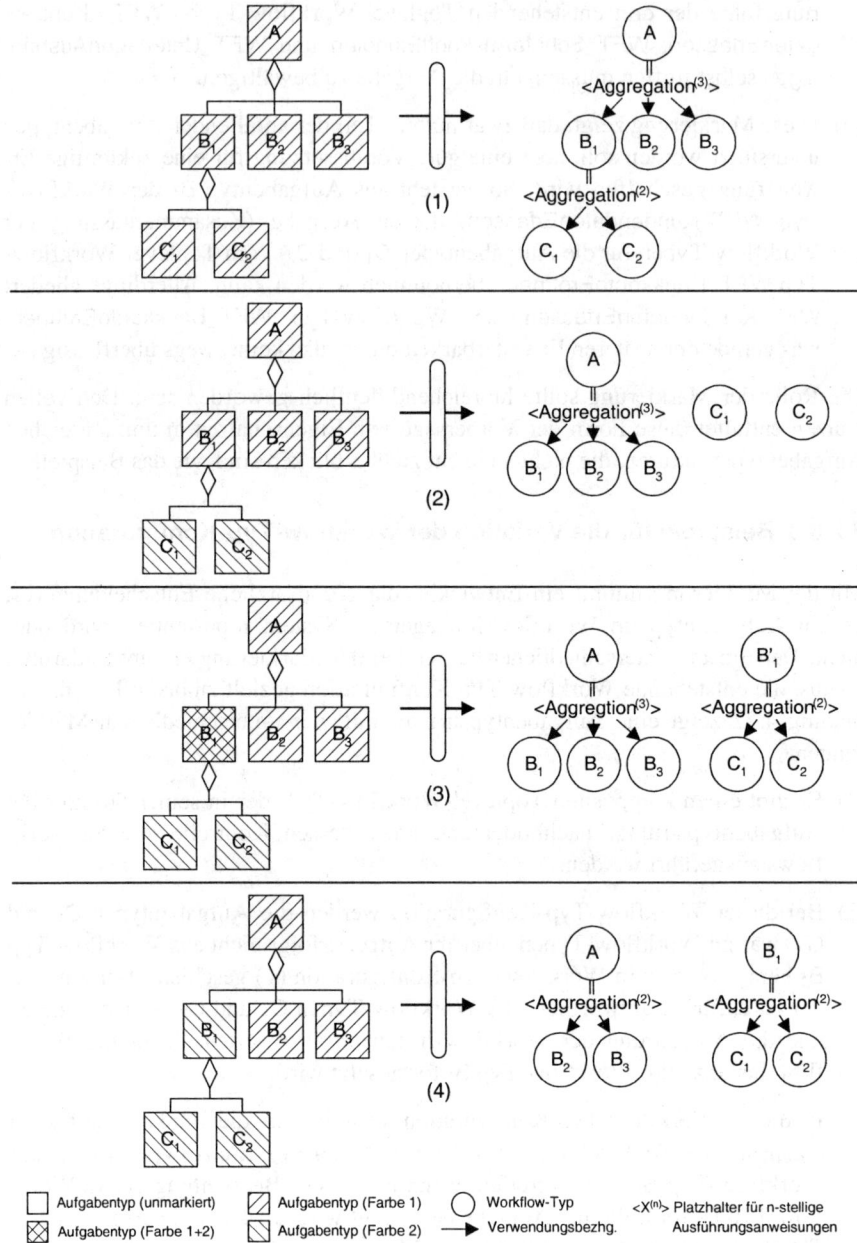

Abb. 4.22: Variation der Workflow-Typ-Konfiguration durch mehrfarbige Markierungen

Workflow-Typ-Konfigurationen sind Zwischenergebnisse bei der Konstruktion der Workflow-Schemata. Abbildung 4.23 zeigt die Formulierung der Workflow-Typen in einer Workflow-Sprache. Aufgegriffen werden die eben diskutierten Workflow-Typ-Konfigurationen. Als Workflow-Sprache wird MSL gewählt.

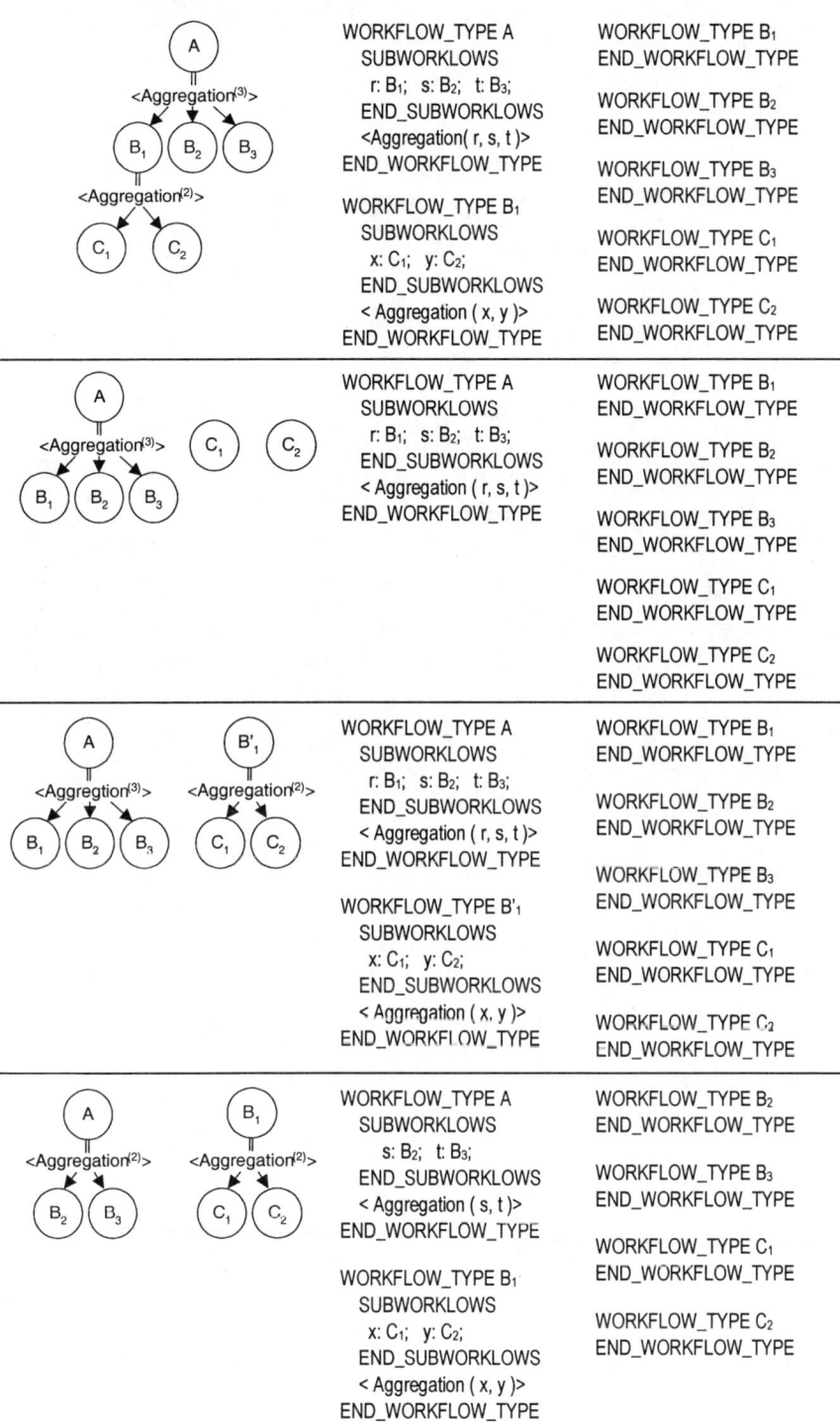

Abb. 4.23: Workflow-Typ-Konfigurationen in MSL

5 Entwurf des verhaltensbezogenen Aspekts

Aufbauend auf die Workflow-Typ-Konfiguration stellt dieses Kapitel den nächsten Schritt des Konstruktionsverfahrens vor: den Entwurf des *verhaltensbezogenen* Aspekts. Unter den Aspekten nimmt der verhaltensbezogene Aspekt einen starken Einfluß auf die Ausführungsfolge der Subworkflows, ohne die Bedeutung von Datenflußabhängigkeiten, Constraints oder anwendungsspezifisch definierten Restriktionen zur Workflow-Ausführung zu schmälern (vgl. [Jabl96a, 145ff.]).

Bei der Gestaltung der Ausführungsfolge orientiert sich ein Entwickler zunächst an den Vorgaben aus dem Geschäftsprozeß. Abhängigkeiten zwischen den Aufgabentypen werden auf die Workflow-Typen übertragen, die diese Aufgabentypen innerhalb des Workflow-Management-Systems repräsentieren. Weiterhin sind Forderungen der Anwender zu berücksichtigen, die eine Ausführungsfolge der Subworkflows erwarten, die Freiheiten bei der Aufgabenbearbeitung läßt. Demgegenüber stehen Entscheidungen aus der Planungsphase, die beispielsweise festlegen, wieviele Freiheiten dem Anwender eingeräumt werden können.

Vor diesen Anforderungen untersucht Abschn. 5.1 die verschiedenen Konzepte zur Kontrollflußdefinition. Ihr Vergleich zeigt, daß für die Erfordernisse der Workflow-Typ-Konstruktion *Ausführungsanweisungen* am besten geeignet sind. Ausführungsanweisungen sind programmiersprachliche Ausdrucksmittel für Ausführungsfolgen von Subworkflows mit einer operational definierten Semantik. Durch die explizite Angabe einer formal definierten Semantik wird die Funktionsweise der Ausführungsanweisungen nicht wie so oft allein durch die Implementierung in einem Workflow-Management-System bestimmt, sondern systemneutral und jederzeit nachprüfbar festgelegt. Diese explizite Festlegung erlaubt es zudem, die Eigenschaften der Workflow-Typen zu validieren (s. Abschn. 7.6.4.2).

Abschnitt 5.2 zeigt, wie der Entwickler neue Ausführungsanweisungen definieren kann, um neben den üblichen Anweisungen zur sequentiellen, parallelen und alternativen Ausführung von Subworkflows *anwendungsspezifische* Ausführungsanweisungen zu bekommen. Vor dem Hintergrund erweiterbarer Workflow-Sprachen gewinnt die Einführung spezifischer Ausdrucksmittel zunehmend an Bedeutung. Systeme wie MOBILE und WorCOS bieten diese Möglichkeit bereits an, das vorgestellte Verfahren erleichtert ihre Nutzung.

Abschnitt 5.3 stellt die Einführung neuer Ausführungsweisungen an Beispielen vor. Die Ausführungsanweisungen werden vom Entwickler eingesetzt, um die Workflow-Typ-Konfiguration hinsichtlich des verhaltensbezogenen Aspekts zu vervollständigen. Für diesen Schritt gibt Abschn. 5.4 Kriterien zur Auswahl der jeweils passenden Ausführungsanweisungen an und beschreibt die dazu notwendigen Operationen auf der Workflow-Typ-Konfiguration. Am Ende des Kapitels sind die Workflow-Typen hinsichtlich des funktionsbezogenen und verhaltensbezogenen Aspekts spezifiziert.

5.1 Kontrollflußdefinition in Workflow-Typen

Wird die Ausführung eines Workflows durch den Zustand oder das Ausführungsergebnis einer anderen Workflow-Instanz kontrolliert, steuern also Informationen
über *aktive* Objekte die Workflow-Ausführung, wird die Weiterleitung dieser Information als *Kontrollfluß* bezeichnet. Die *Kontrollflußdefinition* legt fest, von
welchen Objekten kontrollflußrelevante Daten stammen, welche Verarbeitung
diese Daten erfahren, welche Maßnahmen bei bestimmten Werten folgen und auf
welche Objekte diese Maßnahmen wirken. Von Ausnahmen abgesehen, erfolgt die
Kontrollflußdefinition im Workflow-Typ und ist damit für alle Workflow-Instanzen gültig. Die Kontrollflußdefinition legt den *potentiellen* Kontrollfluß fest, der
tatsächliche Kontrollfluß im Workflow ergibt sich aus laufzeitbestimmten Werten.
Nur unter der idealisierenden Annahme einer fehlerfreien Workflow-Ausführung
ist der tatsächliche Kontrollfluß genau eine Ausprägung des potentiellen Kontrollflusses. Ansätze zur Erkennung, Behandlung und Vermeidung von Fehlern bei der
Workflow-Ausführung finden sich etwa in [Lieb98].

Zur Definition des Kontrollflusses gibt es unterschiedliche Ansätze, die zudem
noch verschiedenartig klassifiziert werden. In [Mühl97, S. 162] wird zwischen
diagrammsprachlich und *scriptbasiert* unterschieden. Dies ist zum einen unscharf
(z.B. bietet FlowMark beides an), zum anderen wird die Präsentation dem Entwickler gegenüber in den Vordergrund gestellt, nicht die Ausdrucksstärke und die
Flexibilität des Ansatzes. [Ritt97, S. 162] und [Wodt96, S. 34f.] gliedern in Skript-
sprachen, netzorientierte Methoden, logikbasierte Methoden, algebraische Methoden und ECA-Regeln. Das deckt zwar viele Ansätze ab, zieht aber zur Charakterisierung unterschiedliche Betrachtungsebenen heran und ist daher ebenfalls ungeeignet. Zum Beispiel implementieren ECA-Regeln in [Kapp95] eine netzorientierte Spezifikation, in [Tomb97] zum Beispiel werden ECA-Regeln auf Regeln
der Ausführungsumgebung EvE [Gepp96] abgebildet. Die Vorschläge werden
daher nicht übernommen, statt dessen wird eine Einteilung in

- *Kontrollflußprimitive* (KFP)
- *Kontrollflußkonstrukte* (KFK) und
- *Ausführungsanweisungen* (AA)

eingeführt. Diese Einteilung unterscheidet danach, wie Zustände des Ausführungsmodells der Workflow-Instanzen in Beziehung gesetzt werden. Das ist zunächst
nur ein syntaktisches Merkmal, es hat aber Auswirkungen auf die erreichbaren
Ausdrucksmöglichkeiten. Auf die Bedeutung des Ausführungsmodells von Workflow-Instanzen geht Abschn. 5.2.1.1 ausführlich ein. Die Festlegung des Verhaltensaspekts erfolgt auf der Ebene des Workflow-Typs, gilt aber für alle Workflow-
Instanzen dieses Workflow-Typs. Die Ausführungen der folgenden Abschnitte beziehen sich immer auf Workflow-Instanzen, weil auf dieser Ebene die unterschiedliche Funktionsweise der Kontrollflußprimitive, Kontrollflußkonstrukte und
Ausführungsanweisungen deutlich wird. Ziel der folgenden Gegenüberstellung ist
es, die Eignung der Ausführungsanweisungen als *Ausdrucksmittel für die Entwurfsphase* nachzuweisen. Die Eignung als Implementierungskonzept (vgl. [Do-
na99]) ist hier nicht von Bedeutung.

5.1.1 Kontrollflußprimitive

Kontrollflußprimitive setzen Zustände des Ausführungsmodells von zwei oder mehr Workflow-Instanzen in Beziehung. Die Bezeichnung „Kontrollfluß*primitiv"* weist auf einen einfachen bzw. elementaren Mechanismus hin. Basierend auf der im Workflow-Management-System definierten Semantik des Kontrollflußprimitivs wird zur Laufzeit über die Ausführung der in Beziehung gesetzten Subworkflows entschieden. Beispielsweise führt das Kontrollflußprimitiv, das den Zustand done von Workflow-Instanz 1 und den Zustand ready von Workflow-Instanz 2 in Beziehung setzt und beide Zustände als Ursache-Wirkung-Zusammenhang interpretiert, dazu, daß nach Ende von Workflow-Instanz 1 die Workflow-Instanz 2 gestartet wird. Abwandlungen dieses Grundprinzips sind möglich, etwa wenn der Zusammenhang an Zusatzbedingungen (z.B. Werte laufzeitabhängiger Variablen) geknüpft ist. Als grafische Darstellung von zweistelligen Kontrollflußprimitiven werden Kanten in gerichteten Graphen verwendet, in denen Subworkflows die Knoten bilden. Es ist zu beachten, daß es sich bei diesen Ablaufgraphen um die *Veranschaulichung* des funktionalen und verhaltensbezogenen Aspekts eines Workflow-Typs handelt; Ablaufgraphen und Workflow-Typen sind nicht das gleiche. In einigen Publikationen wird der Ablaufgraph auch als konzeptionelles Schema eines Workflows bezeichnet (z.B. in [Reic98]), hier gilt der gleiche Einwand. Als Beispiel für die Verwendung von Kontrollflußprimitiven dient ein kommerzielles Workflow-Management-System:

- In FlowMark [Leym94] können jeweils zwei Aktivitäten A_1 und A_2 durch einen *Kontrollflußkonnektor* zu einem Ablaufgraphen verbunden werden. Der Kontrollflußkonnektor läßt sich durch eine zur Laufzeit auswertbare Transitionsbedingung qualifizieren. Kontrollflußkonnektoren sind ein Beispiel für Kontrollflußprimitive, die den Zustand done von A_1 mit dem Zustand ready von A_2 assoziieren. Die in Beziehung gesetzten Zustände (done, ready) und die Interpretation des Kontrollflußprimitivs können in FlowMark *nicht* verändert werden. Der Entwickler eines Workflow-Typs erkennt nicht, daß er immer genau diese beiden Zustände in Beziehung setzt. Er hat lediglich zwei „Anknüpfungspunkte" an jeder Aktivität, an denen der Editor die Verbindung mittels Kontrollflußkonnektoren erlaubt, bzw. eine bestimmte Anweisung (CONTROL <Activity$_i$> TO <Activity$_j$>), wenn er die FDL (FlowMark Definition Language) verwendet.

Kontrollflußkonnektoren sind ein Vertreter zweistelliger Kontrollflußprimitive. Die Zweistelligkeit ist nicht zwingend. Wie das nächste Beispiel zeigt, lassen sich auch Zustände von mehr als zwei Workflow-Instanzen in Beziehung setzen:

- ECA-Regeln können verwendet werden, um die Fertigstellung von Aktivitäten zu verknüpfen und unter Einbeziehung von Zusatzbedingungen weitere Aktivitäten zu starten. Kontrollflußprimitive auf der Grundlage von ECA-Regeln können auf alle sichtbaren Zustände unterschiedlich vieler Aktivitäten Bezug nehmen, von denen ein detektierbares Ereignis erzeugt wird (z.B. disabled), und sind daher flexibler als die in FlowMark angebotenen Kontrollflußprimitive, die nur vom Zustand ready und done ausgehen. Allerdings besteht bei ECA-Regeln die Gefahr, indeterministische Ausführungsfolgen zu definieren.

Zur Verdeutlichung der Unterschiede dient Abb. 5.1. Kreise stellen Workflow-Typen dar, die beim Einsatz von Kontrollflußprimitiven und Kontrollflußkonstrukten über die Zustände des Ausführungsmodells ihrer Workflow-Instanzen (Kreise an Rand des Workflow-Symbols mit re für ready, do für done, ru für running, di für disabled) in Beziehung stehen. Die Einbettung der Fragmente in den Kontext einer weiteren Kontrollflußdefinition ist an besonders hervorgehobenen Stellen (grau hinterlegten Kreise) möglich. Dergestalt zeigt Abb. 5.1 links vier Workflow-Typen, die durch vier Kontrollflußprimitive verbunden sind. Jedes einzelne der zweistelligen Kontrollflußprimitive assoziiert jeweils den Zustand do (done) der erzeugten Workflow-Instanz mit dem Zustand re (ready) einer zweiten Workflow-Instanz. Auf der rechten Seite ist ein vierstelliges Kontrollflußprimitiv, das die Zustände re (running) und di (disabled) zweier unterschiedlicher Workflow-Typen mit den Zuständen re (ready) zwei weiterer Workflow-Typen verknüpft.

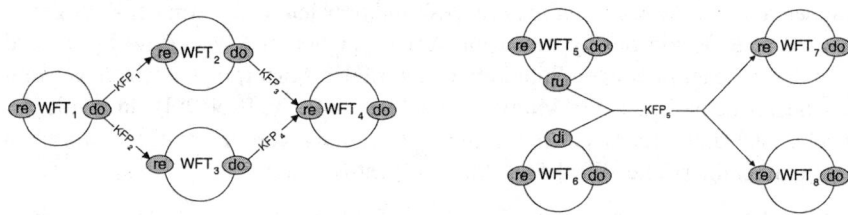

Abb. 5.1: Beispiele für die Verwendung von Kontrollflußprimitiven

Als Beispiel für das Kontrollflußprimitiv KFP_1 in (Abb. 5.1, links) kommt die FDL-Anweisung CONTROL FROM WFT_1 TO WFT_2 in Frage. KFP_5 (Abb. 5.1, rechts) kann durch eine ECA-Regel realisiert werden, die aus den Ereignissen WF_5_running und WF_6_not_executing ohne Bedingung die Aktionen Start_WF_7 und Start_WF_8 ableitet. Das gilt unter der Annahme, daß die Zustände Bestandteil der Ausführungsmodelle und für den Entwickler sichtbar sind und die Workflow-Instanzen WF_i zu den Workflow-Typen WFT_i gehören.

Die gemeinsame Behandlung von Kontrollflußkonnektoren und ECA-Regeln erfolgt unter dem Gesichtspunkt, Zustände einzelner Workflow-Instanzen zu assoziieren. Ansonsten bestehen erhebliche Unterschiede: Zum Beispiel bilden die Kontrollflußkonnektoren in FlowMark einen zusammenhängenden und zyklenfreien Ablaufgraphen, in dem alle vorkommenden Aktivitäten eindeutig einem Workflow-Typ (in FlowMark Process genannt) zugeordnet sind. ECA-Regeln verbinden ebenfalls Aktivitäten, deren Zugehörigkeit zu einem Prozeß ist jedoch nicht mehr so leicht zu erkennen. Weitere Unterschiede bestehen in der Ausführung durch das Workflow-Management-System bzw. durch die aktive Datenbank, weil durch die Ablaufgraphen in FlowMark die Menge der auswertbaren Kanten eindeutig bestimmt ist, bei ECA-Regeln zusätzliche Mechanismen notwendig sind, um die Menge der für einen Workflow-Typ relevanten Regeln zu identifizieren.

5.1.2 Kontrollflußkonstrukte

Der Einsatz von Kontrollflußprimitiven verlangt vom Entwickler, die gewünschte Ausführung der Subworkflows auf eine dafür notwendige Kombination der Kontrollflußprimitive abzubilden. Dieser Schritt entfällt bei der Verwendung von *Kontrollflußkonstrukten*. Kontrollflußkonstrukte bestehen aus einer Zusammenfassung von mehreren Kontrollflußprimitiven und einer Funktion, die das Verhalten dieser Gruppe aus Kontrollflußprimitiven bestimmt. Durch unterschiedliche Funktionen entstehen verschiedene Typen von Kontrollflußkonstrukten, die unterschiedliche Formen der Workflow-Ausführung beschreiben. Es gibt Beispiele für den Einsatz von Kontrollflußkonstrukten:

- WorkParty [SNI95] bietet die Kontrollflußkonstrukte SPLIT (Verzweigung), ALTERNATIV (Alternative), PARALLEL (Nebenläufigkeit), LOOP (Schleife) und SELECT (Auswahl), dazu noch ein Kontrollflußkonstrukt für die sequentielle Ausführung, das in der textuellen Repräsentation der Ablaufbeschreibung implizit enthalten ist.

- Die Vorschläge der Workflow Management Coalition zur Kontrollflußdefinition lassen sich mangels präziser Beschreibung nicht zuordnen. Allerdings deuten die Darstellungen in [Work98] auf Kontrollflußkonstrukte hin, die als AND-Split, OR-Split, AND-Join, OR-Join, Iteration bezeichnet werden. Eine Realisierung dieser Kontrollflußkonstrukte mittels ECA-Regeln findet sich zum Beispiel [Jasp97, S. 325ff.] oder in [Zuku96, S. 21].

Beim Einsatz von Kontrollflußkonstrukten muß der Entwickler Regeln beachten. So ist etwa die Zusammenführung der Äste eines XOR-Splits mit einem AND-Join aus naheliegenden Gründen unzulässig. Eine Tabelle zulässiger Kombinationen von OR-, XOR-, AND-Splits mit OR-, XOR-, AND-Joins findet sich in [Rose96b, S. 116], zwar im Zusammenhang mit der Modellierung von Geschäftsprozessen durch Ereignisgesteuerte Prozeßketten (EPK) [Kell92, Sche94b], aber in der Aussage übertragbar. Zum Teil wird die Einhaltung solcher Regeln durch Editoren sichergestellt, wie zum Beispiel bei WorkParty oder in der Modellierungskomponente FluX des Prototyps Waterloo [Zuku96].

5.1.3 Ausführungsanweisungen

Ausführungsanweisungen legen die Ausführungsfolge von Subworkflows fest. Im Unterschied zu Kontrollflußprimitiven und Kontrollflußkonstrukten definieren Ausführungsanweisungen keinen Kontrollfluß, sondern geben die Form der Workflow-Ausführung direkt an. Um etwa die Hintereinanderausführung zweier Subworkflows festzulegen, wird die entsprechende Ausführungsanweisung verwendet (z.B. sequence(WFT_1, WFT_2)). Das ist etwas anderes als eine Kontrollflußdefinition der Form CONTROL FROM WFT_1 TO WFT_2. Obwohl beides zur sequentiellen Ausführung der Subworkflows führt, ist das erste eine am *Ergebnis* der Ausführung orientierte Anweisung und das zweite eine am Ausführungsmodell von Workflow-Management-System und Workflow-Instanz orientierte *Durchfüh-*

rungsvorschrift. Der Unterschied wird bei der zeitlich überlappenden Ausführung zweier Subworkflows noch deutlicher: Eine Ausführungsanweisung parallel(WFT_1, WFT_2) steht vier einzelnen Kontrollflußprimitiven der Form CONTROL FROM <Vorgänger> TO WFT_1, CONTROL FROM <Vorgänger> TO WFT_2, CONTROL FROM WFT_1 TO <Nachfolger>, CONTROL FROM WFT_2 TO <Nachfolger> gegenüber. <Vorgänger> und <Nachfolger> sind zwei beliebige Workflow-Typen, an denen die Verteilung bzw. die Zusammenführung des Kontrollflusses erfolgt.

Ausführungsanweisungen und Kontrollflußprimitive bzw. Kontrollflußkonstrukte dienen gleichermaßen dazu, den Verhaltensaspekt im Workflow-Typ zu definieren, der Unterschied in den Konzepten darf jedoch nicht übersehen werden.

- MOBILE bietet Ausführungsanweisungen für elementare Formen der Workflow-Ausführung (sequence, parallel, cond_branch), Schleifenkonstrukte (loop_until-_false) und Auswahlentscheidungen (choice, n_out_of_m) [Jabl96a, S. 145ff.] an. In [Jabl94] gibt es zusätzlich noch delay, limit und deadline, die komplizietere Beziehungen zwischen zwei Workflow-Instanzen ausdrücken. Die letztgenannten Ausführungsanweisungen werden anschließend genauer beschrieben und dienen hier nur als Beispiele für das Angebot.

- WorCOS [Schu99] wählt einen ähnlichen Ansatz wie MOBILE. Auch in WorCOS können Ausführungsanweisungen formuliert werden. Die prototypische Realisierung ist mit den Ausführungsanweisungen (chain, alternative, parallelity) funktional weniger umfangreich. Die Ausführungsanweisungen sind jedoch im Gegensatz zu MOBILE isolierbare „first-class"-CORBA-Objekte und stehen als plattformneutrale Steuerungsobjekte auch außerhalb für eine Nutzung bereit.

Sowohl mit Kontrollflußprimitiven, Kontrollflußkonstrukten als auch Ausführungsanweisungen können Kontrollflußdefinitionen erstellt und der verhaltensbezogene Aspekt festgelegt werden, allerdings gibt es Unterschiede.

5.1.4 Gegenüberstellung am Beispiel

Die Unterschiede von Kontrollflußprimitiven, Kontrollflußkonstrukten und Ausführungsanweisungen werden am Beispiel der alternativen Ausführung zweier Workflow-Instanzen verdeutlicht. Abbildung 5.2 zeigt links die Verwendung von Kontrollflußprimitiven (KFP_1 und KFP_2), in der Mitte ein Kontrollflußkonstrukt (Auswahl) und rechts eine Ausführungsanweisung (Alternative).

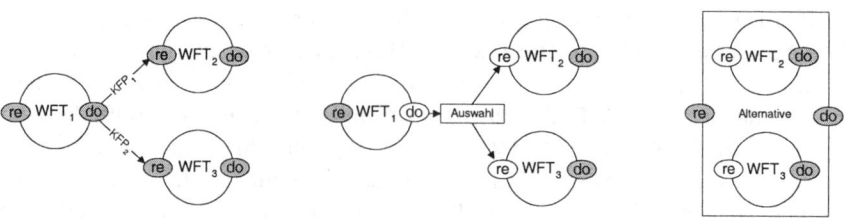

Abb. 5.2: Beschreibungsformen der alternativen Ausführung zweier Subworkflows

Bei den Kontrollflußprimitiven (Abb. 5.2, links) muß der Entwickler darauf achten, die beiden Kontrollflußprimitive so mit Bedingungen zu versehen, daß immer genau eine von beiden erfüllt ist. Anderenfalls führt das Ende einer Workflow-Instanz von WFT_1 dazu, daß über KFP_1 und KFP_2 eine Instanz von WFT_2 und eine Instanz von WFT_3 in den Zustand ready übergehen können und damit beide ausführbar sind (zusätzliche Startbedingungen seien nicht definiert), was der intendierten Alternative widerspricht. Zwischen den beiden Kontrollflußprimitiven KFP_1 und KFP_2 besteht kein Zusammenhang, den das Workflow-Management-System überprüfen könnte. Beim Kontrollflußkonstrukt Auswahl (Abb. 5.2, Mitte) legt die Syntax fest, daß drei Workflow-Typen zu verbinden sind. Der Entwickler muß nur die richtige Fortsetzung der beiden Alternativen sicherstellen. Die Ausführungsanweisung Alternative kapselt die beiden alternativ auszuführenden Workflow-Typen und bildet damit einen Ausdruck der Form Alternative (Bedingung, WFT_2, WFT_3). Die Fehlerquelle, alternativ ausgeführte Workflow-Instanzen an einer anderen Stelle in der Kontrollflußdefinition durch ein AND-Join oder eine gleichbedeutende Formulierung mit Kontrollflußprimitiven zusammenzuführen, ist durch die Ausführungsanweisung ausgeschlossen.

Anzahl und Verteilung der Anknüpfungsstellen (grau hinterlegt) zeigen, daß bei Kontrollflußprimitiven bereits vorhandene Kontrollflußdefinitionen an jeder Stelle erweitert werden können. Allerdings kann eine Erweiterung die Bedeutung der vorhandenen Kontrollflußdefinition verändern, weshalb diese Flexibilität fast als Nachteil anzusehen ist. Bei Kontrollflußkonstrukten sind die Erweiterungsmöglichkeiten etwas eingeschränkter; nur an den „Rändern" des Fragments ist das Anknüpfen neuer Kontrollflußkonstrukte möglich, was allerdings nicht verhindern kann, daß im Beispiel von Abb. 5.2 eine Zusammenführung beider Alternativ-Äste durch ein AND-Join erfolgt. Erst bei Ausführungsanweisungen sind die Subworkflows nicht mehr direkt erreichbar. Eine weitere Ausführungsanweisung kann das vorhandene Fragment umschließen, aber die darin festgelegte Workflow-Ausführung nicht mehr verändern. Eine abschließende Bewertung dieser und weiterer Eigenschaften nimmt der nächste Abschnitt vor.

5.1.5 Vergleichende Bewertung der Konzepte zur Kontrollflußdefinition

Der Grund für die Kontrollflußdefinition im Workflow-Typ ist eine für die Anwendung notwendige Abfolge von Subworkflows. Ist die Anwendung durch *kausale* Abhängigkeiten der Subworkflows geprägt (*wenn ... dann ...*), geben Kontrollflußprimitive dies unmittelbar wieder und lassen die Modellierung intuitiver erscheinen. Die Kontrollflußdefinition mit Kontrollflußprimitiven erfordert Kenntnisse über das Ausführungsmodell der Workflow-Instanzen im Workflow-Management-System, weil erst aus dem Zusammenspiel von richtig gesetzten Kontrollflußprimitiven *und* Ausführungsmodell die gewünschte Ausführung mehrerer Workflow-Instanzen folgt. Da eine Workflow-Instanz mit mehreren Kontrollflußprimitiven in Verbindung stehen kann, muß der Entwickler die gegenseitige Beeinflussung berücksichtigen, um Widersprüche oder unerfüllbare Bedingungen zu vermeiden. Erfahrungen mit aktiven Datenbanken und ECA-Regeln zeigen, daß

dies bei größeren Anwendungen problematisch ist. Vorteilhaft ist, Kontrollflußprimitive auf Kanten und Workflow-Typen auf Knoten abzubilden und die Ablaufbeschreibung zum Beispiel durch gerichtete Graphen zu veranschaulichen.

Kontrollflußdefinitionen mit Ausführungsanweisungen drücken die Ausführungsfolge der Subworkflows direkt aus und sind ohne Kenntnis des Ausführungsmodells der Workflow-Instanzen verständlich. Besonders deutlich wird dies,
wenn mit einer Ausführungsanweisung explizit festgelegt wird, daß ein Workflow
mehrfach instanziiert oder ein ganzer Teilausdruck mehrfach abgearbeitet werden
soll. Beim Einsatz von Kontrollflußprimitiven ist nur durch Untersuchung der
gesamten Kontrollflußdefinition und das „Verfolgen" aller möglichen Verzwei-
gungen erkenntlich, daß ein Zyklus vorliegt, über den die Wiederholung realisiert
wird. Bei umfangreicheren Kontrollflußdefinitionen ist die Erkennung von Zyklen
aufwendig, das Problem ist beim Einsatz von ECA-Regeln in aktiven Datenbanken bekannt und nur für Spezialfälle zufriedenstellend gelöst (vgl. z.B. [Vadu97]).

Ausführungsfolgen mit vorwiegend *temporalen* Abhängigkeiten (*vor, nach*
etc.) der Subworkflows profitieren von Ausführungsanweisungen. Beziehungen
zwischen Workflow-Typen, deren Instanzvariablen keine Argumente der gleichen
Ausführungsanweisung sind, müssen auf anderem Weg hergestellt werden. Die
Schachtelung von Ausführungsanweisungen erzeugt geschlossene Ausdrücke,
deren Visualisierung als Syntaxbaum allerdings unanschaulicher als ein Ablaufgraph ist. Vorteilhaft sind Ausführungsanweisungen bei komplizierten Ausführungsfolgen, die nur durch viele Kontrollflußprimitive auszudrücken wären. In
einer einzigen Ausführungsanweisung befindet sich für den Entwickler die gesamte Funktionalität, weniger fehleranfällig und besser wiederverwendbar repräsentiert als durch ein Geflecht aus Kontrollflußprimitiven. Die Ausführung einer
Workflow-Instanz als Argument einer Ausführungsanweisung ergibt sich vollständig aus der Semantik der Anweisung und muß nicht wie bei Kontrollflußprimitiven erst herausgefunden werden, indem alle Kontrollflußprimitive, die mit
dem Workflow in Verbindung stehen, interpretiert werden. Hinsichtlich der Portabilität ist die kompakte Semantik der Ausführungsanweisung ein großer Vorteil.
Bei Kontrollflußdefinitionen mit Kontrollflußprimitiven muß neben dieser Beschreibung auch die Interpretationsregel für Kontrollflußprimitive und das Ausführungsmodell der Workflow-Instanzen vermittelt werden, um im Zielsystem die
gleiche Ausführung zu garantieren.

Die *Ausdrucksmächtigkeit* von Kontrollflußprimitiven, Kontrollflußkonstrukten
und Ausführungsanweisungen läßt sich nur vergleichen, wenn die jeweilige Implementierung des einzelnen Konzepts mit einbezogen wird. Setzen Kontrollflußprimitive nur die Fertigstellung und den Start von Workflow-Instanzen in Beziehung, erscheint die Workflow-Ausführung als atomares Ereignis. Kausale Abhängigkeiten der Art „*Wenn Workflow A aktiv ist, starte Workflow B*" können nicht
ausgedrückt werden; jede Reaktion auf die Ausführung eines Subworkflows wird
bis zu dessen Fertigstellung verzögert. Dies ist kein Defizit des Konzepts von
Kontrollflußprimitiven, sondern liegt an der Implementierung, die nur die Zustände done und ready des Ausführungsmodells der Workflow-Instanz zugänglich
macht. Allein mit den Zuständen done und ready können die unterschiedlichen
Formen nebenläufiger Ausführung mehrerer Subworkflows nicht beschrieben

werden; eine differenzierte Abstimmung der Ausführung ist nicht möglich. Diese Einschränkung gilt gleichermaßen für Ausführungsanweisungen. Werden nur Ausführungsanweisungen für die sequentielle, alternative oder parallele Ausführung von Subworkflows angeboten, ist die Ausführung eines Subworkflows aus Sicht des Entwicklers ein atomares Ereignis, auf dessen Verlauf er keinen Einfluß hat. Die Kombination von Ausführungsanweisungen zu Ausdrücken ändert nichts an der Granularität, mit der die Workflow-Ausführung beschrieben wird. Zusammenfassend ist festzustellen:

- Die Ausdrucksmöglichkeiten in der Kontrollflußdefinition hängen primär von den sichtbaren Zuständen im Ausführungsmodell der Workflow-Instanz ab. Ob die Zustände vom Entwickler mit Kontrollflußprimitiven einzeln in Beziehung gesetzt werden oder ob dies in der Implementierung von Ausführungsanweisungen geschieht, ist sekundär.

- Kausalbeziehungen werden durch Kontrollflußprimitive direkt ausgedrückt. Da nur einzelne Ereignisse der Workflow-Ausführung und nicht die Workflow-Ausführung als Ganzes in Beziehung gesetzt werden, ist mehr Sorgfalt bei der Kontrollflußdefinition notwendig. Ausführungsanweisungen setzen die Ausführung von Subworkflows als Einheit in Beziehung, was die Formulierung temporaler Abhängigkeiten begünstigt.

- Wird der Verhaltensaspekt mit Ausführungsanweisungen beschrieben, verlangt die spezielle Funktion jeder einzelnen Ausführungsanweisung ein größeres Repertoire dieser Ausdrucksmittel. Bei Kontrollflußprimitiven wird die Auswirkung durch den Kontext der Verwendung bestimmt; die Funktion einer Ausführungsanweisung ist kontextinvariant.

- Die Vorteile von Ausführungsanweisungen und Kontrollflußprimitiven stehen zur Verfügung, wenn Ausführungsanweisungen auf der Basis von Kontrollflußprimitiven definiert werden. Komplizierte Ausführungsbeziehungen mehrerer Subworkflows sind nach einmaliger Definition handhabbar und ohne Kenntnis von Implementierungsdetails einzusetzen.

Der letzte Punkt – Unabhängigkeit vom einem konkreten Workflow-Management-System – gibt den Ausschlag, Ausführungsanweisungen zur Konstruktion der Workflow-Typen zu verwenden. Die nächsten beiden Abschnitte sind eine Erweiterung des Konstruktionsverfahrens. Abschnitt 5.2 beschreibt die Einführung neuer Ausführungsanweisungen durch den Entwickler und Abschn. 5.3 präsentiert eine Auswahl dieser Ausführungsanweisungen.

5.2 Vorgehensweise zur Entwicklung von Ausführungsanweisungen

Das Konstruktionsverfahren für Workflow-Typen wird jetzt erweitert, um die zur Kontrollflußdefinition verwendeten Ausführungsanweisungen systematisch einzuführen. Ein Entwickler ist damit nicht mehr auf einen festen Satz von Ausdrucksmitteln beschränkt, sondern er kann genau die Ausführungsanweisungen definieren, die er für ein bestimmtes Projekt oder eine besondere Aufgabenstellung benötigt. Anwendungsspezifische Ausführungsanweisungen liefern kompakt formulierte Kontrollflußdefinitionen und erhöhen so die Lesbarkeit und Wartbarkeit der Workflow-Typen. Die Erweiterbarkeit der Workflow-Sprachen durch Einführung neuer Ausdrucksmittel ist in den Forschungsprototypen MOBILE und WorCOS bereits realisiert. Kommerzielle Workflow-Management-Systeme bieten diese Möglichkeit bislang nicht an. Dessen ungeachtet ist das vorgestellte Entwicklungsverfahren praxisrelevant, weil es die Beschreibung der in Workflow-Management-Systemen angebotenen Ausführungsanweisungen mit formalen Mitteln erlaubt und ihre Funktionsweise unabhängig von der jeweiligen Implementierung auszudrücken gestattet.

Um die Möglichkeiten zur Beschreibung und Neuentwicklung von Ausführungsanweisungen nutzen zu können, sind einige Vorbereitungen erforderlich. Abschnitt 5.2.1 geht kurz auf die Ausführung von Workflow-Instanzen ein. Darauf aufbauend entwickelt Abschn. 5.2.2 ein Modell für die Funktionsweise von Ausführungsanweisungen. Um Ausführungsanweisungen gemäß diesem Funktionsmodell präzise zu beschreiben, führt Abschn. 5.2.3 den Formalismus Verteilter Transitionssysteme ein und Abschn. 5.2.4 zeigt ihren praktischen Einsatz.

5.2.1 Konzeptionelle Sicht der Ausführung von Workflow-Instanzen

Die Entscheidung über die Ausführung einer Workflow-Instanz ist je nach Workflow-Management-System von unterschiedlichen Faktoren abhängig. Erfüllt eine Workflow-Instanz die Voraussetzungen für ihre Ausführung, kann das Workflow-Management-System diese Eigenschaft an einem ausgezeichneten Zustand (ready) der Workflow-Instanz erkennen. Welche weiteren Zustände und Zustandsübergänge für eine Workflow-Instanz möglich sind, legt das *Ausführungsmodell der Workflow-Instanz* (vgl. [Jabl96a, S. 193ff.]) fest. Die jeweilige Reaktion des Workflow-Management-Systems auf die einzelnen Zustände einer Workflow-Instanz gibt das *Ausführungsmodell des Workflow-Management-Systems* an. Je nach Konzeption des Workflow-Management-Systems gilt ein Ausführungsmodell für Workflow-Instanzen aller Workflow-Typen oder das Ausführungsmodell kann individuell definiert werden. In beiden Fällen sind an Zustände und Zustandsübergänge der Ausführungsmodelle von Workflow-Instanzen Operationen gebunden, die ein Workflow-Management-System auf die Workflow-Instanz anwendet und die Workflow-Instanz in einen neuen Zustand überführt. Die konzeptionelle Sicht auf die Workflow-Ausführung wird im folgenden erläutert, weil sie für die Entwicklung von Ausführungsanweisungen von zentraler Bedeutung ist.

5.2.1.1 Zustände im Ausführungsmodells von Workflow-Instanzen

Bei der Ausführung durchläuft eine Workflow-Instanz verschiedene Zustände. Zustandsübergänge spiegeln Veränderungen im Workflow wider oder geben Änderungen an den Eigenschaften an, die für die Handhabung im Workflow-Management-System notwendig sind. Aus dem grundverschiedenen Verständnis über das, was ein Workflow ist, erklärt sich die große Divergenz der in der Literatur vorgeschlagenen Ausführungsmodelle (vgl. dazu [Böhm98b]). Häufig anzutreffen sind folgende Zustände im Ausführungsmodell einer Workflow-Instanz:

- Der Zustand ready (ausführbereit) signalisiert, daß die Voraussetzungen für die Ausführung einer Workflow-Instanz erfüllt sind. Die Ausführungsbereitschaft setzt sich aus mehreren Faktoren zusammen, begonnen mit der Bereitstellung von Betriebsmitteln auf Betriebssystem-Ebene bis zur Konsensbildung über alle ausführungsrelevanten Aspekte im Workflow-Management-System (vgl. [Bußl97, S. 55ff.] und auch Abschn. 5.2.1.2). Auf der gleichen Bedeutungsebe-ne wie ready liegen Zustände wie running (laufend, aktiv) und done (beendet) oder terminated (abgeschlossen), wobei die durch running angezeigte Ausführung eines Workflows differenziert werden kann, wenn es sich um einen kom-positen Workflow handelt (vgl. [Jabl96a, S. 248ff.]).

- Ein als disabled (garantiert nicht mehr aktiv) bezeichneter Zustand drückt, anders als running, eine Eigenschaft des Workflows aus, die bis zum Ende der zugehörigen Workflow-Instanz gilt. Umfaßt das Ausführungsmodell einer Workflow-Instanz den Zustand disabled, erlaubt die darin zugesicherte Nicht-ausführung zusätzliche Möglichkeiten für die Kontrollflußdefinition und damit mächtigere Ausführungsanweisungen.

- Zustände wie ok oder failed sind nicht nur Verfeinerungen des Zustands done, sondern beinhalten eine zusätzliche Information über die Workflow-Ausfüh-rung, in dem sie die Ausführung hinsichtlich eines Erfolgsbegriffs qualifizieren. Der Erfolgsbegriff kann unterschiedlich definiert sein, daher gilt sinngemäß das gleiche wie beim Zustand ready. Ausführungserfolg ist nur relativ zu einer kon-kreten Ausführungsumgebung bzw. Abstraktionsebene entscheidbar. Besonders deutlich wird die Relativität von „erfolgreicher" bzw. „fehlgeschlagener" Aus-führung, wenn Ausführungserfolg einmal das Ergebnis eines Applikationsauf-rufs ist und einmal als Aussage über den Verlauf einer Handlung in der An-wendungswelt zu verstehen ist. Danach sind Zustände denkbar, die den zeitli-chen Verlauf der Workflow-Ausführung als Kriterium heranziehen und den Er-folg anhand der tatsächlichen Ausführungsdauer entscheiden.

- Mögliche Zustände eines Ausführungsmodells für Workflow-Instanzen sind auch aborted und committed in Anlehnung an Transaktionen bzw. als Folge der Gleichsetzung von Transaktionen und Workflows (z.B. in [Rusi94, S. 6], [Lieb-95, S. 5]). Wie ok und failed können committed und aborted mögliche Unterzu-stände eines Endzustands wie done sein, allerdings reicht die Aussage über die von ok und failed hinaus. Ein aborted im Sinne des Transaktionsbegriffs be-deutet eine vollständige Wiederherstellung des vorherigen Zustands, was in seiner Bedeutung für Workflows bislang ungeklärt ist; für ein committed auf der Workflow-Ebene gilt das gleiche. Eine weitergehende Bedeutung hätte ein Zustand compensated für Workflows, Überlegungen dazu führt [Wäch96] aus.

- Weitere Zustände können beispielsweise beschreiben, ob eine Workflow-Instanz bereits mit den zur Ausführung notwendigen Daten versorgt ist. Auch

gibt es Ausführungsmodelle, in denen der Bearbeitungsstand einer dem Workflow zugeordneten Aufgabe unterschieden wird [Schw93, S. 91] oder die Zuordnung einer Workflow-Instanz zu einem Aktivitätsträger als eigener Zustand
vorkommt [Schu97a, Krad97].

Die Beispiele zeigen, welche Bedeutung im Zustand einer Workflow-Instanz co-
diert sein kann. Aus der vorgenommenen Gliederung darf nicht geschlossen werden, daß hier ein gegenseitiger Ausschluß herrschen muß, also die Zustände nicht
gemeinsam in einem Ausführungsmodell auftreten dürfen. Zum Teil wird ein Ausführungsmodell hierarchisch gestaltet, so daß ein Zustand auf einer tieferen Ebene
verfeinerte Unterzustände aufweist. Eine Vermischung von anwendungsbezoge-
nen und workflow-spezifischen Zuständen ist nicht zu verhindern, wenn Workflows nicht durch Elemente des Workflow-Metaschemas beschrieben, sondern unspezifische Beschreibungsmittel genutzt werden (z.B. in [Wodt96]). Das hier verwendete Ausführungsmodell für Workflow-Instanzen stellt Abschn. 5.2.4.1 vor.

5.2.1.2 Faktoren zur Bestimmung ausführbereiter Workflow-Instanzen

Generell gibt es keine Einschränkung auf bestimmte Faktoren, die zur Entscheidung über die Ausführbarkeit einer Workflow-Instanz herangezogen werden. Dies
wäre auch nicht sinnvoll, weil die unterschiedlichen Eigenschaften der Arbeits-
vorgänge eine flexible Zusammenstellung von Entscheidungskriterien verlangen.
Typische Beispiele für solche Faktoren zur Bestimmung der Ausführungsbereitschaft einer Workflow-Instanz sind (vgl. [Jasp97, S. 331]):
    In einem erweiterbar konzipierten Workflow-Management-System wie MOBILE
hängt es von der jeweiligen Konfiguration ab, welche Aspekte eines Workflows
für die Entscheidung über seine Ausführbarkeit herangezogen werden (vgl.
[Bußl97, S. 75]). Beispielsweise bedeutet die *datenflußgesteuerte* Ausführung von
Workflows, die Ausführungsbereitschaft eines Workflows an das Vorliegen eines
Datums zu binden. Dies kann mit Hilfe des im Workflow-Typs explizit definierten
Datenflusses erfolgen oder durch Zugriff auf einen extern verwalteten Datenbestand realisiert werden, dessen Mechanismen zur Synchronisation von Lese- und
Schreiboperationen auch die synchronisierte Ausführung der Workflows zur Folge
haben. Die datenflußgesteuerte Ausführung von Workflows wird hier nicht weiter
behandelt (s. dazu z.B. [Rusi95]), sondern nur die Ausführungsbereitschaft in
Abhängigkeit vom Zustand anderer Workflow-Instanzen. Auf diese *kontrollfluß-
zentrierte* Ausführung von Workflow-Instanzen baut das folgende Funktionsmodell für Ausführungsanweisungen auf.

5.2.2 Modellvorstellung zur Funktion von Ausführungsanweisungen

Bevor Ausführungsanweisungen für eine bestimmte Form der Workflow-Ausführung entwickelt werden können, muß eine allgemeingültige Vorstellung für die
Funktionsweise einer Ausführungsanweisung erarbeitet werden. Dies geschieht
mit dem hier vorgestellten Funktionsmodell für Ausführungsanweisungen. Nach

dieser Modellvorstellung besteht die Funktion einer Ausführungsanweisung vor allem darin, die Zustände der von ihr kontrollierten Workflow-Instanzen zu überwachen. Überwachen ist im übertragenen Sinn zu verstehen und bedeutet: Die Ausführungsanweisung stellt einem Workflow-Management-System die notwendigen Informationen zur Verfügung, wann ein Zustandswechsel von Workflow-Instanzen herbeizuführen, sein Auftreten zu verhindern, zu verzögern oder darauf zu reagieren ist.

Das Funktionsmodell führt Ausführungsanweisungen als Objekte ein, die zusammen mit den von ihnen kontrollierten Workflow-Instanzen ein reaktives System bilden. Ausführungsanweisungen haben einen eigenen Zustand, der Zustandsänderungen der Workflow-Instanzen widerspiegelt. Indem das Verhalten dieses Systems durch die Reaktion auf Ereignisse festgelegt wird, wird die Funktion der Ausführungsanweisung definiert und darüber die Ausführung der Workflows. Eine Beschreibung der Ausführungsanweisung umfaßt die Identifikation zulässiger Zustandskonstellationen von kontrollierten Workflow-Instanzen, die Reihenfolge, in der die Zustandskonstellationen auftreten können, sowie die Festlegung der Modalität von Übergängen zwischen einzelnen Zustandskonstellationen.

5.2.2.1 Ausdrucksmöglichkeiten im Funktionsmodell für Ausführungsanweisungen

Die Zustände von Ausführungsmodellen mehrerer Workflow-Instanzen können auf unterschiedliche Weise in Beziehung stehen. Die Typisierung dieser Beziehungen basiert auf den verschiedenen Kombinationen, in denen Zustand und Zustandsübergang von Workflow-Instanzen in die Beziehung eingehen. Es wird absichtlich von „Beziehung" und nicht nur von „Abhängigkeit" gesprochen, weil Abhängigkeiten einen Ursache-Wirkung-Zusammenhang assoziieren, der nur eine von mehreren Formen der Beziehung ist. Zur Veranschaulichung möglicher Beziehungstypen zeigt Abb. 5.3 die als Zustandsübergangsdiagramm dargestellten Ausführungsmodelle zweier Workflow-Instanzen. Die Ausführungsmodelle sind auf vier Zustände (z_1-z_4 und z'_1-z'_4) reduziert und müssen auch nicht für beide Workflow-Instanzen identisch sein, zur Erläuterung möglicher Beziehungstypen reicht diese Darstellung aus.

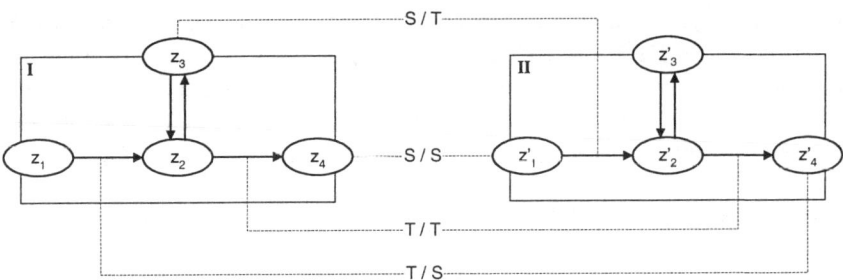

S=State (Zustand) T=Transition (Übergang)

Abb. 5.3: Beziehungen zwischen Zuständen und Zustandsübergängen

Jede gestrichelte Linie charakterisiert einen Beziehungstyp: Zwischen z_3 und dem Übergang z'_1 nach z'_2 besteht eine *S/T-Beziehung*, weil ein Zustand (State) der Workflow-Instanz I mit dem Übergang (Transition) in einer Workflow-Instanz II in Beziehung steht. Zwischen dem Zustand z_4 der Workflow-Instanz I und dem Zustand z'_1 der Workflow-Instanz II ist eine *S/S-Beziehung* (State/State) angedeutet, und eine *T/T-Beziehung* (Transition/Transition) ist zwischen den Übergängen von z_2 nach z_4 in Workflow-Instanz I und von z'_2 nach z'_4 in Workflow-Instanz II gezeigt, schließlich noch die *T/S-Beziehung* (Transition/State) zwischen dem Zustandsübergang von z_1 nach z_2 in Workflow-Instanz I und dem Zustand z'_4 in Workflow-Instanz II. Weitere Typen von Beziehungen gibt es zwischen zwei Zustandsübergangsdiagrammen nicht.

Die Beziehungen werden im folgenden als Ursache-Wirkung-Zusammenhang interpretiert. Am Beispiel eines S/T-Typs heißt das: Befindet sich eine Workflow-Instanz im Zustand s, *muß* die andere Workflow-Instanz den Zustandsübergang t vornehmen bzw. das Workflow-Management-System muß dies sicherstellen. Statt eine zwingend erforderliche Reaktion zu unterstellen („muß"), ist auch die Option möglich. Befindet sich eine Workflow-Instanz im Zustand s, *kann* die Workflow-Instanz den Zustandsübergang t vornehmen.

Die Modalitäten von Kontrollflußprimitiven, die sich ansonsten auf das Funktionsmodell zurückführen lassen, sind nicht immer eindeutig, wie das folgende Beispiel zeigt: in FlowMark verwendete Kontrollflußkonnektoren sind Beziehungen des Typs S/T, denn sie setzen den Zustand done einer Aktivität mit dem Zustandsübergang von instanciated in ready in Beziehung. Die Modalität dieser Beziehung ist kontextabhängig, weil das Ausführungsmodell des Workflow-Management-Systems entweder alle einlaufenden Kontrollflußkonnektoren als Voraussetzung für die Ausführungsbereitschaft berücksichtigt oder nur eine, je nach Definition der betroffenen Aktivität. Im ersten Fall hat die Beziehung die Modalität „kann", im zweiten Fall die Modalität „muß"; die Modalität ist hier also nicht eindeutig.

Das Funktionsmodell für Ausführungsanweisungen sieht interne Zustände der Ausführungsanweisung vor. Beispielsweise kann die Ausführungsanweisung einen Zustand done einnehmen, wenn die von ihr kontrollierten Workflows beendet sind. Über die Zustände der Ausführungsanweisung lassen sich Beziehungen zu weiteren Workflow-Instanzen beschreiben, etwa das Zusammenspiel von mehreren Subworkflows und einem Superworkflow oder bei der Komposition mehrerer Ausführungsanweisungen zu zusammengesetzten Ausdrücken. Auch hier muß der Charakter des Funktionsmodells beachtet werden – es dient der Erklärung und Planung neuer Ausführungsanweisungen, und in dieser Rolle leitet sich der Zustand einer Ausführungsanweisung durchaus aus den Zuständen der kontrollierten Subworkflows ab.

5.2.2.2 Beispiele für Beziehungstypen im Funktionsmodell

Bei Beziehungen zwischen Zuständen und Zustandsübergängen (S/T-Typ) ist der Zustand einer Workflow-Instanz Anlaß oder Vorbedingung für eine Zustandsänderung einer anderen Workflow-Instanz. „Anlaß" bedeutet, die zweite Workflow-

Instanz *muß* diesen Zustandsübergang vollziehen, damit wieder ein zulässiger Zustand aus Sicht der Ausführungsanweisung erreicht wird. Bei einer „Vorbedingung" *kann* die zweite Workflow-Instanz den Zustandsübergang vornehmen; es bleibt ohne den Vollzug ein zulässiger Zustand für die Ausführungsanweisung.

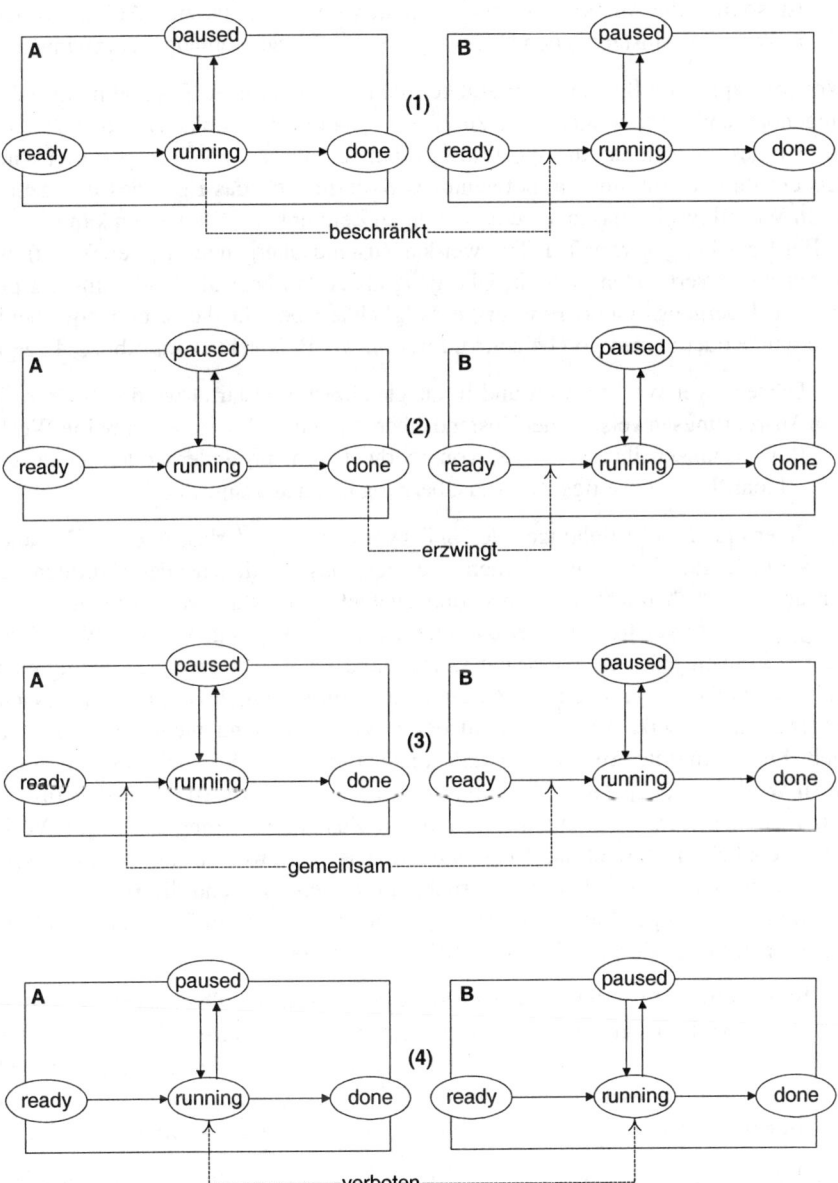

Abb. 5.4: Beispiele für Beziehungstypen im Funktionsmodell für Ausführungsanweisungen

Abbildung 5.4 zeigt Beispiele für diese beiden Fälle:

(1) Darf Workflow-Instanz b nur gestartet werden, wenn Workflow-Instanz a aktiv ist, dann muß die Ausführungsanweisung den Zustand running der Workflow-Instanz a zur Vorbedingung machen, um den Wechsel von ready in running der Workflow-Instanz b zu erlauben.

(2) Muß Workflow-Instanz b gestartet werden, wenn Workflow-Instanz a beendet ist, so muß die Ausführungsanweisung den Zustand done zum Anlaß nehmen, in Workflow-Instanz b den Übergang von ready nach running zu erzwingen.

Weitere Typen von Beziehungen ergeben sich, wenn der neue Zustand nicht sofort eingenommen wird, sondern erst zu einem späteren Zeitpunkt. Das bedeutet für das zweite Beispiel, daß die Workflow-Instanz b nicht automatisch gestartet wird, sondern ihre Ausführung ein notwendiges Kriterium für das Ende des übergeord- neten Workflows ist, das zu einem beliebigen Zeitpunkt erfüllt werden kann.

Bei Beziehungen vom T/T-Typ werden Zustandsübergänge in zwei Workflow- Instanzen so verbunden, daß ein Übergang als Anlaß oder als Vorbedingung des anderen Übergangs dient. Eine dritte Möglichkeit besteht darin, entweder beide Übergänge oder keinen von beiden zu fordern, wie Beispiel (3) aus Abb. 5.4 zeigt:

(3) Dürfen zwei Workflows a und b nur gleichzeitig gestartet werden, ist für die Ausführungsanweisung der Zustandsübergang nur zulässig, wenn beide Work- flow-Instanzen ihren Zustand von ready in running ändern oder nichts ge- schieht. Jeder einseitige Zustandsübergang ist unzulässig.

Im Unterschied zu Beziehungen des S/T-Typs wird das Verlassen eines Zustands als Vorbedingung/Anlaß genommen und nicht das Vorliegen oder Eintreten des Zustands. In Anbetracht des Anwendungsgebiets wird klar, warum beide Bezie- hungstypen notwendig sind: Nicht alle Zustandsänderungen einer Workflow- Instanz können jederzeit vollzogen werden und sind nicht garantiert erfolgreich. Daher kann das Verlassen eines Zustands nicht immer durch Erreichen des Nach- folgezustands ersetzt werden, zumal der Nachfolgezustand nicht eindeutig sein muß. Für bestimmte Anwendungsfälle reicht bereits der Versuch auf Seiten des einen Workflows, den Zustand zu ändern, um mit einer zweiten Workflow-Instanz darauf zu reagieren, unabhängig davon, ob die Zustandsänderung des ersten Work- flows letztlich erfolgreich ist. Beziehungen zwischen zwei Zuständen (S/S-Typs) können auf S/T- oder T/T-Typen zurückgeführt werden, wenn die Beziehung die Modalität „erzwingen" aufweist. Das geht nicht, wenn zwei Zustände nicht ge- meinsam auftreten dürfen, also die Modalität „verboten" gilt:

(4) Soll verhindert werden, daß zwei Workflow-Instanzen gleichzeitig aktiv sind, aber sonst in beliebigem Wechsel ausgeführt werden dürfen, ist eine Konstel- lation unzulässig, in der beide Workflow-Instanzen im Zustand running sind. Eine Ausführungsanweisung kann alle Zustandsübergänge erlauben, die diese Situation nicht entstehen lassen (für eine Anwendung siehe Abschn. 5.3.5).

Alle Beziehungstypen werden für zwei Workflow-Instanzen formuliert, weil diese Beziehungstypen für die weiteren Ausführungsanweisungen benötigt werden.

5.2.2.3 Bedeutung der Zustände für die Formulierung von Ausführungsanweisungen

Im Funktionsmodell für Ausführungsanweisungen spielen die Ausführungsmodelle der Workflow-Instanzen eine zentrale Rolle, entsprechend stark ist ihr Einfluß auf die Gestaltung einer Ausführungsanweisung. Folgende Zusammenhänge zwischen einzelnen Zuständen und den Möglichkeiten zur Formulierung von Ausführungsanweisungen bestehen:

- Können nur Zustände wie ready und done im Ausführungsmodell angesprochen werden, stellt sich die Ausführung des Workflows als atomares Ereignis dar. Eventuelle Zwischenzustände (z.B. eine Blockierung) werden nicht erkannt. Das führt zu Ausführungsanweisungen, unter deren Kontrolle die Workflows entweder strikt hintereinander oder alternativ ausgeführt werden können, weil dafür die Unterscheidung von Start und Ende der Workflow-Ausführung ausreicht. Die garantierte Parallelausführung von Workflow-Instanzen ist nicht zu beschreiben, dazu ist der tatsächlich erreichte Zustand running notwendig. Nur die abgeschwächte Form der Parallelausführung ist möglich. Sie besteht in der aus Sicht des Workflow-Management-Systems zeitgleichen *Bereitstellung* von Workflows zur Ausführung, was allerdings nur die Möglichkeit der Parallelausführung, nicht aber ihre garantierte Durchführung bedeutet.

- Unterscheidet das Ausführungsmodell die Zustände ready und running, sind differenzierte Formen der nebenläufigen Ausführung oder der gegenseitigen Einflußnahme zwecks Synchronisation zwischen mehreren Workflow-Instanzen möglich. Beispielsweise wird der Start einer Workflow-Instanz davon abhängig gemacht, ob eine andere Workflow-Instanz tatsächlich aktiv ist, was ohne einen sichtbaren Zustand running nicht möglich ist. Sichtbare Zustände zwischen ready und done erlauben zudem, die Ausführung nachfolgender Workflows vorzuverlegen, d.h. bereits vor einem erfolgten Ende des Vorgänger-Workflows zu beginnen. Dieser optimistische Ansatz verlangt allerdings, auf Fehler in der Ausführung des ersten Workflows zu reagieren, falls die vorzeitig gestartete Workflow-Instanz davon betroffen ist. Ein Beispiel aus der Software-Entwicklung gibt [Band94, S. 2].

- Zustände wie paused und disabled erweitern die Möglichkeiten zur Beschreibung der Workflow-Ausführung zusätzlich. Ausführungsanweisungen, die von einer garantierten Nichtausführung eines Workflows ausgehen können, bringen kompliziertere Abhängigkeiten in kompakter Form zum Ausdruck (z.B. deadline aus [Jabl96a, S. 152]).

Diese Zusammenhänge beeinflussen die Wahl des Ausführungsmodells, das in Abschn. 5.2.4.1 vorgestellt wird. Um klar herauszustellen, daß im folgenden von einer bewußt getroffenen Auswahl von Zuständen gesprochen wird, die sich ausschließlich auf das hier verwendete Ausführungsmodell bezieht, werden die Zustände als isReady (statt ready), isRunning (statt ready) usw. bezeichnet. Bevor auf dieser Grundlage konkrete Ausführungsanweisungen entwickelt werden, muß der verwendete Formalismus der Verteilten Transitionssysteme eingeführt werden.

5.2.3 Verteilte Transitionssysteme

Das Funktionsmodell aus Abschn. 5.2.1 führt Ausführungsanweisungen als übergeordnete Einheit mehrerer Workflow-Instanzen ein, indem es ihre Zustände in Beziehung setzt. Aufgabe dieser Einheit ist die Koordination der Ausführung mehrerer Workflows untereinander und in Abhängigkeit vom Zustand der Ausführungsumgebung. Eine Beschreibung dieser Aufgabe muß drei Dinge umfassen: das Verhalten einzelner Workflow-Instanzen gemäß dem Ausführungsmodell des Workflow-Typs, die Menge der Zustände mehrerer Workflow-Instanzen, die gemeinsam auftreten dürfen, sowie alle Veränderungen dieser Zustandsmenge.

Eine einzelne Workflow-Instanz kann durch ein Zustandsübergangsdiagramm, einen endlichen Automaten oder vergleichbare Konzepte beschrieben werden. Deren Ausdrucksmächtigkeit reicht aber nicht aus, um über das Verhalten *mehrerer* Workflow-Instanzen Aussagen zu machen. Zustandsübergangsdiagramme sind *entweder* Darstellungen eines Systems mit sequentiellem Verhalten und Nichtdeterminismus *oder* Darstellungen eines Systems mit parallelem Verhalten. Mehrere Workflow-Instanzen bilden aber ein System, in dem Parallelität und Nichtdeterminismus gemeinsam auftreten. Nichtdeterminismus folgt beispielsweise aus der Tatsache, daß Handlungen eines Anwenders nicht vorhersehbar sind, Parallelität entsteht bei der gleichzeitigen Bearbeitung unterschiedlicher Workflow-Instanzen.

Ein Formalismus zur Beschreibung mehrerer Workflow-Instanzen muß nichtdeterministisches, sequentielles und paralleles Verhalten sowohl unterscheiden als auch unabhängig voneinander ausdrücken können. Diese Forderungen erfüllen *Verteilte Transitionssysteme*, die in [Cap94] zur Spezifikation von Prozessen dienen. Da das Verhalten von Workflow-Instanzen durch die mit Verteilten Transitionssystemen beschreibbaren Prozesse gut wiedergegeben wird und Verteilte Transitionssysteme über eine gut lesbare Notation verfügen, werden sie hier eingesetzt.

In Kap. 7 werden zusätzlich Petri-Netze verwendet, weil für deren Untersuchung eine Vielzahl von Werkzeugen erhältlich ist. Der nächste Abschnitt stellt Verteilte Transitionssysteme informell vor, in den hier nicht benötigte theoretischen Hintergrund und weitere Anwendungsmöglichkeiten führt [Cap94] ein.

5.2.3.1 Informelle Einführung der Verteilten Transitionssysteme

Verteilte Transitionssysteme sind eine Erweiterung einfacher Transitionssysteme und erlauben es, ein System zu beschreiben, das sowohl paralleles als auch nichtdeterministisches sequentielles Verhalten zeigt. Verteilte Transitionssysteme bestehen aus einer Zustandsmenge und einer Menge von Transitionen. Verschiedene Token repräsentieren darin unterschiedliche Zustände. Eine Transition hat eine linke und eine rechte Seite, auf jeder Seite können mehrere Token stehen. Eine Transition ist *möglich*, wenn alle links mittels * konkatenierten Token (Repräsentanten für Zustände „vorher") vorliegen. Das Schalten der Transition führt ununterbrechbar zu den rechts aufgeführten Token (Repräsentanten für Zustände „nachher"). Sind mehrere Transitionen möglich, schaltet zu jedem Zeitpunkt nur eine davon. Token haben den Charakter von Ressourcen. Eine Transition konsumiert und produziert Ressourcen, die deshalb mehrfach vorkommen können.

Tabelle 5.1 zeigt Strukturen von Transitionen. Die Anzahl der Token pro Seite ist nicht begrenzt, ebenso können beliebig viele Transitionen nach in Tabelle 5.1 gezeigten Strukturen gebildet werden. Die Reihenfolge der Token auf der linken oder rechten Seite der Transitionen hat keine Bedeutung. Token mit gleichem Bezeichner können mehrfach vorkommen, sind aber nicht unterscheidbar. Weitere Eigenschaften der Verteilten Transitionssysteme finden sich in [Cap94].

Bezeichnung	Transition	Bezeichnung	Transition
freie Transformation	U —o V	gebundene Transformation	U ∗ R —o V ∗ S
Konjunktion links	U ∗ W —o V	Konjunktion rechts	U —o V ∗ W
Produktion	U —o V ∗ U	Absorption	U ∗ V —o U
Disjunktion	U —o V U —o W	Zusammenführung	U —o V W —o V

Tabelle 5.1: Beispiele für Transitionen in Verteilten Transitionssystemen

5.2.3.2 Verteilte Transitionssysteme zur Beschreibung von Ausführungsanweisungen

Verteilte Transitionssysteme werden im folgenden verwendet, um die Funktionsweise von Ausführungsanweisungen präzise zu beschreiben. Der Formalismus garantiert nicht nur eine eindeutige Funktionsbeschreibung, sondern erlaubt auch den Einsatz formaler Verfahren zur Validierung bestimmter Eigenschaften von Ausführungsanweisungen (s. Abschn. 7.6.4). Bevor die Konstruktionsprinzipien für Ausführungsanweisungen im Detail behandelt werden, wird hier das Prinzip vorgestellt, das die Beschreibung von Ausführungsanweisungen zur Kontrollflußdefinition durch einen universell einsetzbaren Formalismus erlaubt.

Das Funktionsmodell für Ausführungsanweisungen sieht vor, die zulässigen Zustandsübergänge der kontrollierten Workflow-Instanzen in Beziehung zu setzen. Genau dieser Sachverhalt muß demnach durch das Verteilte Transitionssystem ausgedrückt werden. Token repräsentieren die Zustände der Workflow-Instanzen, die Transitionen geben Zustandsübergänge wieder. Liegt ein Token vor, gilt der von ihm bezeichnete Zustand. Veränderungen der Zustände von Workflow-Instanzen entsprechen den Transitionen, bei denen Token konsumiert und produziert werden, je nach darzustellendem Wechsel des Zustands.

Durch die Benennung von Token und die Notation zulässiger Transitionen entsteht schrittweise ein Verteiltes Transitionssystem. Dessen Verhalten gibt wieder, was die Ausführung der beschriebenen Ausführungsanweisung respektive der kontrollierten Workflow-Instanzen kennzeichnet. Ausgehend von einem initialen Zustand ergeben sich je nach Gestalt der Transitionen eine oder mehrere Abfolgen, in denen Token konsumiert und neue Token produziert werden. Dabei sind zwei Klassen von Transitionen zu unterscheiden: Die eine Gruppe von Transitionen beschreibt Erscheinungen, die im Workflow-Management-System stattfinden. Dazu gehören Transitionen, die eine Zustandsänderung einer Workflow-Instanz beschreiben, aber mit der Ausführungsanweisung nichts zu tun haben. Die zweite Gruppe beschreibt die Ausführungsanweisung und damit Veränderungen der Zustände von Workflow-Instanzen, von denen nicht alle durch das Workflow-Management-System kontrolliert werden können. Dazu gehören Zustandsänderungen der Workflow-Instanzen, die auf die Handlungen eines Anwenders zurückgehen. Unabhängig davon vollzieht das Transitionssystem alle Veränderungen nach, um die Situation bei der Workflow-Ausführung korrekt nachzubilden.

Da alle Token eines Verteilten Transitionssystems den gleichen Typ haben, sind sprechende Bezeichner notwendig. Jede Workflow-Instanz wird einzeln durch Kleinbuchstaben benannt und ihr Zustand in Punkt-Notation angefügt. Damit repräsentiert das Token a.isRunning eine aktive Workflow-Instanz a, b.isDone symbolisiert eine beendete Workflow-Instanz b. Die Zustandsbezeichner leiten sich aus dem Ausführungsmodell des zugehörigen Workflow-Typs ab. Bei den Ausführungsanweisungen muß ein Entwickler je nach gewünschter Funktionsweise entscheiden, mit welchen Token er interne Zustände der Ausführungsanweisung repräsentiert. Das so gebildete Verteilte Transitionssystem beschreibt keine Implementierung der Ausführungsanweisung, es ist vielmehr ein mit formalen Mitteln erstelltes Modell, an dem Untersuchungen vorgenommen oder die Funktionsweise erläutert werden kann. Wie nach diesem Prinzip Ausführungsanweisungen beschrieben werden, zeigt der nächste Abschnitt.

5.2.4 Richtlinien für die Konstruktion von Ausführungsanweisungen

Ausführungsanweisungen sind wie Workflow-Typen das Ergebnis eines Konstruktionsvorgangs, dessen Richtlinien im folgenden beschrieben werden. Ihre explizite Formulierung ist notwendig, um den universellen Formalismus der Verteilten Transitionssysteme in Hinblick auf die hier sehr spezielle Verwendung richtig einzusetzen. Zudem erleichtern die Richtlinien, die auch aus Formulierungsvorschlägen für Transitionen und Transitionsgruppen bestehen, einem Entwickler die Arbeit bei der Definition neuer Ausführungsanweisungen.

5.2.4.1 Nachbildung des Ausführungsmodells von Workflow-Instanzen

Ein Verteiltes Transitionssystem kann die Funktionsweise einer Ausführungsanweisung nur beschreiben, wenn auch die kontrollierten Workflow-Instanzen als Argumente der Ausführungsanweisung entsprechend repräsentiert sind. Aus dem Ausführungsmodell der verwendeten Workflow-Instanz leiten sich die Token und aus den zulässigen Zustandsübergängen die Transitionen ab. Die Beschreibung für eine Workflow-Instanz a mit einem einfachen Ausführungsmodell zeigt Abb. 5.5. Die Token init und exit gehören nicht zur Workflow-Instanz, sondern sie haben nur eine technische Funktion bei den Verteilten Transitionssystemen.

Die Diskussion in Abschn. 5.2.1.1 zeigte, daß das Repertoire möglicher Ausführungsanweisungen unmittelbar von den Zuständen im Ausführungsmodell der Workflow-Instanzen abhängt.

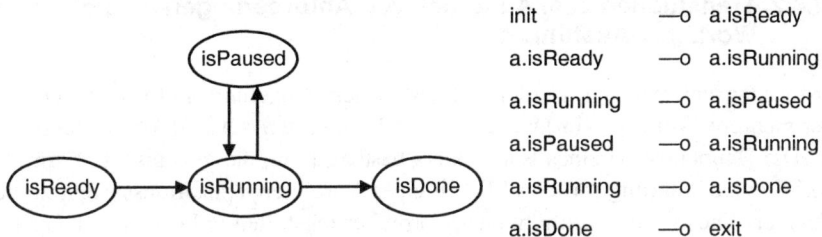

Abb. 5.5: Transitionen zur Beschreibung des Verhaltens elementarer Workflow-Instanzen

Um die Anzahl der Ausführungsanweisungen nicht zu beschränken, führt Abb. 5.6 ein um die Zustände isBlocked und isDisabled erweitertes Ausführungsmodell ein.

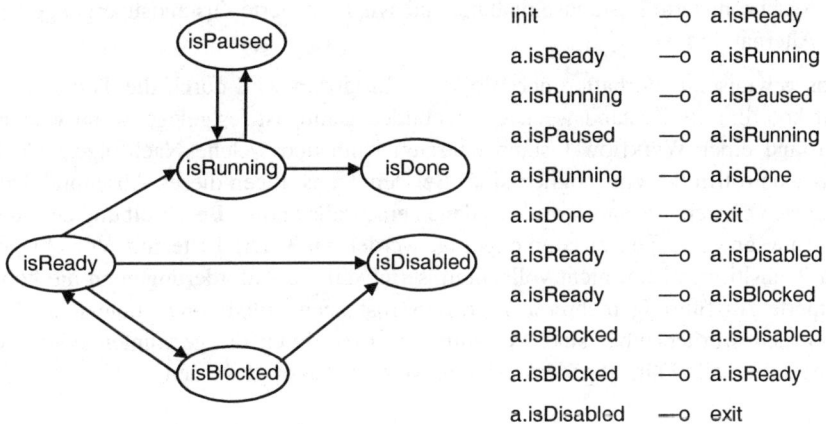

Abb. 5.6: Ausführungsmodell für Workflow-Instanzen

Eine Workflow-Instanz im Zustand isBlocked erfüllt alle Voraussetzungen zur Ausführung, wird aber zum Beispiel aus Gründen der Synchronisation mit anderen Workflows von der Ausführung zurückgestellt. Von isBlocked und isReady ist ein Übergang in isDisabled möglich, wo im Gegensatz zu isBlocked garantiert keine Ausführung mehr erfolgt.

Im weiteren Text wird das Ausführungsmodell aus Abb. 5.6 verwendet. Die ausgewählten Zustände erlauben die Bildung einer repräsentativen Zahl von Ausführungsanweisungen, ohne damit den Anspruch der Vollständigkeit zu erheben. Abschnitt 5.2.1.1 hat alternative Zustandsräume vorgestellt, aus jedem Vorschlag folgt ein anderer Satz von Ausführungsanweisungen. Das hier vorgestellte Konstruktionsverfahren ist auf sie übertragbar.

5.2.4.2 Transitionen zum Ausdruck von Anforderungen an die Workflow-Ausführung

Ausführungsanweisungen werden mit der Absicht eingeführt und verwendet, eine oder mehrere Workflow-Instanzen in einer bestimmten Art und Weise auszuführen. Die Hauptaufgabe eines Entwicklers besteht darin, die gewünschte Form der Workflow-Ausführung mit den Mitteln eines Verteilten Transitionssystem zu beschreiben. Dieser Abschnitt gibt dazu Formulierungshilfen in Form von Transitionen und Transitionsgruppen, die häufig benötigte Situationen bei der Ausführung von Workflow-Instanzen wiedergeben:

* Erzeugung und Vernichtung von Workflow-Instanzen
* Entziehen einer Voraussetzung für Aktionen durch Verlassen eines Zustands
* Schaffen einer Voraussetzung für Aktionen durch Erreichen eines Zustands
* Doppelt restriktiver Zustandsübergang
* Synchronisierte Zustandseinnahme und synchronisierte Zustandsübergänge
* Alternativen

Das gewünschte Verhalten der Workflow-Instanzen wird durch die Transitionen auf koordinierte Zustandswechsel abgebildet. Damit ist festgelegt, wann welcher Zustand einer Workflow-Instanz eintreten kann und welche Nachfolgezustände aus Kontrollfluß-Sicht möglich sind. Bei den Transitionen dieses Abschnitts handelt sich es sich um Bausteine, aus denen eine vollständige Beschreibung der Ausführungsanweisungen zusammengefügt werden muß. Die Liste mit Vorschlägen für Transitionen kann nicht vollständig sein, weil die Anforderungen an die koordinierte Ausführung mehrerer Workflow-Instanzen vollkommen unterschiedlich und nicht vorhersehbar sind. Allerdings werden durch die genannten Formulierungshilfen alle Fälle abgedeckt, die im weiteren benötigt werden.

Erzeugung und Vernichtung von Workflow-Instanzen

Die Erzeugung und Vernichtung von Workflow-Instanzen wird durch Produzieren und Konsumieren der Token <Workflow-Instanz-Name>.isReady und <Workflow-Instanz-Name>.isDone beschrieben. Abbildung 5.7 zeigt, wie innerhalb einer Ausführungsanweisung ausgedrückt wird, eine neue Workflow-Instanz zu erzeugen oder eine beendete Workflow-Instanz zu entfernen. Selbstverständlich ist die Instanziierung und Deinstanziierung keine Aufgabe der Ausführungsanweisung, allerdings kann von ihr der Anstoß dazu kommen, weshalb dieser Umstand in der Beschreibung der Ausführungsanweisung berücksichtigt werden muß.

[1]	$X_1 * X_2 * \ldots * X_n$	—o	a.isReady
[2]	a.isDone	—o	$X'_1 * X'_2 * \ldots * X'_n$

Abb. 5.7: Instanziierung und Deinstanziierung von Workflows

Die Token X_i und X'_i sind Stellvertreter für hier nicht weiter interessierende Zustände anderer Workflow-Instanzen oder der Ausführungsanweisung selbst.

Entziehen einer Voraussetzung für Aktionen durch Verlassen eines Zustands

Zustandsübergänge einer Workflow-Instanz können Einfluß auf andere Work-flow-Instanzen nehmen; Abbildung 5.8 zeigt ein Beispiel. Die Workflow-Instanzen a und b werden durch die Transitionen so in Beziehung gesetzt, daß die Ausführung von Workflow-Instanz a verhindert, daß Workflow-Instanz b ausgeführt werden kann. Durch Verlassen der Ausführungsbereitschaft von Workflow-Instanz a wird die Voraussetzung für den Start von Workflow-Instanz b entzogen. Die Umkehrung gilt nicht: Der Start von Workflow-Instanz b beeinträchtigt die Ausführung von Workflow-Instanz a nicht. Abbildung 5.8 zeigt demnach eine Beziehung des T/T-Typs mit Ursache-Wirkung-Interpretation und der Modalität „verhindern". Der Zustandsübergang isReady / isRunning von Workflow-Instanz a blockiert den Zustandsübergang isReady / isRunning von Workflow-Instanz b.

[1]	init	—o	a.isReady ∗ b.isReady ∗ c
[2]	a.isReady ∗ c	—o	a.isRunning
[3]	b.isReady ∗ c	—o	b.isRunning ∗ c

Abb. 5.8: Entziehen einer Voraussetzung für Aktionen durch Verlassen eines Zustands

Das in Transition [1] erzeugte Token c stellt für die Workflow-Instanzen a und b eine *potentielle* Restriktion beim Übergang von isReady nach isRunning dar. Nur mit c sind die notwendigen Voraussetzungen für die Transition gegeben, wenn a.isReady oder b.isReady bereits vorliegen. Token c wird zur *tatsächlichen* Restriktion, wenn einer von beiden Workflow-Instanzen ausgeführt wird, weil damit für den jeweils anderen Workflow-Instanz der Start zunächst nicht möglich ist. Transition [3] hebt die Restriktion auf, da das Token c reproduziert wird.

Schaffen einer Voraussetzung für Aktionen durch Erreichen eines Zustands

Abbildung 5.9 zeigt, wie durch die Einnahme eines neuen Zustands einer Workflow-Instanz eine Aktion ausgelöst werden kann. Nach dem Start des Workflows a durch Transition [2] entsteht die Voraussetzung, die Workflow-Instanz b mit Transition [3] zu starten, in dem mittels zusätzlich eingeführtem Token c eine Beziehung hergestellt wird. Die Abhängigkeit ist einseitig, die Ausführung der Workflow-Instanz a ist unabhängig von Workflow-Instanz b. Zu beachten ist, daß dieser Mechanismus nur eine Voraussetzung für eine Transition schafft, die unmittelbare Ausführung kann so nicht erreicht werden.

[1]	init	—o	a.isReady ∗ b.isReady
[2]	a.isReady	—o	a.isRunning ∗ c
[3]	b.isReady ∗ c	—o	b.isRunning

Abb. 5.9: Schaffen einer Voraussetzung für Aktionen durch Erreichen eines Zustands

Die Transitionen aus Abb. 5.9 realisieren eine Beziehung des T/T-Typs mit Ursache-Wirkung-Interpretation und der Modalität „erlauben". Der Übergang isReady / isRunning von Workflow-Instanz a erlaubt den Übergang isReady / isRunning von Workflow-Instanz b.

Doppelt restriktiver Zustandsübergang

Voraussetzungen für Zustandsübergänge von Workflow-Instanzen werden bisher entweder einmalig geschaffen oder entzogen. Abb. 5.10 führt eine *vorübergehende* Voraussetzung einer Zustandsänderung ein. Transitionen [2] und [3] produzieren und konsumieren Token c dergestalt, daß Transition [4] „eingeschlossen" wird.

[1]	init	—o	a.isReady * b.isReady
[2]	a.isReady	—o	a.isRunning * c
[3]	a.isRunning * c	—o	a.isDone
[4]	b.isReady * c	—o	b.isRunning * c

Abb. 5.10: Doppelt restriktiver Zustandsübergang

Eine Anwendung besteht in dem vorübergehenden Angebot, die Workflow-Instanz b zu starten. Das Angebot gilt, solange die Workflow-Instanz a aktiv ist, weder davor noch danach. Wird Workflow-Instanz b in dieser Phase gestartet, sind die anschließende Ausführung und das Ende von Workflow-Instanz b unabhängig von Workflow-Instanz a und auch umgekehrt.

Synchronisierte Zustandseinnahme

Da in Verteilten Transitionssystemen der verwendeten Form Transitionen zeitlose Veränderungen der Tokenmenge bewirken, gilt die Vorstellung, daß zeitgleich alle Token auf der rechten Seite der Transition konsumiert und alle Token auf der linken Seite der Transition produziert werden.

[1]	X	—o	a.isReady * b.isReady
[2]	a.isDone * b.isDone	—o	Y

Abb. 5.11: Synchronisierte Zustandseinnahme

Abbildung 5.11 zeigt, wie eine gemeinsame Instanziierung (Transition [1]) bzw. Deinstanziierung (Transition [2]) von Workflow-Instanz a und Workflow-Instanz b ausgedrückt wird. Transition [1] und Transition [2] spielen für die Beschreibung von Ausführungsanweisungen eine wichtige Rolle, wenn die Ausführung auf die als Argumente in der Ausführungsanweisung genannten Workflows übergeht.

Synchronisierte Zustandsübergänge

Abbildung 5.12 zeigt zwei unabhängige Beispiele, in denen Zustandsübergänge von jeweils zwei Workflow-Instanzen in Beziehung stehen. Transition [1] ermöglicht den Start der Workflow-Instanz a nur, wenn gleichzeitig sichergestellt ist, daß Workflow-Instanz b unterbrochen wird (Zustand isPaused). Ein anderes Beispiel gibt Transition [2], wo die Fortsetzung des zwischenzeitlich unterbrochenen Workflows c davon abhängig (noch im Zustand isPaused) ist, ob Workflow-Instanz d beendet wird.

[1]	a.isReady * b.isRunning	—o	a.isRunning * b.isPaused
[2]	c.isPaused * d.isRunning	—o	c.isRunning * d.isDone

Abb. 5.12: Synchronisierte Zustandsübergänge

Die Beispiele zeigen einen Nachteil der Notation: Aus der Notation geht nicht hervor, ob in Transition [2] die Fortsetzung von Workflow-Instanz c (von isPaused in isRunning) die Ursache für das Ende von Workflow-Instanz d ist (von isRunning in isDone) oder ob die Beendigung von Workflow-Instanz c die Unterbrechung von Workflow-Instanz d aufhebt.

Alternative

In Abb. 5.13 folgen aus zwei Transitionen mit gleicher Vorbedingung X zwei unterschiedliche Zustände. Das erlaubt die Darstellung von Alternativen, hier am Beispiel der Instanziierung von Workflow-Instanz a oder Workflow-Instanz b.

[1]	X	—o	a.isReady
[2]	X	o	b.isReady

Abb. 5.13: Alternative

Die Transitionen in diesem Abschnitt sind Beispiele für die Verwendung des gewählten Formalismus. Es steht einem Entwickler frei, die dargestellten Zusammenhänge zwischen Workflow-Instanzen anders zu formulieren und auch hier nicht behandelte Abhängigkeiten durch Transitionen auszudrücken. Er erhält auf diese Weise ein Verteiltes Transitionssystem, in dem das Verhalten von Workflow-Instanzen oder andere Aspekte eines Workflow-Typs mehr oder weniger gut nachgebildet wird. Einen ähnlichen Ansatz schlagen [Aals98] und [Adam98] vor; allerdings hat diese Art der Modellierung für die Konstruktion von Workflow-Typen nur einen geringen Wert, weil die entstehende Beschreibung unabhängig vom eingesetzten Formalismus keinen Anspruch auf Realisierung in einem

Workflow-Management-System erhebt. Darin liegt ein fundamentaler Unterschied zur Beschreibung von Ausführungsanweisungen wie es hier gezeigt wird. Der nächste Abschnitt stellt deshalb Regeln zusammen, die der Bildung spezifischer Verteilter Transitionssysteme dienen.

5.2.4.3 Kombination von Transitionen zur Beschreibung einer Ausführungsanweisung

Die bisher vorgestellten Transitionen und Transitionsgruppen drücken nur einzelne Anforderungen an die Ausführung von Workflow-Instanzen aus. Benötigt wird jedoch ein Verteiltes Transitionssystem, das Ausführungsanweisungen als Ausdrucksmittel für den verhaltensbezogenen Aspekt bei der Workflow-Typ-Konstruktion nachbildet. Um solch ein Verteiltes Transitionssystem aus einzelnen Transitionen zusammenzufügen, stellt dieser Abschnitt Regeln auf. Ihre Einhaltung hilft dabei, das Verhalten von Workflow-Instanzen unter der Kontrolle der entwickelten Ausführungsanweisung so weit korrekt nachzubilden, wie es auf der hier betrachteten Detaillierungsebene notwendig ist. Ein Entwickler hat demnach folgende Regeln bei der Beschreibung einer Ausführungsanweisung zu beachten:

- **Eineindeutige Tokenbezeichner.** Die Bezeichner setzen sich aus dem Namen der Ausführungsanweisung und dem Bezeichner für den internen Zustand der Ausführungsanweisung zusammen. SEQUENCE.isRunning ist zum Beispiel ein gültiger Bezeichner für ein Token, das den Zustand der mit „SEQUENCE" bezeichneten Ausführungsanweisung repräsentiert.

- **Interne Zustände der Ausführungsanweisung.** Sie legt der Entwickler nach Bedarf fest, vorgeschrieben sind nur isReady und isDone, um die Kombinierbarkeit mit anderen Ausführungsanweisungen zu garantieren. Der Zustand isRunning wird empfohlen, um innerhalb der Ausführungsanweisung festzuhalten, daß die als Argumente benannten Workflow-Instanzen oder anderen Ausführungsanweisungen nicht beendet sind und die aufrufende Ausführungsanweisung demnach auch noch aktiv ist.

- **Zulässige Zustandsänderungen.** Transitionen zur Beschreibung der Funktionsweise von Ausführungsanweisungen dürfen nur solche Zustandsänderungen der Workflow-Instanzen vorsehen, die nach dem Ausführungsmodell der Workflow-Instanz zulässig sind. So ist zum Beispiel X * a.isRunning —o Y * a.isReady für beliebige X und Y unzulässig.

- **Verantwortlichkeit für Zustandsübergänge.** Durch die Benennung einer Transition durch A_<Transitionsname> oder W_<Transitionsname> wird zum Ausdruck gebracht, ob ein Anwender (A) oder das Workflow-Management-System (W) für den Zustandswechsel verantwortlich ist. Allerdings ist für jeden Einzelfall zu prüfen, ob diese Verantwortlichkeit tatsächlich besteht. Beispielsweise ist für ap.isReady —o ap.isRunning einer Applikation ap der Anwender verantwortlich, wenn es eine interaktive Applikation ist.

- **Vermeidung unzulässiger Voraussetzungen.** Generell darf die Beschreibung der Ausführungsanweisung keine Transition enthalten, die eine vom Anwender kontrollierte Zustandsänderung von Workflow-Instanzen oder externen Applikationen zwingend voraussetzt. Lediglich die Reaktion auf das Eintreten einer Zustandsänderung darf beschrieben werden.

- **Kombinierbare Ausführungsanweisungen.** Als Bestandteile zusammengesetzter Kontrollflußausdrücke müssen Ausführungsanweisungen untereinander kombinierbar sein. Ihre Argumente sind Workflow-Instanzvariablen oder Ausführungsanweisungen. Das Verteilte Transitionssystem muß so gestaltet sein, daß es mit anderen Ausführungsanweisungen zur Beschreibung des gesamten Kontrollflußausdrucks zusammengefügt werden kann.

Diese Regeln lassen einem Entwickler ausreichend Spielraum bei der Gestaltung der Funktionsweise einer Ausführungsanweisung. Andererseits stellen sie sicher, daß alle Ausführungsanweisungen den gleichen Aufbau haben und keine Vorgaben machen, die später nicht realisiert werden können.

<SEQUENCE,<1>,<2>>={ SEQUENCE.isReady —o SEQUENCE.isRunning * <1>.ready

<1>.done —o <2>.ready

SEQUENCE.isRunning * <2>.done —o SEQUENCE.isDone }

Abb. 5.14: Beschreibung der Ausführungsanweisung SEQUENCE

Abbildung 5.14 zeigt die vollständige Beschreibung einer Ausführungsanweisung namens SEQUENCE für die sequentielle Ausführung zweier Workflow-Instanzen. Eine ausführliche Beschreibung zur Erstellung dieser Beschreibungen für Ausführungsanweisungen führt hier zu weit, sie kann in [Böhm99] nachgelesen werden.

5.3 Ausführungsanweisungen zur Workflow-Typ-Konstruktion

Dieser Abschnitt entwickelt eine repräsentative Auswahl von Ausführungsanweisungen. Abschnitt 5.3.1 erörtert die Entwurfsentscheidungen, die Ausdrucksfähigkeit, Funktionsweise und Einsatzbreite dieser Ausführungsanweisungen bestimmen. Die anschließend vorgestellten Ausführungsanweisungen sind wie folgt gegliedert: Abschn. 5.3.2 führt Ausführungsanweisungen ein, um die Auslassung oder Wiederholung der Workflow-Ausführung festzulegen. Die Ausführungsanweisungen in Abschn. 5.3.3 stellen zwischen mehreren Workflows elementare Ausführungsbeziehungen her. Abschnitt 5.3.4 behandelt Ausführungsanweisungen für verschiedene Formen der seriellen Ausführung. Abschnitt 5.3.5 geht auf unterschiedlichen Formen zeitlich überlappender Ausführung mehrerer Workflows ein.

5.3.1 Entscheidungen zum Entwurf der Ausführungsanweisungen

Ausführungsanweisungen werden in Präfix-Schreibweise notiert und können als
Argumente wieder Ausführungsanweisungen oder Workflow-Instanzvariablen aufweisen. Jede Ausführungsanweisung gibt an, wie die Workflows bzw. Teilausdrücke zu behandeln sind. Sollen Teile der Kontrollflußdefinition mehrfach durchlaufen werden, müssen sie in eine Ausführungsanweisung eingekleidet werden,
die die mehrfache Ausführung vorsieht. Da nicht wie beim Einsatz von Kontrollflußprimitiven die Möglichkeit besteht, Zyklen zu definieren, ist für die Wiederholung eine eigene Ausführungsanweisung notwendig. Darüber hinaus muß ein
Entwickler weitere Entwurfsentscheidungen treffen:

- **Umfang der implementierten Funktion.** Ausführungsanweisungen transformieren Zustandskonstellationen von Workflow-Instanzen nach zuvor definierten Regeln. Indem der Entwickler der Ausführungsanweisung diese Regeln
  festlegt, bestimmt er die Funktionsweise der Ausführungsanweisung. Da jede
  Regel einen Teil der gewünschten Workflow-Ausführung beschreibt, ändert
  sich die Funktionsweise der Ausführungsanweisung mit der Anzahl der Regeln.
  Je mehr Zustandskonstellationen durch das Regelwerk abgedeckt werden, desto
  mehr anwendungsspezifische Logik ist in der Ausführungsanweisung enthalten
  und wird nicht im Workflow-Typ beschrieben. Beispielsweise kann in der Ausführungsanweisung festgelegt sein, den Zustand failed im Ausführungsmodell
  einer Workflow-Instanz in einen Zustand isReady zu transformieren. Bei Anwendung dieser Regel erhält das Workflow-Management-System die Anweisung, nach einem Scheitern der Workflow-Ausführung (erkennbar am Zustand
  failed) für die Workflow-Instanz den Zustand isReady herzustellen, was gleichbedeutend mit einer erneuten Instanziierung des Workflows ist.

- **Breite des Einsatzgebiets.** Je mehr anwendungsspezifische Logik eine Ausführungsanweisung bereitstellt, desto weniger kann sie außerhalb dieser Anwendung eingesetzt werden. Beispielsweise ist eine Ausführungsanweisung VO-
  TUM(wf_1, wf_2, wf_3, pro, contra) denkbar, die Workflows wf_1 bis wf_3 gleichzeitig
  abstimmungsberechtigten Personen zuweist. Die Workflows können in zwei
  unterschiedlichen Zuständen terminieren. Wird nach Ende aller Workflows innerhalb der Ausführungsanweisung die Anzahl der aufgetretenen Zustände gezählt und von dieser Anzahl die Fortsetzung mit Workflow pro oder contra abhängig gemacht, realisiert diese Ausführungsanweisung ein Abstimmungsver-
  fahren zwischen drei Beteiligten. Der Entwickler von Ausführungsanweisungen
  muß entscheiden, in welchem Umfang er Ausführungsanweisungen für elementare Formen der Workflow-Ausführung anbietet und wo er diese Ausführungsformen zusammenfaßt und in einer einzigen Ausführungsanweisung kapselt. Ein Satz minimaler Ausführungsanweisungen begünstigt die Einsatzbreite
  der Workflow-Sprache, führt aber zu komplexen Ausdrücken, die zudem aufwendig in der Erstellung und Pflege sind. Zur Frage der Spezialisierung gehört
  die Entscheidung, wieviel Argumente eine Ausführungsanweisung hat. Bei
  Ausführungsanweisungen für sequentielle, alternative oder parallele Ausführung von Workflows bleibt die Funktion erhalten, wenn die Ausführungsfolge

zwischen mehr als zwei Workflows festgelegt wird. Hier gilt sinngemäß die Argumentation wie bei der Spezialisierung: Durch die Möglichkeit zur Schachtelung von Ausführungsanweisungen mit zwei Argumenten entstehen unübersichtliche Ausdrücke, auch wenn die Ausdrucksmächtigkeit zur Beschreibung der Workflow-Ausführung gleich bleibt.

- **Kontrolle über Zustandsübergänge.** Über die Vergabe von Transitionsbezeichnern werden in der Transition benannte Zustandsübergänge dem Anwender oder dem Workflow-Management-System zugeordnet. Sofern beides technisch zulässig ist, erlaubt die Zuordnung Einfluß auf die auszudrückende Funktionsweise der Ausführungsanweisung. Ordnet ein Entwickler beispielsweise den Zustandsübergang wf.isReady —o wf.isDisabled dem Anwender zu, drückt er damit aus, daß der Anwender erstens über die ausführbereite Workflow-Instanz informiert wird und zweitens die Möglichkeit bekommt, die Ausführung dieser Workflow-Instanz sicher auszuschließen. Das ist etwas anderes, als in der Ausführungsanweisung festzulegen, daß das Workflow-Management-System für den Übergang verantwortlich ist und der Anwender nichts bemerkt.

Nachdem das Ausführungsmodell für Workflow-Instanzen bereits festgelegt ist, sind damit alle Voraussetzungen zur Definition der Ausführungsanweisungen erfüllt. Es wird nochmals darauf hingewiesen, daß die Entwurfsentscheidungen nach Entwicklungsvorgaben und Anwendungsgebiet auch anders ausfallen können, entsprechend ändern sich damit auch die Ausführungsanweisungen.

5.3.2 Elementare Ausführungsformen

Die Ausführungsformen OPT und MULT legen fest, ob die Ausführung eines Workflows erfolgt oder nicht; wenn die Ausführung stattfindet, dann entweder nur einmal oder mehrfach.

OPT

Mit OPT(a) wird die Ausführung der Workflow-Instanz a als *Option* angeboten. Die Option gilt nur an dieser Stelle im Kontrollfluß und ist von einem generellen Angebot der Ausführung zu einem beliebigen Zeitpunkt zu unterscheiden. Abbildung 5.15 beschreibt ein OPT, bei dem das Workflow-Management-System über die Workflow-Ausführung entscheidet. Die Entscheidung kann beispielsweise auf einer zuvor durchgeführte Prüfung eines workflow-relevanten Datums basieren.

[W_skip_OPT]	**OPT**.isReady	—o **OPT**.isDone
[W_start_OPT]	**OPT**.isReady	—o **OPT**.isRunning * a.isReady
[W_finish_OPT]	**OPT**.isRunning * a.isDone	—o **OPT**.isDone
[A_exec_wf]	a.isReady	—o a.isDone

Abb. 5.15: OPT(a)

MULT

Neben der optionalen Ausführung eines Workflows ist die Mehrfachausführung eine weitere elementare Ausführungsform. MULT in Abb. 5.16 realisiert eine aufnehmende Schleife (REPEAT...UNTIL in prozeduralen Programmiersprachen).

[W_start_MULT]	**MULT**.isReady	—o	**MULT**.isRunning * a.isReady
[A_restart_MULT]	**MULT**.isRunning * a.isDone	—o	**MULT**.isRunning * a.isReady
[A_finish_MULT]	**MULT**.isRunning * a.isDone	—o	**MULT**.isDone
[A_exec_wf]	a.isReady	—o	a.isDone

Abb. 5.16: MULT(a)

Für die Beschreibung von MULT auf dieser Abstraktionsebene ist es zunächst unerheblich, wie das Ende der Schleife herbeigeführt wird. So wie MULT in Abb. 5.16 beschrieben wird, liegt die Entscheidung hier beim Anwender, was durch die Wahl zwischen den Transitionen [A_restart_MULT] und [A_finish_MULT] nachgebildet wird. Zu beachten ist weiterhin, daß bei der Realisierung von MULT in einem Workflow-Management-System nicht die gleiche Workflow-Instanz ausgeführt wird, sondern jedesmal ein neuer Workflow instanziiert und deinstanziiert wird. Für die Beschreibung von MULT ist die obige Vereinfachung zulässig.

5.3.3 Elementare Ausführungsfolgen

Elementare Ausführungsformen legen die Ausführung *eines* Workflows fest. Ausführungsanweisungen wie ALT, SEQ und PAR setzen Beziehungen zwischen mehreren Workflows fest.

ALT

ALT drückt den gegenseitigen Ausschluß von Workflows aus. Abbildung 5.17 zeigt dies für zwei Workflows, die Erweiterung auf mehrere Workflows ist klar.

[A_select_ALT_a]	**ALT**.isReady	—o	**ALT**.isRunning * a.isReady
[A_select_ALT_b]	**ALT**.isReady	—o	**ALT**.isRunning * b.isReady
[W_finish_ALT_a]	**ALT**.isRunning * a.isDone	—o	**ALT**.isDone
[W_finish_ALT_b]	**ALT**.isRunning * b.isDone	—o	**ALT**.isDone
[A_exec_c]	a.isReady	—o	a.isDone
[A_exec_b]	b.isReady	—o	b.isDone

Abb. 5.17: ALT(a, b)

Der Indeterminismus zwischen den Transitionen [A_select_ALT_a] und [A_select-_ALT_b] wird hier durch die Auswahl des Anwenders aufgelöst. Eine Entscheidung des Workflow-Management-Systems aufgrund einer zur Laufzeit auswertbaren Bedingung ist ebenso denkbar; für die resultierende Workflow-Ausführung ist das unerheblich.

Mit der Ausführungsanweisung ALT in der Kontrollflußdefinition ist unmißverständlich klar, daß eine Auswahl gefordert ist. Beim Einsatz von Kontrollflußprimitiven kann dies nur durch entsprechende Kantenbewertungen erreicht werden und ist dann nicht mehr sofort erkennbar.

SEQ

Eine Hintereinanderausführung zweier Workflows wird mit der Ausführungsanweisung SEQ erreicht (Abb. 5.18). Gemäß der Klassifikation aus Abschn. 5.2.2.2 realisiert SEQ eine Beziehung des S/S-Typs, da es die Zustände a.isDone und b.isReady in Zusammenhang bringt.

[W_start_SEQ]	SEQ.isReady	—o	SEQ.isRunning * a.isReady
[W_next_wf]	a.isDone	—o	b.isReady
[W_finish_SEQ]	SEQ.isRunning * b.isDone	—o	SEQ.isDone
[A_exec_a]	a.isReady	—o	a.isDone
[A_exec_b]	b.isReady	—o	b.isDone

Abb. 5.18: SEQ(a, b)

Zu erkennen ist weiterhin, daß diese Realisierung der sequentiellen Ausführung der zweiten Workflow-Instanz nur von der Beendigung des ersten Workflows abhängig macht und nicht beispielsweise von dessen Ergebnis. Ist hingegen die Ausführung des zweiten Workflows nur sinnvoll, wenn die erste Workflow-Instanz erfolgreich ist, reicht diese Realisierung der Sequenz nicht aus. Da nicht allgemeingültig beantwortet werden kann, wann eine Workflow-Ausführung „erfolgreich" ist, muß dies individuell definiert werden und dem Workflow-Management-System gegenüber dargestellt werden. Eine Möglichkeit dazu bietet ein Ausführungsmodell mit mehreren Endzuständen.

PAR

Die zeitlich überlappende Workflow-Ausführung mit PAR ist in Abb. 5.19 beschrieben. Die gezeigte Variante von PAR *erlaubt* die Parallelausführung, erzwingt bzw. garantiert sie jedoch nicht. Die gleichzeitige Bereitstellung ist sinnvoll, wenn die Workflows ohne gegenseitige Bezugnahme ausgeführt werden können und die nebenläufige Ausführung die Bearbeitungszeit verkürzen soll.

[W_start_PAR]	PAR.isReady	—o	PAR.isRunning * a.isReady * b.isReady
[W_finish_PAR]	PAR.isRunning * a.isDone * b.isDone	—o	PAR.isDone
[A_start_a]	a.isReady	—o	a.isRunning
[A_start_b]	b.isReady	—o	b.isRunning
[A_finish_a]	a.isRunning	—o	a.isDone
[A_finish_b]	b.isRunning	—o	b.isDone

Abb. 5.19: PAR(a, b)

Verlangt eine Anwendung hingegen die gleichzeitige Aktivität beider Workflows, ist die Nebenläufigkeit also nicht optional, erfüllt obiges PAR diese Anforderungen nicht. Die Bereitstellung mit Transition [W_start_PAR] garantiert nicht, daß die Ausführung zeitgleich beginnt. Analog synchronisiert Transition [W_finish_-PAR] nicht das Ende der Workflows, sondern verzögert nur die Fortsetzung des aufrufenden Workflows.

Die Formulierung der garantierten Parallelausführung setzt voraus, daß im Ausführungsmodell der Workflow-Instanzen mehr als nur die Zustände ready und done sichtbar sind, weil anderenfalls Ausführungsbereitschaft nicht von tatsächlicher Bearbeitung unterschieden werden kann. Die entsprechenden Zustandsübergänge müssen zudem auch kontrolliert werden, um eine Synchronisation der Ausführung zu gewährleisten (s. dazu Abschn. 5.3.5).

5.3.4 Deskriptive Serialisierung

Erfordert eine Anwendungssituation, daß bestimmte Workflows ausgeführt werden müssen, besteht jedoch keine Vorgabe für die Reihenfolge, kann dieser Freiheitsgrad auf zwei Wegen erreicht werden. Entweder werden sämtliche Möglichkeiten zulässiger Abfolgen explizit ausformuliert, oder die Ausführungsanweisung wird in die Lage versetzt, die dahinter stehende Anwendungslogik selbst zu realisieren. Beide Wege können aus Sicht der zulässigen Abfolgen von Workflow-Ausführungen gleich sein, ihre nichtfunktionalen Eigenschaften sind allerdings unterschiedlich (vgl. [Böhm96] und das Beispiel aus Abschn. 7.3.4.3).

ALL

ALL fordert die Ausführung von Workflows, gibt aber keine Reihenfolge vor. Die in Abb. 5.20 gezeigte Realisierungsvariante erreicht durch das nur einmal vorhandene Token Sync, daß die gleichzeitige Ausführung beider Workflows verhindert wird. Durch diese Zusatzeigenschaft des gegenseitigen Ausschlusses unterscheidet sich ALL von PAR, weil im letzteren eine parallele Ausführung zulässig ist.

[W_start_ALL]	**ALL**.isReady	—o **ALL**.isRunning * Sync * First * Second
[W_1_ALL_done]	a.isDone	—o **ALL**.FirstDone * Sync
[W_2_ALL_done]	b.isDone	—o **ALL**.SecondDone * Sync
[W_finish_ALL]	**ALL**.isRunning * Sync * **ALL**.FirstDone * **ALL**.SecondDone	—o **ALL**.isDone
[A_select_1]	First * Sync	—o a.isReady
[A_select_2]	Second * Sync	—o b.isReady
[A_exec_a]	a.isReady	—o a.isDone
[A_exec_b]	b.isReady	—o b.isDone

Abb. 5.20: ALL(a, b)

DELAY

Mit der Ausführungsanweisung DELAY (nach [Jabl94]) werden genau zwei Workflows so in Beziehung gesetzt, daß die Ausführung eines Workflows bis zum Ende oder der garantierten Nichtausführung des anderen Workflows ausgesetzt („verzögert") wird. Am Beispiel von DELAY(b, c) bedeutet das: Workflow c kann nur ausgeführt werden, wenn b bereits ausgeführt und beendet ist oder die Nichtausführung von b garantiert ist. Keiner der beiden Workflows muß ausgeführt werden, das Ergebnis von DELAY kann auch „keine" Ausführung sein.

Zur Realisierung von DELAY gibt es unterschiedlicher Möglichkeiten, eine davon zeigt Abb. 5.21. Dem Anwender wird die Ausführung von Workflow b angeboten. Workflow b ist der „verzögernde" Workflow, dessen Ende oder Nichtausführung die Voraussetzung für das Angebot des „verzögerten" Workflows c ist.

[W_start_DELAY]	**DELAY**.isReady	—o **DELAY**.isRunning * b.isReady
[W_finish_DELAY_c]	**DELAY**.isRunning * c.isDone	—o **DELAY**.isDone
[W_finish_DELAY]	**DELAY**.isRunning * c.isDisabled	—o **DELAY**.isDone
[W_c_without_b]	b.isDisabled	—o c.isReady
[W_c_after_b]	b.isDone	—o c.isReady
[A_disable_b]	b.isReady	—o b.isDisabled
[A_start_b]	b.isReady	—o b.isRunning
[A_finish_b]	b.isRunning	—o b.isDone
[A_start_c]	c.isReady	—o c.isRunning
[A_finish_c]	c.isRunning	—o c.isDone
[A_disable_c]	c.isReady	—o c.isDisabled

Abb. 5.21: DELAY(b, c)

Die Realisierung in Abb. 5.21 unterscheidet sich von der in [Jabl94] in einem Punkt: Workflow c wird hier erst instanziiert und ist erst dann für den Anwender sichtbar, wenn über die Ausführung des Workflows bereits entschieden ist. Die Realisierung in [Jabl94] deutet darauf hin, daß Workflow c zu Beginn der Ausführung von DELAY instanziiert wird, sich aber unmittelbar danach im Zustand disabled befindet. Die Menge der zulässigen Workflow-Ausführungen ist trotz unterschiedlicher Realisierung in beiden Varianten von DELAY gleich.

SER

SER bietet Workflows zur seriellen Ausführung an. Im Gegensatz zu SEQ ist die Ausführung jedes einzelnen Workflows hinsichtlich der Anzahl nicht eingeschränkt, Mehrfachausführungen sind also zulässig. Abbildung 5.22 zeigt die Realisierung der SER für zwei Workflows.

[W_start_SER]	SER.isReady	—o	SER.isRunning * a.isReady
[A_new_a]	a.isDone	—o	a.isReady
[A_next]	a.isDone	—o	b.isReady
[A_new_b]	b.isDone	—o	b.isReady
[A_finish_SER]	SER.isRunning * b.isDone	—o	SER.isDone
[A_exec_a]	a.isReady	—o	a.isDone
[A_exec_b]	b.isReady	—o	b.isDone

Abb. 5.22: SER(a, b)

SER beschreibt eine Workflow-Ausführung, die auch durch SEQ(MULT(a), MULT(b)) erreicht werden kann. Die Ersetzung von Ausführungsanweisungen oder ganzen Teilausdrücken unter Erhalt der Ausführungsfolge der Workflows wird in Abschn. 7.3.4.3 behandelt.

5.3.5 Präskriptive Parallelausführung

PAR ließ offen, in welcher Form die Parallelausführung der Workflows stattfindet. Jede Form zeitlicher Überlappung und sogar die Hintereinanderausführung ist zulässig. Nach der Unterscheidung in [Jabl94] liegt damit eine *deskriptive* Beschreibung vor, weil nur die Tatsache der Parallelausführung gefordert wird, aber keine Anweisung existiert, wie diese im einzelnen aussehen muß. Dieser Art der Parallelausführung werden hier *präskriptive* Varianten gegenübergestellt, bei denen die Form der Parallelausführung exakt vorgegeben ist. Die Allen-Intervallbeziehungen [Alle83] illustrieren dabei unterschiedliche Formen der Parallelausführung, die in [Böhm96] zur Einführung neuer Ausführungsanweisungen dienen. Das Intervall repräsentiert die Dauer der Workflow-Ausführung, wobei es bei den

Allen-Intervallbeziehungen nicht auf das Längenverhältnis ankommt, sondern auf die Lage der Intervalle zueinander. Des weiteren werden nur Beispiele behandelt, in denen das Ausführungsergebnis eines Workflows keinen Einfluß auf die Ausführung des anderen Workflows hat.

ENF_OVERLAPS

Die Allen-Intervallbeziehung *overlaps* besagt, daß es zwischen den Intervallen eine Überlappung gibt. Daraus folgt ENF_OVERLAPS(a, b), als EO abgekürzt. Workflow-Instanz a wird zunächst unabhängig von Workflow-Instanz b zur Ausführung angeboten (Abb. 5.23).

[1]	**EO**.ready	—o	**EO**.isRunning * a.isReady
[2]	a.isReady	—o	a.isRunning * b.isReady
[3]	a.isRunning * b.isReady	—o	a.isRunning * b.isRunning
[4]	a.isRunning * b.isRunning	—o	a.isDone * b.isRunning
[5]	a.isDone * b.isRunning	—o	a.isDone * b.isDone
[6]	**EO**.running * a.isDone * b.isDone	—o	**EO**.isDone

Abb. 5.23: ENF_OVERLAPS(a, b)

Abb. 5.24: Intervalldarstellung der Workflow-Ausführung durch ENF_OVERLAPS(a, b)

Nach dem Start von a ist die Beendigung nur möglich, wenn b im Zustand running ist. Die Ausführung von b kann nur nach a beendet werden. Das Präfix OPT_ in der Bezeichnung der Ausführungsanweisung drückt aus, daß die Überlappung der Ausführungszeit beider Workflow-Instanzen erzwungen (*enforced*) wird.

Die von ENF_OVERLAPS erbrachte Leistung kann auf zwei Arten interpretiert werden. Übernehmen die Workflows a und b Überwachungsaufgaben, so ist mittels ENF_OVERLAPS garantiert, daß der Wechsel der Überwachung zwischen den Workflows unterbrechungsfrei erfolgt. Die andere Interpretation stellt die Phase der gemeinsamen Ausführung in den Vordergrund und schafft so die Voraussetzung, daß beide Workflows gemeinsam eine Operation ausführen, die eine Instanz allein nicht erbringen kann oder nicht ausführen darf.

OPT_DURING

Die Intervallbeziehung *during* stellt eine Steigerung von *overlaps* dar, da hier die vollständige Inklusion eines Intervalls gefordert ist. OPT_DURING(a, b), als OD abgekürzt, lehnt sich daran an, zeigt aber ein qualifizierteres Verhalten: Nur *wenn* b ausgeführt wird, *dann* muß es in dieser Form geschehen. Wird während der Ausführung a die Workflow-Instanz b gar nicht gestartet, tritt diese Restriktion nicht in Kraft (Abb. 5.25), daher auch das Präfix OPT_ (*optional*) in der Bezeichnung der Ausführungsanweisung.

[W_start_OD]	**OPT_DURING**.isReady	—o	**OPT_DURING**.isRunning * a.isReady * b.isReady
[W_finish_OD_ab]	**OPT_DURING**.isRunning * a.isDone * b.isReady	—o	**OPT_DURING**.isDone
[W_finish_OD_a]	**OPT_DURING**.isRunning * b.isReady * Sync	—o	**OPT_DURING**.isDone
[A_start_a]	a.isReady	—o	a.isRunning * Sync
[A_finish_a]	a.isRunning * Sync	—o	a.isDone
[A_start_b]	b.isReady * Sync	—o	b.isRunning
[A_finish_b]	b.isRunning	—o	a.isRunning * Sync

Abb. 5.25: OPT_DURING(a, b)

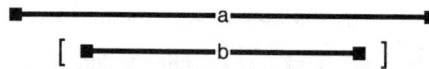

Abb. 5.26: Intervalldarstellung der Workflow-Ausführung durch OPT_DURING(a, b)

ENF_ENDS

ENF_ENDS(a, b) erlaubt den beiden Workflows a und b einen voneinander unabhängigen Start, setzt jedoch das Ende ihrer Ausführung in Beziehung. Das Ende eines jeden Workflows ist erst dann möglich, wenn auch der jeweils andere beendet werden kann.

Die Auswirkung von ENF_ENDS ist von einer üblichen Zusammenführung mehrerer Workflows zu unterscheiden, da bei solchen externen Synchronisationspunkten lediglich die Fortsetzung nach dem unabhängigen Ende beider Workflows erreicht wird. Allerdings ist für die Realisierung dieser Ausführungsanweisung eine Erweiterung der Ausführungsmodelle der Workflows um den Zustand term_ready notwendig (Abb. 5.27).

[1]	**EE**.isReady	—o	**EE**.isRunning * a.isReady * b.isReady
[2]	**EE**.isRunning * a.isReady	—o	**EE**.isRunning * a.isRunning
[3]	**EE**.isRunning * b.isReady	—o	**EE**.isRunning * b.isRunning
[4]	**EE**.isRunning * a.isRunning	—o	**EE**.isRunning * a.isTermReady
[5]	**EE**.isRunning * b.isRunning	—o	**EE**.isRunning * b.isTermReady
[6]	**EE**.isRunning * a.isTermReady * b.isTermReady	—o	**EE**.isRunning * a.isDone * b.isDone
[7]	**EE**.isRunning * a.isDone * b.isDone	—o	**EE**.isDone

Abb. 5.27: ENF_ENDS(a, b)

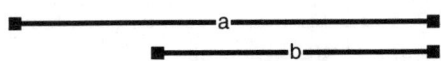

Abb. 5.28: Intervalldarstellung der Workflow-Ausführung durch ENF_ENDS(a, b)

ENF_SWITCH

ENF_SWITCH(a, b) schreibt einen zweifachen Wechsel zwischen beiden Workflows vor. Sobald Workflow-Instanz a durch Unterbrechung nicht weiter ausgeführt wird, kann Workflow-Instanz b ausgeführt werden. Das Ende von Workflow-Instanz b hebt die Unterbrechung von Workflow-Instanz a auf und führt
diese weiter aus (Abb. 5.29).

[1]	**ES**.isReady	—o	**ES**.isRunning * a.isReady
[2]	a.isReady	—o	a.isRunning * b.isReady
[3]	a.isRunning * b.isReady	—o	a.isPaused * b.isRunning
[4]	a.isPaused * b.isRunning	—o	a.isRunning * b.isDone
[5]	a.isRunning * b.isDone	—o	a.isDone * b.isDone
[6]	**ES**.isRunning * a.isDone * b.isDone	—o	**ES**.isDone

Abb. 5.29: ENF_SWITCH(a, b)

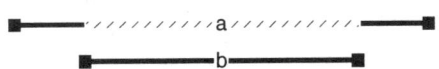

Abb. 5.30: Intervalldarstellung der Workflow-Ausführung durch ENF_SWITCH(a, b)

Die Liste mit Ausführungsanweisungen kann beliebig fortgesetzt werden. Beispielsweise sind Ausführungsanweisungen mit höherer Stelligkeit denkbar (z.B.
SEQ(a, b, c, d)) oder auch Ausführungsanweisungen, die unterschiedliche Ter-
minierungszustände in den Ausführungsmodellen der Workflow-Instanzen reagieren. Für die meisten Anwendungsfälle reichen die hier vorgestellten Ausführungsanweisungen vollständig aus, zumal Abschn. 5.2 ein Verfahren vorgestellt hat, mit
dem jederzeit weitere Ausführungsanweisungen definiert werden können.

5.3.6 Zusammenstellung ausgewählter Ausführungsanweisungen

Tabelle 5.2 faßt die vorgestellten Ausführungsanweisungen noch einmal zusammen und gibt auch Beispiele für weitere Ausführungsanweisungen (z.B. GEN-
PAR), die hier nicht näher erläutert werden. Je nach Anwendungssituation sind
eine Vielzahl weiterer Ausführungsanweisungen sinnvoll.

Ausführungsanweisung	Beschreibung
ALL(a, b, ...)	Alle Workflows müssen ausgeführt werden, jedoch ist die Reihenfolge dieser Ausführungen nicht fest-gelegt.
ALT(a, b, ...)	Von allen Workflows wird genau einer ausgeführt; nach dessen Ende erfolgt die Fortsetzung.
ANYOF(a, b, ...)	Die Workflows können in der vorgegebenen Rei-henfolge entweder ausgeführt oder übergangen werden.
DELAY(a, b)	Workflow b wird erst zur Ausführung angeboten, wenn Workflow a entweder beendet ist oder garan-tiert nicht mehr ausgeführt wird.
EMPTY()	Die Ausführungsanweisung dient als Platzhalter, wenn eine von mehreren Alternativen die Ausfüh-rung keines Workflows ist.
ENF_ENDS(a, b)	Workflow a und b starten unabhängig voneinander, ihr Ende wird durch Warten in einem Zusatzzu-stand synchronisiert.
ENF_OVERLAPS(a, b)	Nach Beginn von Workflow a wird Workflow b gestartet, der aber erst beendet werden kann, wenn a bereits beendet ist.

Tabelle 5.2: Zusammenstellung ausgewählter Ausführungsanweisungen

Ausführungsanweisung	Beschreibung
ENF_SWITCH(a, b)	Nach Beginn von Workflow a findet ein Wechsel zu Workflow b statt; nach dessen Ende Workflow a fortgesetzt wird.
EXIST(b, c)	Aus der Ausführung von Workflow b folgt, daß auch Workflow c ausgeführt werden muß, jedoch nicht umgekehrt.
GENPAR(a, b, ...)	Die Workflows dürfen sowohl zeitlich überlappend als auch in beliebiger Reihenfolge sequentiell ausgeführt werden.
LIMIT(b, c)	Workflow b darf nicht mehr ausgeführt werden, wenn c gestartet wurde.
MULT(a)	Der in der Workflow-Instanzvariablen benannte Workflow-Typ darf beliebig oft instanziiert werden
NINSEQ(a, b, ..., m)	Die mit m bezeichnete Anzahl der genannten Workflows darf sequentiell (ohne Vorgabe einer Reihenfolge) ausgeführt werden.
NINPAR(a, b, ... z, m)	Die mit m bezeichnete Anzahl der genannten Workflows darf zeitlich überlappend ausgeführt werden.
OPT(a)	Der Workflow kann entweder genau einmal ausgeführt oder übergangen werden.
OPT_DURING(a, b)	Während der Ausführungszeit von Workflow a kann Workflow b ausgeführt werden, muß dann aber wieder vor a beendet werden.
PAR(a, b, ...)	Alle Workflows werden gleichzeitig zur Ausführung bereitgestellt und die Fortsetzung bis zum Ende aller Workflows verzögert.
SEQ(a, b, ...)	Die Workflows werden in dieser Reihenfolge ohne Wiederholung oder Auslassung hintereinander ausgeführt.
SER(a, b, ...)	Die Workflows können, in der vorgegebenen Reihenfolge, jeder für sich mehrfach ausgeführt oder übergangen werden.

Tabelle 5.2: Zusammenstellung ausgewählter Ausführungsanweisungen (Fortsetzung)

5.4 Vervollständigung der Workflow-Typ-Konfiguration

Im nächsten Schritt des Konstruktionsverfahrens fügt der Entwickler Ausführungsanweisungen zur Festlegung des verhaltensbezogenen Aspekts in die Workflow-
Typ-Konfiguration ein. Die Auswahl der Ausführungsanweisungen stützt sich auf
folgende Informationen:

- Beziehungstypen zwischen den Aufgabentypen (Aggregation/Generalisierung)
- Aussagen des Anwenders über bevorzugte/zweckdienliche Ausführungsfolgen
- in den Aufgabentypbezeichnern implizit enthaltene Reihenfolgebeziehungen
- Geschäftsprozeßübergreifende Richtlinien zur Erledigung von Aufgaben

Da in dieser Phase der Workflow-Typ-Konstruktion keine Entscheidung für ein bestimmtes Workflow-Management-System getroffen wird, kann der Entwickler auf
das volle Repertoire der Ausführungsanweisungen zurückgreifen. Muß eine sehr
anwendungsspezifische Ausführungsfolge realisiert werden, hat Abschn. 5.2 gezeigt, wie neue Ausführungsanweisungen definiert werden können.

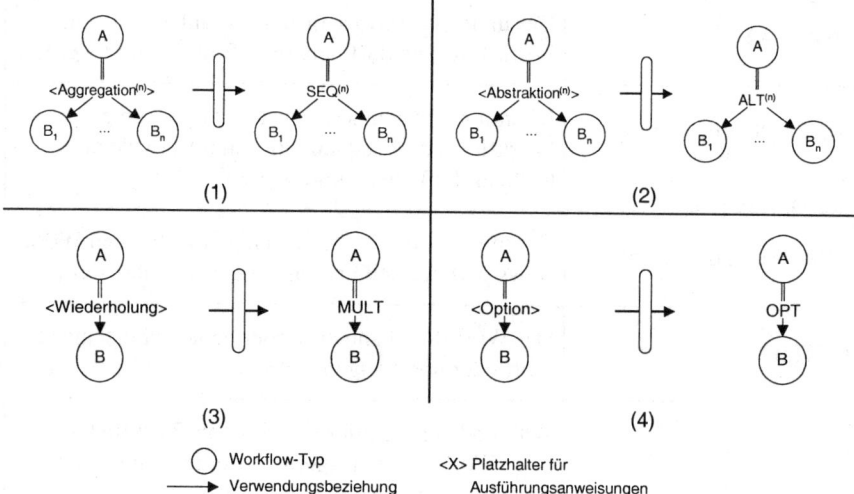

Abb. 5.31: Festlegung des Verhaltensaspekts durch Ausführungsanweisungen

Abbildung 5.31 zeigt, wie die Beziehungstypen „Aggregation", „Abstraktion",
„Wiederholung" und „Option" durch die entsprechenden Ausführungsanweisungen SEQ, ALT, OPT und MULT ersetzt werden können, deren Semantik in Abschn.
5.3 formal definiert wird. Abbildung 5.32 stellt eine Aufgabentypstruktur, Abb.
5.33 die zugehörige Workflow-Typ-Konfiguration dar. Da die Aufgabentypstruktur
vollständig markiert ist, enthält die Workflow-Typ-Konfiguration für jeden Aufgabentyp einen Workflow-Typ gleicher Bezeichnung. Die zusätzlichen Anmer-
kungen in der Aufgabentypstruktur symbolisieren die Situation, daß nicht alle ausführungsrelevanten Informationen in der Aufgabentypstruktur enthalten sind.

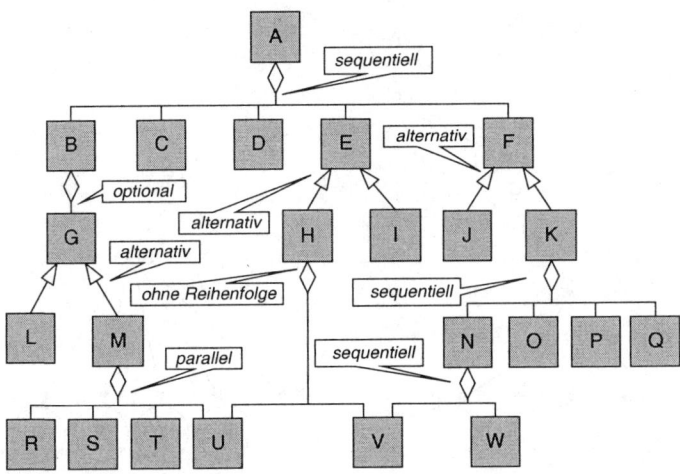

Abb. 5.32: Aufgabentypstruktur

Bei kompositen Aufgabentypen muß für jeden Einzelfall entschieden werden, ob die aus den Komponenten abgeleiteten Workflow-Typen sequentiell (wie bei Workflow-Typ A) oder nebenläufig (wie bei Workflow-Typ M) ausgeführt werden sollen. Bei Aufgabentypen mit zwei oder mehr Spezialfällen wird die Generalisierungsbeziehung i.allg. durch eine Ausführungsanweisung zur alternativen Ausführung der zugehörigen Subworkflows ersetzt.

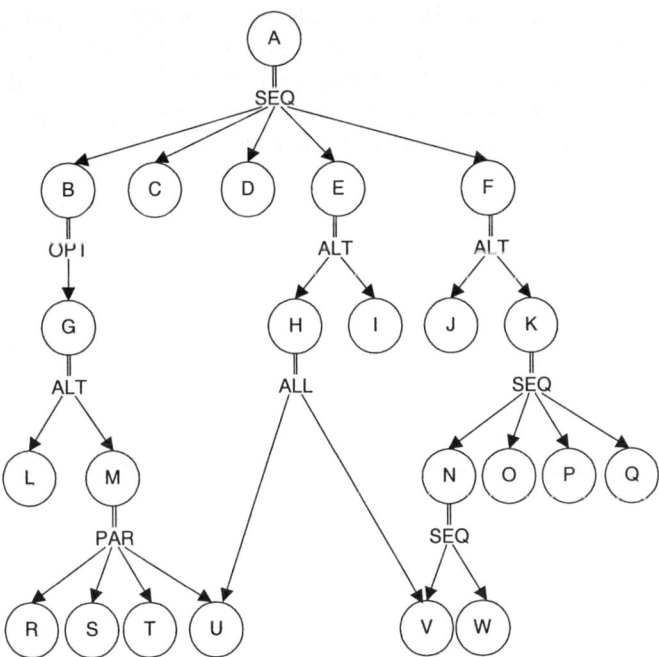

Abb. 5.33: Workflow-Typ-Konfiguration mit Ausführungsanweisungen

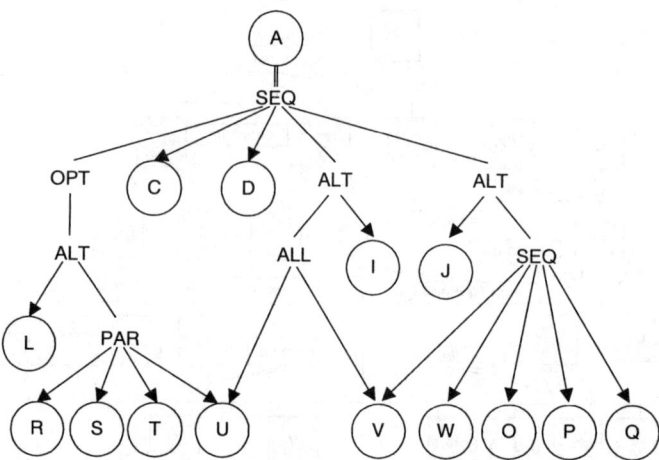

Abb. 5.34: Vereinfachte Workflow-Typ-Konfiguration

Das Ergebnis dieses Konstruktionsschritts ist eine Workflow-Typ-Konfiguration, in der die Verwendungsbeziehungen zwischen den Workflow-Typen präzise festgelegt sind. Offen bleibt, wie die zusammenhängende Workflow-Typ-Konfiguration in Workflow-Typen aufgeteilt wird. Insbesondere Workflow-Typen, die weder Toplevel-Workflow-Typen noch elementare Workflow-Typen sind, können entfernt werden. Das Ergebnis ist die Workflow-Typ-Konfiguration in Abb. 5.34.

Über die Zulässigkeit dieser Vereinfachung entscheidet u.a., ob die entfernten Workflow-Typen B, E, F, G, H, K, M und N nicht von anderen Workflow-Typen außerhalb dieser Workflow-Typ-Konfiguration ebenfalls verwendet werden. In diesem Fall wäre die gezeigte Vereinfachung nicht zulässig. Verwendungsbeziehung und weitere nichtfunktionale Eigenschaften bestimmen daher über die Zerlegung der Workflow-Typ-Konfiguration (s. dazu Abschn. 7.2.2).

6 Entwurf des operationsbezogenen Aspekts

Die Unterstützungsleistung eines Workflow-Management-Systems besteht auch in der Bereitstellung von Applikationen, mit denen die Anwender die ihnen zugewiesenen Aufgaben bearbeiten oder automatisierbare Aufgaben ohne Zutun der Anwender realisiert werden. Zu diesen externen Applikationen gehören beispielsweise die konventionell programmierten Anwendungssysteme und Kommandoprozeduren (Shellscripts), die schon vor Einführung eines Workflow-Management-Systems in Gebrauch waren („Legacy Systems", s. [Brod96]). Hohe Investitionen in ihre Entwicklung und Wartung sowie die meist große Zuverlässigkeit, Sicherheit und Verfügbarkeit zwingen dazu, diese Applikationen weiterhin zu nutzen. Abgesehen davon widerspricht es dem Paradigma des Workflow-Managements, in vorhandenen Applikationen bereits realisierte Funktionen nachzubilden.

Dieses Kapitel betrachtet unter dem *operationsbezogenen* Aspekt die Einbindung externer Applikationen in die Workflow-Management-Anwendung. Unter den Begriff „Applikationsintegration" fallen sowohl das Konzept, existierende Anwendungsprogramme zusammen mit einem Workflow-Management-System zu nutzen, als auch die dazu notwendige technische Umsetzung. Letztere gehört in die Implementierungsphase einer Workflow-Management-Anwendung und ist kein Gegenstand dieses Buchs (s. [Hein97, S. 366ff., Jabl96a, S. 147ff., Schu97b]). Vielmehr zeigt dieses Kapitel, wie ein Entwickler die Integration externer Applikationen bereits beim Workflow-Typ-Entwurf vorbereiten kann.

Abschnitt 6.1 gibt eine Übersicht zu den Entwurfsentscheidungen, die bei der Workflow-Typ-Entwicklung in Hinblick auf die Integration externer Applikationen zu treffen sind. Angesprochen werden u.a. die Modalitäten der Applikationsbereitstellung, die Kontrolle von Einsatz und Verwendung einer Applikation, die Datenversorgung der Applikationen und schließlich die Art und Weise, wie ein Workflow-Management-System auf Rückgabewerte der aufgerufenen Applikation reagiert. Ziel des Abschnitts ist es, wichtige Einflußfaktoren der Applikationsintegration zu benennen, vollständig ist die Aufzählung der Faktoren nicht.

Abschnitt 6.2 geht zu den Konzepten über, die Workflow-Management-Systeme zur Integration externer Applikationen bieten. Die Behandlung dieser Integrationsformen erfolgt in Hinblick auf die Workflow-Typ-Konstruktion und deshalb ohne technische Details. Mit verschiedenen Ebenen zur Positionierung der Kontrollflußüberwachung gibt Abschn. 6.3 einem Entwickler ein weiteres Gestaltungsmittel bei der Applikationsintegration in die Hand. Abschnitt 6.4 liefert die notwendigen Beschreibungsmittel, die ein Entwickler benötigt, um in der Workflow-Typ-Konfiguration die Entscheidungen zur Integration der Applikationen festzuhalten. Abschnitt 6.5 stellt Beispiele für verwendungsspezifische Formen der Applikationsintegration vor.

6.1 Integration externer Applikationen in die Workflow-Ausführung

Bevor implementierungstechnische Probleme (Aufrufmechanismen, Parameterübergabe, Synchronisation, Fehlerbehandlung) gelöst werden können, muß ein Entwickler die Applikationsintegration konzeptionell vorbereiten. Zu diesem Zweck arbeiten die folgenden Abschnitte Zusammenhänge zwischen Workflow-Management-System, externen Applikationen und dem Anwender heraus. Damit wird deutlich, was alles zur Applikationsintegration gehört und welche Punkte ein Entwickler bei der Workflow-Typ-Konstruktion berücksichtigen muß.

6.1.1 Modalitäten der Applikationsbereitstellung

Damit sich die Workflow-Management-Anwendung auf die Leistungen der vorhandenen Applikationen stützen kann, muß zum Ausführungszeitpunkt der Workflow-Instanzen ein Aufruf dieser Applikationen angeboten oder automatisch durchgeführt werden. Für den Workflow-Typ-Entwickler bedeutet das für jede einzelne Applikation die Klärung der folgenden Punkte:

• **Form der Bereitstellung.** Im einfachsten Fall wird ein Anwender über die Namen der einzusetzenden Applikation informiert, ergänzt um Angaben zu Rechnerknoten, Aufrufparametern, Bedienung und Rückgabewerten der Applikation. Diese Bereitstellungsform kann durch den Start einer Terminal-Emulation oder die automatische Ausführung von Login-Scripts flankiert werden. Vor dem Hintergrund reiner PC-Netzwerke mag diese Form der Applikationsintegration antiquiert wirken. In heterogenen Rechnerumgebung großer Unternehmen ist die Benennung der einzusetzenden Applikation bereits eine große Hilfe.

• **Zeitpunkt und Dauer der Bereitstellung.** Ist die Applikation genau einem Aufgabentyp im Geschäftsprozeß zugeordnet, folgt der Zeitpunkt ihrer Bereitstellung aus der Position des zugehörigen Workflow-Typs in der Kontrollflußdefinition. Werden verschiedene Funktionen der gleichen Applikation in mehreren Aufgabentypen benötigt, ist es nicht sinnvoll, die gesamte Prozedur aus Applikationsstart, Anmeldung, Funktionsauswahl (ggf. über viele Stufen einen Menüs) und Abmeldung jedesmal zu wiederholen. Statt dessen kann eine Bereitstellungsdauer über den gesamten Zeitraum erwogen werden, in der die Workflow-Instanz des Workflow-Typs aktiv ist.

• **Spezifität der bereitzustellenden Applikation.** Je nach Aufgabentyp ist genau eine bestimmte Applikation notwendig, eine beliebige Applikation aus einer Gruppe funktionsgleicher Applikationen, oder die Applikation kann überhaupt nicht a priori festgelegt werden. Letzteres tritt beispielsweise im Scientific-Workflow-Management auf. Dort können sich die notwendigen Applikationen ganz kurzfristig aus zuvor erhobenen Meßdaten und Experimentverläufen ergeben. Allgemein gilt, daß Aufgabentypen mit klar definiertem Resultat die Wahl der Applikation eher zulassen als Aufgabentypen, bei denen die Applikation eine situationsabhängige Assistenzfunktion hat.

• **Entscheidung über die Applikationsauswahl.** Ist ein Aufgabentyp auf keine spezielle Applikation angewiesen, muß aus den potentiell zulässigen Applikationen nach bestimmten Kriterien (Verfügbarkeit, Performance, Kosten etc.) eine Auswahl getroffen werden. Das Workflow-Management-System kann die Auswahl nur leisten, wenn die Auswahlkriterien formalisiert sind, beispielsweise wenn aus dem Format von aufgabentyprelevanten Eingabedaten das passende Bearbeitungswerkzeug ableitbar ist.

Abschnitt 7.4 leitet aus diesen Punkten Entscheidungen für Workflow-Typen her, um eine aufgaben- und ablaufgerechte Applikationsbereitstellung sicherzustellen.

6.1.2 Kontrolle von Einsatz und Verwendung einer Applikation

Sind die Modalitäten der Applikationsbereitstellung geklärt, muß ein Entwickler als nächstes untersuchen, ob und wie der Einsatz einer Applikation reglementiert werden muß:

• **Zwang zur Verwendung.** Zu unterscheiden sind das Angebot einer Applikation und die Verpflichtung zum Einsatz einer Applikation, sofern es sich nicht ohnehin um eine vollständig automatisierte Aufgabe ohne Beteiligung eines Anwenders handelt.

• **Kontrolle über den Einsatz.** Die Nutzung einer bislang eigenständigen Applikation zusammen mit einem Workflow-Management-System kann erfordern, den Zugang eines Anwenders zu dieser Applikation zu kontrollieren oder in bestimmten Phasen der Workflow-Ausführung sogar zu unterbinden. Nur so wird garantiert, daß ein Anwender beispielsweise in Unkenntnis einer automatisch initiierten Applikationsausführung Veränderungen an workflow-relevanten Produktionsdaten vornimmt.

• **Gebrauch einer Applikation.** Schwieriger als die generelle Verhinderung des Applikationseinsatzes außerhalb einer Workflow-Management-Anwendung ist die Kontrolle eines Anwenders innerhalb dieser Applikation. Nicht alle Applikationen bieten die Möglichkeit, von außen einzelne Funktionen zu sperren, um damit zu verhindern, daß ein Anwender andere als für die Aufgabenbearbeitung erforderliche Funktionen ausführt. Ein Workflow-Management-System kann nicht davon ausgehen, daß während der Applikationsnutzung keine Veränderungen an den Produktionsdaten stattfinden, die in der Workflow-Ausführung zur Kontrollflußbestimmung herangezogen werden und im Falle unkontrollierter Änderungen zu Inkonsistenzen führen.

Im allgemeinen erfolgt die Kontrolle von Applikationen nur vom Betriebssystem durch die Vergabe von Rechten, nicht vom Workflow-Management-System selbst. Eine andere Situation liegt vor, wenn das Funktionsangebot einer Applikation durch parametrisierte Aufrufe oder durch externe Konfigurationsdateien festgelegt wird. Hat das Workflow-Management-System darauf Zugriff, sind benutzerspezifische Aufrufumgebungen für die Applikationen denkbar, die ein höheres Maß an Kontrolle und Steuerung des Funktionsangebots erlauben.

6.1.3 Datenversorgung externer Applikationen

Die Erzeugung, Verwaltung und Nutzung unternehmensspezifischer Daten ist auch nach Einführung eines Workflow-Management-Systems alleinige Aufgabe der externen Applikationen. Im Zusammenhang mit Workflow-Management-Anwendungen werden diese Daten als *Produktionsdaten* bezeichnet, im Gegensatz zu den *workflow-relevanten Daten*, die nur vom Workflow-Management-System selbst benötigt werden [Jabl96a, S. 137ff.]. Da der datenflußbezogene Aspekt hier nicht behandelt wird, sind auch die Produktionsdaten nur unter der Frage relevant, ob und wie sie die Integration der externen Applikationen beeinflussen. Zu berücksichtigen sind dabei die folgenden Punkte:

- **Blockierung der Applikation.** Die Beendigung eines Workflows ist i.allg. an die Fertigstellung der zu unterstützenden Aufgabe gebunden, die ihrerseits wiederum von der Beendigung der eingesetzten Applikation abhängt. Durch diesen Zusammenhang kann die Fortsetzung des gesamten Workflows von der Verfügbarkeit dieser Produktionsdaten abhängen. In diesem Fall muß ein Workflow-Typ-Entwickler beispielsweise die Kontrollflußdefinition so gestalten, daß ein Anwender bis zum Zugriff auf die Produktionsdaten andere Aufgaben erledigen kann und nicht unnötig blockiert wird. Eine andere Lösung besteht darin, die Applikation *unabhängig* vom Kontrollfluß zu starten, um eine spätere Verfügbarkeit der Daten zur Fertigstellung der Aufgabe zu nutzen.

- **Auswahl der geeigneten Applikation.** Die Bereitstellung einer Applikation durch das Workflow-Management-System setzt voraus, daß die zu bearbeitenden Daten bekannt sind oder sich zur Laufzeit ableiten lassen. Dateinamen können Anhaltspunkte für die geeignete Applikation liefern. Damit ist entweder eine automatische Erkennung durch das Workflow-Management-System möglich, oder ein Entwickler muß den Workflow-Typ so gestalten, daß die Auswahl der geeigneten Applikation vom Anwender getroffen wird.

- **Bearbeitungszustandsabhängige Bereitstellung.** Bei Aufgabentypen, die sich in einem Bearbeitungsschritt erfüllen lassen, kann die einzusetzende Applikation direkt aus dem zugehörigen Workflow-Typ heraus angeboten werden. Bedeutet das Ende des Subworkflows keine abschließende Bearbeitung der Aufgabe, muß ein Anwender die Möglichkeit bekommen, zu jedem späteren Zeitpunkt die Aufgabenbearbeitung erneut aufnehmen zu können. Dementsprechend muß auch die zugehörige Applikation jederzeit angeboten werden und darf nicht an einen einzigen Workflow-Typ gebunden sein.

Auch diese Punkte geben einem Entwickler Hinweise darauf, welche Form der Applikationsintegration jeweils zu wählen ist.

6.1.4 Interaktion von Applikationsende und Workflow-Ausführung

Applikationsintegration bedeutet nicht nur, daß aus der Ausführung einer Workflow-Instanz heraus eine externe Applikation direkt aufgerufen oder zumindest dem Anwender bereitgestellt wird. Zur Integration gehört es auch, daß ein Workflow-Management-System auf Rückgabewerte oder Fehlermeldungen der Applikation korrekt reagiert. Um die Zusammenhänge zwischen dem Ausführungsergebnis einer externen Applikation und der Fortsetzung der Workflow-Ausführung zu klären, sind folgende Punkte zu beachten:

- **Auslöser einer Reaktion.** Das Ende der Applikationsausführung wird bei synchronem Aufruf automatisch erkannt, anderenfalls teilt es der Anwender dem Workflow-Management-System explizit mit. Rückgabewerte des Applikationsaufrufs signalisieren eine fehlerhafte, erfolglose oder unvollständige Ausführung. Allerdings garantiert ein korrektes Applikationsende keine erfolgreiche Aufgabenbearbeitung, da auch eine fehlerfreie Applikationsausführung Ergebnisse liefern kann, die eine weitere Workflow-Ausführung verbieten. Auch der umgekehrte Fall kommt vor: Eine Fehlermeldung der Applikation muß nicht bedeuten, daß die durchgeführte Aufgabe nicht korrekt bearbeitet wurde und der Workflow nicht fortgesetzt werden könnte.

- **Wiederholung des Applikationseinsatzes.** Scheitert die Ausführung einer automatisch gestarteten Applikation aus transienten Gründen (z.B. kein Zugriff auf die Daten, Ausfall des Rechnerknotens, Netzwerkprobleme), kann die erneute Applikationsausführung ohne weitere Rückfrage sinnvoll sein. Ergibt jedoch eine nach Applikationsausführung vorgenommene Überprüfung der Daten beispielsweise eine Integritätsverletzung, ist dies nicht mehr ohne Eingriff des Anwenders bzw. des Administrators zu beheben. Der Entwickler muß daher für jeden Einzelfall prüfen, ob eine Applikation mehrfach aufgerufen werden darf, bevor die Workflow-Ausführung fortgesetzt wird.

- **Zeitpunkt für eine Reaktion.** Beim synchronen Aufruf einer externen Applikation kann ein Workflow-Management-System unmittelbar nach Applikationsende auf eventuelle Rückgabewerte reagieren. Soll insbesondere bei langlaufenden Applikationen eine Entkopplung von Applikationsausführung und Workflow-Ausführung stattfinden, muß ein Entwickler zusätzliche Workflow-Typen vorsehen, die zu einem späteren Zeitpunkt die Rückgabewerte erwarten und entsprechende Reaktionen auslösen.

- **Umfang der Reaktion.** Transiente Probleme können durch den erneuten Aufruf der Applikation umgangen werden. Die nächste Stufe der Reaktion besteht darin, durch Einsatz einer anderen Applikation den gewünschten Fortschritt im Geschäftsprozeß zu erzielen. Reicht das nicht aus, muß die Reaktion auf die Workflow-Instanz ausgedehnt werden, in dessen Kontext der Applikationsaufruf stand (Abbruch, Rücksetzen oder Kompensieren).

Anhand dieser Punkte wird bereits deutlich, daß der Zusammenhang zwischen dem Ende einer externen Applikation und der Fortsetzung des aufrufenden Workflows nicht trivial ist. Die korrekte Ausführung einer externen Applikation bedeutet etwas vollkommen anderes als die korrekte Ausführung eines Workflows. Rückgabewerte einer ausgeführten Applikation dürfen deshalb keinesfalls das alleinige Kriterium dafür sein, über die Fortsetzung eines Workflows zu entscheiden. Für eine Behandlung des Themas, insbesondere unter dem Aspekt der Fehlerbehandlung, wird beispielsweise auf [Alon94] oder [Wora97] verwiesen. Für die hier diskutierte Workflow-Typ-Konstruktion sind die Zusammenhänge zwischen Applikationsende und Workflow-Ausführung nur am Rande von Bedeutung. Ein Entwickler bestimmt hier nur den Aufrufkontext für externe Applikationen, alles weitere gehört in die Implementierungsphase.

6.2 Aufrufkontexte für externe Applikationen

Damit externe Applikationen zur Ausführungszeit eines Workflows aufgerufen, bzw. einem Anwender zur Nutzung angeboten werden können, muß der Applikationsaufruf im Workflow-Typ verankert werden. Dazu gibt es zwei unterschiedliche Möglichkeiten, die in Abb. 6.1 dargestellt sind. Die Verwendungsbeziehung zwischen einem Workflow-Typ A und zwei externen Applikationen B und C (Mitte) kann wie folgt aufgelöst werden:

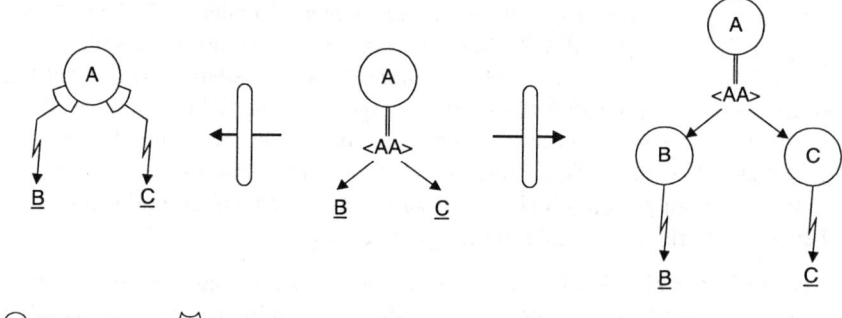

○ Workflow-Typ   ⌂ Workflow-Operation   ⤳ async. Aufruf   ⟶ Verwendungsbeziehung

Abb. 6.1: Aufrufkontexte: Workflow-Operation (links), elementarer Workflow-Typ (rechts)

- **Elementare Workflow-Typen.** In einer Workflow-Typ-Konfiguration repräsentieren elementare Workflow-Typen das Ende der Zerlegungshierarchie, die die funktionale Dekomposition des Geschäftsprozesses via Aufgabentypstruktur nachbildet. Es liegt daher nahe, Applikationsaufrufe wie in Abb. 6.1 (rechts) in elementare Workflow-Typen einzukleiden bzw. elementare Workflow-Typen zu diesem Zweck einzufügen. Aus der Ausführungsanweisung, die zuvor nur die Ausführungsfolge der Applikationen B und C festlegte, wird die Kontrollflußdefinition im übergeordneten Workflow-Typ A.

- **Workflow-Operationen.** Workflow-Operationen führen Funktionen auf Workflow-Instanzen oder Workflow-Typen aus (z.B. die Workflow-Instanz-Operationen *Start*, *Terminate*, *Suspend* und *Resume*, s. [Jabl96a, Schu96]). Workflow-Operationen können darüber hinaus wie in Abb. 6.1 (links) als Aufrufkontext für externe Applikationen dienen. Im Gegensatz zu obigem Aufrufkontext kann die Applikationsintegration über Workflow-Operationen nicht nur in elementaren Workflow-Typen, sondern an jeder Stelle innerhalb einer Workflow-Typ-Konfiguration erfolgen. Die Anwendung der Operation ist dann mit dem Aufruf der Applikation gleichbedeutend. Workflow-Operationen sind aufrufbar, solange die zugehörige Workflow-Instanz existiert.

In Hinblick auf die spätere Überführung der Workflow-Typen in Workflow-Schemata ist zu beachten, daß einige Workflow-Sprachen spezielle Ausdrucksmittel anbieten, deren einzige Aufgabe der Aufruf einer externen Applikation ist (z.B. die ProgramActivity in FlowMark). Die Möglichkeit zur Einführung neuer Workflow-Operationen ist ebenfalls nicht überall gegeben (in FlowMark nicht, in MOBILE und WorCOS schon). Unabhängig davon ist es für einen Entwickler wichtig, die Zusammenhänge zwischen geforderter Bereitstellung/Verfügbarkeit und Auswahl/Einsatz externer Applikationen und den benannten Aufrufkontexten zu kennen.

Auf den Bereitstellungszeitpunkt und die Verfügbarkeitsdauer (vgl. Abschn. 6.1.1) externer Applikationen kann ein Entwickler mit dem Aufrufkontextes ganz direkt Einfluß nehmen:

- Die Einkleidung des Applikationsaufrufs in einen elementaren Workflow-Typ bedeutet eine *kontrollflußabhängige* Bereitstellung. Erst wenn der Workflow-Typ gemäß der vorgeschriebenen Ausführungsfolge instanziiert und die Workflow-Instanz gestartet ist, steht auch die zugehörige Applikation zur Verfügung.

- Bei der Definition von Workflow-Operationen wird festgelegt, in welchem Zustand der Workflow-Instanz sie aufgerufen werden können. Erst wenn dieser Zustand vorliegt, kann die Workflow-Operation ausgeführt und die darin benannte Applikation aufgerufen werden. Die Workflow-Operation als Aufrufkontext führt zu einer *instanzzustandsabhängigen* Applikationsbereitstellung.

Die Konsequenzen aus der Wahl des Aufrufkontextes verdeutlicht Abb. 6.2 durch die Gegenüberstellung von zwei Workflow-Typ-Konfigurationen. Rechts sind alle Applikationen in elementare Workflow-Typen eingebunden, links durch Workflow-Operationen, die im Zustand running aufgerufen werden können. Aus Gründen der Übersichtlichkeit sind keine Ausführungsanweisungen eingetragen.

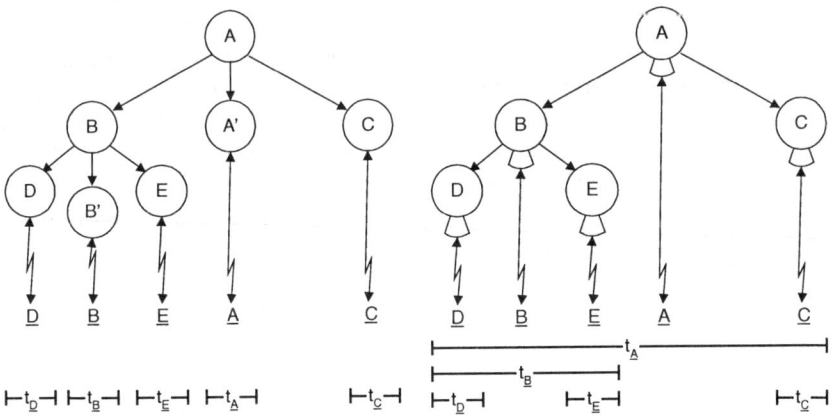

Abb. 6.2: Einfluß des Aufrufkontextes auf die Verfügbarkeit externer Applikationen

Unterhalb der Workflow-Typ-Konfigurationen sind auf einer gedachten Zeitachse Anfang und Ende der Verfügbarkeiten dargestellt. Kein Unterschied besteht in der Verfügbarkeit der Applikationen D, E und C, weil sie jeweils an die elementaren Workflow-Typen gebunden sind. Die Applikationen A und B hingegen sind durch die Verwendung der Workflow-Operationen als Aufrufkontext über den ganzen Zeitraum verfügbar, in dem die zugehörige Workflow-Instanz existiert. Die Instanz des Superworkflow-Typs B ist so lange aktiv, bis die Workflow-Instanzen zu D und E beendet sind. Gleiches gilt analog für die Workflow-Instanz A und damit auch für die Applikation A. Das bedeutet für einen Entwickler:

1. Wird eine externe Applikation mittels Workflow-Operation aufgerufen, läßt sich die Verfügbarkeit dieser Applikation über die Position des Workflow-Typs in der Verwendungshierarchie steuern. Je höher ein Workflow-Typ in der Workflow-Typ-Konfiguration steht, desto länger existiert die Workflow-Instanz und desto länger steht die Applikation bereit.

2. Elementare Workflow-Typen sind als Aufrufkontext geeignet, wenn die Applikation nur an dieser Stelle der Workflow-Ausführung benötigt wird und jede Verwendung zu einem anderen Zeitpunkt ausgeschlossen werden soll.

Weitere Überlegungen zur Applikationsintegration sind erforderlich, wenn zur Aufgabenunterstützung die koordinierte Ausführung von zwei und mehr Applikationen notwendig ist oder wenn die Auswahlentscheidung zwischen mehreren Applikationen nicht formalisiert werden kann. Zu den Freiheiten der Anwender sollte weiterhin gehören: die

- *wiederholte Ausführung* einer Applikation (falls die Ausführung scheiterte oder trotz ordnungsgemäßer Terminierung das erforderliche Ergebnis nicht erzielt wurde) sowie der

- *vorzeitige Abbruch* der Applikationsausführung (falls der erfolgreiche Abschluß der Aufgabenbearbeitung bereits eingetreten oder der sichere Mißerfolg schon abzusehen ist).

In den genannten Fällen ist die Fortsetzung der Workflow-Ausführung unangebracht, vor allem, wenn sie vom Workflow-Management-System als reine Reaktion auf das Ende der Applikationsausführung automatisch vorgenommen wird. Insbesondere die wiederholte Ausführung des Applikationsaufrufs oder die unvorhersehbare Abfolge verschiedener Applikationen innerhalb eines Workflows legen die Verwendung von Workflow-Operation als Aufrufkontext nahe. Falls ein Workflow-Management-System keine frei definierbaren Workflow-Operationen anbietet, zeigt Abschn. 7.4.2, wie dieser Mangel durch geschickte Kontrollflußdefinition ausgeglichen werden kann. Auch der nächste Abschnitt geht auf eine Technik ein, die der Behebung von Defiziten eines Workflow-Management-Systems dient.

6.3 Positionierung der Kontrollflußüberwachung

Auch ohne den Einsatz eines Workflow-Management-Systems besteht zwischen den verschiedenen Applikationen eine festgelegte Reihenfolge, die zur erfolgreichen Durchführung des Geschäftsprozesses einzuhalten ist. Bei der Konstruktion eines Workflow-Typs für diesen Geschäftsprozeß muß diese Reihenfolge erstens erhalten und zweitens ihre Einhaltung überwacht werden. Dabei wird unterstellt, daß das Workflow-Management-System die Einhaltung der Kontrollflußdefinition überwacht. Ausführungsanweisungen in der Workflow-Typ-Konfiguration sind daher gleichbedeutend mit Ausdrucksmitteln, die im Workflow-Typ zur Bildung des Kontrollflußausdrucks dienen. Zur Laufzeit wird dieser Kontrollflußausdruck ausgewertet, und das Workflow-Management-System instanziiert die darin durch Workflow-Instanzvariablen vertretenen Workflow-Typen, die ihrerseits die Aufrufe externer Applikationen enthalten. Dieser Abschnitt zeigt, daß die Überwachung der Kontrollflußdefinition dem Workflow-Management-System entzogen werden *kann*. Sie *muß* dem Workflow-Management-System sogar entzogen werden, um die exakte Einhaltung der vorgeschriebenen Applikationsausführung überhaupt erst zu ermöglichen, und zwar tritt diese Notwendigkeit dann auf, wenn einer Workflow-Sprache die entsprechenden Ausdrucksmittel fehlen. Damit erlaubt die „Kontrollflußverlagerung" [Böhm97b, Böhm97c], Defizite des Workflow-Management-Systems durch geschickte Workflow-Typ-Konstruktion zu umgehen.

6.3.1 Kontrollflußüberwachung im Workflow-Management-System

Abbildung 6.3 zeigt den Normalfall der Kontrollflußüberwachung durch das Workflow-Management-System. Die Ausführungsanweisung AA wird zum Kontrollflußausdruck im kompositen Workflow-Typ A, die elementaren Workflow-Typen B und C kleiden die externen Applikationen B und C ein. Das Betriebssystem übernimmt die Ausführung der aufgerufenen Applikationen, sofern es asynchrone Applikationsaufrufe sind, wird die Workflow-Ausführung nicht einmal blockiert. Im Rahmen der Workflow-Typ-Konstruktion ist die Variante aus Abb. 6.3 immer möglich.

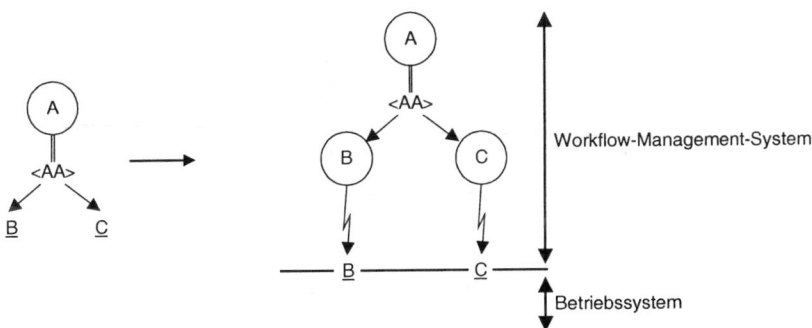

Abb. 6.3: Kontrollflußüberwachung durch das Workflow-Management-System

Fehlt eine Ausführungsanweisung mit der gewünschten Funktion, wird sie, wie in Abschn. 5.2 gezeigt, eingeführt. Bei der Überführung von Workflow-Typen in Workflow-Schemata bestimmen die Ausdrucksmittel der Workflow-Sprache, welche Ausführungsfolgen realisiert werden. Demzufolge verhindert ein eingeschränktes Repertoire die adäquate Beschreibung komplizierter Ausführungsfolgen. Ein Entwickler kann dann versuchen, die benötigten Ausführungsanweisungen durch Kombination vorhandener Ausführungsanweisungen nachzubilden (s. dazu Abschn. 7.3.4). Gelingt das nicht, kann die Verlagerung der Kontrollflußüberwachung auf die Ebene des Betriebssystems Abhilfe schaffen.

6.3.2 Kontrollflußüberwachung im Betriebssystem

Auf der Ebene des Betriebssystems kann die Ausführungsfolge zwischen Applikationen beispielsweise durch Kommandoprozeduren realisiert werden. Häufig existieren ohnehin eigens zu diesem Zweck erstellte Applikationen, in denen die Abläufe explizit ausprogrammiert sind. Durch den Aufruf dieser Steuerungsapplikationen aus dem Workflow-Management-System kann – für einen Anwender nicht ersichtlich – die gleiche Leistung in der Workflow-Management-Anwendung erbracht werden. Abbildung 6.4 symbolisiert diese Kontrollflußverlagerung durch die Einführung einer Applikation A, die die Realisierung der in der Ausführungsanweisung AA festgelegten Ausführungsfolge der Applikationen B und C übernimmt.

Es ist zu beachten, daß beim Einsatz einer universellen Programmiersprache und der Nutzung betriebssystemnaher Bibliotheken oft Funktionen zur Verfügung stehen, die Workflow-Sprachen nicht anbieten. Die zeitgesteuerte Ausführung externer Applikationen kann so realisiert werden, wenn die Workflow-Sprache keine Ausdrucksmittel für Zeiten und Fristen anbietet. Sinnvoll ist diese Form der Kontrollflußverlagerung, wenn nur das Ergebnis der zusammenwirkenden Applikationen für die Workflow-Ausführung relevant ist oder ein bestehender Applikationsverbund nicht zerlegt werden kann. Zwischen dem Aufruf einer Kommandoprozedur und dem Ende der letzten darin ausgeführten Applikation kann das Workflow-Management-System keinen Einfluß nehmen; unsinnige oder falsche Abfolgen werden weder bemerkt noch verhindert. Ein weiterer Nachteil ist, daß das Workflow-Management-System die Applikationsaufrufe nicht protokolliert.

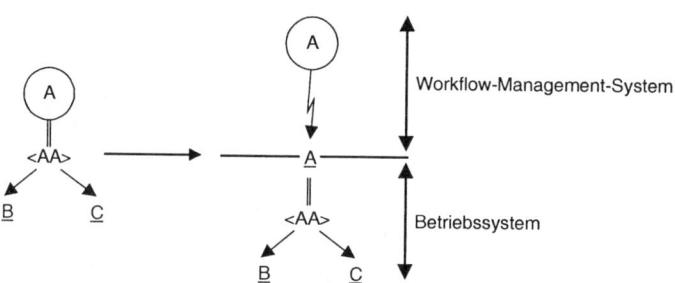

Abb. 6.4: Kontrollflußüberwachung im Betriebssystem, Variante I

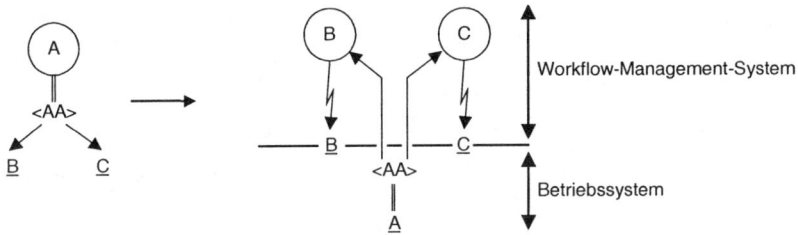

Abb. 6.5: Kontrollflußüberwachung im Betriebssystem, Variante II

Abbildung 6.5 zeigt eine etwas ungewöhnliche Form der Applikationsintegration: Die externen Applikationen sind jeweils in eigene Workflow-Typen eingekleidet, zu denen jedoch kein übergeordneter Workflow-Typ existiert. Statt dessen gibt es die externe Applikation A, in der die Ausführungsanweisung AA ausprogrammiert ist. Aus dieser Applikation wird das Workflow-Management-System zur Instanziierung der Workflow-Typen B und C veranlaßt.

Die Möglichkeit, quasi von außen die Instanziierung von Workflow-Typen auszulösen, bietet nicht jedes Workflow-Management-System an. Durch diese Möglichkeit entfiele nämlich die Überprüfung der Berechtigungen des Aufrufers, was innerhalb des Workflow-Management-Systems in Folge der zuvor erfolgten Anmeldung des Benutzers leicht möglich ist. Allerdings stellt diese Variante einen interessanten Kompromiß zwischen externer Kontrollflußüberwachung und vom Workflow-Management-System protokollierten Applikationsaufrufen dar. Ein typisches Anwendungsgebiet für diese Variante sind wissenschaftliche Experimente. Die Protokollierung aller Aktivitäten dient der Rekonstruktion fehlgeschlagener Experimente und ermöglicht anderen Forschern die Überprüfung der Ergebnisse (vgl. [Wain96, Wesk96]).

6.3.3 Kontrollflußüberwachung durch den Anwender

Auch die Kontrollflußverlagerung auf die Ebene des Anwenders (Abb. 6.6) entzieht dem Workflow-Management-System die Möglichkeit, die Einhaltung der vorgeschriebenen Ausführungsfolge zu überwachen. Sinnvoll ist dieser Schritt dennoch, wenn die Ausführungsfolge der Applikationen entweder generell nicht planbar ist oder im frühen Stadium der Anwendungsentwicklung häufig verändert wird, so daß eine Kontrollflußdefinition im Workflow-Typ nicht möglich oder sinnvoll ist.

Da Applikationen trotzdem aus Workflow-Typen heraus aufgerufen werden, bleiben die Protokollierungsfunktionen des Workflow-Management-Systems erhalten und ermöglichen nachträglich die Auswertung der Ausführungshistorie. Allerdings ist für das Workflow-Management-System nicht ersichtlich, daß einzelne Workflow-Instanzen und darin aufgerufene Applikationen kausal abhängig sind, und auch die Auswertung der Protokolle gibt darüber keine Auskunft.

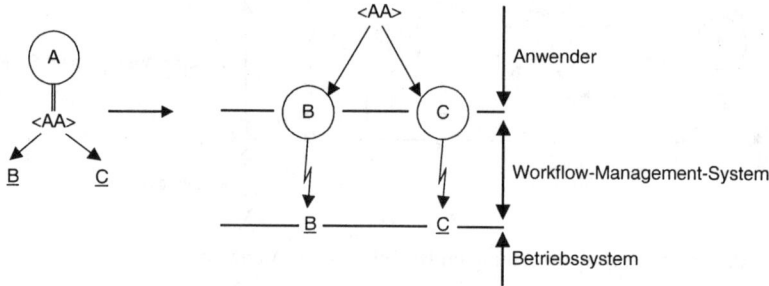

Abb. 6.6: Kontrollflußüberwachung durch den Anwender

6.4 Vervollständigung der Workflow-Typ-Konfiguration

Abbildung 6.7 zeigt die miteinander kombinierbaren Ausdrucksmittel, um Entwurfsentscheidungen bezüglich des operationsbezogenen Aspekts in der Workflow-Typ-Konfiguration festzuhalten. Die Auswahl der Ausdrucksmittel orientiert sich zum einen an Informationen, die einem Entwickler zu diesem Zeitpunkt des Konstruktionsverfahrens vorliegen, zum anderen an Fragen, die für die Eigenschaften des Workflow-Typs relevant sind. Diese Bedingungen gelten für den *Aufrufkontext*, die *Art des Applikationsaufrufs* sowie die *Aufrufmodalitäten*.

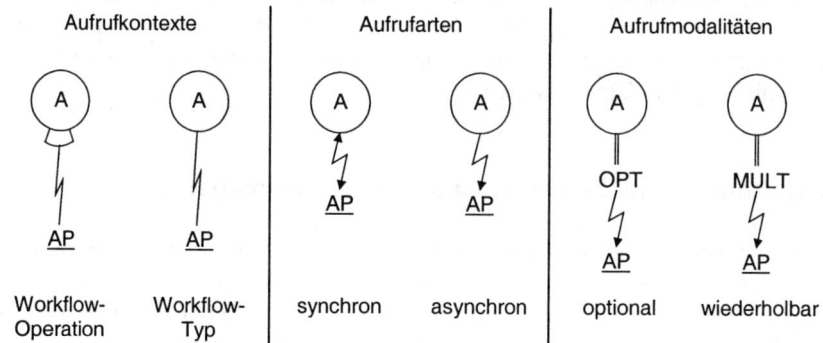

Abb. 6.7: Ausdrucksmittel für den operationsbezogenen Aspekt

Bezeichner der Applikationen werden unterstrichen. Zur Festlegung der Aufrufmodalität dienen die einstelligen Ausführungsanweisungen OPT und MULT, zum einen, weil auf dieser Abstraktionsstufe die Logik mit der von Subworkflow-Aufrufen vergleichbar ist, zum anderen, um die Erstellung einer simulierbaren Repräsentation des Workflow-Typs zu vereinfachen. Nach entsprechender Spezifikation können anwendungsspezifische Ausdrucksmittel an die Stelle von OPT und MULT treten. Sie dienen dazu, dem Anwender zugestandene Formen der Applikationsnutzung zu präzisieren.

6.5 Beispiele zur Integration externer Applikationen

Durch die beiden Aufrufkontexte und die Möglichkeit zur Verlagerung der Kontrollflußdefinition hat ein Entwickler ausreichend Gestaltungsspielraum, um für jede Applikation die jeweils geeignete Form der Integration festzulegen.

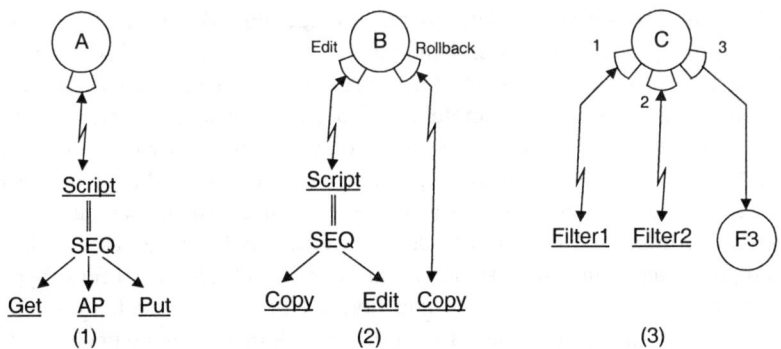

Abb. 6.8: Anwendungsbeispiele zur Integration externer Applikationen

Abbildung 6.8 zeigt drei Beispiele:

(1) Greifen externe Applikationen nicht direkt auf Produktionsdaten zu, sind zusätzliche Programme für Bereitstellung und Rücktransport, Formatanpassung oder Konvertierung der Ein- und Ausgangsdaten erforderlich. Abbildung 6.8 (1) zeigt dies anhand der Applikationen Get und Put, die in einer Kommandoprozedur zusammengefaßt sind, die wiederum von einer Workflow-Operation aufgerufen wird. Da die sequentielle Applikationsausführung weder einzeln protokolliert noch geändert wird, ist die Kontrollflußdefinition in der Kommandoprozedur plaziert.

(2) Transaktionales Verhalten von Applikationen (zumindest die Rücksetzbarkeit von Änderungen) kann auch ohne Veränderung der Applikation hergestellt werden. Wie Abb. 6.8 (2) zeigt, bieten sich dazu zwei Workflow-Operationen an. In der Edit-Operation wird vor dem Start des Editors eine Kopie der zu bearbeitenden Datei erzeugt, durch die Rollback-Operation wird die alte Version wieder hergestellt [Jabl96a, S. 158].

(3) Den größten Nutzen haben Workflow-Operationen dort, wo die zur Aufgabenunterstützung geeigneten Applikationen zwar bekannt, die Auswahl und Reihenfolge ihrer Anwendung aber nicht formalisierbar sind (s. dazu auch [Schl-98]). So wird beispielsweise ein Wissenschaftler anhand seiner Erfahrung entscheiden, wie er Meßdaten weiter verarbeitet. Er kann dazu verschiedene Filterprogramme einsetzen oder einen eigenen Workflow-Typ instanziieren, wenn die Datenaufbereitung selbst ein komplizierter Ablauf ist (Abb. 6.8 (3)). Die Verwendung von Workflow-Operationen erlaubt zudem, die Operationen auf den Meßdaten mehrfach und in unterschiedlichen Sequenzen anzuwenden, was durch eine explizite Kontrollflußdefinition nur mit großem Aufwand gelingt.

Zu Variante (3) ist außerdem zu bemerken, daß die Instanziierung eines Workflow-Typs aus einer Workflow-Operation heraus zwar zu einer eigenständigen Workflow-Instanz führt, der Zusammenhang aber durch entsprechende Protokollierung nachvollziehbar wird. Das wäre nicht der Fall, wenn der Workflow-Typ manuell durch einen Anwender instanziiert würde.

Mit diesem Kapitel über den operationsbezogenen Aspekt sind jetzt alle drei der hier als Beispiel verwendeten Aspekte eingeführt. Ihre strikte Trennung und die in Kapitelgrenzen gefaßte Behandlung hat in erster Linie didaktische Gründe. Dennoch ist gerade diese Reihenfolge – erst Funktion, dann Verhalten und danach Operation – keine schlechte Empfehlung für das Vorgehen eines Entwicklers bei der Konstruktion von Workflow-Typen. Folgt ein Entwickler diesem Vorschlag, liegt ihm eine Workflow-Typ-Konfiguration vor, die aus der Aufgabentypstruktur des zu unterstützenden Geschäftsprozesses entstanden ist, in der durch Ausführungsanweisungen die Reihenfolge der Subworkflows festgelegt ist und die externe Applikationen zur Aufgabendurchführung benennt. Die Workflow-Typen haben aber – trotz aller Systematik und Sorgfalt bei ihrer Erstellung – noch den Charakter von Entwürfen. Diese Entwürfe zu verfeinern, Anpassungen vorzunehmen und Details herauszuarbeiten ist der nächste Schritt, der in Kap. 7 erfolgt.

7 Bewertung und Variation von Workflow-Typen

Dieses Kapitel behandelt die Untersuchung, Bewertung und Anpassung implementierungsneutraler Eigenschaften von Workflow-Typen. Die vorgestellten Techniken zur Bewertung und Anpassung setzen eine gewisse Erfahrung mit der Entwicklung von Workflow-Management-Anwendungen voraus. Das Ziel der Anpassung ist die „Feinabstimmung" bestimmter Eigenschaften eines Workflow-Typs, nachdem die gewünschte Funktionalität bereits realisiert ist.

Anders als die Anpassung ist die Untersuchung der Eigenschaften von Workflow-Typen immer erforderlich. Sie dient dazu, funktionsfähige und anforderungsgerechte Workflow-Typen als Ausgangspunkt für die Workflow-Schema-Erstellung zu erhalten. Zu diesem Zweck stellt Abschn. 7.1 eine Auswahl der Merkmale von Workflow-Typen und Workflow-Typ-Konfigurationen zusammen. Die Merkmale erlauben neben Aussagen über strukturelle Eigenschaften wie Verwendungsbeziehungen zwischen Workflow-Typen auch Aussagen über dynamische Eigenschaften, etwa über die Workflow-Ausführung, die eine Kontrollflußdefinition induziert. Die Eigenschaften werden durch den Einsatz formaler Verfahren gewonnen, und das erlaubt einem Entwickler, Workflow-Typen aufgrund verläßlicher Informationen zu bewerten. Das Bewertungsergebnis entscheidet dann darüber, ob der Konstruktionsvorgang als erfolgreich beendet gilt, oder ob durch Anpassungen des Workflow-Typs weitere Varianten erstellt und erneut bewertet werden müssen.

Die Abschnitte 7.2 bis 7.4 führen anhand von Beispielen vor, wie ein Entwickler Workflow-Typen jeweils hinsichtlich eines Aspekts verändern kann. Auf diese Weise erzeugt er Workflow-Typ-Varianten, die Anforderungen an Funktion und Verhalten auf unterschiedliche Art realisieren. Rückverweise auf vorangegangene Abschnitte stellen den Bezug zu den Entwurfsentscheidungen her, beispielsweise um die Entscheidung zwischen Varianten durch das Entwicklungsziel „Pilotprojekt" oder „Produktivsystem" der Workflow-Management-Anwendung zu begründen. Da die Operationen zur Variation von Workflow-Typen eine zentrale Rolle einnehmen, faßt Abschn. 7.5 die Operationen tabellarisch zusammen.

Nachdem einige Variationsmöglichkeiten auf die Anpassung oder die Verbesserung der Kontrollflußdefinition abzielen, sind Methoden zur Untersuchung der dynamischen Eigenschaften eines Workflow-Typs erforderlich. Workflow-Instanzen dieser Workflow-Typen müssen in ihrem Verhalten so nachgebildet werden, daß formal fundierte Verfahren zur Untersuchung anwendbar werden. Abschnitt 7.6 zeigt, wie verhaltensbestimmende Komponenten der Workflow-Typen durch Petri-Netze repräsentiert und diese Verhaltensrepräsentation untersucht werden. Dazu werden die interessierenden Eigenschaften als Ausdrücke in temporaler Logik formuliert und ihre Gültigkeit in Bezug auf den untersuchten Workflow-Typen durch Model-Checking validiert.

7.1 Merkmale und Eigenschaften von Workflow-Typen

Jede Art von methodischer, zielgerichteter und damit effizienter Entwicklung setzt voraus, daß der Gegenstand der Entwicklung bewertet wird. Das Hauptinteresse bei einer Bewertung besteht darin, den aktuellen Grad der Verwirklichung von Entwicklungszielen zu erkennen. Um Workflow-Typen zu bewerten, werden quantifizierbare Merkmale benötigt. Abschnitt 7.1.1 stellt solche Merkmale exemplarisch vor. Die Merkmale, bzw. die Funktionen zur Bestimmung dieser Merkmale, bilden das Gegenstück zu den Operationen, mit denen die Workflow-Typen erstellt und manipuliert werden. Durch Prüfung der Merkmale eines Workflow-Typs erkennt ein Entwickler, ob der Workflow-Typ die geforderten Eigenschaften aufweist. Es ist nicht möglich, alle Zusammenhänge zwischen den einzelnen Merkmalen und den daraus ableitbaren Bewertungen von Workflow-Typen allgemeingültig darzustellen. Abschnitt 7.1.2 gibt deshalb eine Übersicht zu ganz unterschiedlichen Arten von Bewertungen, die für Workflow-Typen sinnvoll sind, ohne den Anspruch auf Vollständigkeit zu erheben.

7.1.1 Quantifizierbare Merkmale von Workflow-Typen

Merkmale liefern für sich genommen nur einen einzelnen Wert; erst in der Kombination und zusammen mit der richtigen Interpretation charakterisieren diese Einzelinformationen die Workflow-Typen. Gemäß den hier behandelten Aspekten gliedern sich auch die folgenden Merkmale von Workflow-Typen. Über die hier genannten Beispiele hinaus finden sich in [Böhm99] weitere Merkmale und die zu ihrer Bestimmung notwendigen Funktionen an.

Funktionsbezogener Aspekt: Struktur und Funktion von Workflow-Typen

Ausgehend von der Aufgabentypstruktur hat der Entwickler unter Verwendung der Operationen aus Kap. 4 die Workflow-Typ-Konfiguration erstellt. Abschnitt 7.2 wird Operationen einführen, die eine Workflow-Typ-Konfiguration gezielt verändern. Die korrekte Anwendung all dieser Operationen setzt voraus, daß dem Entwickler aktuelle und präzise Informationen über die Workflow-Typ-Konfiguration zur Verfügung stehen. Wie die Operationen werden auch die folgenden Auswertungsfunktionen auf die Workflow-Typ-Konfiguration angewendet und liefern Informationen über Struktur und Funktion der Workflow-Typen. Typische Auswertungsfunktionen liefern beispielsweise:

- alle Workflow-Typen, die zu einer Workflow-Typ-Konfiguration gehören
- alle Workflow-Typen, die Subworkflow eines kompositen Workflows sind
- den nächsten gemeinsamen Superworkflow-Typs von zwei Workflow-Typen
- Workflow-Typen, die mehreren Workflow-Typ-Konfigurationen angehören
- Workflow-Typen, die in keiner Workflow-Typ-Konfiguration vorkommen
- alle Workflow-Typen, die von einem Workflow-Typ indirekt genutzt werden

Diese Auswertungsfunktionen sind erforderlich, um die Veränderungen an der Workflow-Typ-Konfiguration abschätzen zu können. Abschnitt 7.2.2 wird eine Operation vorstellen, die innerhalb einer Workflow-Typ-Konfiguration überflüssige Workflow-Typen eliminiert. Es liegt auf der Hand, daß die Entfernung eines Workflow-Typs anders zu behandeln ist, wenn er außerhalb der Workflow-Typ-Konfiguration ebenfalls verwendet wird. Auch die Frage, ob ein Workflow-Typ samt seiner Subworkflows aus einer Workflow-Typ-Konfiguration referenziert werden soll oder ob der Workflow-Typ durch Kopieren in die Workflow-Typ-Konfiguration aufgenommen werden soll, läßt sich mit Auswertungsfunktionen sicher entscheiden. Abschnitt 7.2 geht auf solche Entscheidungen detailliert ein.

Verhaltensbezogener Aspekt: Ausführungsverhalten von Workflow-Instanzen

Kapitel 5 hat Ausführungsanweisungen als Mittel zur Kontrollflußdefinition in Workflow-Typen eingeführt. Die Kontrollflußdefinition ist aber nicht nur Gegenstand der Entwicklung, sondern sie muß auch untersucht werden können. Aussagen über eine vorliegende Kontrollflußdefinition gewinnt ein Entwickler zum einen aus den verwendeten Ausführungsanweisungen, zum anderen aus der spezifischen Kombination der Ausführungsanweisungen und Workflow-Instanzvariablen im Kontrollflußausdruck eines kompositen Workflow-Typs. Die Merkmale einer einzelnen Ausführungsanweisung lassen sich wie folgt einteilen:

- **Funktionsbeschreibende Merkmale.** Die Funktionsweise einer Ausführungsanweisung wird durch das zugehörige Verteilte Transitionssystem beschrieben. Obwohl sich alle Merkmale einer Ausführungsanweisung zwingend aus dem Verteilten Transitionssystem ergeben, ist es für den praktischen Umgang mit der Ausführungsanweisung besser, ihre Merkmale explizit zu formulieren. Die folgende Liste von Merkmalen vermittelt einen ersten Eindruck, wie Ausführungsanweisungen in ihrer Funktionsweise bezüglich der Workflow-Ausführung charakterisiert werden können. Merkmale sind beispielsweise:

  - ConcurrentExecutionAllowed (zeitgleiche Workflow-Ausführung erlaubt)
  - ConcurrentExecutionEnforced (zeitgleiche Workflow-Ausführung sicher)
  - FixedNumberOfArguments (Funktionsweise hängt von Argumentanzahl ab)
  - PredefinedExecutionSequence (vorgegebene Ausführungsfolge)
  - RepetitionAllowed (wiederholte Ausführung der Argumente ist erlaubt)

  Das Merkmal FixedNumberOfArguments gibt beispielsweise darüber Auskunft, ob die Funktionsweise der Ausführungsanweisung an eine bestimmte Anzahl von Argumenten gebunden ist. Bei der Ausführungsanweisung SEQ ist das nicht der Fall, denn die Hintereinanderausführung ist nicht auf zwei Argumente beschränkt; bei DELAY ist das anders. Daher gilt: FixedNumberOfArguments(SEQ) = TRUE und FixedNumberOfArguments(DELAY) = FALSE. Eine ausführliche Beschreibung dieser und weiterer Merkmale gibt [Böhm99].

- **Induzierte Workflow-Ausführung.** Die oben exemplarisch genannten Merkmale sind zur Klassifikation von Ausführungsanweisungen hilfreich (s. dazu

Abschn. 7.3.1). Wichtiger für die praktische Einsetzbarkeit ist jedoch die von der Ausführungsanweisung induzierte Workflow-Ausführung. Die Workflow-Ausführung wird durch folgende Merkmale charakterisiert:

- Menge der zulässigen Ausführungsfolgen der kontrollierten Subworkflows
- Zulässigkeit einer Ausführungsfolge unter dieser Ausführungsanweisung
- Ausgeschlossene Konstellationen bei der Ausführung der Workflows
- Garantierte Konstellationen bei der Ausführung der Workflows

Als Konstellationen werden Zustände der kontrollierten Workflow-Instanzen und vor allem das zeitliche Verhältnis des Auftretens dieser Zustände bezeichnet. Beispielsweise darf bei einer Ausführungsanweisung zur sequentiellen Ausführung zweier Workflow-Instanzen a und b zu keinem Zeitpunkt eine Konstellation auftreten, in der a.isRunning und b.isRunning gelten. Über solche Konstellationen lassen sich Aussagen über Ausführungsanweisungen formulieren, mit denen ein Entwickler die korrekte Funktionsweise der gewählten Realisierung überprüfen kann (s. dazu Abschn. 7.6.4).

- **Induzierter Anwender-Dialog.** Ausführungsanweisungen sind nicht nur durch die von ihnen induzierte Workflow-Ausführung charakterisiert, sondern auch durch das Verhältnis, in dem Entscheidungen während der Ausführung vom Anwender und vom Workflow-Management-System getroffen werden. Für jede Ausführungsanweisung können die folgenden Merkmale angegeben werden:

- Sichtbarkeit ausführbereiter Workflow-Instanzen für den Anwender
- verfügbare Workflow-Operationen auf den Workflow-Instanzen
- Wirkung der Entscheidung eines Anwenders auf die Workflow-Ausführung

Abschnitt 7.3.4.2 zeigt, wie Ausführungsanweisungen gezielt verändert werden können, um einem Anwender mehr oder weniger Freiheiten im Umgang mit den kontrollierten Workflow-Instanzen zu geben. Geändert wird auf diese Weise nicht die Menge der insgesamt zulässigen Workflow-Ausführungen einer Ausführungsanweisung, sondern nur die Art und Weise, wie einem Anwender die zulässigen Ausführungsfolgen angeboten werden.

Durch die Kombination von Ausführungsanweisungen entstehen Kontrollflußausdrücke, die ebenfalls hinsichtlich der induzierten Workflow-Ausführung und des Anwender-Dialogs untersucht werden können. Entwickler und Anwender sind hier vor allem daran interessiert, daß keine aus Sicht der Anwendung unzulässigen Abfolgen von Subworkflows entstehen können. Abschnitt 7.6 zeigt, wie diese Merkmale einer Kontrollflußdefinition untersucht werden.

Operationsbezogener Aspekt: Integration externer Applikationen

Entscheidungen im Systementwurf bezüglich der Integration externer Applikationen beschränken sich auf die Wahl des Aufrufkontextes, der Aufrufmodalitäten und der Festlegung der aufzurufenden Applikation. Dementsprechend benötigt ein Entwickler Auswertungsfunktionen zu folgenden Merkmalen der Applikationsintegration:

- Menge aller in den Workflow-Typen verwendeten externen Applikationen
- Workflow-Typen, an die eine bestimmte externe Applikation gebunden ist
- Aufrufkontext einer Applikation
- Aufrufmodalitäten einer Applikation
- Verfügbarkeit einer Applikation während der Ausführung eines Workflows

Wie die Auswertungsfunktionen konkret implementiert werden, ist [Hein99] zu entnehmen, dort sind ein Datenbank-Schema und die entsprechenden SQL-Abfragen beschrieben. Die dynamischen Eigenschaften der Workflow-Typen, insbesondere das Verhalten der zugehörigen Workflow-Instanzen, müssen auf anderem Weg bestimmt werden, Abschn. 7.6 stellt den hier gewählten Ansatz vor.

7.1.2 Bewertungskriterien von Workflow-Typen

Die Auswertungsfunktionen des vorherigen Abschn. 7.1.1 dienen dazu, einzelne Eigenschaften oder Merkmalsausprägungen der Workflow-Typen zu bestimmen. Die so gewonnenen Informationen ermöglichen – bei korrekter Interpretation – weitere Aussagen über die konstruierten Workflow-Typen. Dieser Abschnitt gibt eine Übersicht darüber, nach welchen Gesichtspunkten Workflow-Typen bewertet werden können:

- **Anwendungsspezifische Anforderungen.** Eine Bewertung der Workflow-Typen in dieser Hinsicht ist geboten, denn für den Geschäftsprozeß geltende Durchführungsregeln bleiben bestehen, auch wenn ein Workflow-Management-System zum Einsatz kommt. Da die Workflow-Typen hinsichtlich des funktionsbezogenen, verhaltensbezogenen und operationsbezogenen Aspekts definiert sind, können auch nur diesbezügliche Durchführungsregeln überprüft werden. Die Bewertung des Workflow-Typs stützt sich folglich darauf, ob beispielsweise die folgenden Eigenschaften erfüllt sind:

  - Repräsentation aller ausführungsrelevanten Aktivitäten als Workflow-Typen
  - Berücksichtigung der zulässigen Arbeitsabläufe in der Kontrollflußdefinition
  - Verhinderung unzulässiger Ausführungsfolgen von Subworkflows
  - Nutzung des Potentials zur nebenläufigen Ausführung von Subworkflows
  - Bereitstellung der richtigen Applikation (sofern dazu Vorschriften bestehen)

- **Verwendungsbezogene Eigenschaften.** Zur Bewertung eines Workflow-Typs gehört es auch, sich über seine Verwendung innerhalb der Workflow-Typ-Konfigurationen ein Bild zu verschaffen. Wichtig ist diese Information beispielsweise, um die Folgen einer Änderung dieses Workflow-Typs auf andere Workflow-Typen abzuschätzen. Wird ein Workflow-Typ häufig als Subworkflow in anderen Workflow-Typen verwendet, ist dies ein deutliches Zeichen für seine Bedeutung innerhalb der Workflow-Management-Anwendung. Der umgekehrte Schluß ist ebenfalls zulässig: Gibt es keine oder nur sehr wenige Referenzierungen eines Workflow-Typs, so kann ihn ein Entwickler im Rahmen einer Bestandsbereinigung als eigenständigen Workflow-Typ auflösen und die enthaltene Funktion an der Stelle der Referenzierung direkt plazieren (s. Abschn. 7.2.2).

- **Art und Umfang der Anwenderunterstützung**. Personen, die mit der Work-flow-Management-Anwendung arbeiten müssen, bewerten Workflow-Typen auch nach nichtfunktionalen Eigenschaften der folgenden Art:

  - situationsgerechte Auswahl zwischen zulässigen Workflow-Ausführungen
  - Verhältnis zwischen werkzeuggestützten und manueller Arbeiten
  - Bereitstellungsdauer der Applikationen zur Aufgabendurchführung
  - Verhältnis von systemkontrollierter und anwenderkontrollierter Ausführung

- **Belastung des Workflow-Management-Systems**. Die Konstruktion der Work-flow-Typen zielt auf die Erfüllung der funktionalen Anforderungen ab. Es ist jedoch nicht ausgeschlossen, daß ein Entwickler auch Überlegungen über die Eigenschaften der Workflow-Typen zum Ausführungszeitpunkt anstellt. Am funktionsbezogenen Aspekt wird deutlich, wie sich Entwurfsentscheidungen auf die Belastung des Workflow-Management-Systems auswirken: Workflow-Typen stehen innerhalb einer Workflow-Typ-Konfiguration in einer Verwen-dungsbeziehung. Wird der Toplevel-Workflow-Typ instanziiert, führt die Aus-führung der zugehörigen Workflow-Instanz zur Instanziierung ihrer Subwork-flows. Die Workflow-Instanz des aufrufenden Workflows bleibt aktiv, bis alle aufgerufenen Subworkflows beendet sind. Je tiefer die Aufrufhierarchie reicht, desto mehr Workflow-Instanzen sind aktiv. Wird der Toplevel-Workflow-Typ von vielen Anwendern benötigt, belastet die Anzahl gleichzeitig zu verwalten-der Workflow-Instanzen das Workflow-Management-System. Das gilt vor al-lem dann, wenn für jede Workflow-Instanz ein eigener Betriebssystemprozeß benötigt wird. Angesichts dieser Effekte muß ein Entwickler bei der Gestaltung der Workflow-Typ-Konfiguration die Modularisierung zur Erhöhung der Les-barkeit gegen die Belastung des Workflow-Management-Systems abwägen..

Vor diesem Hintergrund wird klar, daß der erste Entwurf des funktionsbezogenen, verhaltensbezogenen und operationsbezogenen Aspekts von Workflow-Typen nicht optimal sein wird. Die folgenden Abschn. 7.2 bis 7.4 gehen auf die einzelnen Aspekte ein und stellen aspektspezifische Operationen vor, mit denen ein Ent-wickler die Workflow-Typen gezielt verändern kann. Es geht um keine grundle-genden Veränderungen mehr, sondern um die Anpassung, die Verbesserung und im Idealfall um die Optimierung der Aspektausprägung in einem Workflow-Typ.

7.2 Variation des funktionsbezogenen Aspekts

Der funktionsbezogene Aspekt eines Workflow-Typs legt fest, aus welchen funk-tionstragenden Komponenten dieser Workflow-Typ besteht. Funktionstragende Komponenten sind die elementaren Workflow-Typen, die beispielsweise einen Aufruf für eine externe Applikation enthalten. Die Variation des funktionsbezoge-nen Aspekts beabsichtigt, Workflow-Typen bei Erhalt ihrer Funktion in den nicht-funktionalen Eigenschaften zu verändern.

7.2.1 Hinzufügen und Entfernen von Subworkflows

Da die Aufgabentypstruktur aus dem Geschäftsprozeß-Modell stammt, sind die enthaltenen Aufgabentypen auf die Belange von Dokumentation und Erklärung des Geschäftsprozesses abgestimmt. Aufgabentypen im Geschäftsprozeß, die nicht im Workflow-Management-System repräsentiert werden sollen, kann ein Entwickler durch Unterlassen einer Markierung von der Umwandlung in Workflow-Typen ausschließen (s. Abschn. 4.2.2). Es tritt allerdings auch der Fall auf, daß Workflow-Typen in der Workflow-Typ-Konfiguration vorzusehen sind, die in der Aufgabentypstruktur keine Entsprechung haben. Diese Workflow-Typen werden jetzt durch explizites Hinzufügen in die Workflow-Typ-Konfiguration aufgenommen, womit ihre Herkunft auch später noch nachvollziehbar ist.

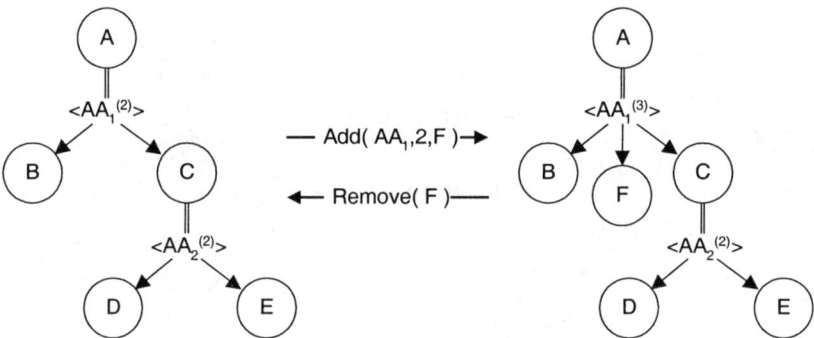

Abb. 7.1: Hinzufügen und Entfernen von Subworkflows

Sowohl für die Hinzunahme eines weiteren Workflow-Typs als Subworkflow als auch für die Entfernung verwendeter Workflow-Typen (s. Abb. 7.1) muß Fixed-NumberOfArguments(ControlflowConstructType(AA_1)) = FALSE gelten (z.B. bei ALT, SEQ, ALL, PAR). Diese beiden Operationen dienen strenggenommen nicht der Variation des funktionsbezogenen Aspekts, sondern seiner Ausgestaltung, denn die Funktion ändert sich.

7.2.2 Veränderung der Verwendungsbeziehungen zwischen Workflow-Typen

Durch die Ableitung der Workflow-Typ-Konfiguration aus der Aufgabentypstruktur sind die Beziehungen zwischen den Aufgabentypen zu Verwendungsbeziehungen zwischen den zugehörigen Workflow-Typen geworden. Damit ist zwar einerseits die Herkunft eines jeden Workflow-Typs nachvollziehbar, andererseits überträgt sich so die gesamte Zerlegungshierarchie der Aufgabentypstruktur auf die Workflow-Typ-Konfiguration. Letztere dient nicht wie die Aufgabentypstruktur der Dokumentation und der inhaltlichen Erschließung des Geschäftsprozesses, sondern muß nach anderen Kriterien beurteilt werden, zum Beispiel nach:

- Änderungsfähigkeit
- Übersichtlichkeit
- Wiederverwendungsgrad der Workflow-Typen
- Verwaltungsaufwand zum Ausführungszeitpunkt der Workflow-Instanzen

Diese Größen hängen direkt mit der Anzahl und der Anordnung der Workflow-Typen innerhalb der Workflow-Typ-Konfiguration zusammen. Jede Verwendungsbeziehung führt zum Ausführungszeitpunkt zur Instanziierung des verwendeten Workflow-Typs und zu systeminternem Verwaltungsaufwand für die Workflow-Instanz. Vor diesem Hintergrund muß ein Entwickler die Workflow-Typ-Konfiguration beurteilen, wie sie in Abb. 7.2 (links) wieder als Ausgangspunkt einer möglichen Variantenbildung dargestellt ist.

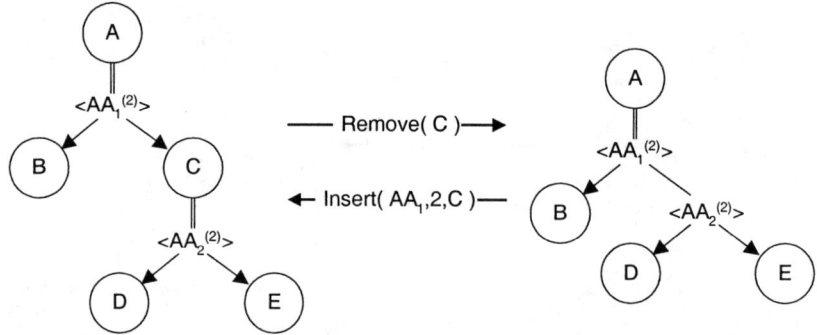

Abb. 7.2: Veränderung der Verwendungsbeziehungen zwischen Workflow-Typen

Beide Workflow-Typ-Konfigurationen unterscheiden sich hinsichtlich Workflow-Typ C. Auf der linken Seite faßt Workflow-Typ C die Workflow-Typen D und E zusammen. Auf der rechten Seite sind die Workflow-Typen D und E direkte Subworkflows des Workflow-Typs A. Um den Wechsel von einer zur anderen Workflow-Typ-Konfiguration zu ermöglichen, werden die folgenden zwei Operationen eingeführt:

- Remove. Ein Workflow-Typ wft wird nur aus der Workflow-Typ-Konfiguration wftk entfernt. Eine Löschung ist damit nicht verbunden, sie wäre nur zulässig, wenn folgendes gilt: $\forall$ wftk* $\in$ WFMA $\land$ wftk $\neq$ wftk*: wft $\notin$ WorkflowTypes(wftk*). Nur dann ist sichergestellt, daß Workflow-Typ C in keiner anderen Workflow-Typ-Konfiguration verwendet wird.

- Insert. In einer bestehenden Workflow-Typ-Konfiguration wftk wird ein neuer Workflow-Typ wft so eingefügt, daß er eine Teilmenge von Workflow-Typen geschlossen ausgliedert.

Remove und Insert verändern die Workflow-Typ-Konfigurationen funktional nicht, es bestehen aber folgende Unterschiede zwischen den beiden Workflow-Typ-Konfigurationen:

- Die linke Workflow-Typ-Konfiguration kapselt die Workflow-Typen D und E und erleichtert deren Wiederverwendung außerhalb dieser Workflow-Typ-Konfiguration. Änderungen an den Workflow-Typen C, D und E betreffen den Workflow-Typ A nicht, sofern Anzahl und Typ der Workflow-Parameter unverändert bleiben.

- Die rechte Workflow-Typ-Konfiguration ist kompakter formuliert. Sie führt zum Ausführungszeitpunkt zu weniger Verwaltungsaufwand im Workflow-Management-System. Wird Workflow-Typ A von vielen Anwendern gleichzeitig verwendet, kann dies zu einer deutlichen Entlastung führen und für diese Variante sprechen.

Die Konfigurationen unterscheiden sich außerdem im Funktionsangebot für die Anwender. Die von Workflow-Typ C realisierte Funktion ist links unabhängig nutzbar, in der rechten Variante nicht, da sie Teil von Workflow-Typ A ist.

7.2.3 Auflösung der Verwendungsbeziehungen zwischen Workflow-Typen

Die Workflow-Typ-Konfiguration gibt nur an, welche Workflow-Typen miteinander in einer Verwendungsbeziehung stehen. Um die Verwendungsbeziehungen aufzulösen, hat ein Entwickler zwei Möglichkeiten, die unterschiedliche Workflow-Typ-Varianten liefern:

- CallSubworkflow. Die Verwendungsbeziehung wird durch die Einführung einer Workflow-Instanzvariablen in die Kontrollflußdefinition aufgelöst. Zum Ausführungszeitpunkt wird die Instanziierung des referenzierten Workflow-Typs veranlaßt. Aufrufender und referenzierter Workflow-Typ bleiben, abgesehen von der Verwendung, unabhängig voneinander.

- CopyContent. Die Verwendungsbeziehung der Workflow-Typ-Konfiguration wird aufgelöst, indem der referenzierte Workflow-Typ mit Ausnahme seines Toplevel-Workflow-Typs kopiert und an der Position eingefügt wird, an der die Verwendungsbeziehung stand.

Die unterschiedlichen Wirkungsweisen beider Operationen stellen Abb. 7.3 und Abb. 7.4 gegenüber. Ausgangspunkt ist die gleiche Workflow-Typ-Konfiguration. Die unterschiedlichen Auswirkungen der beiden Operationen sind klar: Durch Kopieren wird der aktuelle Entwicklungsstand des referenzierten Workflow-Typs übernommen, der referenzierende Workflow-Typ ist von dessen Weiterentwicklungen bzw. Fehlerkorrekturen nicht mehr betroffen. Die Argumentation für die eine oder andere Variante (CallSubworkflow oder CopyContent) entspricht der aus Abschn. 7.2.2 insofern, als daß Laufzeitverhalten gegen Wartbarkeit abzuwägen ist. Die Operation CopyContent unterscheidet sich von der Operation Remove (vgl. Abschn. 7.2.2) dahingehend, daß bei CopyContent der referenzierte Workflow-Typ (in Abb. 7.4 Workflow-Typ C) erhalten bleibt, bei Remove hingegen entfernt wird.

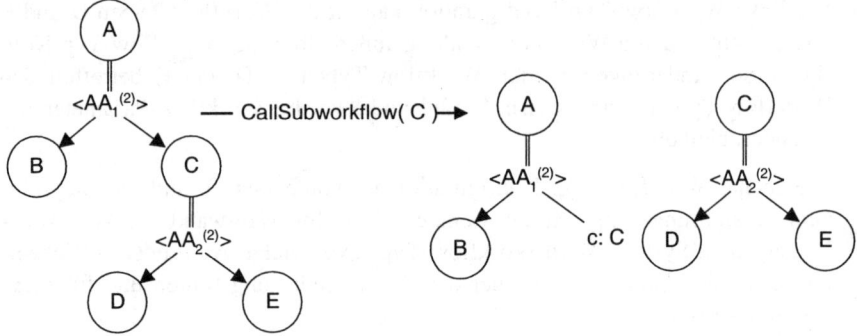

Abb. 7.3: Auflösung der Verwendungsbeziehung durch CallSubworkflow

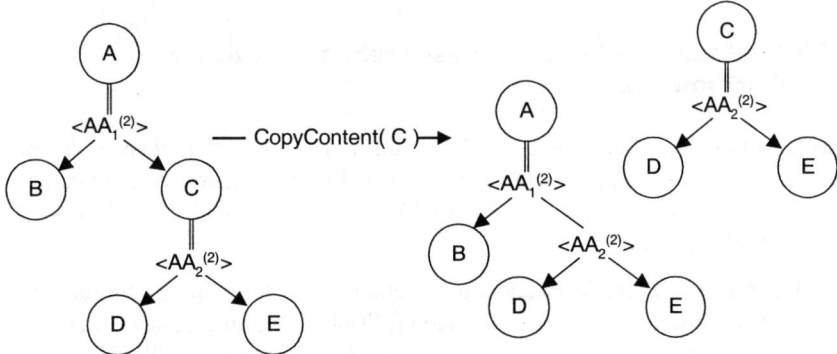

Abb. 7.4: Auflösung der Verwendungsbeziehung durch CopyContent

7.3 Variation des verhaltensbezogenen Aspekts

Der verhaltensbezogene Aspekt eines Workflow-Typs bestimmt, ob, wann und in welcher Folge als Subworkflows benannte Workflow-Typen instanziiert und ausgeführt werden. Explizit festgelegt wird der verhaltensbezogene Aspekt in der Kontrollflußdefinition, die sich für das hier vorgestellte Konstruktionsverfahren auf Ausführungsanweisungen stützt. Ein gewichtiges Argument bei der Entscheidung für Ausführungsanweisungen war die leichte Änderbarkeit der Kontrollflußdefinition. Im Laufe des Entwicklungsvorgangs kommen häufig Änderungen häufig vor, etwa aus den folgenden Gründen: neue Informationen über die geforderte Ausführungsfolge der Workflows, Einwände der Anwender gegen die vorgesehene Workflow-Ausführung, sich abzeichnende Probleme bei der Überführung der Workflow-Typen in Workflow-Schemata, deren Workflow-Sprache nicht über die geforderten Ausdrucksmittel verfügt. In diesen Fällen muß ein Entwickler die Kontrollflußdefinition anpassen, wobei seine Änderungen in zwei Klassen zerfallen: *gezielte Anpassung der Ausführungseigenschaften* (z.B. zusätzliche Alternativen, veränderte Form der Nebenläufigkeit, Wiederholungen) oder komplementär dazu, der *Erhalt der Workflow-Ausführung mit anderen Ausführungsanweisungen* oder einem anders zusammengesetzten Kontrollflußausdruck. Diese Veränderungen werden im folgenden als „Variation des verhaltensbezogenen Aspekts" bezeichnet.

Nachdem Ausführungsanweisungen die zentrale Rolle bei der Variation des verhaltensbezogenen Aspekts spielen, macht Abschn. 7.3.1 zwei Vorschläge zur Visualisierung der Merkmale dieser Ausführungsanweisungen. Die präsentierten Darstellungen helfen einem Entwickler bei der Auswahl der passenden Ausführungsanweisungen und erlauben ihm darüber hinaus, die Auswirkungen von Änderungen an der Kontrollflußdefinition vorherzusehen. Abschnitt 7.3.2 zeigt anschließend das Spektrum von Möglichkeiten zur Kontrollflußveränderung auf. Dazu kommt ein Verfahren, wie sich diese Möglichkeiten praktisch einsetzen lassen, um ausgehend von Anforderungen an die Workflow-Ausführung systematisch die dazu passende Kontrollflußdefinition zu konstruieren. Die Abschn. 7.3.3 und 7.3.4 kombinieren Informationen über die Ausführungsanweisungen und Techniken für die Veränderung der Kontrollflußdefinition zu Vorschlägen für die Bildung von Workflow-Typ-Varianten.

7.3.1 Visualisierung der Merkmale von Ausführungsanweisungen

Abschnitt 7.1.1 führt Merkmale zur Charakterisierung von Ausführungsanweisungen ein. Eine Nutzung dieser Merkmale zeigt Abb. 7.5 in Form eines Klassifikationsbaums. Die Struktur des gezeigten Baums ergibt sich zum einen aus der Auswahl der berücksichtigten Merkmale, zum anderen aus der Reihenfolge, mit der die Menge der Ausführungsanweisungen gemäß diesen Merkmalen zerlegt wird.

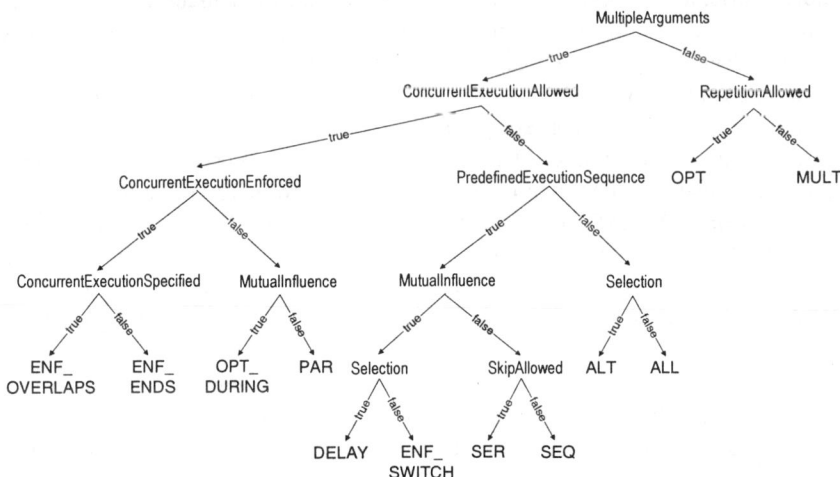

Abb. 7.5: Klassifikation von Ausführungsanweisungen anhand ihrer Merkmale (Beispiel)

Die Möglichkeit zur unterschiedlichen Sortierung der Ausführungsanweisungen wird in der Entwicklungsumgebung WorCRAFT ausgenutzt, um dem Entwickler situationsabhängig oder personengebunden individuelle Sichten auf den Bestand an Ausführungsanweisungen zu ermöglichen und ihm so die Auswahl zu erleichtern.

Durch MultipleArguments wird zunächst nach Stelligkeit unterschieden, die einstelligen Ausführungsanweisungen danach, ob eine Mehrfachausführung zulässig ist (RepetitionAllowed). Erst bei den mehrstelligen Ausführungsanweisungen ist das Merkmal ConcurrentExecutionAllowed sinnvoll anwendbar und nur innerhalb dieser Gruppe bietet sich die weitere Trennung danach an, ob die nebenläufige Ausführung ermöglicht oder erzwungen wird (ConcurrentExecutionEnforced). PAR und OPT_DURING erlauben die nebenläufige Ausführung von Workflow-Instanzen, allerdings sind bei PAR die Workflow-Instanzen voneinander unabhängig, während bei OPT_DURING die eine Workflow-Instanz nur während der Ausführungszeit der anderen ausgeführt werden kann.

Durch ENF_OVERLAPS und ENF_ENDS ist Nebenläufigkeit erstens erzwungen, und zweitens ist die Lagebeziehung der Ausführungszeit-Intervalle genau festgelegt (ConcurrentExecutionSpecified). Alle anderen Ausführungsanweisungen unterbinden die Nebenläufigkeit strikt, was jedoch nicht gleichbedeutend mit der Vorgabe einer Ausführungsfolge ist (PredefinedExecutionSequence). ALT und ALL unterscheiden sich darin, daß einmal eine Auswahlmöglichkeit besteht und einmal nicht (Selection). Ist eine Ausführungsfolge vorgegeben, kann sie durch gegenseitige Einflußnahme der Workflow-Instanzen modifiziert werden (MutualInfluence). Das ist der Fall bei DELAY und ENF_SWITCH, wobei die Einflußnahme bei DELAY bis zur Verhinderung der Ausführung der anderen Workflow-Instanz geht. Die Einflußnahme bei ENF_SWITCH dient nur der Synchronisation. Bei SEQ gibt es eine Reihenfolge, aber jede Workflow-Instanz wird sicher ausgeführt, was bei SER nicht erforderlich ist, da die Auslassung akzeptiert wird.

Weitere Möglichkeiten bietet die Darstellung der Ausführungsanweisungen in Abb. 7.6. Alle bisher eingeführten Ausführungsanweisungen sind aufgeführt und so durch gerichtete Kanten verbunden, daß zwischen zwei Ausführungsanweisungen immer genau ein Merkmal steht, dessen Wert sich vom Übergang von AA_i zu AA_j ändert. Bei Übergängen entgegen der Pfeilrichtung wird das Merkmal negiert. Ausführungsanweisungen in eckigen Klammern (BEFORE, MEETS) sind mit den hier eingesetzten Mitteln zur Spezifikation nicht zu unterscheiden, bei Ausführungsanweisungen in runden Klammern ist für die Verwendung in einem Workflow-Management-System eine Präzisierung notwendig. So ist eine Ausführungsanweisung DURING, die nur die Überschneidung der Ausführungszeiten zweier Workflow-Instanzen vorgibt, nicht eindeutig. Erst nach Präzisierung durch Hinzufügen der Modalität (die Ausführungszeit *muß* sich überschneiden: ENF_-SWITCH, oder die Ausführungszeit *kann* sich überschneiden: OPT_DURING) ergibt sich eine sinnvolle Funktionalität.

Für eine Darstellung wie in Abb. 7.6 gibt es verschiedene Verwendungsmöglichkeiten: Beispielsweise kann eine Markierung der angebotenen Ausdrucksmittel dabei helfen, Unterschiede oder Gemeinsamkeiten zwischen verschiedenen Workflow-Sprachen anschaulich darzustellen. Im Zusammenhang mit erweiterbaren Workflow-Sprachen stellt die Abbildung ein Entwicklungshilfsmittel dar.

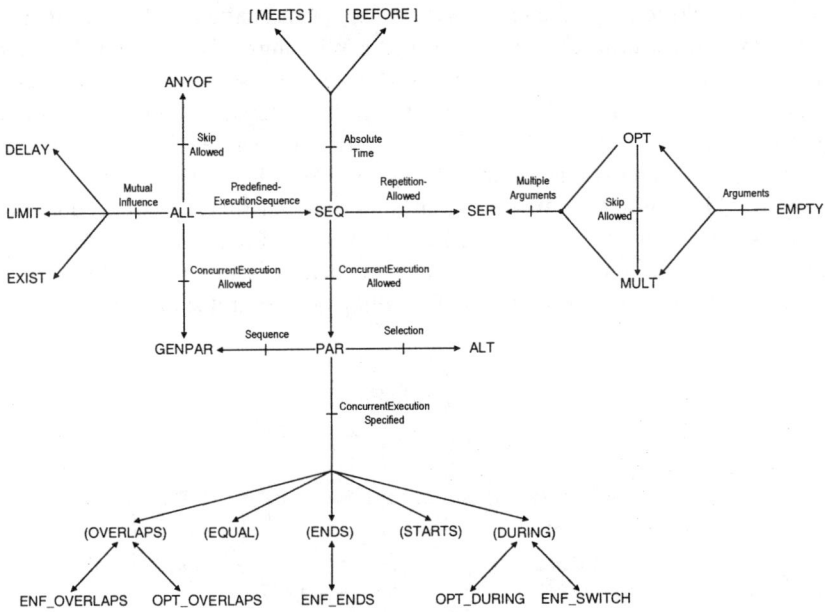

Abb. 7.6: Änderung der Workflow-Ausführung durch Kontrollflußmodifikation

Neue Ausführungsanweisungen ergeben sich automatisch dadurch, daß vorhandene Entwicklungslinien aufgefächert werden, beispielsweise durch die Hinzunahme von Zeitaspekten in den Ausführungsanweisungen. Für die Praxis am wichtigsten ist Nutzung der Abbildung als Navigationshilfe bei der Kontrollflußveränderung. Um die Auswirkungen des Austauschs einer Ausführungsanweisung $AA_i(a, b)$ gegen $AA_j(a, b)$ abzuschätzen, muß nur der Pfad zwischen den Ausführungsanweisungen bestimmt werden. Alle von diesem Pfad berührten Merkmale ändern sich gemäß der Durchlaufrichtung. Abschnitt 7.3.3 geht näher darauf ein.

7.3.2 Variationsmöglichkeiten bei der Kontrollflußdefinition

Dieser Abschnitt schlägt ein Verfahren vor, mit dem ein Entwickler Kontrollflußdefinitionen systematisch erstellen, anpassen und bei Bedarf gezielt variieren kann. Um funktionale und nichtfunktionale Eigenschaften der Kontrollflußdefinition unabhängig voneinander entwickeln und ändern zu können, besteht das Verfahren aus drei Schritten, die im folgenden beschrieben werden. Das Verfahren fügt sich in den Konstruktionsvorgang für Workflow-Typen ein und kann darin als aspektspezifische Handlungsanweisung verstanden werden.

Abbildung 7.7 zeigt als schraffierte Fläche die drei Schritte „Entwurf“, „Anpassung“ und „Variation“, für die jeweils ein Satz spezieller Operationen zur Erstellung bzw. Transformation der Kontrollflußdefinition angeboten werden. Transformationen haben entweder zum Ziel, *funktionale* Defekte der Kontrollflußdefinition (z.B. die Möglichkeit einer aus Anwendungssicht unzulässigen Workflow-Ausführung) zu beheben oder die *nichtfunktionalen* Eigenschaften (z.B. die Lesbarkeit des Kontrollflußausdrucks) zu verbessern. Die Wirkungsweise der Transformationen ist ebenfalls in Abb. 7.7 zu erkennen. Die schrittweise Annäherung von einer initialen Aufgabenstellung bis zu einer Kontrollflußdefinition, die diese Aufgabenstellung vollständig „ausfüllt". Symbolisiert wird der jeweils erreichte Grad der Übereinstimmung von geforderter Workflow-Ausführung (grau) und durch die Kontrollflußdefinition (KFD) realisierter Workflow-Ausführung (weiß) durch die Überdeckung von weißer und grauer Fläche. Aus den Pfaden, die aus den numerierten Transformationen zwischen zwei Entwicklungsstufen entstehen, folgen konkrete Handlungsanweisung für die Erstellung der Kontrollflußdefinition.

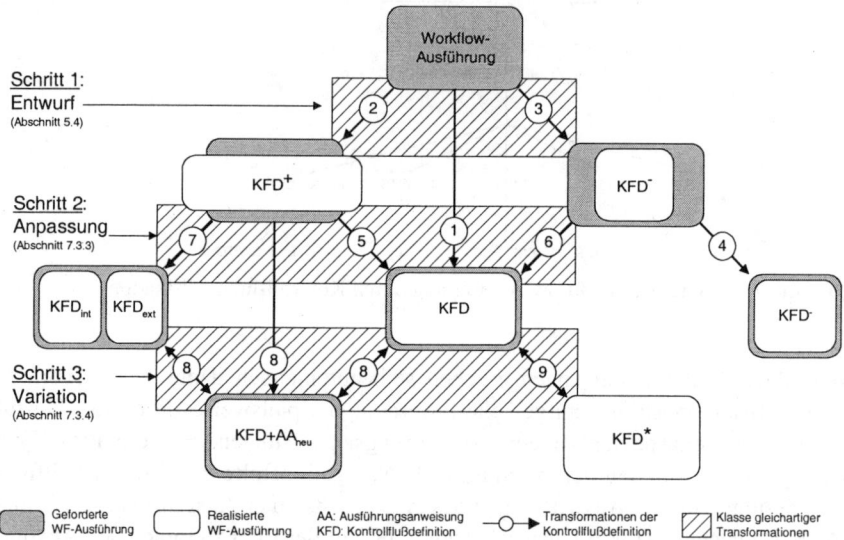

Abb. 7.7: Variationsmöglichkeiten bei der Kontrollflußdefinition

Schritt 1: Entwurf

In Abschn. 5.4 werden gebrauchssprachlich formulierte Abhängigkeiten zwischen Workflow-Typen der Workflow-Typ-Konfiguration durch Ausführungsanweisungen ersetzt. Die Auswahl dieser Ausführungsanweisungen orientiert sich an den folgenden Faktoren:

- **Existenz festgelegter Ausführungsfolgen.** Nur wenn die zulässigen Ausführungsfolgen der Subworkflows überhaupt *bekannt* sind, hat das weitere Vorgehen einen Sinn. Ein Anwender muß in der Lage sein, zwischen zulässigen und unzulässigen Ausführungsfolgen zu unterscheiden, also ein „set of valid execution sequences" (SVES) [Jabl94] zu bilden. Dabei ist zu beachten, daß vollständig bekannte und durchgehend planbare Ausführungsfolgen von Aufgaben in Geschäftsprozessen nicht immer gegeben sind (vgl. [Deit96]).

- **Notwendigkeit zur Ablaufüberwachung.** Als nächstes ist der Bedarf für eine Überwachung der Ausführungsfolgen zu prüfen. Die Konsequenzen bei Mißachtung einer vorgegebenen Workflow-Ausführung können in unnötiger Mehrarbeit für den Bearbeiter bestehen, aber auch den Verlust bisher erzielter Arbeitsergebnisse zur Folge habe. Der mögliche Schaden muß dem Aufwand einer Kontrollflußdefinition gegenübergestellt werden, insbesondere, wenn Ausführungsanweisungen erst entwickelt und getestet werden müssen. Hängt allerdings das Ergebnis des gesamten Geschäftsprozesses von der richtigen Ausführungsfolge der Workflows ab, ist die Kontrollflußdefinition unverzichtbar.

- **Kontroll- oder Datenflußabhängigkeiten.** Die Ausführungsbereitschaft eines Subworkflows muß nicht zwangsläufig vom Zustand eines anderen Subworkflows abhängen (Kontrollflußabhängigkeit). Startbedingung kann auch die Verfügbarkeit eines Datums sein (Datenflußabhängigkeit). Da hier der Datenfluß nicht behandelt wird, wird im folgenden immer eine vom Zustand anderer Subworkflows abhängige Ausführung unterstellt.

- **Temporale oder kausale Abhängigkeiten.** Bei einer temporalen Abhängigkeit zwischen den Workflows ist die relative Lage der Ausführungszeiten entscheidend (z.B. „Subworkflow a muß *vor* Subworkflow b ausgeführt werden"). Bestimmt allein die Tatsache der Ausführung oder Nichtausführung eines Workflows über die Ausführung oder Nichtausführung anderer Workflows, liegt eine kausale Abhängigkeit vor.

Diese Faktoren ermöglichen eine erste Vorauswahl der Ausführungsanweisungen. Für das weitere wird jetzt unterstellt, daß ein Entwickler Ausführungsanweisungen zu einem Kontrollflußausdruck kombiniert hat. Diese Situation referenziert Abb. 7.7 als „Entwurf". In einfachen Fällen wird es auf Anhieb gelingen, die geforderte Form der Workflow-Ausführung zu erreichen (1). In allen anderen Fällen wird die Kontrollflußdefinition Entwurfscharakter haben, was sich in einer Diskrepanz zwischen geforderter und realisierter Workflow-Ausführung äußert. Entweder läßt die Kontrollflußdefinition (KFD$^+$) mehr Workflow-Ausführungen zu, als gefordert, zulässig oder sinnvoll sind (2), oder die Kontrollflußdefinition (KFD$^-$) ist zu restriktiv und schränkt einen Anwender unnötig ein (3). Der Fall, daß ein Entwickler die offensichtlich unzureichende Kontrollflußdefinition akzeptiert und die Tätigkeit damit beendet (4), ist nicht weiter interessant.

Schritt 2: Anpassung

Gezielte Anpassungen der Kontrollflußdefinition, wie in Transformation (5) und (6) angedeutet, beheben obige Defekte, verändern aber die Ausführungsfolge der Subworkflows:

- *Ausführungserweiternde* Transformationen vergrößern die Menge der Workflow-Ausführungen, etwa durch den Austausch von SEQ durch ALL.

- *Ausführungsreduzierende* Transformationen verkleinern die Menge der Workflow-Ausführungen, etwa durch den Austausch von ALL durch SEQ.

Um sich zu orientieren, kann ein Entwickler auf Abb. 7.6 zurückgreifen. Darin werden die Ausführungsanweisungen so dargestellt, daß ihre Merkmale wie zum Beispiel die nebenläufige Ausführung (ConcurrentExecutionAllowed) oder die Option zur Wiederholung (RepetitionAllowed) von Workflows klar ersichtlich werden. Zeigt sich dabei, daß durch Austausch der Ausführungsanweisung die gewünschte Form der Workflow-Ausführung nicht realisiert werden kann, steht ein weiterer Weg offen: Die partielle Realisierung der Kontrollflußdefinition in einer externen Applikation durch Transformation (7). Abschnitt 7.4.1 geht ausführlich auf diese Technik ein und erläutert ihre Auswirkungen. Liefert die Kontrollflußdefinition die geforderte Workflow-Ausführung (eine diesbezügliche Untersuchung stellt Abschn. 7.6.4 vor), sind die funktionalen Anforderungen an die Kontrollflußdefinition erfüllt. Ein Entwickler kann nun dazu übergehen, auch die nichtfunktionalen Eigenschaften der Kontrollflußdefinition zu verbessern. In erster Linie betrifft das die Möglichkeiten eines Anwenders in Entscheidungs- und Auswahlsituationen während der Workflow-Ausführung.

Schritt 3: Variation

Jede Form der Workflow-Ausführung läßt sich durch unendlich viele syntaktisch verschiedene Kontrollflußausdrücke beschreiben. Unter diesen Formulierungsvarianten sind vor allem diejenigen interessant, die die gleiche Workflow-Ausführung mit anderen Typen von Ausführungsanweisungen liefern. Für die Ersetzung eines Kontrollflußausdrucks oder einer einzelnen Ausführungsanweisung gibt es hauptsächlich zwei Gründe:

- Anwendungsspezifisch entwickelte Ausführungsanweisungen (8) können ganze Teilausdrücke der Kontrollflußdefinition ersetzen, zum Beispiel eine dreistellige Ausführungsanweisung SEQ(a, b, c) statt SEQ(a, SEQ(b, c)).

- Die Rückführung komplizierter Ausführungsanweisungen auf einfache Ausführungsanweisungen erleichtert die Überführung des Workflow-Typs in Workflow-Schemata, wenn anschließend nur noch Ausführungsanweisungen vorkommen, die in der Workflow-Sprache des Zielsystems verfügbar sind (9).

Die meisten Transformationen in Abb. 7.7 sind in beiden Richtungen möglich, allerdings fehlt für die Umkehrung der Transformationen (5), (6) und (7) eine sinnvolle Anwendung. Nicht eingezeichnet sind die Transformationen, die sich nur aus Hintereinanderausführung der benannten Transformationen ergeben.

7.3.3 Änderung der Workflow-Ausführung durch Kontrollflußmodifikation

Kontrollflußdefinitionen auf der Basis von Ausführungsanweisungen haben den großen Vorteil, daß der Austausch einzelner Ausführungsanweisungen oder Teilausdrücke nur Subworkflows betrifft, deren Workflow-Instanzvariablen als Argumente dieser Ausführungsanweisungen vorkommen. Diese Eigenschaft der

Kontrollflußausdrücke kann ein Entwickler ausnutzen, um die Ausführung einzelner Subworkflows gezielt zu verändern. Die Kontrollflußmodifikation als Technik zur gezielten Anpassung der Ausführungseigenschaften und der Nutzen von Abb. 7.6 als Navigationshilfe wird hier an einem Beispiel demonstriert. Angenommen sei die Aufgabentypstruktur eines Geschäftsprozesses und eine daraus abgeleitete Workflow-Typ-Konfiguration. Jeder Aufgabentyp ist durch einen Workflow-Typ repräsentiert, und ein Entwickler muß die Verwendungsbeziehungen der Reihe nach durch Ausführungsanweisungen ersetzen (s. Abschn. 4.2.2.3). Da es bei komplexen Geschäftsprozessen schwierig ist, die vielfältigen Beziehungen zwischen den Aufgabentypen auf Anhieb zu überblicken, kann ein Entwickler sich zunächst für eine strikt sequentielle Instanziierung aller Workflow-Typen entscheiden und die Ausführungsanweisung SEQ auswählen. Allerdings wird die entstehende Workflow-Typ-Konfiguration weder den Möglichkeiten der nebenläufigen Ausführung unabhängiger Workflow-Instanzen gerecht, noch werden Anwender die strikte Vorgabe im Arbeitsablauf akzeptieren. Ein Entwickler wird also versuchen, diese restriktive Variante zu verbessern. Die Position von SEQ in Abb. 7.6 zeigt, wie einzelne Eigenschaften der sequentiellen Ausführung „entschärft" werden:

- SEQ → PAR erlaubt, daß die von den Argumenten bezeichneten Workflow-Typen jetzt gleichzeitig instanziiert und den Anwendern zur Ausführung angeboten werden.

- SEQ → SER schafft die Möglichkeit, die kontrollierten Workflow-Typen mehrfach zu instanziieren und einem Anwender die Möglichkeit der wiederholten Ausführung zu geben.

- SEQ → ALL befreit den Anwender davon, die Workflows in strenger Reihenfolge zu bearbeiten, ohne die Überwachung der vollständigen Bearbeitung aller Aufgaben aufzugeben.

Die Entscheidung über die Zulässigkeit solcher Ersetzungen ist nicht trivial, wenn es sich um komposite Workflow-Typen handelt, deren Ausführungsfolge verändert wird. Bereits für die einfache Workflow-Typ-Konfiguration in Abb. 7.8 ist nicht klar, ob ein Wechsel von AA_1 (falls SEQ) zu AA_3 für (falls PAR) möglich ist.

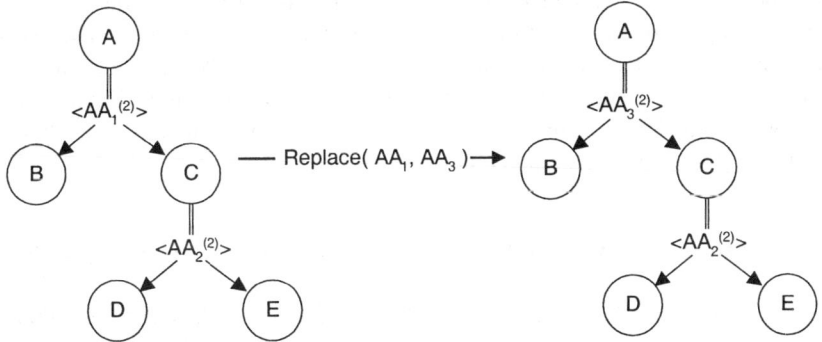

Abb. 7.8: Austausch einzelner Ausführungsanweisungen

Sind B, D und E komposite Workflow-Typen, darf kein einziger Workflow-Typ in
der Verwendungshierarchie von D und E auf die Ausführung von Workflow-Typ
B oder eines seiner Subworkflows angewiesen sein. Wäre dies der Fall, bestünde
die Gefahr einer Blockierung oder gar Verklemmung. Unkritisch und ohne weitere
Prüfung zulässig ist hingegen ein Übergang PAR → SEQ, obgleich damit die
vorher vorhandene Möglichkeit zur nebenläufigen und damit i.allg. schnelleren
Ausführung entfällt. Die eben beschriebene Auswirkung einer lokalen Änderung
durch die Operation Replace in der Kontrollflußdefinition auf einen ganzen Satz
von Workflow-Typen kann allerdings auch sehr hilfreich sein, wie Abb. 7.9 zeigt.

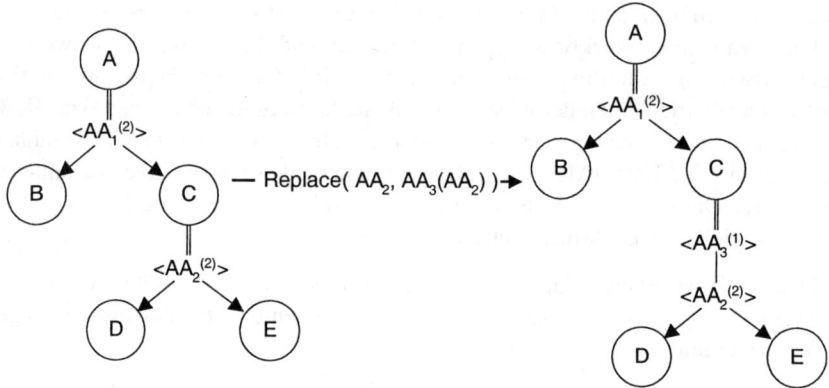

Abb. 7.9: Modifikation der Ausführung durch Einkleidung von Ausführungsanweisungen

So reicht beispielsweise die Einkleidung eines Teilausdrucks in der Kontrollflußdefinition mit der Ausführungsanweisung OPT oder MULT, um von einer einmali-
gen Ausführung der Workflow-Instanzen zu einer optionalen oder wiederholten
Ausführung zu gelangen. Abbildung 7.9 dient wieder als Beispiel. Durch Einkleidung von Ausführungsanweisung AA_2 durch eine neue einstellige Ausführungsanweisung AA_3 wird an einer Stelle das Ausführungsverhalten des gesamten Teilbaums und der Workflow-Typen D und E modifiziert.

Besonders deutlich wird die Mächtigkeit der gezeigten Änderungsoperation,
wenn der Aufwand betrachtet wird, der bei einer Kontrollflußdefinition mittels
Kontrollflußprimitiven oder Kontrollflußkonstrukten erforderlich ist. Die Änderung eines gerichteten Graphen, wie er beispielsweise in FlowMark zur Kontrollflußdefinition verwendet wird, erfordert nicht nur erheblich mehr Einzelschritte
(Kanten einzeln löschen und gezielt wieder neu setzen), sondern birgt darüber
hinaus ein erhebliches Fehlerpotential.

7.3.4 Veränderung der Kontrollflußdefinition unter Funktionserhalt

Die Funktion der Kontrollflußdefinition besteht darin, das Ausführungsverhalten
der Subworkflows des Workflow-Typs festzulegen und zwar durch die Kombination mehrerer Ausführungsanweisungen zu einem Kontrollflußausdruck. Im vor-

herigen Abschnitt wird die Kontrollflußdefinition gezielt verändert, um die resultierende Workflow-Ausführung anzupassen. Dieser Abschnitt zeigt den Nutzen und die Anwendbarkeit einer dazu komplementären Vorgehensweise: der Veränderung der Kontrollflußdefinition unter Erhalt der Workflow-Ausführung. Die Gründe für diese Art der Variantenbildung sind:

- Vereinfachung der Kontrollflußdefinition zwecks besserer Wartbarkeit
- Änderung des Dialogs mit dem Anwender bei der Ausführung des Workflows
- Kontrollflußdefinition mit einer Teilmenge der Ausführungsanweisungen

Die folgenden Abschnitte stellen unterschiedliche Wege der Veränderung einer Kontrollflußdefinition vor, die eine aus Sicht der Anwendung sinnvolle Ausführungsfolge der Subworkflows beschreibt und jetzt hinsichtlich ihrer nichtfunktionalen Eigenschaften verbessert werden soll. Dazu werden Teile des Kontrollflußausdrucks ersetzt, wobei das Ergebnis der Ersetzung wie folgt zu unterscheiden ist:

- **Abfolgeäquivalenz.** Zwei Kontrollflußdefinitionen werden als *abfolgeäquivalent* bezeichnet, wenn sie die gleiche Menge zulässiger Workflow-Ausführungen zulassen. Für Ausführungsanweisungen stützt sich der Nachweis auf die Spezifikation (z.B. ist bei ALT gemäß Abschn. 5.3.3 leicht zu erkennen, daß ALT(x, y) und ALT(y, x) die gleiche Menge zulässiger Workflow-Ausführungen haben). Bei zusammengesetzten Ausdrücken werden alle möglichen Workflow-Ausführungen generiert und diese Mengen verglichen.

- **Ausführungsäquivalenz.** Zwei Kontrollflußdefinitionen sind *ausführungsäquivalent*, wenn sie abfolgeäquivalent sind und darüber hinaus zu jedem Zeitpunkt der Ausführung die gleichen Workflow-Operationen auf den beteiligten Workflow-Instanzen zulassen.

Eine abfolgeäquivalente Ersetzung ohne Ausführungsäquivalenz kann einen Anwender zu einem geänderten Umgang mit den Subworkflows des Workflow-Typ zwingen. Betroffen ist davon zum einen der Zeitpunkt, an dem die Workflow-Instanzen zur Ausführung angeboten werden, und zum anderen die Reichweite einer Entscheidung bei der Auswahl von Alternativen. Die folgenden Abschnitte gehen auf diese Unterschiede ausführlich ein und geben dazu auch Beispiele an.

7.3.4.1 Funktionserhaltende Ersetzung von Kontrollflußausdrücken

Die folgenden Operationen auf der Kontrollflußdefinition dienen dazu, den Kontrollflußausdruck zu vereinfachen. Daran ist in erster Linie ein Entwickler interessiert, weil eine bessere Lesbarkeit komplexer Kontrollflußdefinitionen die Gefahr von Fehlern nach einer Änderung reduziert. Zum Teil erfordern die Vereinfachungen die Entwicklung neuer oder die Modifikation bestehender Ausführungsanweisungen, zum Teil lassen sich die Vereinfachungen auf Eigenschaften der Ausführungsanweisungen zurückführen. Folgende Möglichkeiten bestehen:

Einführung von mehrstelligen Ausführungsanweisungen

Bei Ausführungsanweisungen mit FixedNumberOfArguments = FALSE (das gilt für ALL, ALT, ANYOF, ENF_ENDS, GENPAR, NINSEQ, NINPAR, PAR, SEQ, SER) kann die Anzahl der Argumente erhöht werden, ohne die Funktionsweise der Ausführungsanweisung zu verändern. Sinnvoll ist eine derartige Veränderung der Stelligkeit, um Schachtelungen gleichartiger Ausführungsanweisungen zu verhindern und kompaktere Kontrollflußausdrücke zu schaffen:

Beispiel 1: Häufig tritt dieser Fall bei der sequentiellen Ausführung von mehr als zwei Subworkflows auf: SEQ(a, SEQ(b, SEQ(c, d))) kann durch SEQ(a, b, c, d) ersetzt werden. Die Menge der zulässigen Workflow-Ausführungen bleibt gleich, die Reihenfolge der Bereitstellung ausführbereiter Workflow-Instanzen und der Zeitpunkt der Sichtbarkeit beim Anwender ändert sich ebenfalls nicht.

Beispiel 2: ALT(a, ALT (c, d)) und ALT(a, b, c) lassen zwar jeweils nur einen einzigen der drei Subworkflows zur Ausführung zu, für den Anwender bestehen hingegen deutliche Unterschiede. Bei ALT(a, b, c) wird *zu einem* Zeitpunkt die Entscheidung über *alle* Alternativen getroffen, bei ALT(a, ALT (b, c)) und allen Permutationen dieses Ausdrucks wird *zu zwei verschiedenen* Zeitpunkten über jeweils *einen Teil* der Alternativen entschieden.

Die Unterschiede der beiden Ausdrücke in Beispiel 2 sind kein Hinderungsgrund, die Vereinfachung durchzuführen. Ein Entwickler muß sich nur über die Konsequenzen im Klaren sein und diese Änderung mit dem Anwender abstimmen. Nur für konkrete Subworkflows und Alternativen im Kontrollfluß kann entschieden werden, ob eine kaskadenartige Fallunterscheidung hilfreich (weil übersichtlicher) oder hinderlich (weil einschränkender) ist. Daraus folgt, daß FixedNumberOfArguments = FALSE eine notwendige, aber keine hinreichende Bedingung dafür ist, die Stelligkeit einer Ausführungsanweisung zu erhöhen, um Schachtelungen dieser Ausführungsanweisung im Kontrollflußausdruck zu vermeiden.

Distributivität zwischen Ausführungsanweisungen

Eine weitere Möglichkeit zur Vereinfachung von Kontrollflußausdrücken besteht darin, die Distributivitätseigenschaft von ALT über einige der anderen Ausführungsanweisungen (z.B. SEQ, PAR, ALL) auszunutzen. Im Gegensatz zur Erhöhung der Stelligkeit einer Ausführungsanweisung ändert sich hier die Anzahl der Workflow-Instanzvariablen. Die Distributivitätseigenschaft läßt sich so nutzen:

Beispiel 3: Der Ausdruck ALT(SEQ(x_1, a), SEQ(x_2, b)) kann durch SEQ(x, ALT(a, b)) ersetzt werden, wenn gilt WorkflowType(x_1) = WorkflowType(x_2) = WorkflowType(x)).

Für diese Art von Ersetzung gelten zusätzliche Randbedingungen: Gibt es in Beispiel 3 einen Datenfluß zwischen den Workflow-Typen von Workflow-Instanz x_1

und a und unterscheidet sich dieser Datenfluß von dem zwischen Workflow-Instanz x_2 und b, muß auf die Ersetzung verzichtet werden.

Zusätzliche Ausführungsanweisungen als Ersatz für Kontrollflußausdrücke

Bisher wird auf die Möglichkeit zur Einführung neuer Ausführungsanweisungen immer dann zurückgegriffen, wenn die Kombination der vorhandenen Ausführungsanweisungen nicht zum Ausdruck der geforderten Workflow-Ausführung ausreicht. Eine zusätzlich eingeführte Ausführungsanweisung kann auch dazu dienen, einen häufig verwendeten Kontrollflußausdruck aus mehreren einzelnen Ausführungsanweisungen zu ersetzen. Bei ordnungsgemäßer Spezifikation bleibt die Workflow-Ausführung erhalten und wird ab jetzt nur durch eine statt mehrere Ausführungsanweisungen realisiert.

Beispiel 4: Der Kontrollflußausdruck SEQ(a, ALL(b, c), ALT(d, e)) beschreibt den Ablauf eines Prüfvorgangs, der eine einleitende Tätigkeit a, zwei Vorarbeiten b und c sowie eine Entscheidung mit Annahme d oder Ablehnung e umfaßt. Eine entsprechend spezifizierte neue Ausführungsanweisung TEST(a, b, c, d, e) kann den Ausdruck ersetzen und den Kontrollflußausdruck erheblich verkleinern.

Abbildung 7.10 zeigt die Spezifikation der Ausführungsanweisung TEST.

[W_start_TEST]	**TEST**.isReady	—o	a.isReady
[W_start_task]	a.isDone	—o	FirstTask * SecondTask * sync
[W_prepare_first]	b.isDone	—o	FirstDone * sync
[W_prepare_second]	c.isDone	—o	SecondDone * sync
[A_select_b]	FirstTask * sync	—o	b.isReady
[A_select_c]	SecondTask * sync	—o	c.isReady
[A_select_d]	FirstDone * SecondDone * sync	—o	d.isReady
[A_select_e]	FirstDone * SecondDone * sync	—o	e.isReady
[W_finish_TEST_after_d]	d.isDone	—o	**TEST**.isDone
[W_finish_TEST_after_e]	e.isDone	—o	**TEST**.isDone
[A_exec_a]	a.isReady	—o	a.isDone
[A_exec_b]	b.isReady	—o	b.isDone
[A_exec_c]	c.isReady	—o	c.isDone
[A_exec_d]	d.isReady	—o	d.isDone
[A_exec_e]	e.isReady	—o	e.isDone

Abb. 7.10: Ausführungsanweisung TEST

Hier ist zu beachten, daß die Einführung einer neuen Ausführungsanweisung nicht die gleiche Wirkung wie die Verwendung eines Makros hat. Zum Zeitpunkt der Workflow-Typ-Konstruktion besteht noch kein Unterschied, aber die hier vorgestellte Variante führt in einem erweiterbaren Workflow-Management-System zu einem neuen Ausdrucksmittel der Workflow-Sprache, wohingegen ein Makro nur auf vorhandene Ausdrucksmittel zurückgreift.

7.3.4.2 Veränderung der Funktion einer Ausführungsanweisung

Ausführungsanweisungen sind nicht nur durch die von ihnen erzeugte Workflow-Ausführung charakterisiert, sondern auch durch die Art des Dialogs, den sie zum Ausführungszeitpunkt zwischen Workflow-Management-System und Anwender induzieren. In der Ausführungsanweisung ist festgelegt, welche Zustandsübergänge der kontrollierten Workflow-Instanzen zulässig sind, und diese Information (neben anderen, z.B. Workflow-Typ-spezifischen Constraints [Jabl96a, S. 128ff.] oder [Schu99]) verwendet das Workflow-Management-System dazu, Workflow-Instanzen als ausführbereit einzustufen und nach Bestimmung eines Bearbeiters zur Ausführung anzubieten (zu den Details siehe z.B. [Bußl97, S. 55f.]). Aus Sicht des Anwenders ist dieser Dialog wie folgt charakterisiert:

- **Sichtbarkeit zugewiesener Workflow-Instanzen.** Der Anwender erfährt von der Zuweisung einer Workflow-Instanz durch einen Eintrag in seiner Arbeitsliste. Im allgemeinen ist aber nicht erkenntlich, ob der zugewiesene Workflow Teil einer Sequenz oder das Ergebnis einer bereits erfolgten Auswahl aus mehreren Alternativen ist, oder welche Konsequenzen die Bearbeitung der Aufgabe für die Fortsetzung der Workflow-Ausführung hat.

- **Verfügbare Workflow-Operationen.** Je nach Ausführungsmodell des Workflow-Typs sind die Workflow-Operationen für den Start (start), die Unterbrechung (pause), die Fortsetzung (resume), das Ende (finish) und den Abbruch (cancel), dazu noch die explizite Ankündigung der Nichtausführung (disable), möglich. Benutzerspezifische Einschränkungen seien hier außer Acht gelassen.

Nachdem die Konstruktion der Ausführungsanweisungen den Bereitstellungszeitpunkt und die angebotenen/notwendigen Workflow-Operationen bestimmt, besteht hier eine interessante Möglichkeit der Einflußnahme auf die Kontrollflußdefinition. Sie wird am Beispiel der Ausführungsanweisung OPT demonstriert. Die vorgestellten Varianten unterscheiden sich darin, wer die Entscheidung für oder gegen die Ausführung des Workflows trifft.

Variante 1 in Abb. 7.11 spezifiziert ein OPT, bei dem das Workflow-Management-System über die Entscheidung zur Workflow-Ausführung entscheidet, zum Beispiel anhand einer zuvor durchgeführten Prüfung eines workflow-relevanten Datums. Fällt die Entscheidung gegen die Ausführung, wird die Ausführungsanweisung mittels [W_skip_OPT] beendet, und der Anwender bemerkt überhaupt nicht, daß ein Workflow zur Ausführung hätte kommen können. Das ist auch in der Spezifikation erkenntlich, denn es entsteht kein Token a.isReady. Anders ist es bei einer Entscheidung für die Ausführung, die zu [W_start_OPT] führt und dem Anwender einen ausführbereiten Workflow zuweist (a.isReady).

[W_skip_OPT]	OPT.isReady	—o OPT.isDone
[W_start_OPT]	OPT.isReady	—o OPT.isRunning * a.isReady
[W_finish_OPT]	OPT.isRunning * a.isDone	—o OPT.isDone
[A_exec_a]	a.isReady	—o a.isDone

Abb. 7.11: OPT(a), Variante 1 (systementschieden)

Demnach ist dieses OPT eine für das Workflow-Management-System und nicht für den Anwender optionale Ausführung. Soll trotz der Entscheidung des Work-flow-Management-Systems für die Ausführung der Anwender dennoch wählen können, wäre die Transition [A_disable_a: a.isReady —o a.isDisabled] nötig (in Abb. 7.11 nicht gezeigt).

In Variante 2 von OPT in Abb. 7.12 wird durch Transition [W_start_OPT] der Workflow zunächst instanziiert und dem Bearbeiter zugewiesen, der dann über die Ausführung oder die Auslassung entscheidet. Der Zustand OPT.isDone ist erreichbar, wenn die Workflow-Instanz a durch den Anwender mittels [A_exec_a] beendet wird oder wenn durch [A_disable_a] die Nichtausführung von Workflow-Instanz a gewünscht wird. Im Gegensatz zur Variante aus Abb. 7.11 muß hier die Transition [A_disable_a] auf jeden Fall angeboten werden, was implementie-rungstechnisch eine Freigabe der entsprechenden Workflow-Operation bedeutet.

[W_start_OPT]	OPT.isReady	—o OPT.isRunning * a.isReady
[W_finish_OPT_ex]	OPT.isRunning * a.isDone	—o OPT.isDone
[W_finish_OPT_ab]	OPT.isRunning * a.isDisabled	—o OPT.isDone
[A_abort_a]	a.isReady	—o a.isDisabled
[A_exec_a]	a.isReady	—o a.isDone

Abb. 7.12: OPT(a), Variante 2 (anwenderentschieden)

Dieses OPT adressiert eine Situation, in der die Entscheidung über die Workflow-Ausführung nicht formalisiert werden kann oder dem Urteilsvermögen eines Anwenders überlassen werden soll. Der Fall tritt bei Workflows auf, die zur Unter-stützung einer Tätigkeit dienen, die in jedem Einzelfall anders ausfällt [Schl98].

Beide Varianten von OPT weisen die gleiche Menge zulässiger Workflow-Ausführungen auf. Ihr Austausch hat demnach auf die umgebende Kontrollflußde-finition keine Auswirkung. Gezeigt wurde vielmehr, wie ein Entwickler auf nicht-funktionale Aspekte gezielt Einfluß nehmen kann. Das Vorgehen ist auf andere Ausführungsanweisungen übertragbar. Da sich die notwendigen Veränderungen an der Spezifikation der Ausführungsanweisung nicht verallgemeinern lassen, empfiehlt sich erstens ein Test auf die ordnungsgemäße Funktionsweise (s. Abschn. 7.6.4.2) und zweitens eine Visualisierung aller Ausführungsfolgen (s. Abschn. 7.6.4.3) vor und nach der Veränderung.

7.3.4.3 Nachbildung von Ausführungsanweisungen durch Kontrollflußausdrücke

Zu den elementaren Ausführungsanweisungen werden EMPTY, OPT, MULT, ALT, SEQ und PAR gezählt. „Elementar" ist keine absolute Eigenschaft, sondern gilt hier in Hinblick auf die Ausführungsanweisungen, die Abschn. 5.3 eingeführt hat. Da viele Workflow-Management-Systeme die sequentielle (SEQ), alternative (ALT) und voneinander unabhängige (PAR) Workflow-Ausführung unterstützen, lassen sich Kontrollflußdefinitionen aus diesen Ausführungsanweisungen mit den zugehörigen Workflow-Sprachen formulieren. Dies gilt für Ausführungsanweisungen wie beispielsweise DELAY oder ALL nicht mehr, die bisher nur in Forschungsprototypen (z.B. MOBILE und WorCOS) implementiert sind. Wie einem Entwickler einerseits die Mächtigkeit dieser Ausdrucksmittel erhalten, andererseits die Überführung der Workflow-Typen in möglichst viele Workflow-Sprachen ermöglicht werden kann, zeigt dieser Abschnitt, indem komplexe Ausführungsanweisungen auf elementare Ausführungsanweisung zurückgeführt werden. Die Rückführung orientiert sich an der Menge der zulässigen Workflow-Ausführungen der nachzubildenden Ausführungsanweisung, gelingt aber nicht in jedem Fall. An Beispielen wird gezeigt, wann die Rückführung möglich ist, welche Auswirkungen die Ersetzung auf die Workflow-Ausführung hat und welche Veränderungen die Anwender im Umgang mit den Workflows zu erwarten haben.

(1) Ausführungsäquivalente Ersetzung von Ausführungsanweisungen

Bei ausführungsäquivalenten Ersetzungen unterscheiden sich die ersetzte Ausführungsanweisung und der ersetzte Kontrollflußausdruck weder in der Menge der zulässigen Workflow-Ausführungen noch in der Handhabung für einen Anwender. Beispiele für ausführungsäquivalente Ersetzungen sind:

- SER(a, b ... z) durch SEQ(MULT(a), MULT(b) ... MULT(z))
- ANYOF(a, b ... z) durch ALL(OPT(a), OPT(b) ... OPT(z))

Das bedeutet, ein Entwickler kann SER und ANYOF nachbilden, wenn ihm SEQ und MULT bzw. ALL und OPT zur Verfügung stehen. Der Unterschied der Varianten der Kontrollflußdefinition besteht nur im Umfang, nicht in der Funktion.

(2) Ersetzung von Ausführungsanweisungen ohne Abfolgeäquivalenz

Damit eine Ausführungsanweisung flexibel auf die Entscheidungen eines Anwenders bei der Ausführung der kontrollierten Workflows reagieren kann, muß das Ergebnis dieser Entscheidung entweder direkt oder über die Wirkungen der ausgeführten Workflows in der Ausführungsanweisung repräsentiert werden. Ein typisches Beispiel ist die Ausführungsanweisung ALL, die die Ausführung aller als Argumente benannten Workflows vorsieht, ohne eine Reihenfolge vorzugeben. Zulässige Workflow-Ausführungen sind demnach alle Permutationen über die Argumente. Dies kann wie folgt nachgebildet werden (gezeigt für ALL(a, b, c)):

1. ALT(SEQ(a_1, b_1 c_1), SEQ(b_2, a_2, c_2) ... SEQ(c_6, b_6, a_6))

2. ALT(SEQ(a_1, ALT(SEQ(b_1, c_1), SEQ(c_2, b_2))), SEQ(b_3, ALT(SEQ(a_2, c_3), SEQ(c_4, a_3))), SEQ(c_5, ALT(SEQ(b_4, a_4), SEQ(a_5, b_5))))

Gleich benannte Workflow-Instanzen haben den gleichen Workflow-Typ und werden zwecks Unterscheidung und Wahrung der Eindeutigkeit innerhalb der Kontrollflußdefinition indiziert. Für zwei Argumente sind die Varianten (1) und (2) identisch, für mehr als drei Argumente ist der entstehende Ausdruck kaum mehr überschaubar und nur noch schlecht wartbar. Die Abfolgeäquivalenz ist ersichtlich, die Ausführungsäquivalenz ist weder bei der Permutations-Variante (1) noch bei der Kaskaden-Variante (2) gegeben. In beiden Fällen muß sich ein Anwender zu Beginn auf die Vorgehensweise für die gesamte weitere Ausführung festlegen, was ALL gerade verhindern soll. Da ALL dort eingesetzt wird, wo lediglich die Vollständigkeit der Ausführung sichergestellt werden soll, die Reihenfolge aber der aktuellen Situation und damit dem Bearbeiter überlassen werden muß, gibt es für ALL keinen akzeptablen Ersatz. Wird bei der Spezifikation von ALL auf die Forderung verzichtet, die benannten Workflows strikt sequentiell auszuführen, ist eine Ersetzung durch PAR zulässig. PAR erzwingt zumindest in der Spezifikation von Abschn. 5.3.3 keine zeitlich überlappende Ausführung und gestattet demnach ein sequentielles Abarbeiten aller Workflows in beliebiger Reihenfolge.

(3) Abfolgeäquivalente Ersetzung von Ausführungsanweisungen

In [Jabl94] werden die Ausführungsanweisungen DELAY, EXIST und LIMIT vorgestellt. Sie drücken temporale (LIMIT, DELAY) und kausale (EXIST) Abhängigkeiten zwischen Workflows aus. Die genaue Funktionsweise geht aus Tabelle 5.2 hervor. Allerdings kann ein Entwickler die Ausführungsanweisungen DELAY, EXIST und LIMIT trotz ihrer Ausdrucksstärke nur bedingt verwenden, da sie von kaum einer Workflow-Sprache angeboten werden. Eine Möglichkeit, dieses Problem zu umgehen, ist die Ersetzung der Ausführungsanweisung durch einen zusammengesetzten Kontrollflußausdruck, bei SER und ANYOF gelingt dies auch problemlos. Die Ersetzung ist vollkommen unabhängig von den kontrollierten Workflows und kann sogar mechanisch erfolgen. Am Beispiel von DELAY wird jetzt gezeigt, daß nicht alle abfolgeäquivalenten Ersetzungen auch die intendierte Workflow-Ausführung richtig nachbilden.

DELAY(b, c) legt fest, daß die Ausführung von Workflow-Instanz c solange verzögert wird, bis Workflow-Instanz b entweder gestartet und wieder beendet ist oder sicher nicht ausgeführt wird. Außerdem dürfen bei DELAY beide Workflow-Instanzen übergangen werden. Das führt zu den zulässigen Workflow-Ausführungen [b], [c], [b c] und [], hingegen ist [c b] und eine zeitlich überlappende Ausführung [b||c] ausgeschlossen. Wie die Menge der zulässigen Workflow-Ausführungen für jede beliebige Ausführungsanweisung bestimmt wird, zeigt Abschn. 7.6.4.3 durch Auswertung der Spezifikation der Ausführungsanweisung. Für das hier behandelte Ersetzungsproblem werden die Workflow-Ausführungen [b], [c], [b c] und [] ohne weiteren Nachweis angenommen. Ihre Nachbildung durch Ausführungsanweisungen wie SEQ und ALT kann folgendermaßen aussehen:

(1) ALT(EMPTY(), b_1, c_1, SEQ(b_2, c_2))
(2) ALT(EMPTY(), b_1, SEQ(OPT(b_2), c))
(3) ALT(EMPTY(), c_1, SEQ(b, OPT(c_2)))
(4) SEQ(OPT(b), OPT(c))

Problematisch ist in den ersten drei Fällen, daß zu Beginn bereits eine Entscheidung über die gesamte weitere Ausführung der Workflows erforderlich ist, was in
Anwendungsfällen von DELAY gerade nicht möglich ist. DELAY sieht vor, erst
nach der Entscheidung für die Ausführung von b über c zu entscheiden oder c nur
auszuführen, wenn b sicher *nicht* ausgeführt wird.

Variante (1) erlaubt zwar, sich sicher *gegen* die Ausführung von b zu entscheiden, es ist aber nicht möglich, sich *nach* der Ausführung b noch für oder gegen c
zu entscheiden, weil dies implizit bereits *vor* Beginn von b geschehen ist und zwar
durch die Wahl der zweiten oder vierten Alternative. Bei Variante (2) muß schon
zu Beginn darüber entschieden werden, ob nach der Ausführung von b ein c folgen soll oder nicht. Die Varianten (3) und (4) kommen der Intention von DELAY
auf unterschiedliche Weise erheblich näher: Variante (3) fordert zur Entscheidung
über b auf, was zur Wahl der zweiten oder vierten Alternative zwingt. Da nach der
Ausführung von c ohnehin kein b mehr folgen darf und nach der Ausführung von
b c optional ist, ist DELAY hier abfolge- und ausführungsäquivalent nachgebildet.
Gleiches gilt für Variante (4), weil durch SEQ der generell gültige Vorrang von b
vor c etabliert wird, dann aber jeweils die Möglichkeit zur Ausführung oder zum
Übergehen besteht. Letztlich ist nur Variante (4) ein adäquater Ersatz, weil Variante (3) von der unzulässigen Annahme ausgeht, daß die Entscheidung über die
Alternativen vor Beginn der Ausführung überhaupt möglich ist. Die Ausführungszeiten der Workflows können Tage und Wochen betragen, in deren Verlauf sich
die Anwendungssituation so grundlegend ändern kann, daß ein zuvor gefaßter
Plan über die Ausführung falsch sein kann. Nur Variante (4) nimmt auf diesen
Umstand Rücksicht.

Um die Ersetzung einer Ausführungsanweisung praktisch durchzuführen, sind
neben der Suche nach dem passenden Kontrollflußausdruck Änderungen an der
Workflow-Typ-Konfiguration notwendig. Das ist ein mechanischer Vorgang; er
kann deshalb durch ein Entwicklungswerkzeug unterstützt werden. Allerdings
muß sich ein Entwickler über die Auswirkungen dieser Operation im Klaren sein,
weil hier nämlich eine Veränderung des verhaltensbezogenen Aspekts eine Änderung des funktionsbezogenen Aspekts nach sich ziehen kann. Dieser Fall tritt auf,
wenn im zu ersetzenden Kontrollflußausdruck mehr Workflow-Instanzvariablen
vorkommen als in der ersetzten Ausführungsanweisung; zwei Beispiele zeigen die
Situation:

1. DELAY(b, c) wird durch SEQ(OPT(b), OPT(c)) ersetzt
2. ALL(b, c) wird durch ALT(SEQ(b_1, c_1), SEQ(c_2, b_2)) ersetzt

Die Ersetzung (1) zeigt Abb. 7.13. Es gibt hier keinen Anlaß, die vorliegende
Workflow-Typ-Konfiguration zu ändern. Ein Entwickler kann sich zwischen den
beiden Varianten zur Auflösung der Verwendungsbeziehungen zwischen den
Workflow-Typen entscheiden, sowohl CallSubworkflow als auch CopyContent
sind also möglich (vgl. Abschn. 7.2.3).

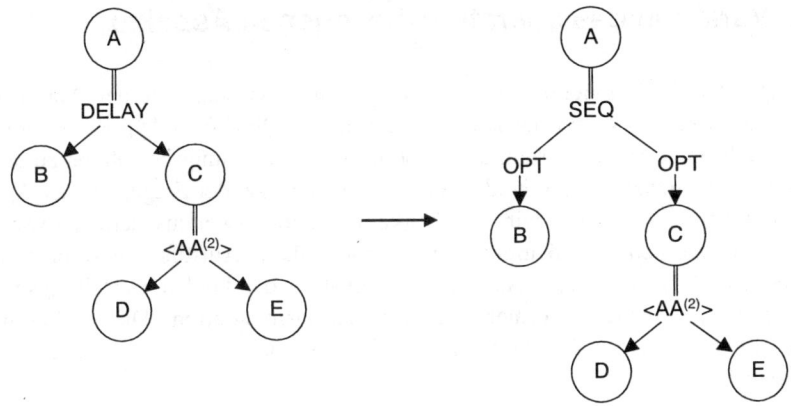

Abb. 7.13: Ersetzung einer Ausführungsanweisung, gleiche Workflow-Typ-Konfiguration

Anders ist die Situation, die aus der Ersetzung (2) folgt und in Abb. 7.14 dargestellt ist: Hier bleibt nur die Auflösung der Verwendungsbeziehung über die Operation CallSubworkflow mit der Einführung von Workflow-Instanzvariablen. Anderenfalls kommen die Workflow-Typen B und C zweifach im Workflow-Typ A
vor, und das ist aus Gründen der Wartbarkeit nicht zu vertreten, weil dann Änderungen an zwei Stellen ausgeführt werden müssen.

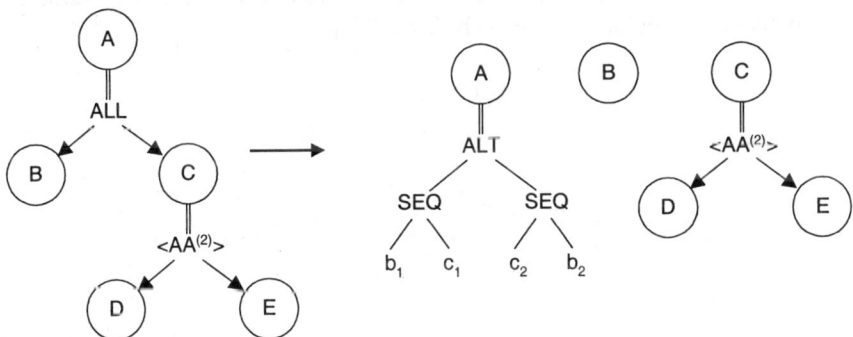

Abb. 7.14: Ersetzung einer Ausführungsanweisung, geänderte Workflow-Typ-Konfiguration

Es wurde klar, daß die Rekonstruktion einer Ausführungsanweisung durch explizite Nachbildung aller zulässigen Workflow-Ausführungen prinzipiell möglich ist.
Allerdings ist Hintergrundwissen erforderlich, um aus der Menge der abfolgeäquivalenten Ersetzungen die richtige zu wählen. Von der Art der Ersetzung hängt es
weiterhin ab, ob die Gestaltungsfreiheit beim funktionsbezogenen Aspekt eingeschränkt wird. Ein Entwickler muß also für jeden Einzelfall prüfen, ob die Nachbildung einer benötigen Ausführungsanweisung durch andere Ausdrucksmittel
gerechtfertigt ist. Nicht nur die Komplexität des Kontrollflußausdrucks nimmt zu,
sondern es entstehen auch mehrere eigenständige Workflow-Typen, die über
Workflow-Instanzvariablen referenziert werden.

7.4 Variation des operationsbezogenen Aspekts

In Kap. 6 hat der Entwickler einen Zusammenhang zwischen externen Applikationen und einzelnen Workflow-Typen innerhalb der Workflow-Typ-Konfiguration hergestellt. Jetzt geht es darum, diese vorläufige Verwendungsbeziehung zu präzisieren. Dazu sind zwei Entscheidungen nötig: erstens bei der Frage, wie der Applikationsaufruf eingekleidet wird (Aufrufkontext), und zweitens darüber, wie bei mehreren externen Applikationen die Abfolge ihres Aufrufs kontrolliert wird (Kontrollflußüberwachung). Aus der Kombination der beiden Gestaltungsmittel folgen unterschiedliche Formen der Applikationsintegration. Dieser Abschnitt stellt die zugehörigen Workflow-Typ-Varianten vor und bewertet ihre Eigenschaften.

7.4.1 Nutzung der Variationsmöglichkeiten für die Applikationsintegration

Als Ausgangspunkt für die Herleitung der unterschiedlichen Varianten wird ein Workflow-Typ gewählt, dem zwei externe Applikationen zugeordnet sind, deren Ausführungsfolge durch eine Ausführungsanweisung beschrieben wird (s. Abb. 7.15). Für mehr als zwei Applikationen ergeben sich keine neuen Möglichkeiten. Bei nur einer Applikation reduzieren sich die möglichen Varianten auf Spezialfälle der vorgestellten Beispiele. Für einen tabellarischen Vergleich der Varianten zur Applikationsintegration siehe auch [Böhm97c].

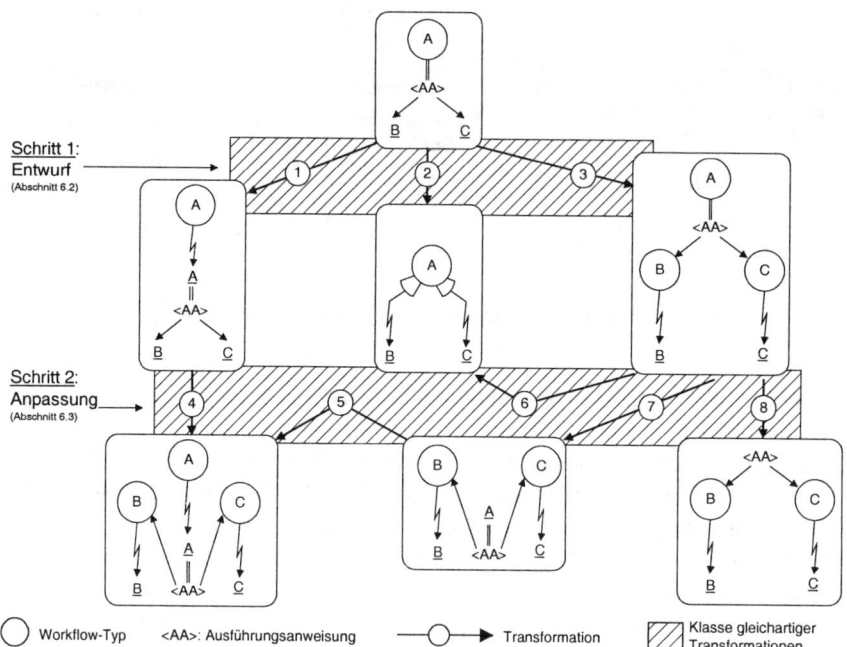

Abb. 7.15: Variation des operationsbezogenen Aspekts

Wie bei der Ausgestaltung der Kontrollflußdefinition in Abschn. 7.3.2 wird auch für die Ausgestaltung der operationsbezogenen Aspekts ein Verfahren angegeben, das aus zwei Schritten besteht, die anhand von Abb. 7.15 erläutert werden:

Schritt 1: Entwurf

Ausgangspunkt ist ein Workflow-Typ A mit den externen Applikationen B und C. Davon ausgehend fällt als erstes die Entscheidung für einen der drei folgende Entwurfsschritte, die mit den Transformationen in Abb. 7.15 korrespondieren:

(1) Für prototypische Realisierungen oder selten geänderte Folgen von Applikationsaufrufen wird die Kontrollflußdefinition vollständig in einer Kommandoprozedur gekapselt. Das Workflow-Management-System verliert damit jede Einflußmöglichkeit und Kontrolle.

(2) Diese Variante ist sinnvoll, wenn es auf eine freizügige Bereitstellung der Applikationen ankommt und das Workflow-Management-System definierbare Workflow-Operationen als Aufrufkontext für externe Applikationen anbietet.

(3) Stehen keine frei definierbaren Workflow-Operationen zur Verfügung oder soll der Applikationsaufruf mit den Mitteln des Workflow-Management-Systems protokolliert werden, sind elementare Workflow-Typen als Aufrufkontext zu wählen. Die vorgesehene Ausführungsfolge zwischen den Applikationen wird zur Kontrollflußdefinition des übergeordneten Workflow-Typs.

Nach der Festlegung des Aufrufkontextes für die beiden Applikationen erlaubt der zweite Schritt Anpassungen an besondere Anforderungen bezüglich der Bereitstellung der Applikationen und der Kontrolle ihres Einsatzes.

Schritt 2: Anpassung

Stellvertretend für die Möglichkeiten der Anpassung dienen die Transformationen (4) bis (8), die in beiden Richtungen zulässig sind. Für die in Abb. 7.15 gezeigte Richtung gilt:

(4) Nach der Einkleidung der Applikationen durch Workflow-Typen wird jede Applikationsausführung vom Workflow-Management-System protokolliert, auch wenn die Ausführungsfolge mittels Kommandoprozedur außerhalb des Workflow-Management-Systems realisiert ist. Obwohl diese Variante zulässig ist, widerspricht sie doch dem Grundgedanken des Workflow-Managements, anwendungsspezifische Logik wie die Ausführungsfolge zwischen den Applikationen explizit im Workflow-Typ zu beschreiben.

(5) Durch diesen Übergang entsteht eine Variante, in der jeder Applikationsaufruf aus einem Workflow-Typ heraus erfolgt und damit protokolliert wird. Die zugehörige Anwendungslogik bleibt jedoch weiterhin außerhalb des Workflow-Management-Systems.

(6) Hier wechselt der Aufrufkontext der externen Applikation. Abschnitt 7.4.2 geht ausführlich auf den Übergang ein, weil er durch geschickte Kontrollflußdefinition eine Form der Applikationsintegration erlaubt, für die sonst Workflow-Operationen benötigt werden.

(7) Statt des Workflow-Management-Systems kontrolliert jetzt das Betriebssystem die Ausführungsfolge der Applikationen, die in einer Kommandoprozedur oder einem eigens dazu erstellen Steuerungsprogramm implementiert ist.

(8) Die Einhaltung der vorgeschriebenen Ausführungsfolge zwischen den Applikationen wird vom Workflow-Management-System auf den Anwender übertragen. Damit entfallen sowohl Unterstützungsleistung als auch Kontrollmöglichkeiten von Seiten des Workflow-Management-Systems. Seine Rolle besteht nur noch in der Protokollierung des Aufrufs.

Nicht gezeigt, aber genauso zulässig sind die Varianten, in denen aus einer Workflow-Operation eine Kommandoprozedur oder ein weiterer Workflow aufgerufen wird. Die Eigenschaften der entstehenden Workflow-Typ-Konfigurationen lassen sich aus den gezeigten Beispielen herleiten.

7.4.2 Nachbildung der operationsbasierten Applikationsintegration

Abbildung 7.15 hat in Übergang (6) den Wechsel des Aufrufkontextes bereits dargestellt. Eine ausführliche Behandlung gerade dieser Variationsmöglichkeit ist sinnvoll, weil kaum ein Workflow-Management-System diese Art der Applikationsintegration anbietet und daher nur die kontrollflußbasierte Alternative besteht. Zur Verdeutlichung dieser Variationsmöglichkeit dient Abb. 7.16 mit einem Workflow-Typ A, der zwei Workflow-Operationen b und s für den Aufruf der zugehörigen Applikationen B und S aufweist.

Zwei voneinander unabhängige Workflow-Operationen (0) bieten einem Anwender jede Freiheit beim Einsatz der beiden Applikationen. Als Anwendungssituation ist die Unterstützung einer Reiseplanung denkbar, in der in unvorsehbarer Abfolge Buchungen (Applikation B) und Stornierungen (Applikation S) mehrerer Flüge stattfinden (s. dazu auch [Schl98]). Nachdem es Workflow-Operationen mit unterschiedlichen Ausführungssemantiken gibt (s. Abschn. 7.6.2), zeigt Abb. 7.16 eine Palette von kontrollflußbasierten Workflow-Typ-Varianten, aus denen ein Entwickler die passende auswählen kann.

Für Workflow-Operationen, die voneinander unabhängig sind und die jede für sich beliebig oft ausgeführt werden können, stellt erst Variante (7) einen adäquaten Ersatz dar. Bei Variante (1) bis (6) gibt es zum Teil kleine, für einen Anwender jedoch bedeutsame Unterschiede in den zulässigen Abfolgen der Applikationsaufrufe. Auch ohne weitere Untersuchung ist bereits an den Varianten aus Abb. 7.16 ein wichtiger Zusammenhang erkennbar: Je weniger reglementiert die Applikationsaufrufe sein sollen, desto umfangreicher fällt die Kontrollflußdefinition aus, die einen freien Umgang mit den Applikationen erlaubt. So bildet erst Variante (7) und die im Verhältnis zu den anderen komplexe Kontrollflußdefinition die Möglichkeiten von Workflow-Operationen nach.

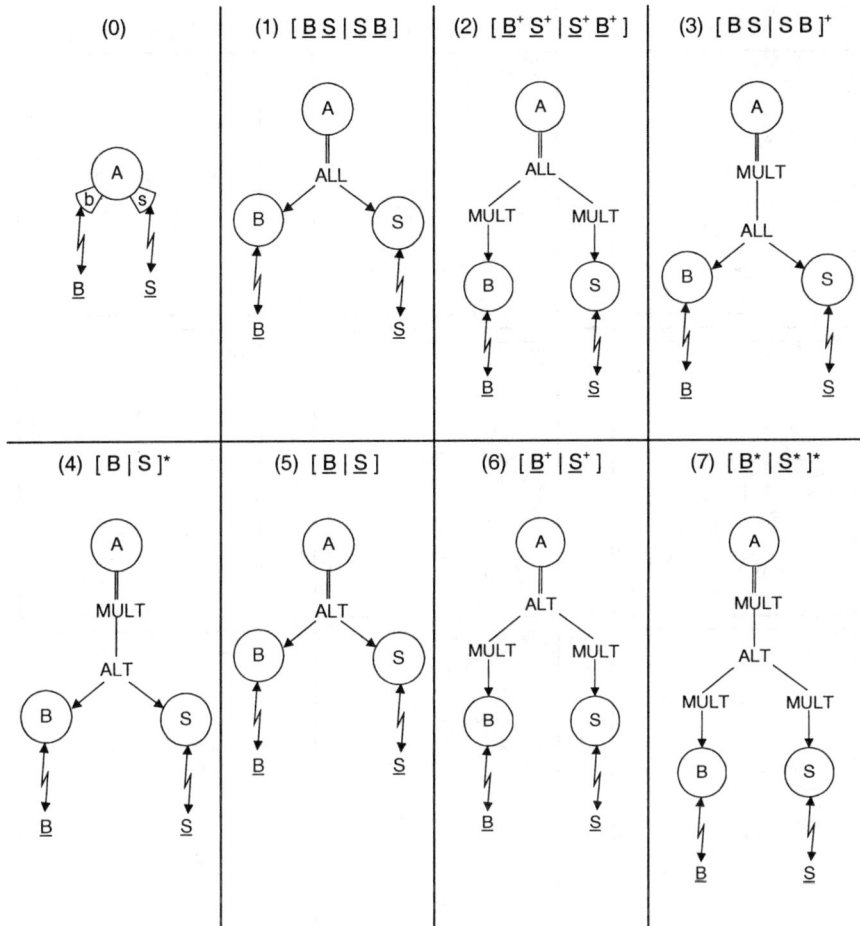

Abb. 7.16: Nachbildung der Applikationsintegration über Workflow-Operationen

7.5 Zusammenfassung der Operationen zur Variation von Workflow-Typen

Die Operationen zur Variation von Workflow-Typen sind einzeln vorgestellt und in ihrer Wirkungsweise detailliert beschrieben worden. Dieser Abschnitt faßt die Operationen in einer Übersicht zusammen. Zum besseren Verständnis stellt Abb. 7.17 die Wirkungsweise der Operationen grafisch dar, zuoberst die Workflow-Typ-Konfiguration vor der Operationsanwendung (F0, V0, O0) und darunter das jeweilige Ergebnis nach Anwendung der Operation:

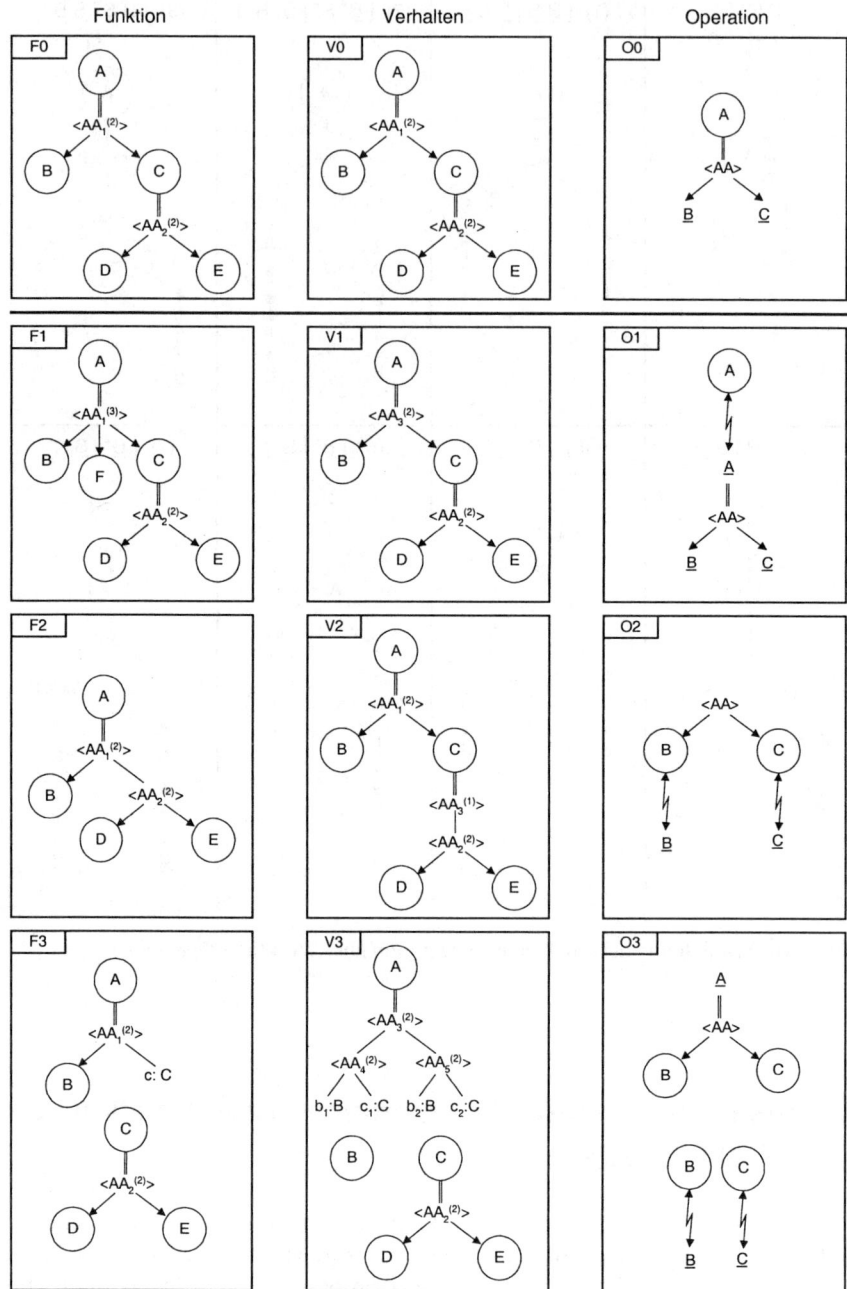

Abb. 7.17: Übersicht der vorgestellten Variationsmöglichkeiten bei Workflow-Typen

7.6 Untersuchung ausgewählter Eigenschaften von Workflow-Typen

Die Untersuchung der Workflow-Typen verfolgt drei aufeinander aufbauende Ziele: erstens die Entdeckung von Fehlern im Workflow-Typ, zweitens die Überprüfung der anwenderseitig geforderten Eigenschaften an die Workflow-Ausführung und drittens die Gewinnung von Informationen über das Verhalten der abgeleiteten Workflow-Schemata bei ihrer Ausführung in einem Workflow-Management-System. Um diese Ziele zu erreichen, wird eine Repräsentation des Workflow-Typs benötigt, die der Untersuchung mit formalen Methoden zugänglich ist.

Abschnitt 7.6.1 stellt den gewählten Ansatz vor, verhaltensbestimmende Komponenten des zu untersuchenden Workflow-Typs durch Petri-Netze zu repräsentieren. Der Wechsel von Verteilten Transitionssystemen zu Petri-Netzen erfolgt aus keinem inhaltlichen Grund, sondern nur deshalb, weil es für Petri-Netze viele Werkzeuge gibt (z.B. für Erreichbarkeitsanalysen und Model-Checking). Abschnitt 7.6.2 beschreibt die Bildung der Petri-Netze zur Repräsentation des Verhaltens von Workflow-Instanzen. Um die interessierenden Eigenschaften eines Workflow-Typs überhaupt formulieren zu können, geht Abschn. 7.6.3 kurz auf die Ausdrucksmittel der Temporalen Logik CTL ein und erläutert die zur Untersuchung verwendete PEP-Umgebung. Damit sind alle Voraussetzungen geschaffen, um in Abschn. 7.6.4 anwendungsspezifische Eigenschaften eines konstruierten Workflow-Typs überprüfen zu können.

7.6.1 Bestimmung dynamischer Eigenschaften von Workflow-Typen

Ob zwischen zwei Workflow-Typen eine Verwendungsbeziehung als typischer Vertreter einer strukturellen Eigenschaft besteht, kann durch die Auswertung der zugehörigen Datenstruktur festgestellt werden. Diese Art der Eigenschaftsbestimmung von Workflow-Typen versagt jedoch, sobald es sich um dynamische Eigenschaften handelt. Zu den dynamischen Eigenschaften des Workflow-Typs wird im folgenden das Verhalten seiner Workflow-Instanzen gezählt, die für sich genommen gemäß ihrem Ausführungsmodell und zusammen mit anderen Workflow-Instanzen gemäß der Kontrollflußdefinition des jeweils übergeordneten Workflow-Typen bis hin zum Toplevel-Workflow-Typ ausgeführt werden.

Um die dynamischen Eigenschaften eines Workflow-Typs zu untersuchen, werden die verhaltensbestimmenden Aspekte eines Workflow-Typs zuerst durch ein äquivalentes Petri-Netz nachgebildet. Die Untersuchungen finden dann stellvertretend am Petri-Netz statt. Die dort vorgefundenen Eigenschaften müssen anschließend wieder bezüglich des Workflow-Typs interpretiert werden. Für Petri-Netze sprechen ihre leichte Verständlichkeit, die formal definierten Grundlagen und das Angebot implementierter Analysewerkzeuge. Die Nachbildung des Workflow-Typs konzentriert sich auf den funktionsbezogenen, verhaltensbezogenen und operationsbezogenen Aspekt und hat allein das Ziel, das Verhalten der Workflow-Instanzen zu simulieren. Unter dieser Maßgabe sind die Petri-Netz-Fragmente zu sehen, die Abschn. 7.6.2 einführt. Gemeinsam bilden die Petri-Netz-

Fragmente einen Baukasten, der die Nachbildung folgender Komponenten und Beziehungen in Workflow-Typen erlaubt:

- Workflow-Instanzen
- externe Applikationen
- synchrone und asynchrone Applikationsaufrufe
- Workflow-Operationen
- Verwendungsbeziehungen zwischen Workflow-Typen
- Ausführungsanweisungen
- Handlungen eines Anwenders

Eine Erweiterung um zusätzliche Inhalte ist möglich, denn die generierten Petri-Netze können vor der Simulation oder Auswertung verändert werden. Das resultierende Petri-Netz weist überall dort Stellen auf, wo für einen Entwickler relevante Zustände bei der Workflow-Ausführung durchlaufen werden, und enthält überall dort Transitionen, wo entweder das Workflow-Management-System oder der Anwender eine Entscheidung über den weiteren Fortgang der Workflow-Ausführung treffen muß. Stellen- und Transitionsbezeichner werden bei der Erzeugung des Petri-Netzes unter Rückgriff auf die Ausführungsmodelle der Workflow-Typen automatisch vergeben. Aus der Kontrollflußdefinition des Workflow-Typs folgen die Bezeichner der Workflow-Instanzvariablen. Beides zusammen liefert eindeutig bezeichnete Transitionen und erlaubt Rückschlüsse auf die Workflow-Ausführung. Auf diese Weise werden auch Fehler in der Definition von Ausführungsanweisungen ersichtlich, etwa wenn Schaltfolgen von Transitionen aufgezeichnet werden, die dem Ausführungsmodell des Workflow-Typs widersprechen.

7.6.2 Petri-Netz-Repräsentation von Workflow-Typen

Für die Untersuchung der dynamischen Eigenschaften von Workflow-Typen werden die verhaltensbestimmenden Komponenten durch Petri-Netz-Fragmente repräsentiert. Sie werden im folgenden beschrieben.

Workflow-Instanzen

Zustände und Zustandsübergänge von Workflow-Instanzen werden explizit durch Stellen und Transitionen repräsentiert. Die Topologie des Petri-Netz-Fragments und die Bezeichner seiner Bestandteile geben das Ausführungsmodell des zugehörigen Workflow-Typs vor (vgl. Abschn. 5.2.4.1). Abbildung 7.18 zeigt Beispiele für Repräsentationen von Workflow-Instanzen mit unterschiedlichen Ausführungsmodellen: einfach (1), mit Unterbrechung (2) oder mit zwei Endzuständen (3). Die Repräsentation (4) faßt die Workflow-Instanz als "Black Box" auf, deren interne Zustände verborgen bleiben. Das ist sinnvoll, wenn es nur auf die Tatsache der Workflow-Ausführung ankommt und nicht auf die Abfolge der internen Zustandswechsel. Zustandsübergänge im Ausführungsmodell der Workflow-Instanz werden zu Transitionen, wobei außer im Transitionsbezeichner nicht unterschieden wird, wer diese Transition auslöst.

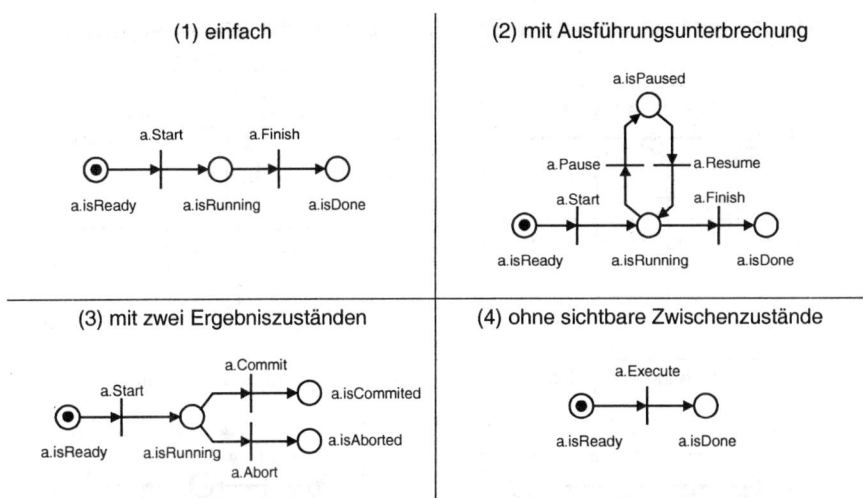

Abb. 7.18: Workflow-Instanzen unterschiedlicher Ausführungsmodelle (Beispiele)

Für die Ausführung im Workflow-Management-System ist dieser Unterschied natürlich von Bedeutung, für die Simulation übernimmt ein Entwickler die Rollen von Workflow-Management-System und Anwender, wenn er das Petri-Netz interaktiv austestet. Entscheidend ist ohnehin nur, welche Transitionen schalten können und in welcher Abfolge dies geschieht. Über die Transitionsbezeichner erfolgt dann der Rückschluß auf die ausgeführten Subworkflows und auf die Lage ihrer Start- und Endzeitpunkte zueinander.

Workflow-Operationen

Workflow-Typen können spezifische Operationen aufweisen, die nur von den zugehörigen Workflow-Instanzen angeboten werden. Diese Workflow-Operationen sind hinsichtlich ihrer *Zuordnung* zum Workflow-Typ, ihrer *Implementierung*, ihren *Ausführungsmodalitäten* und ggf. ihrer *Synchronisation* mit weiteren Workflow-Operationen nachzubilden. Abbildung 7.19 zeigt Beispiele von Operationen unterschiedlicher Arten, die in der Simulation durch die Transition a.Op ausgelöst werden. Die Zuordnung zum Workflow-Typ erfolgt über die „Anbindung" an dessen Petri-Netz-Fragment (Teil I). Die Implementierung (Teil II) ist in den Beispielen nicht gezeigt, muß aber dort ausgeführt werden, wo die gestrichelte Linie die Fortsetzung andeutet. Die Bereichsmarkierungen I und II in Abb. 7.19 sind kein Bestandteil des Petri-Netzes, sondern dienen nur der besseren Lesbarkeit. Wieder operationsspezifisch ist die Verknüpfung der Petri-Netz-Fragmente für Workflow-Instanz und Operations-implementierung; darin findet sich dann auch die Ausführungsmodalität wieder. Die Operations-Bezeichnungen (ManyTimesWhileRunning, OnlyOnceWhileRunning, StartBound, FinishBound) sprechen für sich. Die Synchronisation der Operationsausführung mit den Zuständen der Workflow-Instanz ist auch gut zu erkennen.

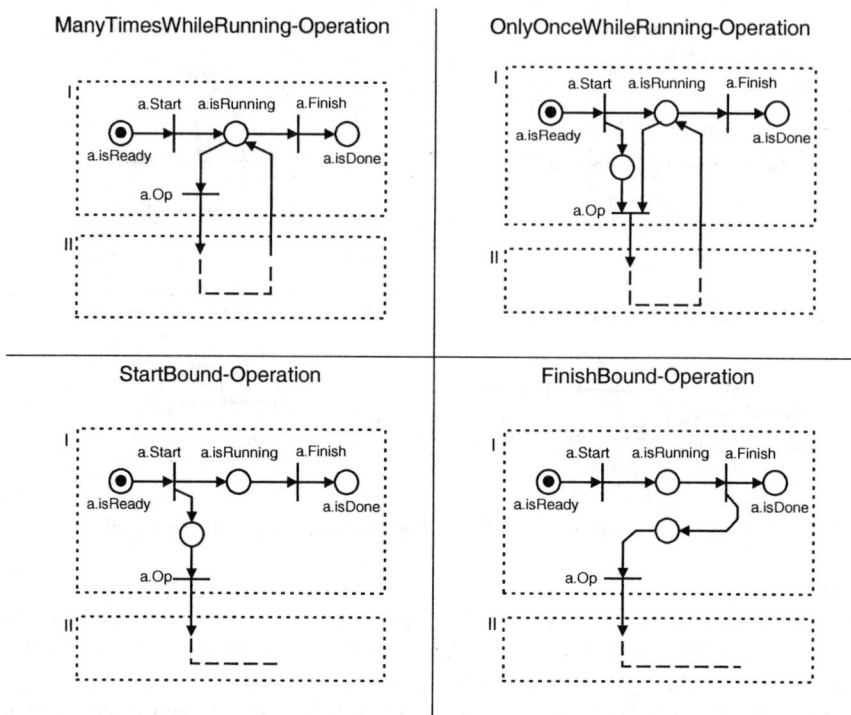

Abb. 7.19: Repräsentation für Workflow-Operationen

Bei StartBound und FinishBound wird die Operationsausführung angeboten, die Nutzung durch einen Anwender anhand der Stellenmarkierung noch dokumentiert, aber nicht mehr mit der weiteren Workflow-Ausführung abgestimmt, wie es bei ManyTimesWhileRunning und OnlyOnceWhileRunning geschieht. Durch die „Bausteine" zur Nachbildung des Aufrufs externer Applikationen kann ein Entwickler den operationsbezogenen Aspekt des Workflow-Typs austesten.

Aufruf externer Applikationen

Bei der Nachbildung externer Applikationen spielt nicht deren Funktionsumfang, sondern nur die für das Workflow-Management-System sichtbaren Zustände eine Rolle. Die Kenntnis oder sogar die Einflußmöglichkeit auf interne Zustände der Applikation kann nicht vorausgesetzt werden und darf auch nicht in die Simulation eingehen. Demnach reduzieren sich selbst komplexe Anwendungssysteme auf wenige Zustände, über deren Eintritt oder Verlassen eine Synchronisation mit der Workflow-Ausführung möglich ist. Konsequenterweise zeigt Abb. 7.20 zwei sehr einfache Petri-Netz-Fragmente für Applikationen, einmal mit einen nicht näher qualifizierten Endzustand (ap.isDone) und einmal mit zwei Stati, über die beispielsweise über das Ergebnis einer in der Applikation durchgeführten Prüfung nach außen gereicht wird.

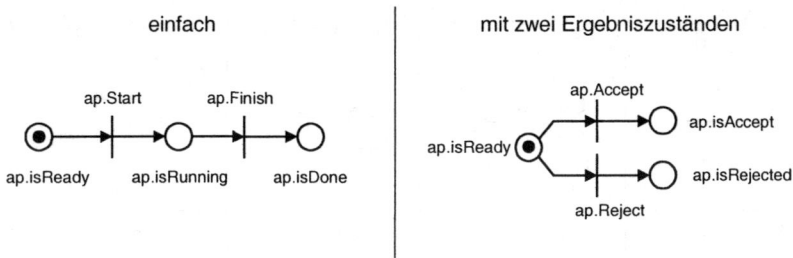

Abb. 7.20: Repräsentationen für externe Applikationen

Beim Aufruf externer Applikationen sind der synchrone und der asynchrone Aufruf zu unterscheiden. Die Petri-Netz-Fragmente aus Abb. 7.21 bilden den Unterschied nach. Im Fall des synchronen Aufrufs hängt die Beendigung des Workflows davon ab, ob die Transition ap.done das Ende der Applikation ap signalisiert hat. Applikationen zur Bearbeitung einer im Workflow formulierten Aufgabe würden auf diese Weise eingebunden. Ist die Verwendung der Applikation im Kontext dieses Workflows hingegen optional, darf keine Abhängigkeit zwischen der Ausführung dieser Anwendung und der Fortführung des Workflows hergestellt werden. Über diese Merkmale der Anwendungsintegration kann bereits im Systementwurf entschieden werden.

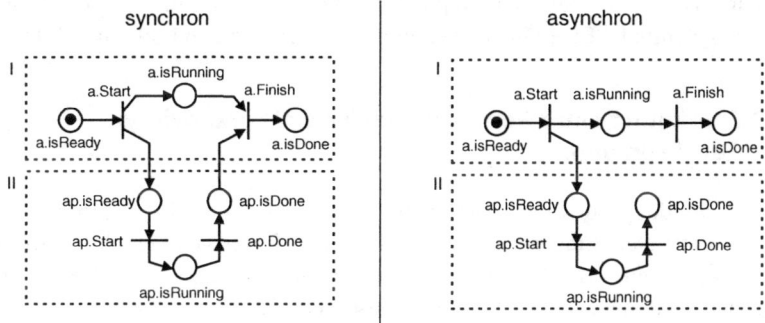

Abb. 7.21: Aufruf externer Anwendungen (synchron/asynchron)

Ausführungsanweisungen

Abschnitt 5.3 gibt zu jeder Ausführungsanweisung ein Verteiltes Transitionssystem an. Darin repräsentieren Symbole die *Zustände* der Workflow-Instanzen, die die Ausführungsanweisung kontrolliert und die als Argumente in der Ausführungsanweisung genannt sind. Die Transitionen legen fest, welche *Zustandsänderungen* der Workflow-Instanzen zulässig sind, um die gewünschte Ausführungsfolge der Workflows zu gewährleisten. Da die Kontrollflußdefinition im Workflow-Typ durch Ausführungsanweisungen festgelegt wird, kommt der Nachbildung der Ausführungsanweisungen durch Petri-Netze eine zentrale Bedeutung zu.

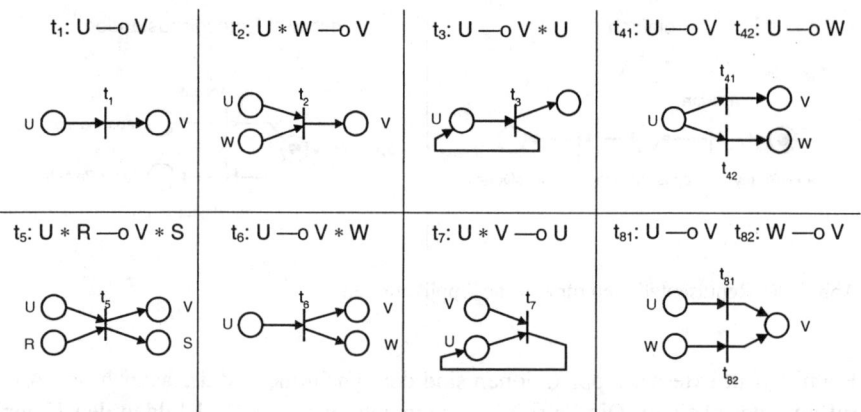

Abb. 7.22: Verteilte Transitionssysteme als Petri-Netz-Fragmente

Abbildung 7.22 zeigt, wie Symbole und Transitionen aus einem Verteilten Transitionssystem in Stellen und Transitionen eines Petri-Netzes überführt werden. Für jedes Symbol wird eine gleichbenannte Stelle eingeführt, deren Markierung dem Vorliegen des Symbols entspricht. So wie im Verteilten Transitionssystem eine Transition schalten und damit Symbole konsumieren und wieder produzieren kann, so ändert sich die Markierung der Stellen im Petri-Netz als Folge des Schaltvorgangs. Die Anzahl der Marken pro Stelle korrespondiert mit der Anzahl gleichbenannter Symbole. Eine Unterscheidung der Marken durch Färbung erfolgt nicht.

7.6.3 Erzeugung einer Petri-Netz-basierten Workflow-Typ-Repräsentation

Zur Nachbildung ausführungsrelevanter Komponenten eines Workflow-Typs werden Petri-Netz-Fragmente verwendet; die Untersuchung des Workflow-Instanz-Verhaltens erfordert jedoch ein zusammenhängendes Petri-Netz. Für eine weitgehend automatisierte Erzeugung dieses Petri-Netzes enthält das Repository der Entwicklungsumgebung WorCRAFT die Funktionsbeschreibung der Ausführungsanweisungen, die Ausführungsmodelle der Workflow-Typen, die Kontrollflußdefinition des zu untersuchenden Workflow-Typs, die eingesetzten Applikationen usw. Eine ausführlichere Beschreibung des folgenden Verfahrens findet sich in [Böhm98a], dieser Abschnitt vermittelt nur das grobe Funktionsprinzip.

[W_start_ALL]	**ALL**.isReady	—o	**ALL**.isRunning * **ALL**.Sync * a.isReady * b.isReady
[W_finish_ALL]	**ALL**.isRunning * **ALL**.Sync * a.isDone * b.isDone	—o	**ALL**.isDone
[A_exec_a]	a.isReady * **ALL**.Sync	—o	a.isDone * **ALL**.Sync
[A_exec_b]	b.isReady * **ALL**.Sync	—o	b.isDone * **ALL**.Sync

Abb. 7.23: ALL als Verteiltes Transitionssystem (ALL nicht kombinierbar)

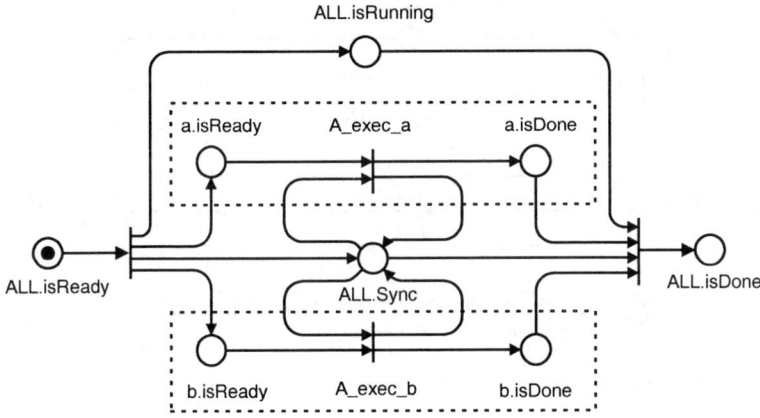

Abb. 7.24: ALL als Petri-Netz (ALL nicht kombinierbar)

Abbildung 7.23 und Abb. 7.24 stellen die Funktionsweise der Ausführungsanweisung ALL als Verteiltes Transitionssystem und als Petri-Netz dar. Die Überführung von Verteilten Transitionssystemen in Petri-Netze erfolgt gemäß den Regeln aus Abschn. 7.6.2, auf die an dieser Stelle nicht weiter eingegangen wird. Da die grafische Darstellung der Petri-Netze für das Verständnis des folgenden hilfreich ist, werden beide Notationen verwendet. Für die Nachbildung der Workflow-Instanzen ist die Variante gewählt, die nur die Zustände isReady und isDone umfaßt, die Berücksichtigung weiterer Zustände ist hier nicht erforderlich.

Wie sich leicht nachprüfen läßt, sind die Funktionsbeschreibungen von ALL aus den Abb. 7.25 und Abb. 7.26 dahingehend korrekt, als daß sie die geforderte Ausführungsfolge der kontrollierten Workflow-Instanzen (beide ohne Reihenfolge) induzieren. Es ist jedoch nicht korrekt, die Transitionen [A_exec_a] und [A_exec_b] innerhalb der Ausführungsanweisung aufzugreifen und mit dem ausführungsanweisungsinternen Zustand ALL.Sync in Beziehung zu setzen.

[W_start_ALL]	**ALL**.isReady	—o **ALL**.isRunning * **ALL**.Sync * **ALL**.First * **ALL**.Second
[A_select_ALL_1]	**ALL**.First * **ALL**.Sync	—o a.isReady
[A_select_ALL_2]	**ALL**.Second * **ALL**.Sync	—o b.isReady
[W_1_ALL_done]	a.isDone	—o **ALL**.FirstDone * **ALL**.Sync
[W_2_ALL_done]	b.isDone	—o **ALL**.SecondDone * **ALL**.Sync
[W_finish_ALL]	**ALL**.isRunning * **ALL**.Sync * **ALL**.FirstDone * **ALL**.SecondDone	—o **ALL**.isDone
[A_exec_a]	a.isReady	—o a.isDone
[A_exec_b]	b.isReady	—o b.isDone

Abb. 7.25: ALL als Verteiltes Transitionssystem (ALL kombinierbar modelliert)

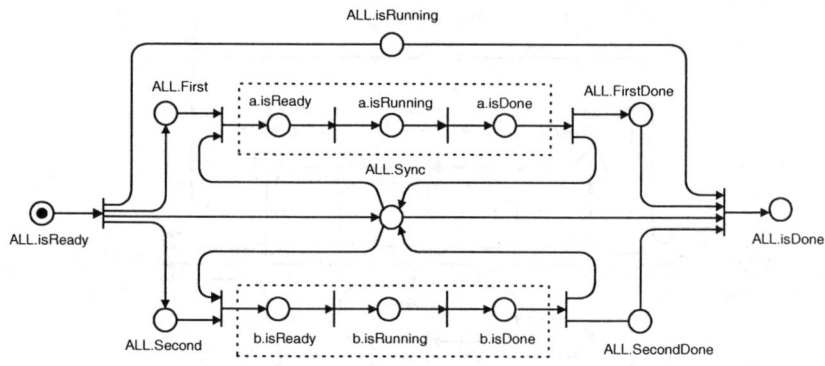

Abb. 7.26: ALL als Petri-Netz (ALL kombinierbar modelliert)

Das Workflow-Management-System hat auf die Zustandsübergänge, die [A_exec-
_a] und [A_exec_b] nachbilden, keinen Zugriff, denn es hängt beispielsweise vom
Anwender ab, ob und wann der die Applikationen ausführt. Damit beschreiben
sowohl das Petri-Netz als auch das Verteilte Transitionssystem kein Verhalten,
das die Realität korrekt nachbildet.

Ein zweiter Grund spricht gegen diese Funktionsbeschreibung der Ausführungsanweisung: Als Argumente können wieder Ausführungsanweisungen auftreten, Workflow-Instanzen bzw. Workflow-Instanzvariablen sind nur eine von
beiden Möglichkeiten. Um die Schachtelung von Ausführungsanweisungen auch
im Petri-Netz richtig nachzubilden, müssen die Petri-Netz-Fragmente kombinierbar sein, und das erfordert, die Argumente als „Black Box" zu betrachten, über
deren Innenleben keine Annahme gemacht werden darf.

Die Realisierung von ALL in Abb. 7.24 hält durch die Symbole bzw. Stellen
ALL.First, ALL.Second, ALL.FirstDone und ALL.SecondDone interne Zustände der
Ausführungsanweisung fest. ALL.Sync synchronisiert die Ausführung kontrollierten Workflows. Durch eine weitere Änderung werden jetzt auch keine Annahmen
mehr über interne Zustände der kontrollierten Workflow-Instanzen gemacht. Insgesamt ist die Beschreibung komplizierter, gibt aber die Verhältnisse bei der
Workflow-Ausführung treffender wieder.

Um für die Kontrollflußdefinition und die weiteren ausführungsbestimmenden
Komponenten des Workflow-Typs sicher zu analysierbaren Petri-Netz-Repräsen-
tationen zu gelangen, ist eine automatische Generierung dieser Petri-Netze notwendig. Dazu müssen die Ausführungsanweisungen und die Ausführungsmodelle
der Workflow-Instanzen so modelliert sein, daß immer ein Startzustand <Na-
me>.isReady und ein Endzustand <Name>.isDone vorhanden ist. Soll statt des
Ausführungsendes einer Workflow-Instanz das Ausführungsergebnis durch Endzustände unterschieden werden, muß auch die Ausführungsanweisung mehrere
Transitionen aufweisen, um auf diese Endzustände entsprechend zu reagieren
bzw. diese Zustandsinformation in den Kontext weiterzugeben, in dem sie als
Aktualparameter vorkam. Für die Kontrollflußdefinition SEQ(ALT(a, b), PAR(c,
SEQ(d, e))) entstehen so die Transitionen, die Abb. 7.27 zeigt.

[W_start_SEQ1]	SEQ1.isReady	—o SEQ1.isRunning * ALT1.isReady
[W_finish_ALT1_1]	ALT1.isDone	—o PAR1.isReady
[W_finish_ALT1_2]	PAR1.isDone	—o SEQ1.isDone
[W_start_ALT1_1]	ALT1.isReady	—o a.isReady
[W_start_ALT1_2]	ALT1.isReady	—o b.isReady
[W_finish_ALT1]	a.isDone	—o ALT1.isDone
[W_finish_ALT2]	b.isDone	—o ALT1.isDone
[W_start_PAR]	PAR1.isReady	—o PAR1.isRunning * c.isReady * SEQ2.isReady
[W_start_SEQ2_2]	d.isDone	—o e.isReady
[W_start_SEQ2_1]	SEQ2.isReady	—o d.isReady
[W_finish_SEQ2]	e.isDone	—o SEQ2.isDone
[W_finish_wf]	c.isDone * SEQ2.isDone	—o PAR1.isDone
[W_finish_SEQ1]	SEQ1.isDone * PAR1.isDone	—o SEQ1.isDone
[A_exec_a]	a.isReady	—o a.isDone
[A_exec_b]	b.isReady	—o b.isDone
[A_exec_c]	c.isReady	—o c.isDone
[A_exec_d]	d.isReady	—o d.isDone
[A_exec_e]	e.isReady	—o e.isDone

Abb. 7.27: Transitionen für SEQ(ALT(a, b), PAR(c, SEQ(d, e)))

Die Indizes garantieren eindeutig benannte Token bei Mehrfachvorkommen eines Ausführungsanweisungstyps. Die Generierung endet, wenn die Workflow-Instanz-variablen a...e zu elementaren Workflow-Typen gehören. Anderenfalls wird die Generierung mit der Kontrollflußdefinition des kompositen Workflow-Typs erneut begonnen. Der zweite Schritt der Generierung besteht nur noch aus der Überführung des Verteilten Transitionssystems in ein Petri-Netz gemäß Abb. 7.22.

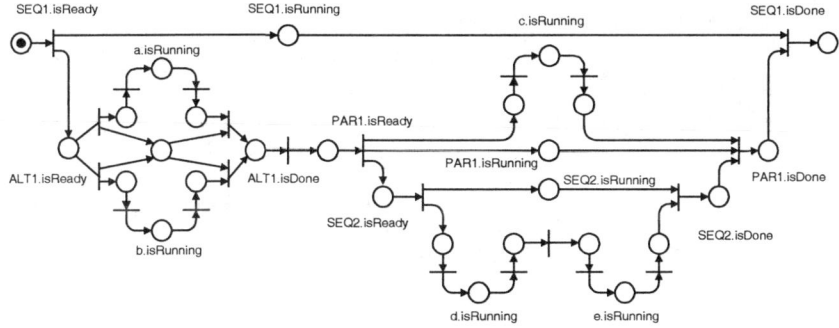

Abb. 7.28: Petri-Netz für SEQ(ALT(a, b), PAR(c, SEQ(d, e)))

Das Ergebnis zeigt Abb. 7.28 (aus Platzgründen sind nicht alle Stellen und Transitionen mit den automatisch generierten Bezeichnern versehen). Aus der Topologie des Petri-Netzes ist die Schachtelung der Ausführungsanweisungen in SEQ(ALT(a, b), PAR(c, SEQ(d, e))) erkennbar. Ausführungsanweisung und Workflow-Instanzvariablen haben eigene Petri-Netz-Fragmente, was auch die manuelle Erweiterung vereinfacht.

7.6.4 Methoden zur Validierung der Workflow-Typ-Eigenschaften

Einen ersten Eindruck der dynamischen Eigenschaften eines Workflow-Typs kann der Entwickler durch *Simulation* bekommen; die interaktive Ausführung des repräsentierenden Petri-Netzes in der PEP-Umgebung ist hier recht hilfreich. Allerdings ist die Animation der Schaltvorgänge keine verläßliche Methode, um aus komplexen Petri-Netzen Aussagen über das Verhalten der Workflow-Instanzen zu gewinnen. Eine umfangreiche Kontrollflußdefinition, insbesondere wenn sie deskriptive Ausführungsanweisungen enthält, bietet eine so große Zahl von möglichen Schaltfolgen im zugehörigen Petri-Netz, daß die manuell überprüfbaren Schaltfolgen nur einen kleinen Teil der möglichen Workflow-Ausführungen wiedergeben. Entsprechend wächst mit der Komplexität der Kontrollflußdefinition die Gefahr, unzulässige Ausführungsfolgen der Subworkflows zu übersehen. Daher wird nach einer Vorstellung der PEP-Umgebung gezeigt, wie dynamische Eigenschaften von Workflow-Typen als Ausdrücke in CTL formuliert und die Gültigkeit dieser Formeln durch Model-Checking validiert wird.

7.6.4.1 Petri-Netz-basierte Entwicklungs- und Programmierumgebung

PEP [Grah99, Grah98] ist eine Petri-Netz-basierte Entwicklungs- und Programmierumgebung zur Modellierung, Simulation und Analyse paralleler Systeme. Unter einer grafischen Oberfläche sind über 60 einzelne UNIX-Programme zusammengefaßt, deren Datenaustausch über ASCII-Dateien erfolgt [Grah96]. PEP wird an den Universitäten Hildesheim und Oldenburg entwickelt.

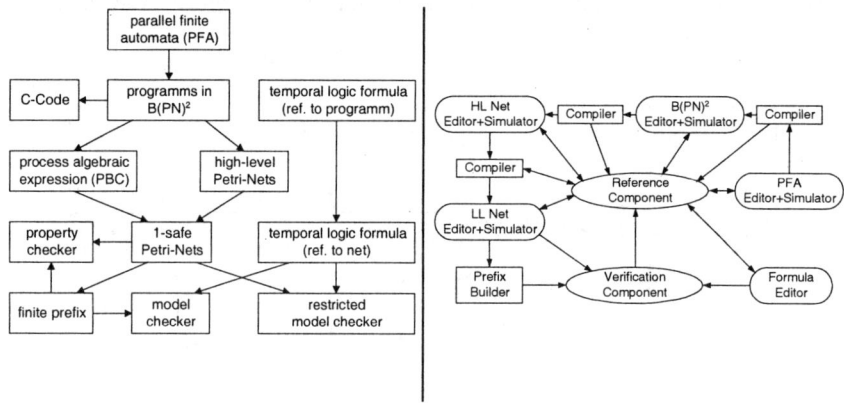

Abb. 7.29: Funktionsdiagramm (nach [Best96]), Systemkomponenten (nach [Grah97])

In PEP können parallele Systeme durch B(PN)^2 (Basic Petri Net Programming Notation [Best93]), PFA (Parallel Finite Automata [Grah95b], SDL (Specification Description Language [Flei98]), PBC (Petri Box Calculus [Best92]), HLPN (High-Level Petri Nets [Best95]) und LLPN (Low-Level Petri Nets [Best92] beschrieben werden. Die Compiler in PEP erzeugen aus diesen Spezifikationen Petri-Netze, auf denen Analysewerkzeuge operieren. Zur Verfügung stehen derzeit: ein LTL Model-Checker [Espa96] sowie Schnittstellen zu dem CTL Model-Checker SMV [McMi92] und zu INA (Integrated Net Analyzer [Roch98]).

Im weiteren werden nur Teile des umfangreichen Funktionsangebots der PEP-Umgebung verwendet: der grafische Editor zur Erstellung und zur interaktiven Simulation der Low-Level Petri-Netze, einzelne Programme (z.b. zur Generierung von Schaltfolgen) und der SMV Model-Checker. Eingesetzt werden diese Komponenten wie folgt:

- **Simulation.** Damit werden die Möglichkeiten eines Anwenders bei der Ausführung einer Workflow-Instanz interaktiv ausgetestet. Es wird klar, welche Transitionen schalten können, woraus sich ableiten läßt, welche Operationen ein Anwender zu diesem Zeitpunkt in der Workflow-Ausführung zur Verfügung hat und welche Operationen das Workflow-Management-System als Reaktion darauf durchführt.

- **Schaltfolgengenerierung.** Ausgehend von der Startmarkierung des Petri-Netzes werden alle Schaltfolgen der Transitionen bestimmt, die zur Erreichung einer vorgegebenen Stellenmarkierung führen. Jeder einzelne dieser *Traces* enthält in linearer Abfolge die Bezeichner der Transitionen, deren Schalten zur Erreichung des Zielzustands führt. Durch die Auswertung der Traces werden folgende Eigenschaften und Aussagen gewonnen:

  - von einer Ausführungsanweisung induzierte Workflow-Ausführung
  - Ausführungsfolgen der Subworkflows eines kompositen Workflows

- **Model-Checking.** Durch Model-Checking kann ein mit formalen Mitteln beschriebenes System auf das Vorliegen einer bestimmten Eigenschaft hin überprüft werden [Clar96, McMi93]. Eingesetzt wird hier der symbolische Model-Checker SMV [McMi92], in dessen Eingabeformat die 1-sicheren Petri-Netze der PEP-Umgebung transformiert werden [Wimm97]. Model-Checking eignet sich zur Prüfung folgender Eigenschaften:

  - Lebenszyklus von Workflow-Instanzen und Ausführungsanweisungen
  - Zustandskonstellationen innerhalb von Ausführungsanweisungen
  - Konstellationen zwischen mehreren Subworkflows

Schaltfolgengenerierung und Model-Checking arbeiten direkt auf dem Petri-Netz oder daraus abgeleiteten Beschreibungen. Demzufolge können nur solche Eigenschaften der Workflow-Typen untersucht werden, die sich aus dem Schaltverhalten ergeben.

7.6.4.2 Formulierung von Aussagen in temporaler Logik

Um die dynamischen Eigenschaften der Workflow-Typen zu untersuchen, muß ein Entwickler gewünschte oder zwingend notwendige Anforderungen an die Ausführung der zugehörigen Workflow-Instanzen identifizieren und in einer formalen Notation ausdrücken. Der Schritt von einer gebrauchssprachlich formulierten Anforderung (*„Die Subworkflows dieses kompositen Workflows dürfen zu keinem Zeitpunkt gleichzeitig aktiv sein."*) zu einem Ausdruck, der genau diese Anforderung wiedergibt, erfordert ein gewisses Geschick des Entwicklers im Umgang mit formalen Ausdrucksmitteln. Dieser Abschnitt zeigt, wie temporale Logik zur Formulierung und Überprüfung derartiger Anforderungen genutzt werden kann. Für die Hintergründe und die verschiedenen Anwendungsmöglichkeiten temporaler Logiken wird auf [Emer90], [Galt87] und [Krög87] verwiesen.

Die Entscheidung für eine temporale Logik ergibt sich aus der Tatsache, daß Aussagen über das Verhalten der Workflow-Instanzen in der „Zukunft" gemacht werden müssen. Zukunft bedeutet in diesem Zusammenhang das Schaltverhalten des repräsentierenden Petri-Netzes ausgehend von der initialen Stellenmarkierung. Entsprechend der Konstruktion der Petri-Netze ist die Reihenfolge der ausgeführten Transitionen nicht bekannt, denn auch das Verhalten eines Workflows wird von äußeren Umständen wie den Aktionen eines Anwenders beeinflußt. Diesem Umstand trägt eine *Branching Time Logic* Rechnung, die im Gegensatz zu einer *Linear Time Logic* kein lineares Zeitmodell unterstellt. Im nichtlinearen Zeitmodell hat jeder Punkt eine eindeutig bestimmte Historie, aber keine fest bestimmte Zukunft. Die grafische Repräsentation von Historien gemäß dieses Zeitbegriffs ist ein Baum, dessen Wurzel den Ausgangspunkt und dessen Zweige die möglichen Entwicklungen bilden. In Anlehnung an die Darstellung in [Wodt96, S. 65] zeigt Abb. 7.30 auf der linken Seite Ausschnitte aus vier linearen Zeitverläufe. Auf der rechten Seite sind Zeitverläufe dargestellt, in denen sich an jeweils einem Ausgangspunkt verschiedene Fortsetzungen ergeben. Die Kreise symbolisieren Zeitpunkte, an denen Zustände p und q gemäß der Legende gelten.

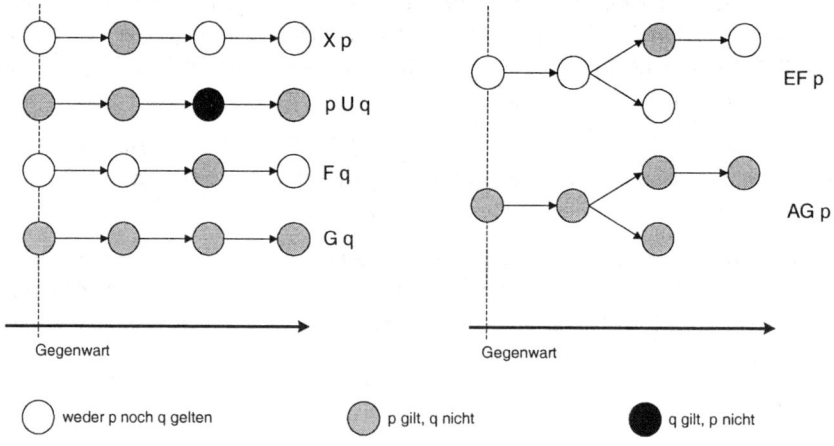

Abb. 7.30: Linear Time Logic und Branching Time Logic (aus [Wodt96, S. 65])

Temporale Logik erlaubt es, Aussagen über Zustände und das relative Verhältnis von Zeitpunkten zu formulieren, an denen diese Zustände gelten. Alle Aussagen implizieren einen Ausgangspunkt, der in Abb. 7.30 als „Gegenwart" markiert ist, und an dem die mit Pfeilen verbundenen Zustände (Historien) beginnen. Folgezustände können bei einer Linear Time Logic unmittelbar nach dem Ausgangszustand auftreten, sie können in unbekannter Zukunft auftreten oder für den gesamten weiteren Zeitverlauf gültig sein. Bei einer Branching Time Logic kommen die unterschiedlichen Pfade ins Spiel, die in die Aussage mit einzubeziehen sind. Für die weiteren Ausführungen ist diese einfache Vorstellung ausreichend, weitere Zeitmodelle erwähnt [Jasp97, S. 329] und eine Begriffsbildung zum Thema liefert [Jens94].

Für die Notation der Aussagen über die Zustände wird im folgenden die *Computational Tree Logic* (CTL) aus [Emer90] verwendet. Ausdrücke in CTL sind wie folgt aufgebaut:

- atomare Aussagen über einen Zustand p
- gültige Ausdrücke p und q mit aussagenlogischen Operationen $\land \lor \neg$
- ein gültiger Ausdruck p mit dem Modaloperator X
- gültige Ausdrücke p und q mit dem Modaloperator U
- ein gültiger Ausdruck p mit dem Allquantor A oder dem Existenzquantor E

Wie aus Abb. 7.30 zu erkennen ist, bedeutet X p: im nächsten Zustand gilt p, und p U q bedeutet, daß in der Zukunft q gelten wird, wenn bis dahin p gilt. Für true U q wird F q eingeführt, und das bedeutet, irgendwann in der Zukunft wird q gelten. Aus $\neg F \neg q$ wird G q mit der Bedeutung, daß q immer gilt. Die Bezeichner für die Operatoren und ihre Abkürzungen gehen auf „ne**x**t" (X), „**u**ntil" (U), „**g**lobally" (G) und „**f**inally" (F) zurück. Zusammen mit den beiden Quantoren stehen jetzt folgende Formulierungen zur Verfügung:

- es *kann* sein, daß im nächsten Schritt p gilt: EX p
- *sicher* gilt im nächsten Schritt p: AX p
- es *kann* sein, daß in der Zukunft irgendwann p gilt: EF p
- *sicher* gilt in der Zukunft irgendwann p: AF p
- es *kann* sein, daß p immer gilt: EG p
- *sicher* gilt p immer: AG p

Die Formulierung „kann" bedeutet anschaulich, es gibt mindestens einen Pfad, und „sicher" bedeutet, alle Pfade vom jeweiligen Ausgangspunkt weisen die geforderte Eigenschaft auf. Über die Grenzen der Ausdrucksmächtigkeit von CTL und mächtigeren Logiken wie zum Beispiel die *Full Branching Time Logic* CTL* gibt [Wodt96, S. 67ff.] Auskunft.

Im Zusammenhang mit der Untersuchung von Workflow-Typen, deren Instanzen durch Petri-Netze repräsentiert werden, sind die atomaren Aussagen die Stellenmarkierungen, die ihrerseits Zustände der Workflow-Instanzen, Ausführungsanweisungen usw. darstellen. Ein Ausdruck der Form AF ALL.isDone formuliert damit die Aussage, daß die mit ALL bezeichnete Ausführungsanweisung auf jeden Fall in den Zustand isDone gelangt, gleichgültig wie die als Argumente aufgeführten Workflow-Instanzen sich verhalten. Ist diese Aussage erfüllt, ist die Funk-

tionsbeschreibung von ALL in dem Sinn richtig, als daß der vorgeschriebene Endzustand sicher erreicht wird. Damit ist keineswegs garantiert, daß die mit ALL
intendierte Ausführung der Subworkflows realisiert wurde; dazu ist sind weitere
Prüfungen notwendig.

7.6.4.3 Workflow-spezifische Eigenschaften in temporaler Logik

Durch die Ausdrucksmittel einer temporalen Logik wie CTL stehen einem Entwickler die technischen Möglichkeiten zur Verfügung, um ihn interessierende
oder vom Anwender geforderte Eigenschaften der Workflow-Typen zu untersuchen. Die Untersuchung besteht darin, die Eigenschaften der Reihe nach in CTL-
Ausdrücke zu überführen und die Gültigkeit der darin formulierten Aussagen
nachzuweisen oder zu widerlegen. Da jedes Entwicklungsprojekt andere Anforderungen an die Workflow-Typen stellt, werden hier allgemeingültige Formulie-
rungshilfsmittel angeboten, mit denen ein Entwickler seine anwendungsspezi-
fischen Eigenschaften formulieren kann. Die interessierenden Eigenschaften lassen sich auf Variationen der Frage zurückführen, ob ein Zustand bei der Ausführung der Workflow-Instanz eintreten kann oder ausgeschlossen ist und in welchem
zeitlichen oder kausalen Verhältnis das Auftreten unterschiedlicher Zustände
zueinander steht. Wichtig sind in diesem Zusammenhang:

1. **Erreichbarkeit.** Sie besagt, daß es mindestens eine Folge von Transitionen
   gibt, die vom Ausgangszustand zum benannten Zustand führt. Da dieser Zustand nicht nur aus einer Stellenmarkierung bestehen muß, kann durch den Er-
   reichbarkeitstest auch der Eintritt von Zustandskonstellationen festgestellt werden. Die Erreichbarkeit eines Zustands p wird durch den Ausdruck EF p beschrieben, die Erreichbarkeit über alle Pfade durch AF p.

2. **Reihenfolgeabhängigkeit.** Aussagefähiger als die reine Erreichbarkeit eines
   Zustands ist die *Reihenfolge*, in der unterschiedliche Zustände auftreten. So
   müssen die Zustände a.isReady und a.isRunning einer Workflow-Instanz a in
   genau dieser Reihenfolge vorkommen, um nicht im Widerspruch zum Ausführungsmodell zu stehen. Verallgemeinert lautet die Reihenfolgeabhängigkeit:
   „Wenn zwei Zustände p *und* q *auftreten, dann muß der Zustand* p *vor dem Zustand* q *auftreten“.* Als Formel in CTL wird die Reihenfolgeabhängigkeit als
   AG(q $\Rightarrow$ AG $\neg$ p) ausgedrückt.

3. **Existenzabhängigkeit.** Soll nur eine Aussage über die Tatsache gemacht werden, daß zwei Zustände voneinander abhängig sind, aber diese Abhängigkeit
   keine Reihenfolgebeziehung impliziert, kann dies mit Hilfe folgender Existenzabhängigkeit ausgedrückt werden: *„Wenn der Zustand* p *eintritt, muß auch der
   Zustand* q *auftreten, wobei die Reihenfolge des Auftretens keine Rolle spielt.“*
   Zu beachten ist hier, daß keiner der beiden Zustände auftreten muß, es geht lediglich um den Fall des gemeinsamen Auftretens. In CTL wird die Existenzabhängigkeit durch $\neg$ E($\neg$q U (p $\wedge$ EG $\neg$q)) ausgedrückt.

Reihenfolge- und Existenzabhängigkeiten werden häufig verwendet, um die Eigenschaften reaktiver Systeme zu untersuchen. [Atti93] führt die Abhängigkeiten

zwischen Transaktionen auf Reihenfolge- und Existenzabhängigkeiten zurück, in [Stot98] werden darüber Eigenschaften von Hyperdokumenten bezüglich Navigationsmöglichkeiten und der Verfügbarkeit von Bedienungselementen ausgedrückt. [Wodt96] prüft mit Hilfe von Reihenfolge- und Existenzabhängigkeiten die Eigenschaften von State-Activity-Charts, mit denen Geschäftsprozesse nachgebildet werden. Von [Wodt96] unterscheidet sich das hier gewählte Vorgehen vor allem darin, daß das Verhalten und die Funktionsweise *workflow-spezifischer* Konstrukte untersucht werden und erst darauf aufbauend die Eigenschaften der damit beschriebenen Workflow-Typen. Abschnitt 7.6.4 zeigt diesen wichtigen Unterschied anhand der Ausführungsanweisungen.

7.6.5 Validierung der Funktionsweise von Ausführungsanweisungen

Durch die Einführung neuer Ausführungsanweisungen (s. Abschn. 5.2) bietet das hier vorgestellte Konstruktionsverfahren für Workflow-Typen ein hohes Maß an Flexibilität. Erkauft wird diese Erweiterung des Sprachumfangs durch zusätzlichen Entwicklungsaufwand. Zudem besteht die Gefahr, durch fehlerhafte Spezifikation der Ausführungsanweisungen ein Verhalten der kontrollierten Subworkflows zu simulieren, das später in keinem Workflow-Management-System implementiert werden kann. Beispielsweise könnte die Ausführungsanweisung Zustandsübergänge in den kontrollierten Subworkflows erzwingen oder zulassen, die nicht durch das zugehörige Ausführungsmodell des Workflow-Typs gedeckt sind. Konformität zum Ausführungsmodell steht hier stellvertretend für die Korrektheitskriterien, denen die Spezifikation einer Ausführungsanweisung genügen muß. Diese Korrektheitskriterien sind unabhängig von der hier gewählten Form der Spezifikation und ebenfalls unabhängig von den Details einer späteren Implementierung.

Abschnitt 7.6.4.1 gibt allgemeingültige Eigenschaften für Ausführungsanweisungen an, die Abschn. 7.6.4.2 um funktionsspezifische Eigenschaften erweitert. Abschnitt 7.6.4.3 zeigt, wie sich die Funktionsweise der spezifizierten Ausführungsanweisungen veranschaulichen läßt.

7.6.5.1 Allgemeingültige Eigenschaften von Ausführungsanweisungen

In Abschn. 5.2 wird die Funktionsweise der Ausführungsanweisungen über die Zustandsübergänge in den von ihnen kontrollierten Workflow-Instanzen spezifiziert. Um sicherzustellen, daß das entstehende Petri-Netz ein realistisches Verhalten der Workflow-Instanzen beschreibt, müssen folgende Eigenschaften erfüllt sein:

- **Konformität zum Ausführungsmodell der Workflow-Instanzen.** Ausführungsanweisungen dürfen keine Zustandsübergänge von Workflow-Instanzen verlangen, die deren Ausführungsmodell widersprechen oder auf Zustände Bezug nehmen, die das Ausführungsmodell nicht vorsieht. Dazu gehört auch, keine Zwischenzustände des Ausführungsmodells unter Auslassung des Startzustands zu adressieren. Es ist daher notwendig, die Schaltfolgen des Petri-Netzes auf diese Art von Konformität mit dem Ausführungsmodell der Workflow-Instanzen zu untersuchen. Für bisher vorgestellten Ausführungsanweisungen ist das Ausführungsmodell für Workflow-Instanzen aus Abschn. 5.2.4.1 maßgeblich.

- **Zustände einer Ausführungsanweisung**: Jede Ausführungsanweisung muß eindeutig bestimmte Zustände haben, die den Beginn und das Ende der von ihr ausgeübten Kontrolle über die Workflows kennzeichnen. Mehrere Zustände jeweils für Beginn und Ende sind zulässig, beispielsweise um die Funktion der Ausführungsanweisung zu parametrisieren oder um durch unterschiedliche Endzustände Informationen über den Verlauf der Ausführung zugänglich zu machen.

- **Lebenszyklus einer Ausführungsanweisung.** Wie die Workflow-Instanzen auch durchlaufen Ausführungsanweisungen verschiedene Zustände, angefangen von isReady bis isDone gemäß der Vorgaben aus Abschn. 5.2.4.1. Deshalb gilt analog zu Workflow-Instanzen:
  - Der Endzustand der Ausführungsanweisung muß sicher erreichbar sein.
  - Vom Endzustand dürfen keine Transitionen mehr möglich sein, die die kontrollierten Workflow-Instanzen betreffen.

- **Korrekte Einbindung von Workflow-Instanzen in die Ausführungsanweisung.** Die Interaktion zwischen Ausführungsanweisung und den von ihr kontrollierten Workflow-Instanzen setzt die Erfüllung folgender Eigenschaften voraus:
  - Erst nachdem die Ausführungsanweisung ihren Startzustand verlassen hat, dürfen von ihr kontrollierte Workflow-Instanzen zur Ausführung bereitgestellt werden.
  - Jeder Workflow muß die *Möglichkeit* zum Start haben (isReady muß erreichbar sein).
  - Vor Ende der Ausführungsanweisung müssen alle von ihr gestarteten Workflow-Instanzen beendet sein (isDone) oder sicher nicht mehr ausgeführt werden (isDisabled).
  - Jede Workflow-Instanz darf nur einmal in ihren Zustand isDone/isDisabled wechseln.
  - Zu jedem Zeitpunkt muß eine Workflow-Instanz genau einen Zustand haben.

Die angegebenen Regeln gelten für das in Abschn. 5.2.4.1 festgelegte Ausführungsmodell. Sobald Workflow-Instanzen Zustände zur Unterscheidung einer erfolgreichen oder fehlgeschlagenen Ausführung haben, Ausführungsanweisungen diese Unterscheidung aufgreifen und in ihren jeweiligen Verwendungskontext weiterreichen, sind andere Regeln erforderlich. Diese Regeln muß ein Entwickler im Zusammenhang mit den grundlegenden Entwurfsentscheidungen für Ausführungsanweisungen festlegen, wie es in Abschn. 5.3.1 geschieht.

7.6.5.2 Prüfung der Eigenschaften von Ausführungsanweisungen

Als Ausdrucksmittel für den verhaltensbezogenen Aspekt sind Ausführungsanweisungen hauptsächlich durch die von ihnen induzierte Workflow-Ausführung charakterisiert. Es liegt daher nahe und ist für den Workflow-Typ-Entwurf auch wichtig, die Eigenschaften der Workflow-Ausführung für jede Ausführungsanweisung zu untersuchen. Notwendige Eigenschaften der Workflow-Ausführung (ausgedrückt in der Reihenfolge eintretender Ereignisse und Zustandsfolgen) werden durch CTL-Formel repräsentiert, deren Erfüllung durch die gegebene Spezifikation mittels Model-Checking geprüft wird. Tabelle 7.1 stellt eine Auswahl von Ausführungsanweisungen zusammen mit ihren charakteristischen Eigenschaften vor:

- Erreichbarkeit des Endzustands einer Ausführungsanweisung
- Konformität zum Ausführungsmodell der Workflow-Instanzen
- Korrekte Einbindung von Workflow-Instanzen in die Ausführungsanweisung

Die Liste der Eigenschaften ist nicht vollständig, auch die in Tabelle 7.1 aufgeführten Ausführungsanweisungen sind als Auswahl zu verstehen. Zum Teil müssen die Eigenschaften bei ihrer Überführung in CTL-Ausdrücke umformuliert werden. Das ist beispielsweise der Fall, wenn die Nichtausführung eines Workflows durch explizites „Disabling" seitens des Anwenders erfolgt und nicht durch eine Vorauswahl durch das Workflow-Management-System. Im ersten Fall nimmt der nicht ausgeführte Workflows dennoch den Zustand isReady ein, wozu es im zweiten Fall überhaupt nicht kommt.

ALL(a, b)	(1) wenn Workflow a beendet ist, dann auch Workflow b und umgekehrt, es gibt keine Reihenfolge (Existenzabhängigkeit): $\neg E(\neg b.isDone\ U\ (a.isDone \wedge EG\ \neg b.isDone\ )) = TRUE$ (2) zu keinem Zeitpunkt sind beide Workflows aktiv: $EF(\ a.isRunning \wedge b.isRunning\ ) = FALSE$
DELAY(b, c)	(1) es darf nicht sein, daß Workflow c vor Workflow b ausgeführt wird: $EF(\ c.isDone \wedge EF\ b.isDone\ ) = FALSE$ (2) wenn Workflow c beendet wird, wurde Workflow b vorher beendet: $AG(\ c.isDone \Rightarrow AG\ \neg b.isDone\ ) = TRUE$ (3) wenn Workflow c beendet wird, wurde Workflow b vorher deaktiviert: $AG(\ c.isDone \Rightarrow AG\ \neg b.isDisabled\ ) = TRUE$ (4) es ist möglich, erst Workflow b und dann Workflow c zu deaktivieren: $EF(\ b.isDone \wedge EF\ c.isDisabled\ ) = TRUE$

Tabelle 7.1: Charakteristische Eigenschaften ausgewählter Ausführungsanweisungen

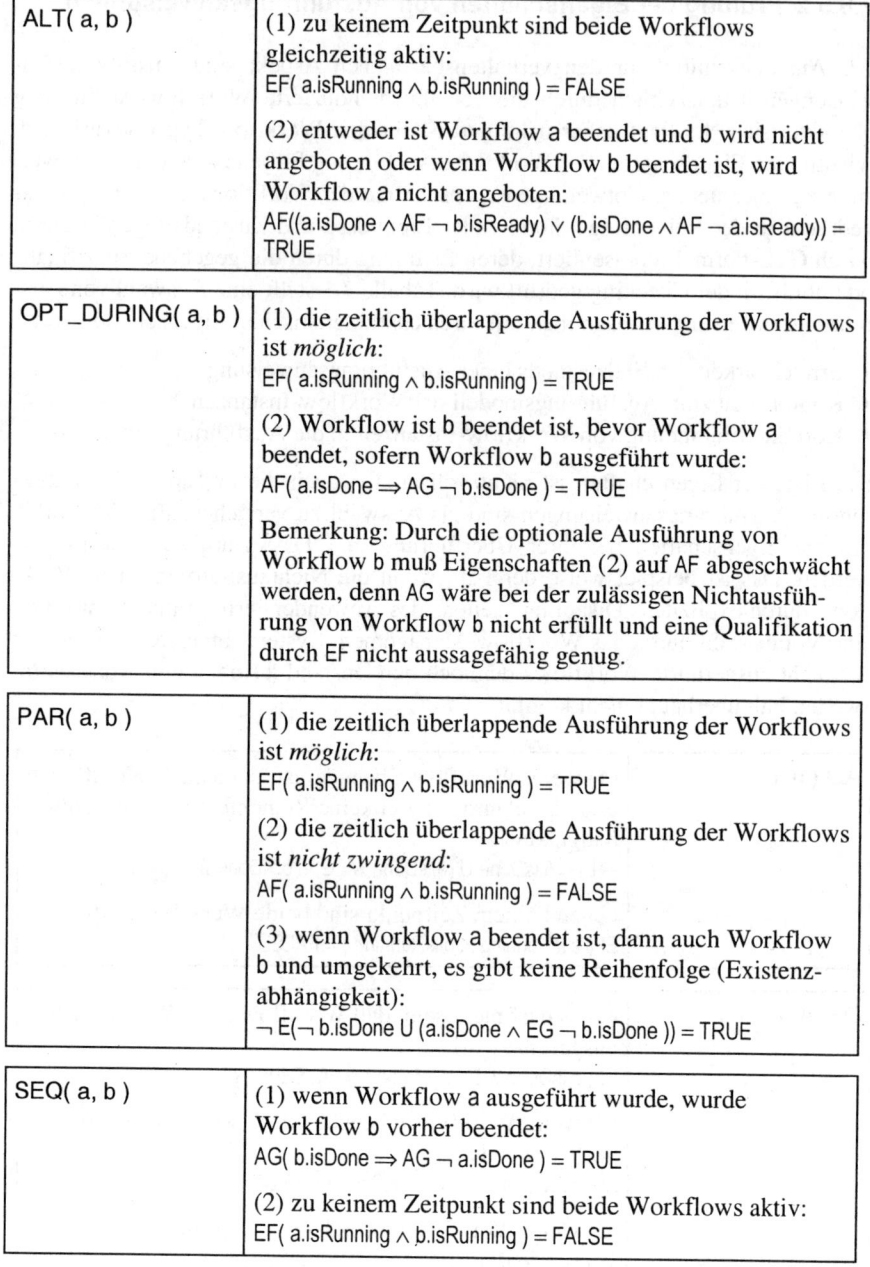

ALT(a, b)	(1) zu keinem Zeitpunkt sind beide Workflows gleichzeitig aktiv: EF(a.isRunning ∧ b.isRunning) = FALSE
	(2) entweder ist Workflow a beendet und b wird nicht angeboten oder wenn Workflow b beendet ist, wird Workflow a nicht angeboten: AF((a.isDone ∧ AF ¬ b.isReady) ∨ (b.isDone ∧ AF ¬ a.isReady)) = TRUE
OPT_DURING(a, b)	(1) die zeitlich überlappende Ausführung der Workflows ist *möglich*: EF(a.isRunning ∧ b.isRunning) = TRUE
	(2) Workflow ist b beendet ist, bevor Workflow a beendet, sofern Workflow b ausgeführt wurde: AF(a.isDone ⇒ AG ¬ b.isDone) = TRUE
	Bemerkung: Durch die optionale Ausführung von Workflow b muß Eigenschaften (2) auf AF abgeschwächt werden, denn AG wäre bei der zulässigen Nichtausführung von Workflow b nicht erfüllt und eine Qualifikation durch EF nicht aussagefähig genug.
PAR(a, b)	(1) die zeitlich überlappende Ausführung der Workflows ist *möglich*: EF(a.isRunning ∧ b.isRunning) = TRUE
	(2) die zeitlich überlappende Ausführung der Workflows ist *nicht zwingend*: AF(a.isRunning ∧ b.isRunning) = FALSE
	(3) wenn Workflow a beendet ist, dann auch Workflow b und umgekehrt, es gibt keine Reihenfolge (Existenzabhängigkeit): ¬ E(¬ b.isDone U (a.isDone ∧ EG ¬ b.isDone)) = TRUE
SEQ(a, b)	(1) wenn Workflow a ausgeführt wurde, wurde Workflow b vorher beendet: AG(b.isDone ⇒ AG ¬ a.isDone) = TRUE
	(2) zu keinem Zeitpunkt sind beide Workflows aktiv: EF(a.isRunning ∧ b.isRunning) = FALSE

Tabelle 7.1: Charakteristische Eigenschaften ausgewählter Ausführungsanweisungen (Fortsetzung)

Alle CTL-Ausdrücke in Tabelle 7.1 wurden in syntaktisch leicht anderer Notation mit dem Model-Checker der PEP-Umgebung überprüft und zeigten, daß die Ausführungsanweisungen in den Realisierungen gemäß Abschn. 5.3 die geforderten Eigenschaften erfüllen.

7.6.5.3 Workflow-Ausführung unter der Kontrolle einer Ausführungsanweisung

In einer Kontrollflußdefinition mit Ausführungsanweisungen wird jeder Subworkflow nur von der Ausführungsanweisung kontrolliert, die die zugehörige Workflow-Instanzvariable als Argument enthält. Daher kann die Ausführung „ihrer" Subworkflows für jede Ausführungsanweisung isoliert untersucht werden, wobei insbesondere die Menge *aller* zulässigen Ausführungen interessiert. Zur Bestimmung der zulässigen Ausführungsfolgen werden die Schaltfolgen des zugehörigen Petri-Netzes ausgewertet. Relevant sind nur die Transitionen [start_wf] und [finish_wf] (Anfang und Ende der Ausführung) sowie die Transitionen [pause_wf] und [resume_wf] (vorübergehende Unterbrechung der Ausführung). Aus der linearen Abfolge der Transitionen wird für jede Workflow-Instanz der Anfang und das Ende der Ausführungszeit bestimmt. Bei mehrstelligen Ausführungsanweisungen ergibt sich außerdem das relative Verhältnis, in dem die Ausführungszeiten der einzelnen Subworkflows zueinander stehen. Die folgenden Beispiele zeigen, wie aus den automatisch generierten Schaltfolgen anschauliche Darstellungen zur Wirkung der Ausführungsanweisungen erstellt werden.

Ausgewertet wird die PAR-Ausführungsanweisung in der Spezifikation aus Abschn. 5.3.3 (Abb. 7.31) und darunter die Aufbereitung mit Hilfe des Ausführungsmodells, das die Zuordnung von Transitionen zu Zuständen der Workflow-Instanz erlaubt (Abb. 7.32).

_SEQUENCE:

start_PAR, start_b, finish_b, start_a, finish_a, finish_PAR

start_PAR, start_b, start_a, finish_b, finish_a, finish_PAR

start_PAR, start_a, start_b, finish_b, finish_a, finish_PAR

start_PAR, start_a, finish_a, start_b, finish_b, finish_PAR

start_PAR, start_b, start_a, finish_a, finish_b, finish_PAR

start_PAR, start_a, start_b, finish_a, finish_b, finish_PAR

Abb. 7.31: Automatisch generierte Schaltfolgen zu PAR(a, b)

Gut zu erkennen sind die von [Alle83] benannten Lagebeziehungen zwischen den Intervallen der Ausführungszeiten beider Workflow-Instanzen, in der Reihenfolge von Abb. 7.32: *before(b,a)*, *overlaps(b,a)*, *during(b,a)*, *before(a,b)*, *overlaps(a,b)* und *during(a,b)*. Damit wird vor allem deutlich, daß die gleichzeitige Bereitstellung zweier Subworkflows keineswegs die zeitlich überlappende Ausführung zur Folge haben muß.

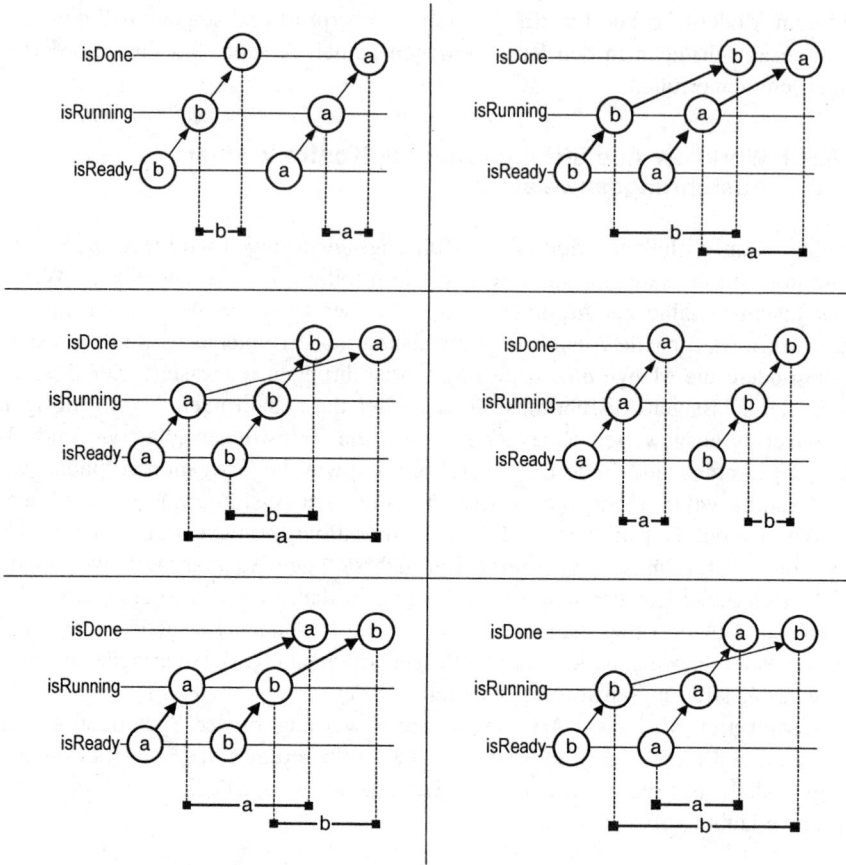

Abb. 7.32: Workflow-Ausführungen mit PAR

Auch für das nächste Beispiel erfolgt die Rekonstruktion der zulässigen Ausführungsfolgen (Abb. 7.34) aus den generierten Schaltfolgen (Abb. 7.33) der Petri-Netz-Repräsentation von DELAY in der Realisierung aus Abschn. 5.3.4.

_SEQUENCE:
start_DELAY, start_b, finish_b, c_after_b_isDone, start_c, finish_c, finish_DELAY_after_c_isDone
start_DELAY, disable_b, c_after_b_isDisabled, start_c, finish_c, finish_DELAY_after_c_isDone
start_DELAY, start_b, finish_b, c_after_b_isDone, disable_c, finish_DELAY_after_c_isDisabled
start_DELAY, disable_b, c_after_b_isDisabled, disable_c, finish_DELAY_after_c_isDisabled

Abb. 7.33: Automatisch generierte Schaltfolgen zu DELAY(b, c)

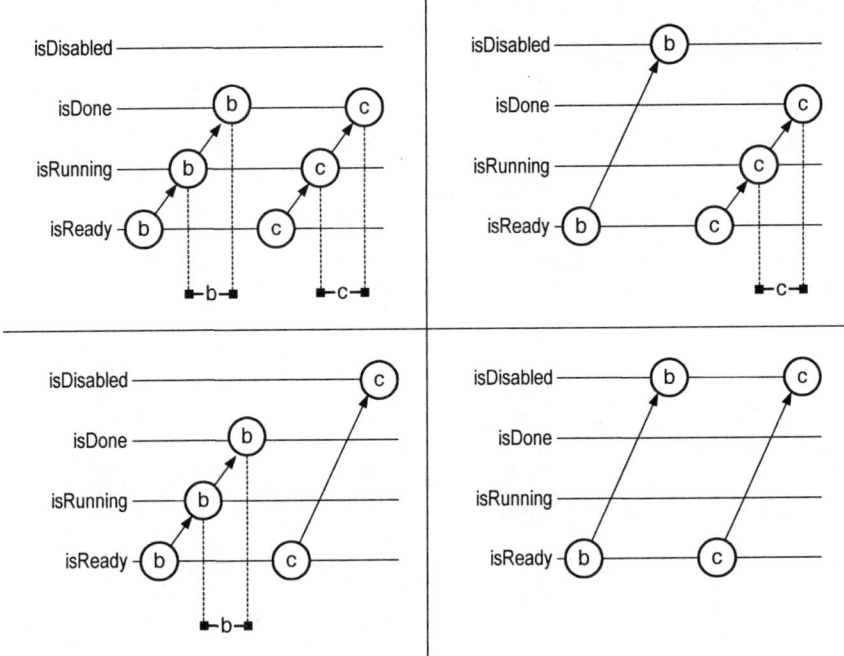

Abb. 7.34: Workflow-Ausführungen mit DELAY

Eine Workflow-Instanz, die unmittelbar vom Zustand isReady in den Zustand isDisabled übergeht (als Ergebnis auf den Wunsch der Nichtausführung), kommt nicht in den Zustand isRunning und hat auch keinen Eintrag auf der Zeitachse.

8 Zusammenfassung und Ausblick

8.1 Zusammenfassung

Workflow-Management-Systeme werden von ihren Herstellern mit großem Aufwand und unter der Verwendung fortgeschrittener Implementierungstechniken auf den praktischen Einsatz vorbereitet. Funktionalität, Stabilität und Verfügbarkeit haben ein nahezu akzeptables Maß erreicht. Sinnvolle Anwendungsgebiete und Verwendungsmöglichkeiten sind ausreichend bekannt. Vor diesem Hintergrund wiegt es besonders schwer, daß die zugehörigen Entwicklungsverfahren für Workflow-Management-Anwendungen weitaus weniger verstanden und ausgereift sind. Das gilt vor allem für die wichtige Phase des Systementwurfs, in dem Workflow-Typen als ausführbare Repräsentationen der Geschäftsprozesse in einer Workflow-Sprache formuliert werden. Diese Phase der Anwendungsentwicklung ist zu stark durch experimentierendes Vorgehen, fehlende Methodik und den Mangel an Werkzeugen geprägt, die *workflow-spezifische* Entwicklungsaufgaben unterstützen. Aus dieser Situation heraus motiviert sich das vorliegende Buch.

Um die bisher bekannten Verfahrensansätze zur Entwicklung von Workflow-Schemata umfassend zu untersuchen, wurde in Kap. 2 ein Erklärungsmodell für Entwicklungsverfahren eingeführt. Dazu gehört eine grafische Notation, mit der sich bislang zusammenhanglos nebeneinanderstehende Verfahrensansätze einheitlich darstellen, vergleichen und bewerten lassen. Die Untersuchung bestätigt im wesentlichen die Beobachtung, daß viele der bisherigen Verfahren lediglich systemspezifische Workflow-Schemata liefern, die kaum portabel und schlecht wiederverwendbar sind und erst nach einer aufwendigen Implementierung auf ihre Eigenschaften hin überprüft werden können.

Den erkannten Defiziten heutiger Entwicklungsansätze stellte Kap. 3 die systematische Workflow-Typ-Konstruktion gegenüber. Diese neuartige Form der Workflow-Typ-Entwicklung ist durch strukturiertes Vorgehen mit konkreten Handlungsanweisungen für den Entwickler und klar definierte Entwurfsoperationen charakterisiert. Die Workflow-Typ-Konstruktion stellt eine Verfeinerung des bisherigen Systementwurfs dar, der sich damit in „Planung", „Entwicklung", „Bewertung" und „Realisierung" von Workflow-Typen untergliedert. Die Einführung von Workflow-Typen als eigenständige Darstellungsform verhindert gleich zwei Nachteile anderer Verfahren. Zum einen kann ein Entwickler Inhalte eines Geschäftsprozeß-Schemas selektiv nutzen und damit die Probleme vermeiden, die für Dokumentationszwecke erstellte Geschäftsprozeß-Modelle sonst nach sich ziehen. Es steht ihm weiterhin frei, aus einem Geschäftsprozeß-Schema ganz unterschiedliche Workflow-Typ-Konfigurationen zu erzeugen, je nach Entwicklungsziel der geplanten Workflow-Management-Anwendung. Zum anderen erlaubt die Unterscheidung von systemneutral formulierten Workflow-Typen und sprachspezifischen Workflow-Schemata, Workflow-Typen einmal zu erstellen und für verschiedene Workflow-Management-Systeme zu implementieren. Dies geschieht nicht wie bei genormten Workflow-Sprachen auf dem kleinsten gemeinsamen Nenner, sondern wird durch ein mehrstufiges Entwicklungsverfahren mit Werkzeugunterstützung realisiert.

Die vorgeschlagene Workflow-Typ-Konstruktion unterstützt den Entwickler in der Phase zwischen Geschäftsprozeß-Modellierung und Workflow-Schema-Implementierung, indem über Aufgabentypstrukturen, Workflow-Typ-Konfigurationen, Workflow-Typen und Workflow-Schemata ein durchgängiger Entwicklungsdatenbestand gepflegt und schrittweise transformiert wird. Die Überführung zwischen diesen Entwicklungsdaten geschieht mit Hilfe klar definierter Entwurfsoperationen. Die Diskussion workflow-spezifischer Entwurfsoperationen erfolgte sehr ausführlich in Kap. 4 bis 6, weil diese Entwurfoperationen das Konstruktionsverfahren konstituieren. Am Beispiel des funktionsbezogenen, verhaltensbezogenen und operationsbezogenen Aspekts wird deutlich, wie Entwurfsoperationen für eine systematische und nachvollziehbare Workflow-Typ-Konstruktion aussehen.

Workflow-Typen und die Operationen zu ihrer Bearbeitung führen zu einer weiteren Möglichkeit im vorgestellten Konstruktionsverfahren: Die systematische Bildung von Varianten eines Workflow-Typs erlaubt einem Entwickler, auf die Besonderheiten des jeweiligen Entwicklungsprojekts oder die Wünsche der Anwender gezielt einzugehen. Auch die Eigenschaften des später einzusetzenden Workflow-Management-Systems können berücksichtigt werden oder davon unabhängig die Funktion, die Struktur, das Ausführungsverhalten und die Art der Applikationsintegration von Workflow-Typen. Für die Ausgestaltung und die Variation des funktionsbezogenen, verhaltensbezogenen und operationsbezogenen Aspekts wurden in Kap. 7 zusätzlich eigene Teilverfahren angeboten. Ein Beispiel dafür ist die Definition neuer Ausführungsanweisungen, durch die anwendungsspezifische Ausdrucksmittel für die Workflow-Ausführung entstehen, die wiederum kompaktere Kontrollflußdefinitionen liefern. Ein anderes Beispiel ist die Technik zur schrittweisen Kontrollflußverlagerung zwischen Workflow-Management-System und externen Applikationen. Die Beispiele zeigen, daß nicht nur der Workflow-Typ als Ganzes Gegenstand der Entwicklung ist, sondern jeder einzelne Aspekt geplant, entworfen, untersucht, bewertet und oftmals noch verbessert werden kann.

Trotz sorgfältiger Konstruktion eines Workflow-Typs ist nicht garantiert, daß er auf Anhieb alle funktionalen und nichtfunktionalen Anforderungen erfüllt. Zur Vervollständigung der Entwurfsoperationen und Variationsmöglichkeiten wurden deshalb in Kap. 7 verschiedene Merkmale von Workflow-Typen und deren Komponenten erarbeitet. Auf der Grundlage dieser Merkmale folgte eine Bewertung der Workflow-Typen nach unterschiedlichen Kriterien. Eine wichtige Anwendungsmöglichkeit der Bewertung war die Auswahl derjenigen Workflow-Typ-Variante, die priorisierten Anforderungen am besten entspricht. Da diese Bewertung der Workflow-Typen vor ihrer Implementierung im Workflow-Management-

System erfolgt, kann sich ein Entwickler frühzeitig ein Bild über die Eigenschaften der zukünftigen Workflow-Management-Anwendung machen.

Insbesondere die dynamischen Eigenschaften eines Workflow-Typs – das Verhalten seiner Workflow-Instanzen zur Ausführungszeit – sind für einen Entwickler von Bedeutung. Um diese Eigenschaften verläßlich zu bestimmen, ist für die Workflow-Instanz und alle weiteren ausführungsrelevanten Komponenten eine Repräsentation erforderlich, die eine Untersuchung mit formalen Methoden erlaubt. Im Rahmen dieses Buchs wurden sowohl Verteilte Transitionssysteme als auch Petri-Netze dazu verwendet, das Ausführungsverhalten von Workflow-Instanzen zu untersuchen. Durch Model-Checking gelingt es, als Ausdrücke in temporaler Logik formulierte Eigenschaften der Workflow-Typen zu validieren. Dieses Vorgehen liefert keine Aussagen über die absolute Korrektheit, es erlaubt einem Entwickler allerdings, die korrekte Funktionsweise einzelner Ausführungsanweisungen, die von Ausführungsanweisungen induzierte Workflow-Ausführung und die Eigenschaften einer Kontrollflußdefinition genau zu bestimmen. Die Ergebnisse dieser Untersuchung geben Hinweise darauf, wie die vorgefundene Eigenschaft zu verändern oder das erkannte Problem zu umgehen ist. Ist der Entwickler mit dem Konstruktionsergebnis zufrieden, kann er den Entwicklungsvorgang – nunmehr auf der Grundlage zuverlässig gewonnener Merkmalsausprägungen – beenden.

Um das vorgeschlagene Konstruktionsverfahren auch werkzeuggestützt einsetzen zu können, wurde die Entwicklungsumgebung WorCRAFT prototypisch implementiert. Darin stehen dem Entwickler eine Vielzahl der eingeführten Entwurfsoperationen zur Verfügung. Seine Entwicklungstätigkeit wird bis zu der Auswahl eines Workflow-Management-Systems unterstützt, in dessen Workflow-Sprache die Workflow-Typen überführt werden sollen.

8.2 Ausblick

Die Beschäftigung mit einem so umfangreichen Thema wie der Workflow-Typ-Entwicklung führt zwangsläufig zu der Erkenntnis, daß jedes gelöste Problem mindestens zwei neue Fragen und drei weitere Themen ergibt, die an Relevanz und Attraktivität den bereits durchdachten Punkten um nichts nachstehen. Der Ausblick hat die Aufgabe, diese Erkenntnis in konkrete Vorschläge umzusetzen und damit eine Richtung für die Fortsetzung der bisher geleisteten Arbeit vorzugeben. Für die Entwicklungsumgebung WorCRAFT bestehen folgende Erweiterungsmöglichkeiten:

- **Unterstützung weiterer Aspekte.** Der funktionsbezogene, verhaltensbezogene und operationsbezogene Aspekt decken nur eine Teilmenge dessen ab, was Workflow-Typen als Repräsentationen von Geschäftsprozessen ausmacht. Ohne Wertung scheint es sinnvoll, als nächstes den informationsbezogenen Aspekt in das Konstruktionsverfahren aufzunehmen. Datenflußabhängigkeiten sind mindestens genauso relevant wie Kontrollflußabhängigkeiten. Bei der Unterstützung weniger gut strukturierter Geschäftsprozesse sind Datenflußabhängigkeiten sogar entscheidend. Wichtig ist auch der kausalitätsbezogene Aspekt. Mit ihm werden Abhängigkeiten zwischen Workflow-Typen ausgedrückt, die sinnvolles Verhalten des Workflow-Management-Systems gewährleisten sollen.

- **Unterstützung weiterer Workflow-Sprachen.** WorCRAFT, bzw. seine Vorgängerversion, generieren Workflow-Schemafragmente für die Workflow-Management-Systeme MOBILE und FlowMark. Die beiden Systeme sind hinreichend unterschiedlich, um die Prinzipien der Workflow-Schema-Erzeugung zu untersuchen, in Hinblick auf eine breite Einsetzbarkeit ist die Ergänzung um weitere Exportformate allerdings notwendig.

- **Generierung von Programmcode.** Bei der Kontrollflußverlagerung werden Teile der Kontrollflußdefinition eines kompositen Workflow-Typs ausgelagert und als Kommandoprozedur im Betriebssystem realisiert. Um die Erzeugung des notwendigen Steuerungsprogramms zu unterstützen, bietet sich die Codegenerierungsfunktion der PEP-Umgebung an.

Das Verfahren und die Entwicklungsumgebung sind auf die starke Beteiligung des Entwicklers ausgerichtet. Seinen Einfluß- und Gestaltungsmöglichkeiten wird ein höherer Stellenwert eingeräumt als dem Bestreben, Geschäftsprozeß-Schemata möglichst automatisch in Workflow-Schemata einer Workflow-Sprache zu transformieren. Der Einsatzbereich für das vorgeschlagene Verfahren ist deshalb auch dort zu sehen, wo komplizierte Workflow-Management-Anwendungen für mehrere Workflow-Management-Systeme entwickelt werden oder wo zu Beginn der Entwicklung das einzusetzende Workflow-Management-System noch nicht bekannt ist. Das ist kein Widerspruch, denn die erste Generation von Workflow-Management-Systemen wird bereits wieder ausgetauscht, und es entsteht zunehmend die Gefahr, in Workflow-Schemata investierte Arbeit zu verlieren. Der hier verfolgte Ansatz, eine sprachneutral formulierte Fassung eines Workflow-Typs zu entwickeln, zu analysieren und über die Ableitung sprachspezifischer Workflow-Schemata hinaus zu erhalten, könnte diese Situation vermeiden helfen und damit einen Beitrag zur effizienteren und kostensparenden Anwendungsentwicklung im Workflow-Management leisten.

Da Workflow-Typen nicht nur Gegenstand der Entwicklung, sondern auch der Änderung oder schlicht des Gebrauchs sind, bieten sich folgende Themen als Forschungsschwerpunkte an:

- **Workflow-Typ-Management.** So hilfreich wie die Möglichkeit zur Bildung unterschiedlicher Workflow-Typ-Varianten für einen Entwickler ist, so problematisch wird nach kurzer Zeit die Handhabung dieser unterschiedlichen Varianten. Ein auf die Belange von Workflow-Typen abgestimmtes Versions- und Varianten-Management erscheint als dringend erforderlich.

- **Komplexitätsmanagement in Workflow-Typen.** Praxisrelevante Anwendungen führen zu Workflow-Typen, die leicht aus einer zwei- bis dreistelligen Zahl weiterer Workflow-Typen bestehen oder diese referenzieren können. Noch ist nicht klar, welche Darstellungstechniken und Navigationsoperationen die Komplexität wirksam reduzieren können. Notwendig ist ein solches Komplexitätsmanagement, weil mit dem Umfang die Gefahr von Redundanzen und Widersprüchen steigt und die Wartbarkeit in gleichem Maße abnimmt.

- **Dependenzmanagement in Workflow-Typen.** Auch elementare Workflow-Typen sind aus Sicht der vorkommenden Aspekte komplexe Gebilde. Die Abhängigkeiten zwischen den Aspekten sind nur partiell bekannt; einige wurden hier herausgearbeitet. So verändert beispielsweise die Kontrollflußverlagerung gleichzeitig den funktionsbezogenen, den verhaltensbezogenen und den operationsbezogenen Aspekt. Allein der Austausch einer Ausführungsanweisung kann zu umfangreichen Veränderungen der Workflow-Typ-Konfiguration führen. Bislang muß ein Entwickler diese Abhängigkeiten kennen und manuell sicherstellen, daß der Workflow-Typ vor und nach der Änderung das gleiche leistet, wenn auch mit unterschiedlichen Aspektausprägungen. Ein Werkzeug, das vor der Änderung auf alle betroffenen Aspekte und ihre neue Ausprägung hinweist, wäre hilfreich.

- **Bedeutung erweiterbarer Workflow-Sprachen.** Das Konstruktionsverfahren sieht zumindest für den verhaltensbezogenen Aspekt die Einführung neuer Ausdrucksmittel ausdrücklich vor. Um die damit verbundenen Vorteile bis in die Workflow-Schemata hinein zu erhalten, müssen Workflow-Management-Systeme frei definierbare oder wenigstens erweiterbare Workflow-Sprachen anbieten. Die an Beispielen gezeigte Rückführung neuer Ausführungsanweisungen auf allgemein verfügbare Ausdrucksmittel ist hilfreich, kann aber durch die damit verbundenen Nachteile nur als Notlösung gelten.

- **Validierung der Eigenschaften von Workflow-Typen.** Ein erster Schritt in diese Richtung ist erfolgt, die Nutzung formaler Beschreibungs- und Analysemethoden konnte gezeigt werden. Allerdings ist nicht klar, ob die mit temporaler Logik oder vergleichbaren Konzepten formulierbaren Eigenschaften auch die sind, die für Anwender und Entwickler wirklich interessant und wichtig sind. Ob eine Workflow-Instanz terminiert, mag zum Zeitpunkt der Workflow-Typ-Entwicklung relevant sein. Ob aus der Terminierung eine brauchbare Aussage für den Erfolg der Workflow-Ausführung folgt, ist mehr als fraglich.

- **Laufzeitbezogene Eigenschaften von Workflow-Typen.** Bei der Bewertung des Workflow-Typs war die Frage ausgenommen, welche Kosten die Ausführung seiner Workflow-Instanzen zur Laufzeit verursachen. Ressourcen des Workflow-Management-Systems werden je nach Struktur eines Workflow-Typs sehr unterschiedlich beansprucht. Ein Entwickler wird zum Beispiel zwischen hohem Wiederverwendungsgrad durch ausgefeilte Modularisierung und effizienter Ausführung durch Reduktion der Workflow-Typ-Anzahl entscheiden müssen. Anders als bei Betriebssystemen und Datenbanksystemen gibt es für Workflow-Management-Systeme weder Untersuchungen, welche Kosten zur Ausführungszeit entstehen, noch ist der Zusammenhang zur Workflow-Typ-Struktur bekannt.

Welcher dieser möglichen Forschungsschwerpunkte sich in der nächsten Zeit als besonders relevant herausstellt, ist derzeit kaum auszumachen. Zudem darf bei aller Bedeutung von Workflow-Management-Systemen nicht vergessen werden, daß sie nur eine Möglichkeit sind, Anwendungssysteme für kooperative Geschäftsprozesse zu implementieren. Was diese Technologie mit Sicherheit überdauern wird, ist die Notwendigkeit, Vorgänge der Realwelt für ein Computersystem zu repräsentieren. Bisher wird von dieser Repräsentation nur gefordert, in sich schlüssig, fehlerfrei und für das Computersystem interpretierbar zu sein. In der Zukunft dürfte die Herausforderung eher darin bestehen, die Repräsentation und das von ihr induzierte Verhalten des Computersystems durchschaubar, für Anwender und Entwickler verständlich und – vielleicht an oberster Stelle – kontrollierbar zu halten.

Literatur

[Aals98]   van der Aalst, W. M. P.: "The Application of Petri Nets to Work-
            flow Management". In: The Journal of Circuits, Systems and
            Computers, vol. 8, no. 1, 1998, pp. 21–66.

[Adam98]   Adam, N. R.; Atluri, V.; Huang, W. K.: "Modeling and Analysis
            of Workflows Using Petri Nets". In: Journal of Intelligent Infor-
            mation Systems, Special Issue on Workflow and Process Mana-
            gement, vol. 10, no. 2, March 1998, pp. 131–158.

[Agos93]   Agostini, A.: "Reengineering a Business Process with an Innova-
            tive Workflow Management System: a Case Study". In: Procee-
            dings of the Conference on Organizational Computing Systems
            1993, November 1-4, Miliptas, California, ed. Kaplan, S., pp.
            154–165.

[Alle83]   Allen, J. F.: "Maintaining Knowledge about Temporal Intervals".
            In: Communications of the ACM, vol. 26, no. 11, November
            1983.

[Alon94]   Alonso, G.; Kamath, M.; Agrawal, D.; El Abbadi, A.; Guenthoer,
            R.; Mohan, C.: "Failure Handling in Large Scale Workflow
            Management Systems". In: IBM Research Report RJ 9913, IBM
            Almaden Research Center, November 1994.

[Ambe95]   Amberg, M.: „Ableitung von Spezifikationen für Workflow-
            Management-Systeme aus Geschäftsprozeßmodellen". In: In-
            formationssystem-Architekturen, 2. Jahrgang, Heft 2, Rundbrief
            des GI-Fachausschuß 5.2, 1995.

[Ambe97]   Amberg, M.: "The Benefits of Business Process Modeling for
            Workflow-Management-Systems". In: [Lawr97], pp. 62–68.

[Atti93]   Attie, P.; Singh, M.; Sheth, A.; Rusinkiewicz, M.: "Specifying
            and Enforcing Intertask Dependencies". In: Proceedings of the
            19th International Conference on Very Large Data Bases, August
            1993.

[Band94]   Bandinelli, S.; Ceri, S.; Felder, M.: "TANGO: A Notation for
            Describing Advanced Transaction Models", Technical Report
            no. 19, ESPRIT-III Project GOODSTEP (6115), May 1994.

[Bapa96]   Bapat, A. et al.: "The VORTEL Project", De.Te.Berkom-Projekt Vorgangsbearbeitungs-Teleservice (VORTEL) – 6. Meilenstein: Final Report, The VORTEL consortium, Berlin 1996.

[Best92]   Best, E.; Devillers, R.; Hall, J. G.: "The Box Calculus: a New Causal Algebra with Multi-Label Communication". In: Proceedings of APN '92, Lecture Notes in Computer Science 609, Springer-Verlag, 1992, pp. 21–69.

[Best93]   Best, E.; Hopkins, R. P.: "B(PN)^2 – a Basic Petri Net Programming Notation". In: Proceedings of PARLE '93, Lecture Notes in Computer Science 694, Springer-Verlag, 1993, pp. 397–390.

[Best95]   Best, E.; Fleischhack, H.; Fraczak, W.; Hopkins, R. P.; Klaudel, H.; Pelz, E.: "A Class of Composable High Level Petri Nets". In: Proceedings of Application and Theory of Petri Nets '95 (ATPN '95), Lecture Notes in Computer Science 935, Springer-Verlag, 1995, pp. 103–118.

[Best96]   Best, E.: "Partial Order Verification with PEP". In: Proceedings of the Conference on Partial Order Methods in Verification, Holzmann, G.; Peled D.; Pratt, V. (eds.), Am. Math. Soc., 1996.

[Blah96]   Blahusch, H.: „Konzeption und Pilotierung eines Workflow-Systems in der Bayerischen Landesbank". In: [Öste96], S. 199–214.

[Blas96]   Blaser, H.; Meiler, A.: „Von der Strategie bis zum Workflow – Praxisbericht der Secura-Versicherungen". In: [Öste96], S. 19–34.

[Böhm95]   Böhm, M.; Schulze, W.; Meyer-Wegener, K.: „DOPAS – Abschlußbericht", 6. Meilenstein, 12. Oktober 1995, De.Te.Berkom Projekt Nr. 2046.

[Böhm96]   Böhm, M.; Meyer-Wegener, K.; Schulze, W.: „Formale Beschreibung und Transformation von Realisierungsalternativen für Geschäftsprozesse". In: Workshop des GI-Arbeitskreises „Modellierung und Ausführung von Workflows", GI-Jahrestagung '96, 25.–27.9.96, Klagenfurt, Österreich.

[Böhm97a]   Böhm, M.; Meyer-Wegener, K.; Schulze, W.: „Unterstützung der Workflow-Entwicklung durch ein unternehmensweites Repository für Geschäftsprozeßrealisierungen". In: Tagungsband zur Wirtschaftsinformatik '97, Physica-Verlag, 1997, S. 225–240.

[Böhm97b]   Böhm, M.: „Einführung von Workflow-Management-Anwendungen durch schrittweise Entwicklung von Realisierungsalternativen für Geschäftsprozesse", EMISA-Fachgruppentreffen 1997. In: Ortner, E. (Hrsg.): Arbeitsbericht 97/03 des Fachgebiets Wirtschaftsinformatik I, TH Darmstadt, 1997.

[Böhm97c]   Böhm, M.: „Entwurf und Bewertung von Varianten zur
              Geschäftsprozeß-unterstützung mit Workflow-Management-
              Systemen". In: Proceedings zum Workshop „Arbeitsplatz-
              rechner-Integration zur Prozeßverbesserung", GI-Jahrestagung
              1997, Aachen, Softwaretechnik-Trends, Bd. 17, Heft 3.

[Böhm97d]   Böhm, M.: „Modellierung von Workflows". In: [Jabl97a], Kapi-
              tel 8, S. 65–114.

[Böhm97e]   Böhm, M.: „Einführung von Workflow-Management-
              Anwendungen durch Entwicklung von Realisierungsalternativen
              für Geschäftsprozesse". In: Technische Hochschule Darmstadt,
              Arbeitsbericht 97/03 des Fachbereichs Wirtschaftsinformatik I,
              Hrsg.: Prof. Dr. Erich Ortner, 1997.

[Böhm97f]   Böhm, M.: „Eine Methode für Entwurf und Bewertung von
              Integrationsvarianten für Anwendungsprogramme und Work-
              flow-Management-Systeme in Geschäftsprozesse". Technische
              Universität Dresden, Fakultät Informatik, Technischer Bericht
              TUD / FI 97 / 09 – Oktober, 1997.

[Böhm98a]   Böhm, M.: „Integration externer Applikationen im Workflow-
              Management". In: INFORMATIK/INFORMATIQUE 2/1998,
              Themenheft Workflow-Management-Systems, S. 23–28.

[Böhm98b]   Böhm, M.: „Ein konstruktiver Ansatz zur systematischen
              Entwicklung von Ausführungsanweisungen für Workflows".
              Gemeinsamer Technischer Bericht der Technischen Universität
              Dresden, der Universität Zürich und der Universität Erlangen-
              Nürnberg, TUD / FI / 98 / 05 – April 1998.

[Böhm99]   Böhm, M.: „Systematische Konstruktion von Workflow-Typen
              für Workflow-Management-Anwendungen". Technische Univer-
              sität Dresden, Fakultät Informatik, Dissertation, 1999.

[Booc98]   Booch, G.; Rumbaugh, J.; Jacobson, I.: The Unified Modeling
              Language User Guide, Addison Wesley, Massachusetts, 1998.

[Brod96]   Brodie, M. L.: "The Emperor's Clothes are Object Oriented and
              Distributed". In: Cooperative Information Systems: Current
              Trends and Directions, Papazoglou, Schlageter (eds.), Academic
              Press, 1996.

[Bußl97]   Bußler, C.: „Organisationsverwaltung in Workflow-Manage-
              ment-Systemen". Universität Erlangen-Nürnberg, Fakultät In-
              formatik, Institut für mathematische Maschinen und Datenverar-
              beitung VI, Dissertation. Erschienen als Arbeitsbericht des In-
              stituts, Bd. 30, Nummer 3, März 1997, auch: Deutscher Univer-
              sitäts-Verlag, Wiesbaden, 1998 (in leicht geänderter Form).

[Bußl98]   Bußler, C.: "Towards Workflow Type Inheritance". in: Procee-
              dings of the First International Workshop on Object Oriented

Workflow Management Systems, OOPSLA `98, October 18th, Vancouver, 1998.

[Cap94]   Cap, C. H.: "A Calculus of Distributed and Parallel Processes – An Approach Using Linear Logic and Algebraic Specification". Universität Zürich, Institut für Informatik, Habilitationsschrift, 1994, erscheint im Teubner-Verlag.

[Cara96]   Produktbeschreibung zum Workflow-Management-System Hermes Version 2.0, Carano GmbH, Berlin, 1996.

[Clar96]   Clark, E.; McMillan, K.; Campos, S.; Hartonas-Garmhausen, V.: "Symbolic Model Checking". In: Proceedings of Computer Aided Verification '96, Lecture Notes in Computer Science 1102, Springer-Verlag, 1996, pp. 419–422.

[Curt92]   Curtis, B.; Kellner, M.; Over J.: "Process Modeling". In: Communications of the ACM, September 1992, vol. 35, no. 9.

[CZ98]   „ARIS-Toolset erzeugt Abläufe in Notes". In: ComputerZeitung, Nr. 30 vom 30. April 1998, S. 10.

[Deit96]   Deiters, W.; Herrmann, T.; Löffeler, T.: „Identifikation, Klassifikation und Unterstützung semistrukturierter Teilprozesse in prozeßorientierten Telekooperationssystemen". In: Krcmar, H.; Lewe, H.; Schwabe, G. (Hrsg.): Herausforderung Telekooperation – Einsatzerfahrungen und Lösungsansätze für ökonomische und ökologische, technische und soziale Fragen unserer Gesellschaft, Fachtagung DCSCW '96, Springer-Verlag, 1996, S. 261– 274.

[Denn95]   Denning, P. J.; Medina-Mora, R.: "Case Study: George Mason University". In: Fisher, L. (ed.): The Workflow Paradigm, Futures Strategies Inc., Book Division, Lighthouse Point, Florida, 1995, pp. 59–73.

[DIN96]   Deutsches Institut für Normung: „Geschäftsprozeßmodellierung und Workflow-Management; Forschungs- und Entwicklungsbedarf im Rahmen der entwicklungsbegleitenden Normung", DIN-Fachbericht 50, Beuth-Verlag, Berlin, 1996.

[Dink94]   Dinkhoff, G.; Gruhn, V.; Saalmann, A.; Zielonka, M.: "Business Process Modeling in the Workflow Management Environment Leu". In: Entity-Relationsship Approach-ER '94, Business Modelling and Re-Engineering, Proceedings of the 13th International Conference on the Entity-Relationship-Approach, Manchester, United Kingdom, Springer-Verlag, 1994.

[Dona99]   Donath, U.: „Realisierung ausgewählter Aspekte des WorCOS Workflow-Metamodells durch CORBA-Objekte". Technische Universität Dresden, Fakultät Informatik, Professur für Datenbanken, Diplomarbeit, 1999.

[Dros90]   Drosdowsky, G. (Hrsg.): Duden: Das Fremdwörterbuch, Duden-Verlag, Mannheim, 1990.

[Dude89]   Deutsches Universal Wörterbuch, Duden-Verlag, Mannhein, 1989.

[Edel97]   Edelmann, J.; Rochefort, M.: "Workflow Enabled Application for Dresdener Bank". In: Lawrence, P. (ed.): Workflow Handbook 1997, The Workflow Management Coalition, John Wiley and Sons, New York, 1997, pp 109–116.

[Elga96]   Elgass, P.; Krcmar, H.; Oberweis, A.: „Von der informalen zur formalen Geschäftsprozeßmodellierung". In: [Voss96], S. 126–139.

[Emer90]   Emerson, E.: "Temporal and Modal Logic". In: van Leeuwen, J. (ed.): Handbook of Theoretical Computer Science, Springer-Verlag, 1990.

[Emme91]   Emmerich, W.; Gruhn, V.: "FUNSOFT-Nets: A Petri-Net based Software Process Modeling Language". In: Proceedings of the 6th International Workshop on Software Specification und Design, Como, Italy, September 1991.

[Espa96]   Esparza, J.: "Model Checking Using Net Unfoldings". In: Science of Computer Programming, no. 23, Elsevier, 1996, pp. 151–195.

[Flei98]   Fleischhack, H.; Grahlmann, B.: "A Compositional Petri Net Semantics for SDL". In: Proceedings of Application and Theory of Petri Nets '98, Lecture Notes in Computer Science 1420, Springer-Verlag, 1998, pp. 144–164.

[Föck96]   Föcker, E.: „Exemplarische Überführung eines Geschäftsprozesses von ARIS nach FlowMark". Universität Münster, Referat zum Projektseminar „Workflowmanagement", Lehrstuhl für Wirtschaftsinformatik, WS 95/96.

[Fürp96]   Furpaß, H.: „Integriertes Prozeßmanagement mit CSE/Workflow und UBIS/ Bonapart: Die Überführung von Modellinformationen von Bonapart 2.0 nach Workflow 4.0 basierend auf dem Interface 1 der WfMC". In: [Jabl96b].

[Gall95a]   Galler, J.; Hagemeyer, J.; Scheer, A.-W.: "ContAct – Coordination of Cooperative Information Modeling Activities". In: Proceedings of the European Conference on Computer Supported Cooperative Work, 1995, pp. 25–26.

[Gall95b]   Galler, J.; Hagemeyer, J.; Scheer, A.-W.: "The Coordination of Interdisciplinary Teams in Workflow Projects". In: Proceedings of the 3rd Interdisciplinary Information Management Talks – IDIMT-95, Kubova Hut, Czech Rebulic, 1995.

[Gall95c]   Galler, J.; Hagemeyer, J.; Scheer, A.-W.: „ContAct: Ein Koordi-
              nationssystem für verteilte Modellierungsaktivitäten". In: Augs-
              burger, W.; Ludwig, H.; Schwab, K. (Hrsg.): Koordinations-
              methoden und –werkzeuge bei der computergestützten koopera-
              tiven Arbeit, Tagungsband zum Workshop „Koordinationsme-
              chanismen bei der computergestützten kooperativen Arbeit",
              Bamberger Beiträge zur Wirtschaftsinformatik, Nr. 30, Bamberg
              1995.

[Gall95d]   Galler, J.; Scheer, A.-W.: „Workflow-Projekte: Vom Geschäfts-
              prozeßmodell zur unternehmensspezifischen Workflow-
              Anwendung". In: Scheer, A.-W. (Hrsg.): IM-Information Mana-
              gement, 10(1995)1, S. 20–28.

[Galt87]   Galton, A.: "Temporal Logics and Their Applications", Acade-
              mic Press, New York, 1987.

[Gepp96]   Geppert, A.; Tombros, D.: "Event-based Distributed Workflow
              Execution with EVE". University of Zurich, Department of
              Computer Science, Technical Report 96.05, May 1996.

[Gepp98]   Geppert, A.; Kradolfer, M.: "Dynamic Workflow Schema
              Evolution based on Workflow Type Versioning and Workflow
              Migration". Universität Zürich, Institut für Informatik,
              Technischer Bericht 98.02, April 1998.

[Goes98]   Goesmann, T.; Striemer, R.: „Entwicklung von Workflow-
              Management-Anwendungen in der Praxis – Erfahrungen und
              Konsequenzen". ISST-Bericht 44/98, Januar 1998.

[Grah95a]   Grahlmann, B.: "PEP: A Programming Environment based on
              Petri nets". In: Application and Theory of Petri Nets '95 – Tool
              Presentation, Torino 1995.

[Grah95b]   Grahlmann, B.; Möller, M.; Anhalt, U.: "A new Interface for the
              PEP tool – Parallel Finite Automata". In: Desel, J.; Fleischhack,
              H.; Oberweis, A.; Reisig, W. (Hrsg.): Proceedings of AWPN '95
              (2. Workshop Algorithmen und Werkzeuge für Petrinetze), Rei-
              he AIS, Nr. 22, Fachbereich Informatik der Universität Olden-
              burg, Oktober 1995, S. 21–26.

[Grah96]   Grahlmann, B.: "Petri Net File Formats". In: Desel, J.; Kindler,
              E.; Oberweis, A. (Hrsg.): Proceedings of AWPN '96 (3. Work-
              shop Algorithmen und Werkzeuge für Petri-Netze), Forschungs-
              bericht Nr. 341, Institut für Angewandte Informatik Universität
              Karlsruhe, 1996, S. 21–26.

[Grah97]   Grahlmann, B.: "The PEP Tool". In: Grumberg, O. (ed.):
              Proceedings of Computer Aided Verification '97, Lecture Notes
              in Computer Science 1254, Springer-Verlag, 1997, pp. 440–443.

[Grah98]   Grahlmann, B.: "Parallel Programms as Petri Nets". Universität
            Hildesheim, Dissertation, 1998.

[Grah99]   Grahlmann, B.: "The State of PEP". In: Proceedings of Algebraic
            Methodology and Software Technology, Lecture Notes in Com-
            puter Science 1548, Springer-Verlag, 1999.

[Graw95]   Graw, G.; Gruhn, V.: "Distributed Modeling and Distributed
            Enaction of Business Processes". In: 5th European Software En-
            gineering Conference, Sitges, Spain, September 1995.

[Gree96]   Greenwood, R. M.; Warboys, B. C.; Sa, J.: "Cooperating Evol-
            ving Components – a rigorous approach to evolving large soft-
            ware systems". In: Proceedings 18th International Conference of
            Software Engineering 1996.

[Gruh91]   Gruhn, V.: "Validation and Verification of Software Process
            Models". Universität Dortmund, Abteilung Informatik, Disserta-
            tion, Forschungsbericht Nr. 394/1991.

[Gruh93]   Gruhn, V.: „Entwicklung von Informationssystemen in der LI-
            ON-Entwicklungsumgebung". In: Scheschonk, G.; Reisig, W.
            (Hrsg.): Petri-Netze im Einsatz für Entwurf und Entwicklung
            von Informationssystemen, GI-Bericht, Technische Fachhoch-
            schule Berlin, Springer-Verlag, 1993.

[Hage96]   Hagemeyer, J.; Galler, J.; Scheer, A.-W.: „Koordination verteil-
            ter Workflowmodellierung mit ContAct". In: „Workflowmana-
            gement – State-of-the-Art aus Sicht von Theorie und Praxis",
            Proceedings zum Workshop vom 10. April 1996, Arbeitsberichte
            des Instituts für Wirtschaftsinformatik, Nr. 47, Universität Mün-
            ster, S. 22ff.

[Hans96]   Hanschmidt, J.: „Das Geschäftsprozeßmanagementsystem
            WorkParty". In: „Workflowmanagement – State-of-the-Art aus
            Sicht von Theorie und Praxis", Proceedings zum Workshop vom
            10. April 1996, Arbeitsberichte des Instituts für Wirtschaftsin-
            formatik, Nr. 47, Universität Münster, S. 5–11.

[Hare87a]   Harel, D.; Pnueli, A.; Schmidt, J. P.; Sherman, R.: "On the For-
            mal Semantics of Statecharts". In: Proceedings of the Symposi-
            um on Logic in Computer Science, June 22–25, 1987, pp. 54–64.

[Hare87b]   Harel, D.: "Statecharts: A Visual Formalism for Complex Sy-
            stems". In: Science of Computer Programming, Elsevier Science
            Publishers B.V., North Holland, 1987.

[Hein97]   Heinl, P.; Schuster, H.: „Anwendung von Implementierungs-
            techniken zur Integration externer Applikationen". In: [Jabl97],
            Abschnitt 16.1, S. 366–374.

[Hein98]   Heinemann, B.: „Konzeption und Realisierung einer Datenbank-
                anwendung für Speicherung und Manipulation von Varianten zur
                Geschäftsprozeßunterstützung mit Workflow-Management-
                Systemen". Technische Universität Dresden, Fakultät Informatik,
                Professur für Datenbanken, Großer Beleg, 1998.

[Hein99]   Heinemann, B.: „Konzeption und Realisierung einer Entwick-
                lungsumgebung zur systematischen Konstruktion von Workflow-
                Typen". Technische Universität Dresden, Fakultät Informatik,
                Professur für Datenbanken, Diplomarbeit, 1999.

[Horn98]   Horn, S.; Jablonski, S.; Schlundt, M.: "MOMO: Cooperative and
                Collaborative Workflow Modeling". In: Proceedings of the ACM
                1998 Conference on Computer Supported Cooperative Work,
                Seattle, Washington, USA, November 14th-18th, 1998.

[IDS94]   IDS Prof. Scheer GmbH. ARIS-Toolset Version 2.0, ARIS-
                Methodenhandbuch, Saarbrücken, 1994.

[IPRO98]   ipro Tool GmbH, Software-Werkzeuge, Stuttgart, 1998.

[Jabl94]   Jablonski, S.: "MOBILE: A Modular Workflow Model and Ar-
                chitecture". In: Proceedings of the 4th International Working
                Conference on Dynamic Modelling and Information Systems,
                Noordwijkerhout, Netherlands, September 1994.

[Jabl95]   Jablonski, S.: "On the Complementary of Workflow Manage-
                ment and Business Process Modeling". In: SIGOIS Bulletin,
                August 1995, vol. 16. no. 1.

[Jabl96a]   Jablonski, S.; Bussler, C.: Workflow Management – Modeling
                Concepts, Architecture and Implementation, International Thom-
                son Publishing, Bonn, 1996.

[Jabl96b]   Jablonski, S.; Groiss, H.; Kaschek, R.; Liebhart, W. (Hrsg.):
                Geschäftsprozeßmodellierung und Workflowsysteme. Unterla-
                gen zum Workshop, GI-Jahrestagung 1996, Klagenfurt, Öster-
                reich, 1996.

[Jabl97]   Jablonski, S.; Böhm, M.; Schulze, W. (Hrsg.): Workflow-
                Management: Entwicklung von Anwendungen und Systemen.
                Facetten einer neuen Technologie, d.punkt-Verlag, Heidelberg,
                1997.

[Jack95]   Jackson, M.: Software Requirements & Specifications. Addison-
                Wesley Publishing Company, Wokingham, England, 1995.

[Jasp97]   Jasper, H.: „Workflow-Management-Systeme auf der Basis akti-
                ver Mechanismen". In: [Jabl97], Kapitel 15.3, S. 303–335.

[Jens94]   Jensen, C. S. et al.: "A Consensus Glossary of Temporal
                Database Concepts". In: ACM SIGMOD RECORD, vol. 23, no.
                1, March 1994, New York, 1994.

[Jung98]   Junginger, S.: „Quantitative Bewertung von Geschäftsprozeß-
              modellen: Eine Gegenüberstellung von rechnerischer Auswer-
              tung und Simulation", Universität Wien, Abteilung Knowledge
              Engineering, BPMS-Bericht, Februar 1998.

[Kapp95]   Kappel, G.; Lang, P.; Rausch-Schott, S.; Retschitzegger, W.:
              "Workflow Management Based on Objects, Rules and Roles".
              In: Bulletin of the Technical Commitee on Data Engineering,
              IEEE Computer Society, March 1995, vol. 18, no. 1, pp. 11–18.

[Kara96]   Karagiannis, D.; Junginger, S.; Strobl, R.: "Introduction to Busi-
              ness Process Management Systems Concepts". In: [Scho96], pp.
              81–108.

[Kasc97]   Kaschek, R.; Paech, B.: „Grundlagen der Modellierung von
              Vorgängen". In: [Jabl97], Kapitel 6, S. 33–44.

[Kell92]   Keller, G.; Nüttgens, M.; Scheer, A.-W.: „Semantische Prozeß-
              modellierung auf der Grundlage Ereignisgesteuerter Prozeßket-
              ten (EPK)". Veröffentlichung des Instituts für Wirtschaftsinfor-
              matik Nr. 89, Saarbrücken, 1992.

[Kell95]   Keller, G.: "Creation of business processes with event-driven
              process chains (EPCs). A strategic challenge". In: SAPInfo –
              Business Reengineering, SAP AG, Walldorf, 1995, pp. 8–13.

[Kirn94]   Kirn, S.; Unland, R.: „Workflow Management mit kooperativen
              Softwaresystemen: State of the Art und Problemabriß".
              Universität Münster, Institut für Wirtschaftsinformatik,
              Arbeitsbericht Nr. 29, März 1994.

[Koer97]   Koerbe, N.: "IT-Supported Process Management in a Public
              Agency". In: Lawrence, P. (ed.): Workflow Handbook 1997, The
              Workflow Management Coalition, John Wiley and Sons, New
              York, 1997, pp. 121–128.

[Kosi76]   Kosiol, E.: „Organisation der Unternehmung", 2. Aufl., Wiesba-
              den, 1976.

[Kotz97]   Kotz-Dittrich, A.; Muth, P.; Weikum, G.; Weißenfels, J.:
              „Partitionierungs- und Sychronisationstechniken für verteilte
              Workflow-Management-Systeme". In: [Jabl97], Abschnitt 15.1,
              S. 252–276.

[Krad97]   Kradolfer, M.; Geppert, A.: "Modeling Concepts for Workflow
              Specification". Universität Zürich, Institut für Informatik, Tech-
              nischer Bericht 97.05, 1997.

[Kral96]   Krallmann, H.; Derszteler, G.: "Workflow Management Cycle –
              An Integrated Approach to the Modelling, Execution, an Monito-
              ring of Workflow-Based Processes". In: [Scho96], pp. 3–22.

[Krög87]   Kröger, F.: Temporal Logic of Programs, Springer-Verlag, 1987.

[Kuen95a]   Kueng, P.; Schrefl, M.: „Spezialisierung von Geschäftsprozessen
              am Beispiel der Bearbeitung von Kreditanträgen". Universität
              Linz, Institut für Wirtschaftsinformatik, Data & Knowledge
              Engineering, Institutsbericht 95.01, März 1995.

[Kuen95b]   Kueng, P.: „Ein Vorgehensmodell zur Einführung von Work-
              flow-Systemen". Universität Linz, Institut für Wirtschaftsinfor-
              matik, Data & Knowledge Engineering, Institutsbericht 95.02,
              April 1995.

[Künz94]   Künzli, M.; Künzli, R.: „Konzeption und Implementierung der
              Sprache Petril". Universität Zürich, Institut für Informatik, Se-
              mesterarbeit, 1994.

[Kurb97]   Kurbel, K.; Nenoglu, G.; Schwarz, C.: „Von der Geschäftspro-
              zeßmodellierung zur Workflowspezifikation – Zur Kompatibili-
              tät von Modellen und Werkzeugen". In: HMD-Heft 198, 1997, S.
              66–82.

[Lang95]   Lang, G.: „Konzeption der Abbildung von Geschäftsprozeßmo-
              dellen nach dem SOM-Ansatz in Spezifikation des
              Workflowmanagement-Systems WorkParty". Universität Bam-
              berg, Lehrstuhl für Wirtschaftsinformatik, Diplomarbeit, 1995.

[Lawr97]   Lawrence, P. (ed.): Workflow Handbook 1997, The Workflow
              Management Coalition, John Wiley and Sons, New York, 1997.

[Ley95]   „COSA – Computerunterstützte Sachbearbeitung", Das Work-
              flow-Management-System von Software Ley. Produktbeschrei-
              bung 1995.

[Leym94]   Leymann, F.; Roller, D.: "Business Process Management With
              FlowMark". In: Proceedings COMPCON Spring 1994, San
              Francisco, February 28–March 4, 1994, IEEE 1994.

[Libi95]   Libit, J.: "Case Study: Amercan President Lines". In: Fisher, L.
              (ed.): The Workflow Paradigm, Futures Strategies Inc., Book
              Division, Lighthouse Point, Florida, 1995, pp. 99–104.

[Lieb95]   Liebhart, W.: "The Workflow Activity Description Language
              WADL". Universität Klagenfurt, Institut für Informatik-Systeme,
              Technischer Bericht, 1995.

[Lieb98]   Liebhart, W.: „Fehler- und Ausnahmebehandlung im Workflow
              Management". Universität Klagenfurt, Institut für Informatik-
              Systeme, Dissertation, 1998.

[Luko95]   Lukosch, T.: „Konzeption der Abbildung von Geschäftsprozes-
              sen nach dem SOM-Ansatz in Spezifikation der Workflowmana-
              gementsystems FlowMark". Universität Bamberg, Lehrstuhl für
              Wirtschaftsinformatik, Diplomarbeit, 1995.

[Lütk97]   Lütke Siestrup, T.: „Erfahrungsbericht: FlowMark bei der Deut-
              schen Telekom AG". In: Becker, J.; Rosemann, M. (Hrsg.): „Or-
              ganisatorische und technische Aspekte beim Einsatz von
              Workflowmanagementsystemen", Workshop vom 10. April
              1997, Institut für Wirtschaftsinformatik, Universität Münster.

[Malo94]   Malone, T. W.; Crowston, K.: "The Interdisciplinary Study of
              Coordination". In: ACM Computing Surveys, vol. 26, no. 1,
              March 1994, pp. 87–119.

[McCl97]   McClatchey, R.; LeGoff, J.-M.; Baker, N.; Harris, W.; Kovacs,
              Z.: "A Distributed Workflow and Product Data Management
              Application for the Construction of Large Scale Scientific
              Apparatus", NATO advanced studies workshop Istanbul, 1997.

[McLe96]   McLellan, M.: "Workflow-Metrics – One of the great Benefits of
              Workflow". In: [Öste96], pp. 301–318.

[McMi92]   McMillan, K. L.: "The SMV System". Carnegie Mellon
              University, Februar 1992.

[McMi93]   McMillan, K. L.: "Symbolic Model Checking". Kluwer
              Academic Press, Boston, 1993.

[Mitt84]   Mittelstraß, J. (Hrsg.): Enzyklopädie Philosophie und Wissen-
              schaftstheorie, Bd. 2, BI-Wissenschaftsverlag, 1984.

[Mühl97]   zur Mühlen, M.; Rosemann, M.: „Diagrammsprachliche Metho-
              den". In: [Jabl97], Abschnitt 10.3.2, S. 162–170.

[Mumm96]   Mummert+Partner: „Arbeitsweise des bidirektionalen
              ARIS/GPM-Prozessors", Folienkopien zur Produktpräsentation,
              1996.

[Neeb96]   Neeb, J.: "Konzeption und Implementierung eines Transforma-
              tors vom Geschäftsprozessmodellierungswerkzeug BONAPART
              zur Workflow-Komponente des Produktdatenmanagement-
              Systems METAPHASE". Institut für Mathematische Maschinen
              und Datenverarbeitung VI, Diplomarbeit, 1996.

[Ober96]   Oberweis, A.: Modellierung und Ausführung von Workflows mit
              Petri-Netzen, Reihe Wirtschaftsinformatik, Teubner-Verlag,
              Stuttgart, 1996.

[Oest97]   Oesterreich, B.: Objektorientierte Softwareentwicklung mit der
              Unified Modeling Language (UML), 3. Aufl., R.Oldenbourg-
              Verlag, München, 1997.

[OMG97]   Object Management Group, "Meta Object Facility (MOF) Speci-
              fication", Joint Revised Submission, September 1, 1997, OMG
              Document ad/97-08-14.

[Ortn97]   Ortner, E.: „Abgrenzung nach außen". In: [Jabl97], Kapitel 2,
              S. 7–16.

[Ortn98]   Ortner, E.: „Ein Multipfad-Vorgehensmodell für die Entwick-
             lung von Informationssystemen – dargestellt am Beispiel von
             Workflow-Management-Anwendungen". In: Wirtschaftsinfor-
             matik, Heft 4/98, August 1998.

[Öste96]   Österle, H.; Vogler, P. (Hrsg.): Praxis des Workflow-Manage-
             ments – Grundlagen, Vorgehen, Beispiele, Friedrich Vieweg &
             Sohn Verlagsgesellschaft mbH, Braunschweig/ Wiesbaden,
             1996.

[Pico87]   Picot, A.; Reichwald, R.: Bürokommunikation: Leitsätze für
             Anwender, Hallbergmoos, 1987.

[Pico95]   Picot, A.; Rohrbach, P.: „Organisatorische Aspekte von
             Workflow-Management-Systemen". In: Information Manage-
             ment, Heft 1, 1995, S. 28–35.

[Prin96]   Prinz, R.: Developing business objects: a framework driven
             approach, McGraw-Hill Publishing Company, Maidenhead,
             1996.

[Pürz97]   Pürzer, T.; Stein, K.; Neeb, J.: „Analyse und Bewertung der
             Standardisierungsbemühungen der Workflow Management
             Coalition". Universität Erlangen-Nürnberg, Technische Fakultät,
             Technischer Bericht, TR-I6-1997-2, 1997.

[Raas98]   Raasch, J.: „Komponentenarchitektur für verteilte Systeme". In:
             Engelin, M.; Bender, K. (Hrsg.): GeNeMe 98 – Gemeinschaften
             in neuen Medien, Reihe Telekommunikation und Mediendienste,
             Bd. 2, Josef Eul Verlag, Köln, 1998, S. 67–86.

[Reic98]   Reichert, M.; Dadam, P.: "ADEPTflex – Supporting Dynamic
             Changes of Workflows Without Loosing Control". In: Journal of
             Intelligent Information Systems, Special Issue on Workflow and
             Process Management, vol. 10, no. 2, 1998.

[Rein93]   Reinwald, B.: Workflow-Management in verteilten Systemen.
             Teubner-Verlag, Stuttgart, Leipzig, 1993.

[Ritt97]   Ritter, N.: DB-gestützte Kooperationsdienste für technische
             Entwurfsanwendungen. Dissertation zu Datenbanken und Infor-
             mationssystemen, Bd. 33, infix-Verlag, St. Augustin, 1997.

[Roch98]   Roch, S.; Starke, P. H.: "INA: Integrated Net Analyzer",
             Handbuch zur Version 2.1, Humbold Universität zu Berlin, 1998.

[Rose95]   Rose, L. C.: "Case Study: Logicon Software". In: Fisher, L.
             (ed.): The Workflow Paradigm, Futures Strategies Inc., Book
             Division, Lighthouse Point, Florida, 1995, pp. 137–148.

[Rose96a]   Rosemann, M.; Püttmann, M.: „Konzeption und Realisierung
              eines Prozeßinformationssystems". In: „Workflowmanagement –
              State-of-the-Art aus Sicht von Theorie und Praxis", Proceedings
              zum Workshop vom 10. April 1996, Arbeitsberichte des Instituts
              für Wirtschaftsinformatik, Nr. 47, Universität Münster, S. 66ff.

[Rose96b]   Rosemann, M.: Komplexitätsmanagement in Prozeßmodellen,
              Gabler-Verlag, 1996.

[Rose97]   Rosemann, M.: „Arbeitsablauf-Monitoring und -Controlling".
              In: [Jabl97], Kapitel 12, S. 201–210.

[Rumb99]   Rumbaugh, J.; Jacobson, I.; Booch, G.: The Unified Modeling
              Language Reference Manual, Addison Wesley Longman,
              Reading, Massachusetts, 1999.

[Rump95]   Rump, F.: „Ereignisgesteuerte Prozeßketten zur formal fundier-
              ten Geschäftsprozeßmodellierung". In: Sinz, E. (Hrsg.): Infor-
              mationssystem-Architekturen, Bd. 2, GI-Fachausschuß 5.2,
              1995.

[Rusi94]   Rusinkiewicz, M.; Sheth, A.: "Specification and Execution of
              Transactional Workflows". In: Kim, W. (ed.): Modern Database
              Systems: The Object Model, Interoperability, and Beyond, Addi-
              son-Wesley, 1994.

[Rusi95]   Rusinkiewicz, M. et al.: "Towards a Cooperative Transaction
              Model - The Cooperative Activity Model". In: Proceedings of
              the 21th International Conference on Very Large Databases,
              Zurich, 1995.

[Saut96]   Sauter, F.: „Projekt-Vorgehen für die Implementierung von
              Workflow-Management-Systemen am Beispiel eines Projekts im
              Bankbereich". In: [Öste96], S. 215–228.

[Schä96a]   Schäl, T.: "Workflow Management Systems for Process Organi-
              sations". In: Lecture Notes in Computer Science 1096, Springer-
              Verlag, 1996.

[Schä96b]   Schärli, W.: „Workflow-Management: Strategie einer Groß-
              bank". In: [Öste96], S. 147–170.

[Sche94a]   Scheer, A.-W.: "ARIS Toolset: A Software Product is Born".
              In: Information Systems, vol. 19, no. 8, 1994, pp. 607–624.

[Sche94b]   Scheer, A.-W.: Wirtschaftsinformatik – Referenzmodelle für
              industrielle Geschäftsprozesse, 5. Aufl., Springer-Verlag, 1994.

[Sche98a]   Scheer, A.-W.: ARIS – Vom Geschäftsprozeß zum
              Anwendungssystem, Bd. I, 3. Aufl., Springer-Verlag, 1998.

[Sche98b]   Scheer, A.-W.: ARIS – Modellierungsmethoden, Metamodelle,
              Anwendungen, Bd. II, 3. Aufl., Springer-Verlag, 1998.

[Schl98]   Schlund, M.; Schamburger, R.; Neeb, J.; Jablonski S.; Böhm, M.:
              „Workflow-Operationen als Bereicherung funktionaler Dekom-
              position in Workflow-Schemata". In: Proceedings zur MODEL-
              LIERUNG '98, Münster, 1998.

[Scho96]   Scholz-Reiter, B.; Stickel, E. (eds.): Business Process Modeling,
              Springer-Verlag, 1996.

[Schu96]   Schulze, W.; Böhm, M.; Meyer-Wegener, K.: "Services of
              Workflow Objects and Workflow Meta-Objects in OMG-
              compliant Environments". In: OOPSLA'96, Workshop on
              Business Object Design and Implementation, San José, CA, Oct,
              6th, 1996.

[Schu97a]   Schulze, W.: "Fitting the Workflow Facility into the Object
              Management Architecture". In: Proceedings of the 3rd OOPSLA
              Workshop on the Design and Implementation of Business
              Objects, Atlanta/Georgia, October $6^{th,}$ 1997.

[Schu97b]   Schuster, H.: „Middlewarebasierte Architektur von verteilten
              Workflow-Management-Systemen". Universität Erlangen-
              Nürnberg, Institut für Mathematische Maschinen und Datenver-
              arbeitung VI, Dissertation, 1997.

[Schu99]   Schulze, W.: „Ein Workflow-Management-Dienst für ein ver-
              teiltes Objektverwaltungssystem auf der Basis verteilter objekt-
              orientierter Architekturen". Technische Universität Dresden,
              Fakultät Informatik, Dissertation, 1999.

[Schw93]   Schwab, K.: „Konzeption, Entwicklung und Implementierung
              eines computergestützten Bürovorgangssystems zur Modellie-
              rung von Vorgangsklassen und Abwicklung und Überwachung
              von Vorgängen". Universität Bamberg, Fakultät Sozial- und
              Wirtschaftswissenschaften, Dissertation, 1993, Bamberger Bei-
              träge zur Wirtschaftsinformatik, Nr. 17/1993.

[Sear69]   Searle, J. R.: Sprechakte: ein sprachphilosophischer Essay,
              Übers. von R. und R. Wiggershaus, 3. Aufl., Suhrkamp-Verlag,
              Frankfurt/Main, 1990, Originalausgabe: Cambridge University
              Press, 1969.

[Sear79]   Searle, J. R.: Ausdruck und Bedeutung: Untersuchungen zur
              Sprechakttheorie, Übers. von Andreas Kemmerling, 3. Aufl.,
              Suhrkamp-Verlag, Frankfurt/Main, 1990, Originalausgabe:
              Cambridge University Press, 1979.

[Sims94]   Sims, O.: Business Objects: Delivering Cooperative Objects for
              Client-Server", IBM McGraw-Hill Series, London, 1994.

[Sing96]   Singh, M. P.; Vouk, M. A.: "Scientific Workflows: Scientific
             Computing Meets Transactional Workflows". In: Proceedings of
             the NSF Workshop on Workflow and Process Automation in
             Information Systems: State-of-the-Art and Future Directions,
             May 8–10, Athens, Georgia, USA, 1996.

[Slag96]   Slaghuis, H.: „Der direkte Übergang von BPR zum Workflow
             mit Leu". In: „Workflowmanagement – State-of-the-Art aus
             Sicht von Theorie und Praxis", Proceedings zum Workshop vom
             10. April 1996, Arbeitsberichte des Instituts für Wirtschaftsin-
             formatik, Nr. 47, Universität Münster, S. 57ff.

[SNI95]   Workparty, Benutzerhandbuch Version 2.0, Siemens-Nixdorf
             AG, Paderborn, 1995.

[Somm97]   Sommerville, I.: Software Engineering, Addision Wesley Long-
             man Limited, Harlow/Essex, Fifth Edition, Reprinted 1997.

[Stei97a]   Stein, K.: „Aspektorientierte Workflow-Modellierung: Ein Er-
             fahrungsbericht". In: Becker, J.; Rosemann, M. (Hrsg.): „Organi-
             satorische und technische Aspekte beim Einsatz von
             Workflowmanagementsystemen", Workshop vom 10. April
             1997, Institut für Wirtschaftsinformatik, Universität Münster,
             1997.

[Stei97b]   Stein, K.: „Überführung von Arbeitsabläufen in Workflows".
             In: [Jabl97], Kapitel 11, S. 183–200.

[Stot98]   Stotts, P. D.; Furuta, R.; Cabarrus, C. R.: "Hyperdocuments a
             Automata: Verification of Trace-Based Browsing Properties by
             Model Checkung". In: ACM Transactions on Information
             Systems, vol. 16. no. 1, January 1998, pp. 1–30.

[Stri97a]   Striemer, R.; Weske, M.; Holten, R.: „Beschreibung und Analyse
             von Vorgehensmodellen zur Entwicklung von betrieblichen
             Workflow-Anwendungen". In: Montenegro, S.; Kneuper, R.;
             Müller-Luschnat, G (Hrsg.): „Vorgehensmodelle – Einführung,
             betrieblicher Einsatz, Werkzeug-Unterstützung und Migration",
             Beiträge zum 4. Workshop, 17.–18. März 1997, Berlin-
             Adlershof, GMD-Studien Nr. 311, Sankt Augustin: GMD-
             Forschungszentrum Informationstechnik, 1997, S. 53–61.

[Stri97b]   Striemer, R.; Weske, M.: „Vorgehensmodelle". In: [Jabl97],
             Abschnitt 10.2, S. 142–151.

[Suth97]   Sutherland, J.; Patel, D.; Casanave, C.; Hollowell, G.; Miller, J.
             (eds.): "Business Object Design and Implementation". In:
             OOPSLA'95 Workshop Proceedings, 16 October 1995, Austin,
             Texas, Springer-Verlag, 1997.

[Tomb97]   Tombros, D.; Geppert, A.; Dittrich, K. R.: "Semantics of Reactive Components in Event-Driven Workflow-Execution". In: Proceedings of the 9th Internation Conference on Advanced Information Systems Engineering, Spain, June 1997.

[UBIS96]   UBIS, Unternehmensberatung für integrierte Systeme, Produktunterlagen, Berlin, 1996.

[Vadu97]   Vaduva, A.; Gatziu, S.; Dittrich, K. R.: "Investigating Termination in Active Database Systems with Expressive Rule Languages", Nachdruck des RIDE-Workshops, Schweden, 1997.

[Voss96]   Vossen, G.; Becker, J. (Hrsg.): Geschäftsprozeßmodellierung und Workflow-Management, International Thomson Publishing, Bonn, 1996.

[Wäch96]   Wächter, H.: Fehlertolerantes Workflow-Management – Eine Architektur für die zuverlässige Ausführung verteilter Geschäftsprozesse. Verlag Dr. Kovac, Hamburg, 1996.

[Wain96]   Wainer, J.; Weske, M.; Vossen, G.; Medeiros, C. B.: "Scientific Workflow Systems". In: Proceedings of the NSF Workshop on Workflow and Process Automation: State-of-the-art and Future Directions, May 8–10, Athens, Georgia, USA, 1996.

[Wede98]   Wedekind, H.; Görz, G.; Kötter, R.; Inhetveen, R.: „Modellierung, Simulation, Visualisierung: Zu aktuellen Aufgaben der Informatik". In: Informatik-Spektrum 21 (1998) 5, Springer-Verlag, S. 265–272.

[Welk95]   Welker, T.: „Integration von Werkzeugen zur Vorgangsanalyse und –steuerung am Beispiel von ARIS und ProMInanD". Technische Universität Dresden, Lehrstuhl Rechnernetze, Fakultät Informatik, Diplomarbeit, 1995.

[Wers95]   Wersch, M.: Workflow-Management: Systemgestützte Steuerung von Geschäftsprozessen. Dissertation, Deutscher-Universitäts-Verlag, Wiesbaden, 1995.

[Wesk96]   Weske, M.; Vossen, G.; Medeiros, C. B.: "Scientific Workflow Management: WASA Architecture and Applications". Universität Münster, Fachbericht Angewandte Mathematik und Informatik 03/96-I, 1996.

[Wesk98]   Weske, M.; Goesmann, T.; Holten, R.; Striemer, R.: "A Reference Model for Workflow Application Development Processes". Universität Münster, Fachbericht Angewandte Mathematik und Informatik 11/98-I, 1998.

[Wimm97]   Wimmel, G.: "A BDD-based Model Checker for the PEP Tool", University of Newcastle, Department of Computer Science, Master Thesis, 1997.

[Wino88]   Winograd, T.: "A language/action perspective on the design of cooperative work". In: Greif (ed.): Computer Supported Cooperative Work: A Book of Readings, San Mateo, California, Morgan Kaufmann Publisher Inc., 1988.

[Wodt96]   Wodtke, D.: „Modellbildung und Architektur von verteilten Workflow-Management-Systemen". Universität des Saarlands, Dissertation, 1996.

[Wolf95]   Wolf, G.: „Integration von Werkzeugen zur Vorgangsanalyse und –steuerung am Beispiel von Bonapart und ProMInanD". Technische Universität Dresden, Fakultät Informatik, Lehrstuhl Rechnernetze, Diplomarbeit, 1995.

[Wolf97]   Wolf, S.: „Workflow-Management in der Wohnungswirtschaft". In: [Jabl97], Kapitel 20, S. 471–482.

[Wora97]   Worah, D.; Sheth, A.; Kochut, K.; Miller, J.: "An Error Handling Framework for the ORBWork Workflow Enactment Service of METEOR". University of Georgia, Deptartment of Computer Science, LSDIS Lab., Technical Report, June 1997.

[Work96a]   Workflow Management Coalition: "Audit Data Specification". Document Number WFMC-TC-1015, 1-Nov-96, Version 1.0.

[Work96b]   Workflow Management Coalition: "Workflow Management Coalition: Terminology & Glossary". Document Number WFMC-TC-1011, Version 2.0, Issued June 1996.

[Work98]   Workflow Management Coalition: "Interface 1: Process Definition Interchange Process Model". Document Number WfMC TC-1016-P, Version 7.05 beta, Issued August 5, 1998.

[Zöll95]   Zöllner, J.: „Integration von Werkzeugen zur Vorgangsanalyse und –steuerung am Beispiel von StructWare und ProMInanD". Technische Universität Dresden, Fakultät Informatik, Lehrstuhl Rechnernetze, Diplomarbeit, 1995.

[Zuku96]   Zukunft, O.; Rump, F.: "From Business Process Modeling to Workflow Management: An Integrated Approach". In: [Scho96], pp. 3–22.

Index